数学教学的关键

郑毓信◎著

华东师范大学出版社
·上海·

图书在版编目(CIP)数据

　　数学教学的关键/郑毓信著. —上海:华东师范大学出版社,2022
　ISBN 978－7－5760－3611－4

　Ⅰ.①数… Ⅱ.①郑… Ⅲ.①小学数学课－教学研究 Ⅳ.①G623.502

　中国国家版本馆 CIP 数据核字(2023)第 006710 号

数学教学的关键
SHUXUE JIAOXUE DE GUANJIAN

撰　　著　郑毓信
责任编辑　李文革
责任校对　郭　琳　时东明
装帧设计　卢晓红

出版发行　华东师范大学出版社
社　　址　上海市中山北路 3663 号　邮编 200062
网　　址　www.ecnupress.com.cn
电　　话　021－60821666　行政传真 021－62572105
客服电话　021－62865537　门市(邮购)电话 021－62869887
地　　址　上海市中山北路 3663 号华东师范大学校内先锋路口
网　　店　http://hdsdcbs.tmall.com

印 刷 者　上海中华商务联合印刷有限公司
开　　本　787 毫米×1092 毫米　1/16
印　　张　21.75
字　　数　342 千字
版　　次　2023 年 1 月第 1 版
印　　次　2023 年 1 月第 1 次
书　　号　ISBN 978－7－5760－3611－4
定　　价　88.00 元

出 版 人　王　焰

目 录

序言

相对于一般所说的"我们应当如何教好数学"，本书更加关注"什么是教好数学的关键"。我们为什么应当更加重视后一论题？以下首先对此做出简要的说明。

如果说对于数学教学方法，特别是情境设置、学生主动探究等"新的"教学方法的强调，正是新一轮数学课程改革在开始阶段的一个重要特征，那么，上述问题的提出就代表了一个重要的进步：我们已由主要关注数学教学的"显性成分"转向了更深层次的一些问题。再者，就一线教师而言，尽管这可以被看成一个十分自然的取向，即十分关注我们如何能够切实地做好每一堂课、每一个具体内容的教学，包括通过进一步的研究总结出相应的普遍性结论，即如数学教师必须很好地"了解数学，了解学生，了解教学"等；但这显然又应被看成一个必要的发展，即我们如何能够跳出各个细节并从总体上进行分析研究，特别是，能很好地提炼出数学教学的各个关键性因素或环节。值得提及的是，从后一角度我们也可更清楚地认识到各种"积累性"观点的错误，包括对于"熟能生巧"或"基本活动经验"的突出强调等。

进而，这事实上也可被看成认识发展的一个普遍规律，即我们不应仅仅强调"由少到多""由简单到复杂"，而且应当更加重视如何能够切实地"化多为少""化复杂为简单"。显然，强调"数学教学的关键"即可以被看成后一方向上的一个具体努力。

除去"化多为少、化复杂为简单"以外，本书还具有以下一些特点，据此我们也可大致地了解这一著作究竟包括哪些主要内容，什么又是撰写时所遵循的基本逻辑线索：

　　第一,笔者在此所从事的并非"就教学论教学",而是希望很好地体现这样一个基本立场,即我们应当以这样两个方面的认识为基础去从事"数学教学关键"的研究:(1)什么是数学教育的主要目标?(2)什么又可被看成数学教学与学习活动的主要特征或基本性质?

　　由于后者显然也可被看成《义务教育数学课程标准(2022年版)》的重要内容,因此,我们将以"《义务教育数学课程标准(2022年版)》的审思与超越"作为第一章。在本书的其余各章中我们也将联系具体内容从其他角度对此做出进一步的分析评论。

　　第二,本书集中地反映了广大一线教师在这些年中经由积极的教学实践与认真的总结反思所取得的重要进展,如对于"问题引领"与"整体性观念指导"的普遍重视等;笔者并希望从理论的角度对此做出进一步的分析和总结,包括清楚地指明这一方面存在的问题或相关实践所应特别注意的一些方面,从而促进广大一线教师密切联系教学积极地去开展新的研究,包括有效地改进自己的教学。这就是第二章的主要内容。

　　第三章中关于"深度教学"的论述主要涉及我们在当前的主要努力方向,相关内容也集中反映了笔者的这样一个认识:数学教育的主要目标应是促进学生的思维发展,也即如何能够通过数学逐步学会思维,特别是努力提升他们的思维品质;再者,我们又应将优化看成数学学习的本质或最重要的特征。

　　第三,与一般的数学教学研究相比,本书采取了更加广泛的视角,也即更加注重从多个不同的角度进行分析论述,从而就可在更大范围包括对于不同对象发挥促进作用。

　　具体地说,本书的第四章就将分析的着眼点由教师的"教"转向了学生的"学",其中并提供了关于我们应当如何从事数学教育研究的一个简要分析。第五章则集中于我们应当如何很好地发挥数学教育的文化价值,包括我们应当努力创建一种什么样的"数学课堂文化",尽管后者常常被形容为"看不见的成分",但却仍然对于学生的数学学习具有重要的影响,更直接关系到了数学教育的主要价值或基本目标。

　　本书的第六章则更直接涉及多个不同的学科或学科教育,希望读者也能由此获得关于如何做好数学教学的有益启示,包括数学语言的教学,我们又应如何认识数学学习的主要价值,包括数学教育的德育价值等。笔者在这方面并有这样一个基本认识:只有适当地拓宽视野,我们才能达到更大的认识深度。

特殊地,希望书中关于《义务教育数学课程标准(2022 年版)》以及其他众多文章和课例的评论也能引发读者的深入思考,包括必要的反思。

笔者并愿借此机会表达自己对于从各个方面对本书的写作和出版给予很大支持的各位朋友,特别是诸多相关杂志与出版社的各位编辑与领导的深切谢意!

郑毓信

2022 年国庆

第一章

《义务教育数学课程标准(2022 年版)》的审思与超越

1.1 节集中于这样两个问题:第一,《义务教育数学课程标准(2022 年版)》是否较好地做到了"继承与发展",我们又如何才能很好地实现这样一个目标?第二,我们是否应将"三会"看成数学教育的"终极目标"? 1.2 节则反映了这样一个更深层次的思考,即我们如何能够通过数学课程标准的修订与深入的理论研究为数学教育的进一步发展提供必要基础,特别是,我们应当切实做好"突出基本问题,坚持基本立场",包括清楚地认识到突出强调"课程"视角的局限性。1.3 节论证了辩证思维对于数学教育工作的特殊重要性,特别是,我们应当很好地处理这样几个对立环节之间的辩证关系:"入"与"出"、"引"和"思"、"深"与"浅"、"内"与"外",从而在工作中实现更大的自觉性。

1.1 《义务教育数学课程标准(2022 年版)》的理论审思

这是笔者自 2001 年以来对于实施中的新一轮数学课程改革,包括 2001 年和 2011 年版数学课程标准一直采取的基本立场,即从理论高度做出分析研究,包括必要的批评与责疑,希望能促进人们认识的深化,并不至于因为缺乏独立思考而陷入各种不自觉的状态,特别是认识的片面性与表面化,即如对于形式的片面追求,对于潮流的盲目追随等。以下就是笔者在这方面已发表的一些文章:"改革热潮中的冷思考"(《中学数学教学参考》,2002 年第 9 期),"简论数学课程改革的活动化、个性化、生活化取向"(《教育研究》,2003 年第 6 期),"《数学课程标准(2011)》的另类解读"(《数学教育学报》,2013 年第 1 期);笔者还从实践的角度为一线教师提出了一些总体性的建议,包括"数学教学方法改革之实践与理论思考"(《中学教研》,2004 年第 7、8 期),"立足专业成长,关注基本问题"(《小学数学》[人教社],2010 年第 3、4 期)等。以下就从同一立场对《义务教育数学课程标准(2022 年版)》(以下简称《数学课程标准(2022)》)做出分析评论。

一、一个必须正视的事实:课标修订工作的常态化

这是笔者关于数学课程标准修订工作,包括课程改革总体发展的一个总体看法,即与先前的"激进状态"乃至期望通过一次改革就能彻底解决(数学)教育的所有问题,也即实现教育的革命性变革不同,人们在现今可以说采取了更加务实的立场,课程标准的修订并已走向常态化。

以下论述或许即可被看成先前立场的具体表现:"跨入 21 世纪,中国迎来教育大变革的时代,百年难遇。……能够亲历大的变革是我们的一种幸运。'人生能有几回搏?'……愿我们在改革的风浪中搏击,在改革的潮头上冲浪……20 年后,历史将会记得你在大变革中的英勇搏击。"(张奠宙语)

所说的变化并有很大的合理性。因为,相对于突击式的"变革"而言,我们显然应当更加强调这样一点:"教育贵在坚持。"这也就是指,只有通过持续努力,我们的教育事业才可能取得稳步前进,并且这主要是一个渐进的过程,而不可能毕其功于一役。

正因为此,笔者就很希望我们在当前不会再听到各种"夸张式"的评论,即如认为新一版的数学课程标准是数学教育历史发展中的一个里程碑,乃至将此看成"为如何在全面建设社会主义现代化国家的新征程上……交出了属于数学课程的……令人满意的答卷"等等。与此相对照,以下的期望或评价则应说更加适合,即"新课标"主要有五个方面的变化:"完善了教育培养目标,优化了课程结构,研制了学业质量标准,增强了指导性,加强了学段衔接。"(详可见中华人民共和国教育部,《义务教育数学课程标准(2022 年版)》,北京师范大学出版社,2022,前言,第 3~4 页)另外,这显然也意味着我们应将"继承与发展"看成课标修订工作的主要努力方向。在笔者看来,我们并应从这一角度更好地理解《数学课程标准(2022)》中提出的关于课标修订工作的以下三条原则:(1)坚持目标导向;(2)坚持问题导向;(3)坚持创新导向。(同前,"前言",第 2~3 页)具体地说,所谓的"问题导向"即可被看成我们如何能够真正做好

"继承"的关键;"目标导向"与"创新导向"则直接关系到我们应当如何去做好"发展",特别是,应如何更好理解《数学课程标准(2022)》的这样一个变化,即课程目标的"核心素养导向"。

以下就首先对所说的"问题导向"做出具体分析。从"继承"的角度看,这就是指,我们应当"全面梳理课程改革的困难与问题,明确修订重点与任务,注重对实际问题的有效回应"。(同前,"前言",第2页)显然,这也十分清楚地表明了这样一点:我们应当认真做好已有工作的总结和反思,特别是,应切实增强自身的"问题意识",因为,只有通过不断地发现问题、解决问题,我们才能取得切实的进步。与此相对照,如果只看到已有的成绩,乃至任意地加以扩大,就只会使自己固步自封,更可能对于实际工作起到误导的作用。例如,在笔者看来,以下的断言就多少表现出了这样的倾向:"这场在960万平方公里土地上展开的新的教育革命,改变了教育教学方式,确立了全新的教育管理制度框架,重塑了1700万教师的教育生活方式,改变了2.8亿学生的学习方式,甚至还在以更深的力量改变着祖国的未来。"(康丽,"新课程改革击中了教育的靶心——专访北师大中国教育创新研究院院长刘坚",《中国教师报》,2021-01-06[2])

另外,从同一角度进行分析,我们显然也就应当十分重视各方面的意见和建议,包括广大一线教师与教研员经由教学实践所积累的经验和教训。也正因此,这次课标修订工作采取的以下做法就应得到充分肯定,即吸收了若干一线教师直接参与到此项工作之中。再者,依据同一立场我们或许也就应当对以下主张提出一定的责疑,即唯一强调新课标的学习,乃至"不培训不上岗"。因为,即使是"2022年课标的专题培训",也应大力提倡学员的独立思考。

再者,即使面对直接的批评,我们也应持欢迎的态度,而不应将此看成"纯粹的阻力",乃至将"曲折的前进"形容为"风雨飘摇的十年":既未能从中吸取有益的启示和教训,更未能有针对性地去开展进一步的研究。例如,如果简单地认定过去20年的课改历程清楚地表明"改革的潮流不可逆转",应当说也多少表现出了这样的倾向。相信读者由以下的分析论述即可对此有更清楚的认识。

另外,作为学科教育的指导性文件,我们当然又应特别重视与教育深层次理念密切相关的各个论题,也即数学教育的各个基本问题。正是在这样的意义上,笔者以为,以下关于数学课程改革最初 10 年的总结就是不够恰当的,因为,按照这一分析,改革中出现的各种问题都应被归属于实践中的问题,更可被归因于"小和尚嘴歪念错了经",也即是因为一线教师水平不够从而造成了理解上的片面性与实践中的各种偏差,而这当然是一个错误的判断:"这十年的义务教育数学课程改革……问题主要表现为五个方面,新内容教学遇到问题、有关数学的观念理解存在分歧、新的教学方式把握存在误区、评价改革上遇到瓶颈、课程内容取舍意见不一。"(石萍,"回顾十年课改历程,深化数学课程改革——专访义务教育数学课程标准修订工作组专家",《江苏教育研究》,2012 年第 12 期,第 4~5 页)

这也就是以下分析何以集中于"素养导向"与"三会"这样两个论题的直接原因。当然,从总体上说,这也直接关系到了前述的"目标导向"与"创新导向",或者说,集中体现了《数学课程标准(2022)》的发展性质。

二、"素养导向":变化与挑战

正如人们已普遍注意到的,这是 2022 年版数学课程标准与 2001 年和 2011 年版数学课程标准的最大不同,即所谓的"素养导向",后者并可被看成"所有学科(课标修订工作)的共同要点"。(史宁中,"数学课程标准修订与核心素养",《教育研究与评论》,2022 年第 5 期,18 - 27,第 20 页)

这一立场是完全正确的,因为,归根结底地说,无论是数学教育或是其他各科教育,都是整体性教育事业的有机组成成分,从而就应很好地落实"立德树人"这一教育的根本任务,也即应当"通过核心素养的培养落实立德树人根本任务"。(同上)

另外,笔者以为,从同一角度我们也可清楚地认识到先前工作的这样一个不足之处:由于数学课程标准的制订与修订原先在各个学科中一直处于先行试点的地位,因此就很容易出现"一科独进、一科独大"的现象,特别是,相关人士往往会局限于从本学科的视角进行分析思考。

再者,就当前而言,这又容易导致以下的弊病,即认为为了适应所说的变化,需要的只是一种"组合"的工作,即如何能将先前的各个主张或思想,特别是所谓的"四基"和"四能",与"核心素养"很好地组合起来,或者说,应当努力

实现两者的"有机结合"。(史宁中语)

特殊地,我们显然也可从同一立场去理解以下论述:"'四基'和'四能'保持不变,体现了课程标准的继承,核心素养贯穿课程标准的始终,体现了课程标准的发展。"(苏明强,"《义务教育数学课程标准(2022 年版)》变化解读与教学启示",《福建教育》,2022 年第 18 期,13‐15,第 13 页)

但是,我们难道不应首先很好地弄清什么是突出"核心素养",以及强调"立德树人"对于数学教育的主要启示或指导意义吗? 笔者以为,这并应被看成数学教育工作者在当前所面临的一个严重挑战。因为,如果我们对此缺乏清醒的认识,而只是强调对于先前工作,特别是对于"四基""四能"和"数学核心概念"的简单继承,所关注的又只是如何能从形式上实现后者与"核心素养"的"对接",就很容易陷入形式主义的泥潭,也即只是停留于形式上的继承和发展,却没有任何真正的进步。

具体地说,如果我们对于"四基""四能"和"数学核心概念"采取全盘继承的态度,却完全看不到存在的问题,包括如何能够通过这一次的修订工作做出必要的纠正或改进,更未能从更广泛的角度对这一方面的已有工作做出认真总结与反思,这样的继承显然就很不到位;再者,如果我们也未能很好地弄清什么是"核心素养导向"对于我们做好数学教育的主要启示,而只是满足于"创造"出一些新的词语以在形式上实现"核心素养"对于数学教育的渗透,这当然也不能被看成真正的进步。

但是,这恰可被看成"新课标"的研制者面对上述问题所采取的基本立场,即希望通过提出所谓的"三会"就能将"四基""四能""数学核心概念"与"核心素养"很好地加以组合,却忽视了我们应当首先对于上面所提到的各个问题做出深入的分析研究。其次,我们又应深入地研究是否可以将"三会"看成"核心素养"在数学领域中的具体体现,或者说,集中体现了数学教育对于提升学生的核心素养所应当而且可以发挥的主要作用,也即应当将此看成数学教育的"终极目标"?

例如,在笔者看来,以下就可被看成这方面的一个具体论点,即认为"'四基'+'三会'"构建起了关于数学课程目标的一个层层递进的完整体系:"首先,'三会'是这个目标体系的顶层目标或终极目标。……其次,为达成'三会',设置了通往'三会'或为'三会'提供支撑的中间目标或过渡目标,称为核心素养的主要表现。……最后,第三层目标是达成核心素养主要表现的支撑目标或过渡性目标,也就是大家熟悉的'四基''四能'目标。"(孙晓天,邢佳立,"中国义务教育:基于核心素养的数学课程目标体系——孙晓天教授访谈录[三]",《教育月刊》,2022年第3期,9-12,第10页)但在笔者看来,这恰又是"三会"这一主张最主要的弊病,即除去纯粹的"词语包装"和"概念堆砌"以外,既看不到对于已有工作的认真总结和反思,其本身也未能对我们应当如何做好数学教育提供任何新的有益启示,从而就应引起我们的高度重视与警惕。对此我们将在下一节中做出具体的分析论述。

三、聚焦"三会":这是否可以被看成数学教育的"终极目标"

笔者多年来一直有这样一个建议,即面对任一新的理论或思想,我们都应认真地思考这样三个问题:(1)所说的理论或思想对于认识的发展,特别是我们改进教学究竟有哪些新的启示?(2)从理论的角度看它又有哪些问题或不足之处?(3)什么是相关实践应当特别重视的一些方面或问题?

以下就按照这一思路对于"三会"("会用数学的眼光观察现实世界,会用数学的思维思考现实世界,会用数学的语言表达现实世界")做出具体分析。

第一,除去单纯的"词语变化"以外,这实在不能被看成一个真正的理论创新,从而自然也不能给人任何新的重要启示。具体地说,正如数学圈内大多数人士所公认的,前苏联著名数学家亚历山大洛夫关于数学主要特点的分析即可被看成具有最大的权威性,即数学的抽象性、严谨性与应用的广泛性。(亚历山大洛夫等,《数学——它的内容、方法和意义》,科学出版社,1958,第一章)由以下的论述可以看出,这也正是"三会"的核心所在,尽管相关人士所使用的词语略有不同:"(数学)基本思想究竟是什么?……想来想去,觉得应当是抽象、推理和模型。""数学的眼光虽然是数学提供给人们观察世界的一种方式,但是在本质上是数学的抽象。……数学的思维在本质上就是逻辑推理……因为这样的推理是有逻辑的,因此数学具有严谨性。……还有,在现代社会,所有的学科要走向科学,就要尽可能多地使用科学工作者的语言,构建数学的模型,这使得数学形成了一个新特征,就是应用的广泛性。"(史宁中,"数学课程

标准修订与核心素养",同前,第20、23页)

为了更清楚地说明问题,在此还可直接引用"课标研究组"另一核心成员孙晓天教授关于"数学思维"的相关论述,因为,这正是后者在这方面的一个基本观点,即认为所说的"三会"事实上都可归属于"数学思维",尽管对于后者我们又必须做出广义的理解:"思维是包罗万象的人脑活动,通常所说的数学思维一般指广义的几乎也是包罗万象的数学思维的活动"。与此相对照,现今所谓的"三会"则无非是对此做出了进一步的细分:"根据2022年版课标中关于'三会'的表述,广义的数学思维活动中与'观念、直观想象、抽象概括'等相关的内容,已经主要对应于数学眼光;与'描述、表达'等相关的内容,已经主要对应于数学语言"。从而,我们也就应当对于所说的"数学思维"做出严格的限制:"'三会'中的数学思维不是指这种广义的数学思维活动",恰恰相反,只有"与'猜想、运算、推理、反思及数据分析'等相关的内容,才主要对应于数学思维,并且在本质上都属于推理的范围"。(孙晓天,"如何理解和把握作为核心素养的数学思维——《义务教育数学课程标准(2022年版)》提出的'三会'视角下",《教育研究与评论》,2022年第5期,35-40,第36页)

综上可见,现今所提倡的"三会"事实上就只是一种"词语转换",而不具有任何真正的创新成分,从而自然也不可能对人们认识的发展和深化以及具体的教学工作提供任何新的重要启示。

以下再对"三会"是否可以被看成数学教育的"终极目标"做出进一步的分析。在此笔者并愿特别强调这样一点:这正是"核心素养说"给予我们的主要启示,即我们应当跳出数学教育,从更大范围认识数学教育的主要价值或基本作用。

具体地说,这是我们在这方面应当认真思考的一个问题:我们是否应当要求所有学生都能较好地做到"三会"? 又由于后者主要地即可归结为数学思维,从而我们也就可以集中地去思考是否应当要求所有学生都能"学会数学地思维"? 显然,对于后一问题我们应做否定的回答,因为,这正是这方面的一个基本事实,即现实中有多种不同的思维方式,如数学思维、科学思维、艺术思维等,它们都有一定的合理性和局限性。

与此相对照,著名数学家、数学教育家波利亚的以下论述则应说更加合理,并很好地体现了这样一个基本立场,即我们应当跳出数学并从更大的范围认识数学教育的作用:"一个教师,他若要同样地去教他所有的学生——未来用数学和不用数学的人,那么他在教解题时应当教三分之一的数学和三分之二的常识。对学生灌注有益的思维习惯和常识也许不是一件太容易的事,一个数学教师假如在这方面取得了成绩,那么他就真正为他的学生们(无论他们以后是做什么工作的)做了好事。能为那些 70％的在以后生活中不用科技数学的学生做好事当然是一件最有意义的事情。"(《数学的发现》,内蒙古人民出版社,1981,第二卷,第 182 页)

由波利亚的论述我们显然也可很好地领会到这样一点:我们关于数学教育目标的分析不应停留于相关的一般性论述,即如认为我们只需能够正确地复述"核心素养"的"3 个方面、6 大要素、18 个基本要点",包括通过逐条对照发现每一堂课的不足之处与努力方向就可以了;恰恰相反,我们应以相关的一般性理论为指导,并立足自身专业做出进一步的分析研究。

具体地说,我们应当将努力促进学生的思维发展看成数学教育的主要目标,也即明确地强调"帮助学生通过数学学会思维"。这也就是指,我们应将数学知识与技能的学习看成促进学生思维发展的主要途径,对此并应与"帮助学生学会数学地思维"做出明确的区分,因为,我们在此所强调的不只是如何能够超越具体的数学知识和技能深入到思维的层面,而且也应由具体的数学方法和策略过渡到一般性的思维策略,即应努力提升学生的思维品质,也即帮助他们逐步学会更深入、更全面、更清晰、更合理地进行思考,包括由理性思维逐步走向理性精神,也即成为一个真正的理性人。

综上可见,将"三会"看成数学教育的"终极目标"并不合适。另外,由相关分析我们显然也可认识到这样一点,即不应将"数学的眼光""数学的思维"与"数学的语言"平行地列为数学教育的三项目标。对此我们将在以下联系"数学语言的教学"(6.3 节)做出进一步的分析。

最后,这当然也应被看成这方面又一十分重要的问题,即我们应当如何理解"三会"的具体涵义?由以下引言可以看出,在这方面也有不少问题需要我们深入地进行分析研究,因为,所有这些论断都有很大的局限性:"数学的思维在本质上就是逻辑推理……说数学能够培养思维能力是不够准确的,应该细化……它能培养的是逻辑思维能力","逻辑推理的本质是它的'传递性'"(史宁中,"数学课程标准修订与核心素养",《教育研究与评论》,2022 年第 5 期,18-27);"用数学的思维思考现实世界,就是让学生学会有根有据的思考"(孔企平,"基于核心素养的小学数学课程变革",《小学教学》,2022 年第 7/8 期,第 13 页);"(强调)数学思维主要表现为推理"主要就是为了"让数学思维看得见也抓得住"(孙晓天,"如何理解和把握作为核心素养的数学思维——《义务教育数学课程标准(2022 年版)》提出的'三会'视角下",同前)。对此我们也将在以下联系相关内容做出具体的分析论述。(附录三)

再者,笔者以为,这或许即可被看成现实中为什么会出现上述错误,包括不恰当地强调"三会"与"四基""四能""数学核心概念"之间联系的主要原因:"内行的教育家,因为专做这一项事业,眼光总注射在他的'本行',跳不出习惯法的范围。他们筹划的改革,总不免被成见拘束住了,很不容易有根本的改革。"(胡适语)与此相对照,尽管以下的论述是针对艺术创新而言的,我们也仍然可以由此获得关于如何突破上述困境的直接启示:"以最大的功力打进去,以最大的勇气打出来。"(李可染语)

四、相关论述的逻辑分析

以下再对笔者为什么要引用这样一段论述做出进一步的分析说明:"内行的教育家……总不免被成见拘束住了,很不容易有根本的改革。"就《数学课程标准(2022)》中关于"课程目标"的论述而言,这即是指,相关论述既未能跳出原有的概念框架,并从更高的层面做出分析思考,更不恰当地将"新旧"指导思想的简单组合看成了这一次修订工作的主要指导思想,或者说,如何能够做好"继承与发展"的关键。还应强调的是,除去所已提及的问题以外,相关论述从逻辑的角度看也存在不少问题,更可能因此而造成读者在理解上的困难,乃至直接的误解。以下就对此做出具体分析。

具体地说,这一部分的"开首语"事实上即可被看成已经十分清楚地表明了我们应当如何去理解"课程目标",尽管这主要地又应被看成是就一般课程而非专门针对数学课程而言的:"课程目标的确定,立足学生核心素养发展,集中体现数学课程育人价值。"(《义务教育数学课程标准(2022 年版)》,同前,第 5 页)这也就是指,无论哪一学科的教育,都应很好地落实"育人"这一教育的整体目标,或者说,应当"立足学生核心素养的发展"。

　　显然,依据这一论述我们也可更好地认识到仅仅从本专业的视角进行分析思考的局限性;当然,作为数学教育工作者,我们又不应停留于这种一般性的论述,而应进一步去思考什么是数学教育对于促进学生核心素养发展所应当而且也能够发挥的作用。进而,从后一立场进行分析我们也就可以清楚地看出不应将"三会"看成数学教育的"终极目标"。由于对此我们已在前一小节中做了专门分析,在此我们就仅限于从逻辑的角度进一步指明相关论述所存在的一些问题。

　　具体地说,如果从纯形式的角度进行分析,《数学课程标准(2022)》中关于"课程目标"的论述首先强调了"核心素养内涵"的分析应当说是完全符合逻辑的。因为,如果我们认定课程目标应当"立足学生核心素养的发展",那么,这显然就是我们在这方面所面临的主要任务,即从数学教育的角度对我们应当如何理解所说的"核心素养"做出清楚的说明,也即我们究竟应当如何理解"核心素养的内涵",后者并可被看成为我们应当如何理解数学教育的基本目标提供了具体解答。

　　然而,令人费解的是,尽管相关论述已经清楚地表明了这样一点,即我们应将"三会"看成"数学课程要培养的学生核心素养"的主要内容,相关人士却对这一内容使用了"核心素养的构成"这样一个名称,并在这一部分的后面又专门增加了另一平行的内容:"(核心素养)在小学与初中阶段的主要表现。"笔者的疑惑是:既然已对"核心素养的构成"做了具体说明,为什么还要加上"核心素养的主要表现"这样一项内容,这是否就意味着所说的"三会"并不能被看成"核心素养"在数学领域中的主要表现,从而就需要对此做出进一步的说明?当然,如果从词义上进行分析,在"构成"与"主要表现"这两者之间或许又可说存在一定的区别,但我们在此为什么又要对此做出特别的强调呢?或者说,同时强调核心素养的"构成"与"主要表现"对于我们深入理解"核心素养的内涵"究竟又有哪些特殊的作用?当然,正如前面所提及的,这一方面的工作也不应停留于一般性的论述,而应密切联系自己的学科特征去进行分析思考。在笔者看来,这或许也就是相关人士为什么要采取这样一种"递进"的方式进行论述的主要原因。但是,如果真是这样的话,"新课标"中又为什么没有直接去使用"数学核心素养"这样一个词语呢？再者,这一解释的接受显然也就意味着我们并不应将"三会"看成"数学核心素养"的主要涵义,从而也就是与前面的论述直接相冲突的。

再者,如果我们将注意力集中到这一部分的具体内容,也即究竟什么可以被看成核心素养"在小学与初中阶段的主要表现",则又可以发现有更多的问题需要我们深入地进行思考。第一,这是否即可被看成这方面的一个适当概括:"小学阶段侧重对经验的感悟,初中侧重对概念的理解。"(《义务教育数学课程标准(2022 年版)》,同前,第 7 页)因为,只需稍做思考,我们就可发现这一结论并不合适:不仅需要进一步的说明(例如,何谓"经验的感悟",这与"经验的积累"有什么不同),也具有明显的局限性(例如,除去"概念的理解"以外,我们显然也应十分重视"提出与解决问题的能力")。第二,就这方面的具体内容而言,显然是与较早版本的数学课程标准中所论及的"数学核心概念"十分一致的。正因为此,我们显然也就应当对于这样一个问题做出清楚的说明,即我们究竟应当如何看待后者与"三会"之间的关系？尽管相关解读已经为此提供了一些可能的解答,即如我们应将 11 个"数学核心概念"(除去"核心素养的主要表现"这样一个名称以外,笔者实在不知道我们在现时应当如何去称呼这些概念,从而就只能继续使用这样一个名称)分别归属于"数学的眼光""数学的思维"和"数学的语言";但这事实上只能被看成一种简单化的认识,因为将"三会"绝对地分割开来本身就不够恰当,更是与"新课标"中所强调的核心素养的"整体性、一致性和阶段性"直接相冲突的。第三,笔者以为,这也是我们在这方面应当认真思考的又一问题,即是否应当将"量感"看成"数学核心素养"的又一重要涵义？笔者对此同样持怀疑的态度。(详可见第二章末的附录二)

综上可见,《数学课程标准(2022)》中关于"课程目标"的论述从逻辑的角度看就应说存在不小的问题。相信读者由以下分析即可更深切地感受到这样一点。

在对"核心素养的内涵"进行了论述以后,《数学课程标准(2022)》又列出了"总目标"这样一个内容。但是,先前关于"核心素养内涵"的分析不是已经为我们应当如何认识数学教育的"总目标"提供了具体解答吗？那么,相关人士为什么又要选择这样一种论述方式呢？更加具体地说，从后一角度我们显然也就可以很好地理解《数学课程标准(2022)》中为什么要以"三会"作为后一部分的直接开端；但是，在做出这样一个论述以后，我们为什么又要另加上以下的一大段论述呢？

"通过义务教育阶段的数学学习，学生逐步会用数学的眼光观察现实世界，会用数学的思维思考现实世界，会用数学的语言表达现实世界(简称"三会")。学生能：

(1) 获得适应未来生活和进一步发展所必要的数学基础知识、基本技能、基本思想、基本活动经验。

(2) 体会数学知识之间、数学与其他学科之间、数学与生活之间的联系，在探索真实情境所蕴含的关系中，发现问题和提出问题，运用数学和其他学科的知识与方法分析问题和解决问题。

(3) 对数学具有好奇心和求知欲，了解数学的价值，欣赏数学美，提高学习数学的兴趣，建立学好数学的信心，养成良好的学习习惯，形成质疑问难、自我反思和勇于探索的科学精神。"(《义务教育数学课程标准(2022年版)》，同前，第11页)

当然，任一对于数学课程改革实际经历稍有了解的读者都知道这一段论述所提到的正是前两版数学课程标准中所强调的"四基""四能"与"情感态度价值观"，从而我们在此又一次地面临着这样一个问题：尽管这或许即可被看成做好"继承"工作的直接体现，但我们又应如何去理解相关主张与现今所强调的"核心素养"之间的关系？ 特别是，我们是应将"立足学生核心素养发展"看成数学教育的"总目标"，还是应当对此做出新的不同解读？ 但这样一来岂不又与"核心素养导向"构成了直接冲突？！

当然，这里所说的"总目标"也可被看成相对于"学段目标"而言的，后者就是这一部分的第三项内容。但是，在此我们显然仍然面临着这样一个特别重要的问题，即在对各个"学段目标"做出具体论述时，我们究竟应当围绕"三会"，还是11个"数学核心概念"，抑或是所谓的"四基""四能"和"情感态度价值观"去进行分析论述？

在此我们还可再次提及这样一个密切相关的观点，即认为所说的"四基"

"四能""数学核心概念"与"三会"等即可被看成构建起了关于数学课程目标的一个层层递进的完整体系:"首先,'三会'是这个目标体系的顶层目标或终极目标。……其次,为达成'三会',设置了通往'三会'或为'三会'提供支撑的中间目标或过渡目标,称为核心素养的主要表现。……最后,第三层目标是达成核心素养主要表现的支撑目标或过渡性目标,也就是大家熟悉的'四基''四能'目标。"(孙晓天,邢佳立,"中国义务教育:基于核心素养的数学课程目标体系——孙晓天教授访谈录[三]",《教育月刊》,2022 年第 3 期,9-12,第 10 页)

应当承认:这一论述看上去似乎有一定道理,更可被看成为我们应当如何解决上述矛盾提供了现实的可能性。但在笔者看来,这事实上又只能被看成对于"结构性认识"的一种误解,因为,一个真正的层次结构,在它的各个层次之间应当存在密切的联系,特别是,较低层次的概念应是较高层次概念的具体体现,并为后者的很好实现提供了必要的保证和具体的途径,反之,我们也应高度重视较高层次概念对于较低层次的渗透与指导。但就上述的解读而言,我们所看到的则仅仅是一种"层层加码"的现象,或者说,概念的"简单堆砌",在相互之间却缺乏真正的内在联系,从而事实上就不能被看成构成了一个真正的体系。

由以下的对照比较读者即可对此有更好的认识:

首先,按照《数学课程标准(2022)》中关于"课程目标"的论述方式,我们即可对所提及的各个主要概念之间的关系包括论述的次序做出如下的梳理(图 1-1-1):

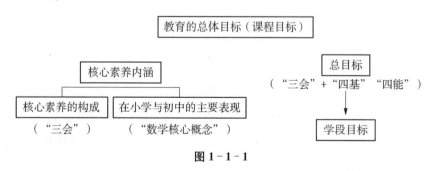

图 1-1-1

由此相对照,从逻辑的角度看,笔者以为,我们关于"数学教育目标(课程目标)"的论述则应当是这样一个层层推进的体系(图 1-1-2):

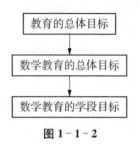

图 1 - 1 - 2

其次,就当前而言,如果我们认定"核心素养导向"是这方面最主要的指导思想,显然就应按照这一思想对上述体系做出进一步的诠释,也即应当主要采取这样一个论述方式(图 1 - 1 - 3),而这显然是与现行的论述方式大相径庭的:

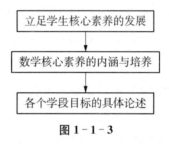

图 1 - 1 - 3

综上可见,作为"数学课程目标"的具体论述,我们决不应满足于概念的简单堆砌,更不应将"新旧思想"的简单组合看成课标修订工作的主要目标;恰恰相反,为了取得真正的进步,我们必须跳出已有的概念框架,并从更高的层面进行分析思考。也正因此,即如李可染先生所指出的,我们所真正需要的就是"以最大的功力打进去,以最大的勇气打出来"。

五、努力的方向

《数学课程标准(2022)》当然也有不少亮点,即如将小学原先的两个阶段调整为 1~2 年级、3~4 年级、5~6 年级这样三个学段,并将原先的"学段+领域"这样一种表述方式改变成了"阶段+领域+学段",从而更好地体现了教学工作的"整体性、一致性和阶段性"。

当然,在此也还有不少问题需要我们深入进行分析研究。以下仍然依据"增强问题意识"这一立场做出简要的论述。

具体地说,正如前面已提及的,我们不应对先前工作采取全盘肯定和简单继承的立场。例如,这就是这方面十分重要的一个问题,即我们是否应当特别重视"(数学)基本活动经验"的积累,乃至将此看成数学教育的基本目标之一? 笔者的看法是:尽管我们应当充分尊重数学家在这一方面的具体看法(详可见史宁中,"数学课程标准修订与核心素养",同前,第 19～20 页),但这仍然是我们必须正视的一个问题,即除去经验的简单积累以外,我们是否也应高度重视,乃至更加重视"反思和再认识"的工作? 在笔者看来,这直接涉及数学学习的本质:这主要是一个不断优化的过程,并主要依赖于主体的自觉总结、反思和再认识。(对此我们将在 1.2 节中做出进一步的分析论述)

再者,由于对于数学教学方法改革的突出强调正是 2001 年版数学课程标准的一个重要特点,即使是 2011 年版的数学课程标准也未能依据教学实践对此做出新的分析、总结和反思,包括对于相应的片面性认识的必要纠正,因此,这也应被看成《数学课程标准(2022)》的又一不足,即未能在这一方面做出更大的努力。例如,除去"注重强调发挥情境设计与问题提出对学生主动参与教学活动的促进作用,使学生在活动中逐步发展核心素养"以外,我们显然也应认真地思考"情境设计"是否也有一定的局限性,我们在教学中又应如何防止与克服所说的局限性,特别是应如何更好地处理"情境设计"与"去情境"之间的关系? 再者,这无疑也是我们在当前应当特别重视的又一问题,即如何看待"做数学"与"思维发展"之间的关系? 后者在不同阶段并可说有不同的表现或工作重点:就小学而言,这主要是指我们应当如何处理好"动手"与"动脑"之间的关系;就中学而言,则主要涉及对于"题海战术"的必要批判,以及片面强调"数学应用"的局限性。

总之,作为实际教学工作的指导性文件,数学课程标准应在这些方面发挥更大的作用,包括通过提出问题引导广大一线教师密切联系自己的教学实践积极地去开展研究。例如,从实践的角度看,这显然就是我们在当前应当十分重视的一些问题:强调"整体性教学"与"结构化教学"是否意味着我们应当引入一种新的教学模式(包括教材编写模式),还是应当更加注重相关思想的指导与渗透? 什么又可被看成后者的主要涵义,我们在教学中又如何才能很好地加以落实,或者说,什么是相关的教学实践应当特别注意的一些问题?

　　再者，以上论述显然也已更清楚地表明了加强研究的重要性，特别是，尽管我们应当十分重视专业数学家，包括广大一线教师与教研员所提供的各种建议和意见，但这仍然不能代替系统、深入的专门研究。

　　例如，在笔者看来，仅仅依据几位中学数学教研员的提问就认定"代数要增加代数推理，几何要加强几何直观"就过于草率了；另外，尽管某些看法可能包含一定的"真知灼见"，但在这一点尚未得到证实之前，特别是，如果既缺乏深入的理论研究，也未能先行在较小范围做出必要的试点和检验，就将相关思想直接写入到"课程标准"之中就很不合适了，即如轻易地断言"强调几何直观，就要增加尺规作图"，乃至将所谓的"量感"直接列为数学教育又一重要的"核心概念"。（附录二）

　　由以下分析相信读者即可更清楚地认识到加强研究的重要性：这是《数学课程标准（2022）》的又一重要变化，即将原来"下放"到小学数学的"负数"和"方程"等内容重新移回到了初中。但是，除去这是否会增加初中生的课业负担这一直接的担忧以外（因为，即使在国家颁布了"双减政策"以后，中学与小学相比仍可被看成"应试教育"的重灾区），这显然也是我们应当高度重视的一个事实：我们在这方面已经历了多次反复，后者即是指，只要一讲改革，往往就会将负数、方程等内容下放到小学，并声称这是"数学教育现代化"的必然要求；但是，随着时间的推移，特别是课程改革的起伏，又常常会出现相反方向的变化……当然，我们不应将后者看成纯粹的"倒退"；但是，除去简单地做出决定以外，我们显然也应对其合理性做出更清楚的说明，特别是，所说的"下放"与"回归"究竟各有什么优点与不足，什么又是我们在当前做出再次"回归"这一决定的主要原因？还应强调的是，这不仅直接关系到了广大一线教师在课改中的主体地位，而不是始终处于"无奈的接受"这样一种完全被动的状态，而且也与我们能否彻底改变这样一个长期存在的弊病密切相关，即如何能够有效地防止与纠正课改中经常可以看到的"钟摆现象"，乃至不断地重复过去的错误，却看不到真正的进步！

　　对于上面所提及的各个问题，我们将在以下结合本书的各个论题做出具体分析。在此笔者则愿首先强调这样一点：这可以被看成课标修订工作是否取得了重大进步的主要标志，即"新课标"是否有益于我们更深入地认识数学教育的各个基本问题,包括我们在教学中又应如何很好地加以落实? 因为,这直接关系到数学教育的持续发展,特别是,我们如何能够通过当前工作为数学教育的未来发展,包括数学课程标准的进一步修订做好必要的准备。这也正是 1.2 节的直接主题。

1.2　突出基本问题　坚持基本立场

1.1 节中已经提及,不同于 2001 年和 2011 年版的数学课程标准,这可以被看成《数学课程标准(2022)》为我们传递的一个重要信息:数学教育改革已进入了常态化这样一个新的阶段。

改革的常态化当然不应被理解成要求的降低,而是对于数学教育工作者提出了更高的要求,特别是,就当前而言,我们不仅应当十分重视"新课标"的学习和落实,也应从更高层面去思考如何能够更有效地促进数学教育的深入发展。

事实上,即使就"新课标"的学习与落实而言,所说的"高层次思考"也有十分重要的意义,而这又不仅是指我们应对 2022 年版的数学课程标准特别是其主要思想有更好的了解,也直接关系到这样一种状态的纠正,即就大多数数学教育工作者特别是一线教师而言,不应始终处于纯粹被动的地位,包括不加思考地接受各种来自专家的思想或主张,而应更加重视自己的独立思考,从而真正成为课改的主体,并为数学教育的进一步发展提供必要的保证,特别是,我们如何能有效避免历史上经常可以看到的"钟摆现象",乃至不断重复过去的错误,却看不到真正的进步!

但是,我们究竟如何才能很好地做到这样一点,特别是,不仅着眼于"新课标"的学习与落实,还能有针对性地开展研究,从而为数学教育的未来发展奠定良好基础? 笔者以为,我们应当很好地突出数学教育的各个基本问题,也即应当围绕这些问题深入地进行分析思考,特别是很好地确定当前的主要工作方向。以下就对此做出具体论述。

一、突出基本问题

以下就是数学教育最基本的一些问题:

（1）我们应当如何认识数学教育的基本目标？特别是，作为整体教育的组成成分，我们应当如何处理"大教育"与数学教育之间的关系？

（2）什么是数学学习与数学教学活动的基本性质或主要特征，它们相对于一般的学习和教学活动又有怎样的特殊性？

（3）教学方法与教学模式是否有"好坏"的区分，在这方面是否有彻底改革的必要？什么又可被看成做好数学教学的关键？

（4）什么是我们应当追求的"理想课堂"，我们又应努力创建一种什么样的"数学课堂文化"和"数学学习共同体"？

（5）什么是数学教师最重要的专业能力？我们又如何能够更有效地实现自身的专业成长？

对此我们并应做出如下的进一步说明：

第一，这或许即可被看成数学与数学教育的一个重要区别：如果说数学进步的一个重要标志就是问题特别是重大问题的提出与解决，那么，数学教育的基本问题就可说具有更大的稳定性与持久性：尽管相关认识也有一个不断发展和深化的过程，但我们不应认为数学教育的各个基本问题现都已经得到了最终的解决。

在笔者看来，这并就是我们如何能够有效地纠正这样一个常见现象的关键，即不应一讲改革就从头开始，却看不到真正的进步，乃至一再地重复过去的错误。

在所说的意义上，数学教育可被看成是与哲学较为接近的，因为，哲学的发展也不应被理解成相应的基本问题已经得到了彻底解决，恰恰相反，哲学的进步往往表现为提供了不同的研究视角。

再者，从同一角度我们也可更好地理解数学教育在 20 世纪七、八十年代的这样一个变化，即研究领域的不断扩展，即如"数学教育的文化研究""数学教育研究的社会转向"等。

当然，这又是哲学与数学教育的一个重要区别：哲学研究具有很强的批判性，新的发展往往意味着与已有传统的决裂或固有认识的颠覆；与此不同，数学教育的发展则有很强的兼容性与连续性。

后者事实上也可被看成一般教育学乃至心理学研究的一个重要特征。例如,尽管对于心理学的现代发展我们可以区分出一些不同的阶段,即如认定认知心理学在20世纪五、六十年代逐步取代行为主义在这一领域中占据了主导的地位,但这不应被看成对于行为主义的彻底否定,恰恰相反,我们仍应明确肯定后者对于这方面认识发展的重要贡献,并很好地加以继承和发展。例如,从教育的角度看,这就包括"教学目标的明确界定,对于结果的高度重视,任务的适当分解,程序化的教学方法,等等"。(威尔逊、迈尔斯,"理论与实践境脉中的情境认知",载于乔纳森,《学习理论的理论基础》,华东师范大学出版社,2000,第57页)

第二,尽管我们应当明确肯定基本问题的稳定性和持续性,但又不应将此看成始终如一、绝对不变的,而应依据教育的整体形势与认识的发展对此做出新的理解或解读,特别是很好地去确定当前的工作方向。正如前面所提及的,这就是我们如何能够更有效地促进数学教育深入发展的关键。

也正是在这样的意义上,笔者以为,这就可被看成关于数学教育基本问题的一个很好比喻:"年年岁岁花相似,岁岁年年花不同。"后者并为我们具体理解研究工作的"基础性、重要性"和"前沿性、先进性"提供了直接启示。

这并是笔者在2011年提出的一个具体主张,即面对课程改革的起起伏伏,广大一线教师应当坚持这样一个基本立场:"立足专业成长,关注基本问题。"(详可见另文"立足专业成长,关注基本问题",《小学数学》[人教社],2010年第3、4期)显然,就其基本思想而言,这也是与我们现今的主张完全一致的,尽管就当时的具体工作而言,主要地又可说集中于"数学教学方法的改革",这是由当时的形势直接决定的。

以下就针对当前形势特别是《数学课程标准(2022)》,对上述各个基本问题做出进一步的分析解读:

(1)我们应当如何认识数学教育的基本目标,特别是,作为整体教育的有机组成成分,我们应当如何处理"大教育"与数学教育之间的关系?

具体地说,我们是否应当将所谓的"三会"看成数学教育的"终极目标",并认定这为我们很好地实现数学教育领域中已有工作(特别是"四基""四能")与

"通过核心素养的培养落实立德树人根本任务"这一整体性教育思想的"有机组合"提供了很好的解决方案?

（2）什么是数学学习与数学教学活动的基本性质或主要特征? 它们相对于一般的学习和教学活动又有怎样的特殊性?

这是我们在当前应当特别关注的一些问题，即如何看待"整合课程"或"跨学科教学"等主张? 以及我们又是否应当"平等地"去看待关于教师工作的这样几个定位："（数学）学习的组织者、引导者与合作者"? 再者，强调学生在学习活动中的主体地位是否就意味着我们应当特别重视所谓的"主题式学习"与"项目式学习"?

（3）教学方法与教学模式是否有"好坏"的区分，在这方面是否有彻底改革的必要? 什么又可被看成我们做好数学教学的关键?

正如前面所提及的，我们应特别重视过去20年的课改实践在这方面为我们提供的启示与教训，即如我们究竟应当如何看待"情境设置"与"做数学"这样两种教学方法，什么又可被看成相关工作应当特别注意的一些问题? 再者，我们又应如何去理解与落实"整体性教学"和"结构化教学"，包括所谓的"（数学）深度学习（教学）"?

（4）什么是我们应当追求的"理想课堂"，我们又应努力创建一种什么样的"数学课堂文化"和"数学学习共同体"?

就当前而言，我们显然又应特别重视这样一点，即如何看待"数学文化"与"数学史在数学教学中的渗透"这样两个新的热点? 再者，我们又是否应当将"帮助学生学会自学，包括通过有效的合作与交流进行学习"看成数学教育的又一重要目标?

（5）什么是数学教师最重要的专业能力? 我们又如何能够有效地实现自身的专业成长?

具体地说，除去一般教师都应具备的基本素养和专业能力，数学教师还应具备哪些特殊的素养和能力? 再者，相对于"教学经验的简单积累"与单纯的理论学习，我们又应如何更好地去处理理论与实际教学工作、教学实践与教学研究之间的关系?

由上述分析我们也可看出：尽管各个基本问题具有不同的涵义，但相互之间也有一定的交叉,这在很大程度上并可被看成是由数学教育的实践性质直接决定的。也正因此,相对于如何能从理论角度对此做出进一步的分析梳理乃至更恰当的区分与表达而言,我们就应更加重视如何能够立足实际工作很好地确定主要的工作方向,并能通过持续的努力,包括认真的总结与深入反思取得切实进步,而不应满足于象牙塔中的纯粹空谈。

显然,由此我们也可更清楚地认识到切实增强"问题意识"的重要性,我们并应通过发现问题、解决问题不断取得新的进步。更一般地说,这也正是我们在学习《数学课程标准(2022)》,乃至实际从事数学课程标准的进一步修订时应当采取的基本立场。

在此笔者愿特别强调这样一点:在大多数情况下,我们都不应刻意地去寻求某种绝对的解答;恰恰相反,由于数学教育的基本问题所涉及的都是深层次的观念或认识,对此往往就没有绝对的"对错"可言,而是应当更加重视很好地处理各个对立面之间的辩证关系,这也就是我们应当坚持的又一基本立场。

以下就从后一立场对上述各个基本问题做出进一步的分析论述,这也就是"坚持基本立场"的主要涵义所在。

二、坚持基本立场

(1)应当如何处理"大教育"与数学教育之间关系,包括很好地确定数学教育的基本目标?

笔者以为,这可被看成做好这方面工作的关键,即我们应当切实抓好"入"和"出"这样两个关键词,并应很好地处理两者之间的辩证关系,后者即是指,我们既应跳出狭隘的专业视角,并从更大的范围进行分析思考,又应切实立足自己的专业深入认识数学教育的主要价值与作用。

正如1.1节中所指出的,依据上述立场我们可清楚地认识以下主张的局限性,即认为我们应将"三会"看成数学教育的"终极目标";与此相对照,我们应当更加重视波利亚的相关主张,特别是这样一点:我们应当努力帮助学生学会各种"有益的思维习惯和常识"。

(2)这应当被看成数学学习的本质:学生数学水平的提升主要是一个不断优化的过程,并主要依赖后天的学习,更离不开教师的直接指导;进而,如果我们认定数学学习的主要目标应是促进学生思维的发展,那么,作为数学教学和学习活动的具体分析,我们就应很好地突出"引"和"思"这样两个关键词,这也就是指,相对于"学"与"教"这一普遍性的论述,我们应将此看成数学学习与教学活动的主要涵义。

后者也可被看成"双主体"这一基本教学思想在数学教学中的具体体现,也即我们应当同时肯定教师在教学中的主导作用与学生在学习活动中的主体地位。在笔者看来,这也为我们很好解决上面所提及的各个具体问题指明了努力的方向,特别是,相对于所谓的"整合课程"或"跨学科学习"而言,我们应当更加重视这样一个辩证的发展过程,即由"无专业"转向"专业化",以及对于"专业化的必要超越"。笔者以为,这也可被看成数学的历史发展,特别是数学在古代中国的实际发展过程给予我们的重要启示或教训:如果脱离专业学习去强调不同学科的整合,我们就很可能重新回到"无专业"这样一种原始的状态,而这当然不能被看成真正的进步,甚至应当被看成实实在在的倒退!

(3) 这可被看成新一轮数学课程改革给予我们的一个重要启示或教训,即在教学方法的问题上应当采取多元化与开放的立场,也即应当鼓励教师针对具体的教学环境、教学对象与教学内容,包括自身的个性特质,灵活地应用各种方法和模式,这并集中体现了教学工作的创造性质。

作为这方面的更高要求,我们又应十分重视如何能够超出具体知识与技能的掌握,并从更高层面进行分析思考,包括我们如何能够超出各个特定内容实现整体的把握。正如1.1节中所提及的,对此我们也可做出如下的概括:我们应由具体的数学知识和技能的学习深入到思维的层面,由具体的数学方法和策略过渡到一般性的思维策略与思维品质的提升,我们还应帮助学生由主要是在教师(或书本)指导下进行学习逐步转变为学会学习,包括善于通过同学间的合作与互动进行学习,从而真正成为学习的主人。这也正是笔者倡导的"数学深度教学"的主要涵义(对此可见另著《数学深度教学的理论与实践》,江苏凤凰教育出版社,2020)。

也正是基于这样的认识,笔者以为,我们可将教学活动的"深"和"浅"看成判断一项数学教学工作成功与否的一条重要标准,包括进一步去研究何者又可被看成我们做好数学教学的关键。这也正是第二、三章的直接主题。

(4) 无论是所谓的"数学文化"或是"数学史在数学教学中的渗透",都可被看成清楚地表明了适当拓宽视野的重要性,后者也正是国际数学教育界在20世纪八、九十年代的主要发展趋势,特别是,除去各种"显性的成分"以外,我们也应高度重视那些看不见但又对于学生的数学学习具有重要影响的因素或方面。当然,相对于盲目地去追随潮流,我们又应切实提高自己在这一方面的自觉性,这并可被看成后者的一个重要涵义,即在强调"拓宽视野"的同时,我们也应高度重视"必要的聚焦",这也正是国际数学教育界通过已有工作的总结与反思在20世纪90年代提出的一个明确主张。

不难想到,我们对于"数学教育基本问题"的强调也可被看成后一立场的具体体现,特别是,我们应很好地突出这样两个问题:我们究竟应当如何认识数学教育的基本目标? 什么又可被看成数学学习与教学活动的基本性质和主要特征?

更一般地说,上述分析显然也已清楚地表明了"文化自信"的重要性,特别是,我们决不应在不知不觉之中陷入妄自菲薄这样一个完全错误的立场,即如认为我们应当完全按照西方的模式从事数学教育改革,并对我国的数学教育传统采取完全否定的立场。当然,作为问题的另一方面,我们又应努力做到"文化自觉",既不应妄自菲薄,也不应盲目自大,在充分肯定已有成绩的同时,也能清楚地看到存在的问题,并能通过进一步的工作,包括很好地吸取国际上的相关经验与教训(以及适当的整合),不断取得新的进步。对此我们也将在第五章中做出进一步的分析论述。

在笔者看来,这也正是我们在"走向世界"时应当采取的基本立场,特别是,应高度重视中国数学教育在这些年中取得的成绩,包括认真的总结与反思。(对此可见本章末的附录一)

(5) 我们既应高度重视自身的专业成长,也应从更高层次更好地认识教师工作的意义与责任,并能很好地落实于自己的日常工作。就这方面的具体工作而言,我们还应特别重视理论与实践之间的辩证关系,努力做好"理论的实践性解读"与"教学实践的理论性反思和总结",并应通过这一途径将教学工作与教学研究很好地结合起来。

容易想到,这也正是我们在学习与落实《数学课程标准(2022)》时应当坚持的又一基本立场。

最后,由上述分析我们显然也可看出充分发挥辩证思维对于实际工作指导作用的重要性。这也正是 1.3 节的直接主题。

三、"课程"视角的可能局限性

不同于先前的分析,以下我们将从另一角度指明课程标准的局限性,这也有助于我们更好地认识深入研究"数学教学的关键"的重要性。

具体地说,如果说 1.1 节的讨论主要可被看成是围绕这样一个问题展开的,即所谓的"三会"能否被看成为我们很好地落实课标修订工作所应努力实现的"继承与发展"这样一个要求,特别是对于数学教育基本目标的清楚界定提供了正确解答,那么,我们在此所关注的就不只是《数学课程标准(2022)》的评价,而是各个版本的数学课程标准共同涉及的这样一个问题,即作为数学教育的指导性文件,突出强调"课程"的视角是否也有一定的局限性?

由以下的比较读者即可对于什么是笔者在此的主要关注有更好的了解:作为数学教育(以及其他学科教育)的指导性文件,我国在先前采取的都是"教学大纲"这样一个形式,只是在 2001 年新一轮课程改革实施以后才改而采取了"课程标准"这样一种新的形式。当然,对于所说的变化我们或许可以归结为"名称"的简单变化,但笔者看来,我们又应进一步去思考"名称"的变化是否也可能导致一些实质性的变化,特别是,对于"课程"的视角的突出强调是否也可能有一定的局限性,或者说,所说的"课程标准"是否能够很好地承担起这样一个重任:"义务教育课程规定了教育目标、教育内容和教学基本要求,体现国家意志,在立德树人中发挥着关键作用。"(《义务教育数学课程标准(2022 年版)》,同前,第 2 页)

毋庸讳言,我们在这一方面也可清楚地看到国际数学教育界在 20 世纪 90 年代普遍开展的"课标运动",特别是美国数学教师全国委员会(NCTM)颁发的《学校数学课程与评价标准》(Curriculum and Evaluation Standards for School Mathematics, 1989)的重要影响,还包括这样一点,即使在今天我们也可从同一角度更好地理解《数学课程标准(2022)》为什么要做出这样一项变化,即除去这方面的传统内容以外,又要专门增加"学业质量"这样一项内容。因为,正如《学校数学课程与评价标准》这一名称所清楚表明的,单纯从"课程"的角度进行分析不能覆盖教育工作的所有方面,特别是,我们应将如何对"学生在完成课程阶段性学习后的学业成就"做出评价这一内容也包括在内。

但是,即使做了这样的补充或扩展,包括对于课程标准的性质和作用提出了明确要求,也即清楚地指明我们应将"教育目标、教育内容和教学基本要求"这样几个方面都包括在内,笔者以为,突出强调"课程标准"仍有一定的局限性,因为,"课程"的视角直接决定了我们应当如何去从事课程标准相关内容的选择与编写方式。

具体地说,无论自觉与否,这是人们在撰写课程标准时自然会采取的一个基本路径,即围绕"课程"这一主题来进行论述,也即认为我们应当逐一地对于以下各个论题做出分析论述:"课程性质""课程理念""课程目标""课程内容""学业质量""课程实施";进而,尽管其中已直接涉及"教育目标"这一重要的论题,但与"课程内容"相比,其中关于"教学基本要求"的论述显然要薄弱得多,从而也就可能造成一定的消极后果。

为了更清楚地说明问题,在此还可对上述做法与人们在先前经常论及的"三论"做一简单比较。具体地说,这正是我国数学教育工作者经由长期的研究和实践逐步形成的一项共识,即认为数学教育理论主要应当包括这样三项内容:"数学课程论""数学教学论"和"数学学习论"。(详可见曹才翰、蔡金法,《数学教育学概论》,江苏教育出版社,1989)当然,正如相关人士也已认识到了的,所说的"三论"并不能被看成已经包括了所有相关的内容,特别是,正如前面所提及的,我们应当将"数学教育目标"的分析看成"三论"的共同基础;但是,由此我们仍可清楚地认识到这样一点:对于"课程"视角的强调容易导致对于"数学教学"和"数学学习"的重视不够,相关分析自然也不容易达到应有的深度。

还应提及的是,这事实上也应被看成"继承性工作"十分重要的一个方面,即对于过去这些年中围绕数学教学所提出的各项主张,以及相关实践的认真总结和反思,包括我们又如何能够清楚地去指明什么是这一方面进一步工作应当特别重视的一些方面和问题。例如,我们究竟应当如何看待新一轮课程改革实施以来特别倡导的一些教学方法? 我们又应如何很好地认识"问题引领""单元整体性教学"等在实践中得到人们普遍重视的新的教学方法,包括什么又是相关实践应当特别重视的一些问题? 显然,从这一角度我们也可更清楚地认识到《数学课程标准(2022)》在这一方面的局限性,因为,相关工作显然不应停留于对于教学方式与学习方法"多元性"的简单肯定,或是对于某些教学方法或教学环节的特别提倡,即如"单元整体教学设计""情境设计与问题提出""跨学科主题学习(包括'主题活动'和'项目学习')""信息技术与数学教学的融合"等。因为,即使就已提到的这些方面而言,我们也只有通过更深入的分析研究,包括实践工作的认真总结和反思才能真正做好。另外,所有这些工作显然又都应当以我们关于数学教学与学习活动基本性质和主要特征的认识作为重要的依据,这并就是相关分析是否达到了应有深度的主要涵义。

具体地说,正如前面已提及的,作为数学教学活动的具体分析,相对于"有效的教学活动是学生学和教师教的统一……教师是学习的组织者、引导者与合作者"(《义务教育数学课程标准(2022年版)》,同前,第3页)这样的一般性论述,我们应更加强调"思"和"引"这样两个关键词,即应当将此分别看成数学学习与教学活动的主要涵义;进而,这又应被看成数学学习的本质所在:这主要是一个不断优化的过程,并主要依赖于后天的学习,更离不开教师的直接指导。

当然,我们也应明确肯定学生在学习活动中的主体地位,这并清楚地表明了"总结、反思与再认识"对于数学学习的特殊重要性;再者,我们又应将"引导者"看成教师工作的主要定位,后者并包含这样两个不同的方面,我们不仅应当致力于提升学生的思维品质,即帮助他们通过数学学习逐步学会思维,还应十分重视如何能够通过自己的教学,包括整体性"课堂文化"的创设努力培养学生的理性精神,尽管后者主要又应被看成一种潜移默化的影响。

不难想到,上述分析事实上也直接涉及数学本身的特征与主要功能,特别是,数学主要应被看成"思维的科学",更可被看成"理性文化"的集中体现。(对此我们也将围绕"数学教学的关键"在以下做出具体的分析论述)

显然,与单纯的"课程设计与实施"相比,上面所提及的各个问题与广大一线教师的日常工作具有更加密切的联系,从而也就更清楚地表明了这样一点,即作为数学教育的指导性文件,我们应当对于数学教学给予更大的重视。

在此笔者愿特别强调这样一点:为了促进这方面认识的发展与深化,我们不仅应当十分重视各种新的教学思想和教学主张的学习和分析,也应高度重视这样一项工作,即我们如何能够做好"化多为少,化复杂为简单",也即应当认真地去研究何者可以被看成做好数学教学的关键,并能通过持续努力很好地加以落实。这也正是第二、三章的直接主题。

最后,应当提及的是,强调"课程"的视角当然也有一定优点。例如,在笔者看来,这就可被看成《数学课程标准(2022)》的一个重要进步,即对于"课程内容组织结构化"的突出强调,这并应被看成强调从"课程"的角度进行分析的一个直接结果。对此我们将在 2.3 节中联系"数学教学的整体性"做出具体的分析论述,包括我们究竟又应如何理解这里所说的"结构化"。

再者,为了切实提升自身在这一方面的自觉性,笔者又愿特别提及这样一点:无论就所谓的"教学大纲"或是"课程标准"而言,我们都应特别注意防止这样一个现象,即对于"规范性"的过分强调,即如认为教材的编写必须"以纲为本",教师的教学则必须"紧扣教材",学生又必须老老实实地跟着老师去学,特别是,应牢固地掌握教师授予的基础知识和基本技能。因为,作为"一层卡一层"的直接结果,所有相关人员,包括教师和学生的积极性和创造性必然都会受到严重的压制,而这当然是与教学工作的基本性质和主要目标直接相抵触的。(对此可见另文"文化视角下的中国数学教育",《课程、教材与教法》,2002年第 10 期;英文译稿["Mathematics Education in China: From a Cultural Perspective"] 则 可 见《Mathematics Education in Different Cultural Traditions-A Comparative Study of East Asia and the West》, ed. by F. Leung & K-D. Graf & F. Lopez-Real, Springer, 2006)

更一般地说,无论就《数学课程标准(2022)》的学习与落实,或是数学课程改革的进一步发展而言,我们都应当将广大数学教育工作者特别是一线教师看成真正的主体,而不应将他们置于完全被动的地位!

1.3 数学教育与辩证思维

一、辩证思维指导的两个层次

数学教育领域中曾有一位教授对笔者做过这样的评论:"郑毓信不就是会讲点辩证法吗!"这一评价有一定道理,因为,这确是笔者的一个思维习惯,就是以辩证的观点看待事物和现象。从大处讲，这不仅可以被看成辩证唯物主义哲学的重要特征，也是中国传统文化的一个重要内涵，即特别重视对立面的适度平衡："一阴一阳谓之道。"

当然，辩证法的应用事实上也不简单，这更可被看成哲学思维的又一重要特点，即强烈的批判性。在这一点上我们并可看到辩证思维与"中庸之道"的重要区别，以及关于相关工作的这样一个要求，即我们不应停留于"对立统一"等基本规律的简单应用，乃至纯粹的"空话""套话"，而应通过具体分析促使人们更深入地进行思考，特别是，能很好地弄清前进的方向。

由于深刻性也是数学思维的一个重要特点，并不可能单纯依靠反复实践和简单的经验积累得到实现，因此，作为数学教育工作者，如果我们希望在工作中实现更大的自觉性，就应认真地思考在数学思维与哲学思维之间有哪些共同点，又有什么重要区别？另外，从教育的角度看，以下的现象显然也应引起我们的高度重视："别的什么家多多益善，数学家和哲学家则是越少越好。""因为这两样东西能让人越学越糊涂，若能越学越明白就是万幸。"（宗璞语，引自《野葫芦引》）

由以下实例读者即可对上述论点有更好的理解：

第一，作为对数学教育基本性质的分析，这是一个公认的事实，即数学教育同时具有一定的数学性质和教育性质。也正因此，我们应注意防止与纠正这样两种片面性的做法：其一，只是强调了数学教育的教育属性，也即满足于将一般性的教育理论简单应用到数学教育领域，却忽视了还应针对数学教育的特殊性做出进一步的分析研究。例如，这不仅直接涉及我们作为数学教育工作者应当如何很好地落实"核心素养说"，还包括一般意义上的"深度学习"。其二，局限于从单一学科的角度进行分析，却忽视了还应跳出所说的范围采取更大的视角。例如，在笔者看来，无论是对于"数学地思维"或是所谓的"三会"的片面强调都表现出了这样的倾向，还包括这样一个论点："数学可以被看成数学教育的本质。"

上述分析显然也已更清楚地表明了辩证思维对于实际工作的指导意义，

特别是,相对于"很好地处理数学与教育之间的辩证关系"这一普遍性的论述,我们应当更加重视如何能够针对现实情况很好地弄清什么是当前的主要工作方向,包括相关实践应当特别重视的一些方面或问题,从而切实发挥理论对于实际工作的指导或促进作用。

例如,作为数学教育工作者,我们显然就不应满足于简单地去复述"核心素养"的"3 个方面、6 大要素、18 个基本要点",乃至通过逐条对照去发现每一堂课的不足之处与努力方向,而应深入思考数学作为一门基础学科对于提升个人与社会的整体性素养究竟有哪些特别重要甚至是不可取代的作用,并能通过"理论的实践性解读"很好地落实于自己的每一天工作、每一堂课!

进一步说,我们又应切实抓好"入"与"出"这样两个关键词,也即既应通过具体数学知识和技能的教学帮助学生很好地了解隐藏在其背后的数学思想和数学思想方法,并能做到真正的理解与欣赏,同时又应超越具体的数学方法和策略过渡到一般性的思维策略,也即应当更加重视提升学生的思维品质。

应当提及的是,后者事实上也可被看成以下论述的核心所在,即我们的"解题教学"不应停留于"就题论题",而应进一步上升到"就题论法"和"就题论道"。(王华语)再者,从文化的角度看,这也就是指,我们不应满足于"数学文化"的了解与适应,包括理解和欣赏,还应坚持"以我为主,为我所用",特别是,应由"帮助学生学会数学地思维"过渡到"通过数学学会思维",也即应当努力提升学生的思维品质,并能由理性思维逐步走向理性精神。

第二,就我们应当如何处理理论与教学实践之间的关系而言,也可区分出两个不同的层次。

(1)对于各种片面性立场的明确反对。后者既包括所谓的"理论至上",也即唯一地强调理论对于实际教学活动的指导意义,还包括"狭窄经验主义",也即满足于教学经验的简单积累,却没有认识到应当从理论高度对此做出进一步的分析研究,从而就不仅能够有更好的理解,也能取得"举一反三"的效果,即"用具体的例子说出普遍性的道理"。

(2)我们还应针对现实情况进一步去研究什么是当前应当特别重视的一些问题。例如,从宏观的角度看,所谓的"高高在上"就是"由上至下"的改革应当很好防止的一个弊病;另外,就一线教师而言,我们则又应当特别重视"理论的实践性解读"与"教学实践的理论性反思"。

我们并可将"案例分析"看成这方面工作的一个重要切入点。正如著名学者、20世纪80年代以来教学和教师教育的领军人物舒尔曼所指出的:"案例最吸引人的地方莫过于它是存在于理论与实践、想法与经验、标准的理想与可实现的现实之间的情境。"以下更可被看成我们如何能够做好案例分析的关键:"案例的组织与运用要深刻地、自觉地带有理论色彩。""没有理论理解,就没有真正的案例知识。"(舒尔曼,《实践智慧——论教学、学习与学会教学》,华东师范大学出版社,2014,第391、142、144页)

第三,就具体的教学工作而言,所谓的"双主体性"可以被看成一个公认的观点,也即我们既应很好地发挥教师在教学活动中的主导作用,也应很好地落实学生在学习活动中的主体地位。

正因为此,我们在现实中也就应当注意防止与纠正这样两种片面性的做法,即或是仅仅强调了教师的指导作用,或者只是强调了学生的主体地位。再者,这又是改革中容易出现的一个倾向,即对于"以学为主"的片面强调,乃至将"主动探究"或"再创造"看成学生学习数学的主要方法。对于后者我们将在第四章中做出具体的分析论述。

当然,相对于"很好地处理教与学之间的辩证关系"这一普遍性认识而言,我们也应进一步去思考如何才能很好地加以落实。例如,从后一角度我们就可更好理解"问题引领"的重要性。当然,在此我们也应特别重视数学学习和教学活动的特殊性。(详可见2.2节)

更一般地说,正如前面所已提及的,如果我们认定数学教育的基本目标应是促进学生思维的发展,那么,相对于"教和学的辩证统一"这一普遍性的论述,以下的概括就是更加恰当的:"引"和"思"。这也就是指,我们应将"引"和"思"的对立统一看成数学教学的主要矛盾(图1-3-1):

教师的主要作用 ◄------► 学生的主要活动

引　　　　　　　　思

图 1-3-1

简言之,如果说人们在先前往往比较注重教学工作的"实""活""新"(周玉仁语),那么,我们在当前就应更加强调一个"深"字,也即应当通过数学教学努力促进学生思维的发展,或者说,应当"以深刻的思想启迪学生",从而帮助他们达到更大的思维深度,并能努力提升他们的思维品质。

二、聚焦数学教学

以下再针对具体的数学教学活动对我们应当如何很好地发挥辩证思维的指导作用做出进一步的分析论述。

首先,由简单回顾我们可更好地认识哲学的批判性质及其现实意义:由于对教学方法改革的突出强调正是我国新一轮数学课程改革在开始阶段的一个重要特征,特别是对于情境设置等"新的"教学方法的大力推荐,乃至在一段时期内出现了"形式主义"泛滥的现象,即如用方法的"新旧"完全取代了"好坏"的分析,乃至将教学方法的改革看成教师是否具有改革意识的主要标志,因此,这就是理论研究在当时应当发挥的一个重要作用,即应当及时地指明上述做法的错误性。又由于这可被看成我国历次教育改革的一个通病,即每次都从头开始,乃至不断地重复过去的错误(尽管其具体表现形式可能有所不同),因此,相关总结也就具有普遍的意义,并应获得人们更大的重视。

从教学方法的角度看,这主要是指:

数学教学不应只讲"情境设置",却完全不提"去情境"。

数学教学不应只讲"动手实践",却完全不提"活动的内化"。

数学教学不应只讲"合作学习",却完全不提个人的独立思考,也不关心所说的"合作学习"究竟产生了怎样的效果。

数学教学不应只提"算法的多样化",却完全不提"必要的优化"。

数学教学不应只讲"学生自主探究",却完全不提"教师的必要指导"。

数学教学不应只讲"过程",却完全不考虑"结果",也不能凡事都讲"过程"。

更一般地说,我们应明确肯定教学工作的创造性质,因为,适用于一切教学内容、对象与环境(以及教师个性特征)的教学方法和模式并不存在,各种教学方法与模式也必定有一定的局限性,正因为此,与唯一强调某些教学方法或模式相对照,我们应更加提倡方法与模式的多样性,而不应以方法的"新旧"代替方法的"好坏",并应鼓励教师针对具体情况创造性地加以应用。

当然,除去教学方法的改革以外,我们还应从更广泛的角度对新一轮数学课程改革做出总结和反思,由此我们也可更好地理解辩证思维对于成功实施课程改革的特殊重要性。(对此可见另文"数学教育改革十五诫",《数学教育学报》,2014年第3期,1－7)

其次,由于上述认识随着时间的推移已在一定程度上成了人们的共识,因此,我们又应针对现实情况做出进一步的研究,从而更好地发挥辩证思维对于实际工作的指导作用。

具体地说,尽管我们不应将此主要归结为数学课程标准的指导或影响,教育的进步仍然不可避免。就小学数学教育而言,这主要是指人们现已由主要关注教学方法等"显性成分"转向了更深层次的思考,由单纯的"一课教学"转向了"整体观念指导下的数学教学",由关于"三维目标"的一般性论述聚焦到了"努力促进学生思维的发展"。(附录一)也正因此,我们在现时就应特别重视这样两个问题:

第一,"深"和"浅"。

上面已经提到,对于"深度教学"的高度重视可被看成数学教学在当前的主要努力方向,这也就是指,数学教学应当超越具体知识和技能深入到思维的层面,由具体的数学方法和策略过渡到一般性的思维策略与思维品质的提升,我们并应帮助学生由在教师(或书本)指导下进行学习逐步转变为学会学习,包括善于通过同学间的合作与互动进行学习,从而真正成为学习的主人。

我们并可借助已提到的"入"和"出"这样两个关键词对此做出进一步的说明,特别是,我们究竟应当如何处理数学知识的学习与学生思维发展之间的关系?具体地说,我们既应努力实现对于知识学习的必要超越,同时又应防止完全脱离知识的教学而陷入纯粹的空谈,也即应当将努力促进学生的思维发展这一目标很好地渗透、落实于具体数学知识的教学。

就当前而言,我们并应特别强调这样几个方面:(1)"联系的观点"与思维的深刻性。(2)"变化的思想"与思维的灵活性。(3)"再认识"与思维的自觉性。对此我们将在第三章中做出具体的分析论述。

第二,"内(隐)"与"外(显)"。

对此也可从几个不同角度做出具体分析。

(1)"做"与"思"。正如人们现已普遍认识到了的,即使就小学数学教学而言,我们也不应停留于"动手实践",而应通过"动手"促使学生积极地动脑。用皮亚杰的话来说,也即应当高度重视"活动的内化"。

我们也可从同一角度对当前经常可以听到的以下主张做出具体分析,即对于"数学活动"的突出强调,也即认为我们主要地应让学生通过"做数学"来学习数学。具体地说,我们不仅应当高度重视"以做促思",还应很好发挥教师在这一方面的指导作用。

(2)思维活动的显(外)化。这是促进思维发展又一十分重要的方面。例如,从这一角度我们可以很好地认识到"画数学""说数学"的重要性。当然,后者又不应局限于简单的直观图和日常语言,而应有一个不断发展和提升的过程,即如"概念图""流程图"与符号语言的学习和应用。

由以下论述我们可在这一方面获得重要的启示,尽管其所直接论及的只是"编程思维":"通过把原本抽象的程序具象化,我们可以对其进行全局审视和局部聚焦,不断地进行修改和完善……如果一个想法只是装在我们的脑子里,我们往往会认为自己对它足够熟悉,而很少会对它进行不同角度的审视和思考,也就很难发现其中的问题和缺陷。可是一旦把它写出来("画出来"——注),我们就能梳理清楚它的结构脉络,仔细斟酌并完善其中的每个细节。在这个过程中,我们还可以让更多的人加入进来,利用集体的智慧来避免个人认知和视角的局限。"(张砷镓,"学编程,到底有什么用?",《福建教育》,2019 年第 40 期,28 - 30)

从同一角度我们显然也可更好地理解"数形结合"的重要性。

(3)注重"看不见的成分",也即应当清楚地认识各种隐性成分对于数学学习和教学活动的重要影响。

从微观的角度看,这就是指学生和教师的观念和信念,相关研究可被看成数学教育现代研究的一个热点;与此相对照,以下的建议则采取了宏观的视角,也即我们应当高度重视"数学课堂文化"的建设,后者当然也应被看成一种"看不见的成分"。

具体地说,我们应当努力创建这样一种"数学课堂文化":"思维的课堂,安静的课堂,互动的课堂,理性的课堂,开放的课堂。"(详可见 5.3 节)当然,除去所已提及的各个方面以外,课堂教学应当说还涉及更多的对立环节,即如热闹与冷静、独立思考与互动、思维与精神、规范与开放……这显然也就更清楚地表明了辩证思维的重要性。

(4) 形式与直觉。尽管以下论述是针对艺术而言的,借此我们仍可清楚地认识"形式"的重要性,包括我们又应如何理解数学中经常提到的"直觉",对此我们为什么又应与一般所谓的"直观"做出明确的区分:

①"美的形式的组织,使一片自然或人生的内容自成一独立的有机体的形象,引导我们对它能有集中的注意、深入的体验。""美的对象之第一步需要间隔。"这大致地就相当于"思维的外化或显化",还包括数学中经常提到的"模式化"。②"美的形式之积极的作用是组织、集合、配置。一言蔽之,是构图,使片景孤境能织成一内在自足的境界,无待于外而自成一意义丰满的小宇宙,启示着宇宙人生的更深一层的真实。"从数学的角度看,这就意味由各个孤立的"模式"过渡到了整体性的"结构"。③"形式之最后与最深的作用,就是它不只是化实相为空灵,引人精神飞越,超入美境;而尤在它能进一步引人'由美入真',探入生命节奏的核心。世界上唯有最生动的艺术形式……最能表达人类不可言、不可状之心灵姿式与生命的律动。"显然,这也正是诸多数学家何以将数学看成一种艺术的主要原因。(宗白华,《美从何处寻》,江苏教育出版社,2005,第 107~108 页)

最后,应当强调的是,上述分析事实上也可被看成为"什么是数学教学的关键"提供了大致解答,尽管这并不能被看成已经穷尽了所有重要的方面。例如,数学教学显然也应特别重视学生学习能力的培养,这样就能由主要是在教师指导下进行学习逐步转变为主要凭借自己的努力,包括同学间的合作互动进行学习,从而真正成为学习的主人。显然,从辩证思维的角度看,这也就是指,我们在教学中应很好地去处理"放"与"收"之间的关系,后者既是指教学的开放性与规范性之间的辩证关系,也包括"多元性"与"优化"之间的辩证关系等等。对此我们也将在第三章中做出具体的论述。

另外,除去围绕数学教学进行分析以外,我们显然也可围绕"课程"这一主题做出同样的分析,尽管这两者之间应当说也有很多的共同点。例如,在笔者看来,我们就可从这一角度更好地去理解《数学课程标准(2022)》中的这样一段论述:"课程内容组织……(应当)重视数学结果的形成过程,处理好过程与结果的关系;重视数学内容的直观表述,处理好直观与抽象的关系;重视学生直接经验的形成,处理好直接经验与间接经验之间的关系。"(《义务教育数学课程标准(2022 年版)》,同前,第 3 页)当然,这也不应被看成已经穷尽了所有重要的方面。例如,除去上面已提到的"深与浅""内与外""放与收"以外,这显然也是"课程内容组织"应当特别被重视的又一方面,即我们应当如何很好地处理"整体与局部"之间的辩证关系。对此我们也将在第二章中联系"整体观念指导下的数学教学"做出具体的分析论述。

再者,我们显然也可从同一角度对其他一些问题做出具体研究,即如一线教师应当如何更有效地实现专业成长,理论研究者又应如何更好地从事自己的研究工作,等等。以下就是这方面的两个简单建议:

(1)为了更有效地实现自身的专业成长,除去理论与实践之间的辩证关系以外,一线教师也应十分重视如何能够很好地处理以下一些关系:教学工作与教学研究,方法、能力与观念,个体与群体等。这也就是笔者何以提出"做具有哲学思维的数学教师"这一建议的主要原因,即希望广大一线教师能够努力提升自身在这一方面的自觉性。

(2)作为理论研究者,除去方法的学习和应用以外,我们也应努力提高自身的理论水准,并应立足实际教学去开展研究,也即应当切实增强研究工作的针对性。

具体地说,这就是笔者在这方面的具体建议:"深入课堂,关注教学;重视理论,加强研究。"希望也能引起读者特别是年轻朋友的足够重视。

我们将在第四章中对于上述论题做出进一步的分析论述。

附录一　中国小学数学教育:回顾与展望[①]

这是笔者近期阅读的一篇综合性报道,即"继往开来的中国小学数学教育——小数会受邀参加国际数学教育大会综述"(崔海江,《小学教学》,2021

[①] 本文由笔者在《小学数学教师》2022 年第 1 期上发表的同名文章压缩而成。

年第 11 期,18 - 19),并因此而引发了这样一个思考:究竟什么可以被看成中国小学数学教育界在过去这些年中,特别新一轮数学课程改革实施以来的主要变化与进步? 当然,这一问题的重要性不只是为了让外国同行更好地了解中国小学数学教育的现实情况,而是通过总结、反思和再认识能够更有效地促进中国小学数学教育以及数学教育事业的整体发展,特别是,能很好地弄清前进的方向。

在笔者看来,中国小学数学教育的近期发展主要有这样一些特点:

第一,促成变化特别是进步和成绩的主要原因,并非来自专家的各种理论思想,包括各个版本的数学课程标准,而应主要归功于一线教师的积极探索与深入研究,这可被看成一线教师在这些年中经历的一个重要变化,即由课改初期普遍缺乏独立思考转而表现出了更大的自主性和自信心。

正如以下论述所表明的,我们并应清楚地看到上述变化对于小学数学教育未来发展的重要意义,尽管相关作者主要是针对小学语文而言的:"培养广大普通教师的专业自信,是中国小学语文的希望和出路。"(胡亨康,《评课:对话的艺术》,福建人民出版社,2020,第 7 页)

以下就是这方面的一些实例:

[例 1] **"教育变革的最终力量"(潘小明)。**

"新课程改革进行到现在,专家们众说纷纭,我们也莫衷一是。还好,真正每天在教室里和新课程打交道的,站在讲台上能够决定点什么的,和孩子们朝夕相处的,还是我们一线教师,而教育变革的最终力量可能还是我们这些'草根'。"

[例 2] **"比小学数学课堂教学目标更重要的是什么"(俞正强,《人民教育》,2017 年第 10 期,55 - 58)。**

在此我们所关注的主要是一线教师对于各个版本的数学课程标准倡导的各种理论思想的真实感受:

"我是 1986 年参加工作的……当时的教学目标称为'双基',即基本知识,基本技能……

"到了2000年左右,新课程改革了……改革的显著之处在于将'双基目标'改为'三维目标'……于是,我努力将自己的教学目标调整为'三维目标'。可是,从此我发现,写教案的时候,我已经不会写教学目标了。因为我发现每节课都有特定的基本知识、基本技能,却很难区分出每节课的思想方法。当思想方法成为教学目标的时候,发现上节课也这样,下节课也这样。更痛苦的是,实在不知道这节课的情感态度价值观与上节课有何不同……就这样迷茫了,在迷茫中努力地教学……

"到2010年,好像又修改了,三维目标还是不对。作为一个一线数学教师,很认真地接受新的'四基目标'……让我抓狂的是基本经验,不知道如何去落实……教师们看我一脸困惑的样子,告诉我:教书啊,别想那么多……

"……从2016年开始,'四基目标'好像又不大重要了,代之以'数学核心素养'。因此,讨论环节有位专家问我:'你这节课,培养了什么核心素养?'我当时就被问蒙了……尽管课上成功了,大家也认为上得挺成功的,但面对这个问题,我真的不知从何说起。"

第二,教师专业水平的普遍提升可以被看成中国小学数学教育在这些年中取得的最重要进步,后者主要地又不是指有诸多优秀教师提出了自己相对独立的教学主张或教学思想,而是教师水平的普遍提升,包括已提到的这样一点,即一线教师普遍表现出了更多的独立思考,而不是盲目地去追随潮流或各种时髦的口号。

由一线教师在当前的主要关注我们即可对此有更好的了解:

(1)如果说这正是课改初期的一个明显迹象,即一线教师在谈到教学工作时,首先想到的往往是教学方法的改革,特别是情境设置、动手实践、(学生)主动探究等"新的"教学方法,这一趋势还可说延续了相当长的一段时期,尽管其表现形式可能有所不同,即如由主要关注"教学方法"转向了"教学模式",那么,人们在当前的主要关注已由教学的"显性方面"转向了更深层次的思考,也即什么是做好数学教学的关键,我们又如何能够将此很好地应用、落实于自己每一天、每一堂课的教学。

例如,所谓的"问题引领"就可被看成这样的一个要素。当然,对此我们又应有正确的理解,特别是,不应将此简单理解成"按学生所提的问题进行教学";恰恰相反,我们应当通过积极的教学实践进一步去研究如何能将这一方面的工作真正做好,特别是,能够很好地处理"生问"与"师问"、"大问题引领"与"问题串设计"之间的关系?(2.2节)

从同一角度进行分析,我们或许也就不应过分地强调这样一个发展,即"学习方式的变革,让启发式、探究式、项目式学习、主题化学习、做中学、用中学、创中学等成为教学常态"。(崔海江,"继往开来的中国小学数学教育——小数会受邀参加国际数学教育大会综述",同前,第18~19页)

(2)与集中于一堂课、一堂课的教学相比,这也是一个重要进步,即人们现已普遍地认识到了用"整体的视角"指导各个具体内容教学的重要性,我们并应在"结构化教学"这一方面做出切实的努力。

这也可被看成数学教育如何能够真正做好"减负增效"的关键,因为,这一方面的努力不仅有助于我们彻底改变现实中经常可以看到的"碎片化教学"以及"题海战术"等错误做法,也有助于我们取得更好的教学效果。当然,后者也直接关系到我们究竟应当如何认识数学教育的基本目标。

进而,在这方面同样也有不少问题需要我们深入进行研究,即如究竟什么是"整体性视角"与"结构化教学"的主要涵义,什么又是这方面工作特别重要的一些方面或环节?(2.3节)

(3)聚焦思维发展。笔者以为,关于数学教育目标的深入思考也是这些年中最重要的一个进展,尽管相关思想并非来自各个指导性的文件,甚至还可说与主流观点有一定的距离,但这确又可被看成人们正在逐步形成的一项共识,即除去数学基础知识与基本技能的教学以外,数学教育的主要任务应是促进学生思维的发展,也即我们应当通过数学教学帮助学生逐步学会思维,对此我们应与"帮助学生学会数学地思维"和所谓的"三会"做出明确的区分。

上述认识与所谓的"数学深度教学"具有直接的联系。当然,作为后者的具体理解,我们又不应停留于相应的一般性论述,特别是"'深'在人的心灵里、'深'在人的精神境界上"这样的空洞论述,而应针对数学教育的特殊性做出更深入的分析,包括切实纠正另一可能的片面性,即将此简单地理解成"在数学上教得更深、更难"。

总之,我们应当坚持这样一个基本立场:既应立足专业进行分析思考,又应注意对于狭窄专业立场的必要超越。

由以下实例读者即可对上面所说的变化有更好的认识:

[例3] "单元整体视角下的小学数学探究性作业的设计"(刘善娜,《教学月刊》,2021年第10期,14-17)。

正如文章的标题所已清楚表明的,尽管其直接论题是"小学数学探究性作业的设计",但作者在此所关注的又主要是我们如何能够很好地发挥"整体视角"在这一方面的指导作用;再者,由作者总结出的以下几个要点我们又可清楚地看出,这里所说的"探究性作业"主要又可被定义为"指向思维发展的探究性作业":思维的显性化——"画数学","说数学";用活动促进思维的发展——"做数学";努力实现思维的深刻化——"联数学"。总之,这里所说的"探究性作业的设计"事实上也可被看成下述方向上的一个具体努力,即我们如何能够通过数学教学努力促进学生的思维发展。

正因为此,这一工作就具有超出"探究性作业的设计"这一特定主题的普遍意义。对此读者只需将上述各个要点与第二、三章中我们关于"数学教学的关键"的分析做一对照比较就可有清楚的认识。

总之,这正是中国小学数学教育在过去20年中的主要变化和进步,即我们的关注点已由教学方法等"显性成分"转向更深层次的思考,由单纯的"一课教学"转向"整体观念指导下的数学教学",由关于"三维目标"的一般性论述聚焦到了"努力促进学生的思维发展"。笔者并且有这样一个坚定的信念:只要我们在上述方向做出持续的努力,中国的小学数学教育就一定会取得更快进步,并上升到更高的水平,从而也就可以对于数学教育这一人类的共同事业做出更大的贡献。

第二章

数学教学的关键

这是中国数学教育在这些年中经历的一个重要变化，即人们的关注点已由教学方法等"显性成分"转向了更深层次的思考，特别是，什么可以被看成做好数学教学的关键。2.1 节首先从理论层面对后一论题的重要性进行了论述，包括什么又应被看成这方面工作应当坚持的基本立场。2.2 节至 2.4 节提供了数学教学若干关键性环节的具体分析，包括"问题引领""整体性观念的指导"与"教师的必要示范与评论"。对于这一论题我们还将在第三章中围绕"深度教学"这一主题做出进一步的分析论述。

2.1　论题的重要性与研究的基本立场

一、为什么应当特别重视"数学教学的关键"的研究

相关人士曾以学生为对象进行过这样一项调查（魏光明）："当你看到'数学'这一词语时，首先想到了什么？"以下就是调查的具体结果：76％的学生想到的是"计算、公式、法则、证明"；20％的学生想到的是"烦、枯燥、没意思、成绩不好"；只有 4％的学生提到了"数学使人聪明、有趣、有用"。

由上述调查显然可以引出不少结论，但这并非笔者在此的主要关注，而只是愿意以此为背景提出另一相关的问题："作为数学教师，当你看到'数学教学'这一词语时，首先想到了什么？"再者，"在你看来，什么又可被看成做好数学教学的关键？"应当强调的是，即使我们在大学期间所学的就是数学教育专业，并已担任了多年的数学教师，甚至感到自己教得还不错，但如果始终未能认真地思考过上述问题，恐怕就不能被看成已经达到了真正自觉的状态，或者

说,仍有较大的改进或发展余地。当然,上述问题对于刚刚入行的"新手教师"又可说具有特别的重要性,因为,这正是后者的普遍状态,即觉得什么都很重要,什么都应认真地做好,但又往往会感到头绪太多,顾不过来,甚至更因此而一直处于"忙于应付"的状态。更一般地说,无论是新手教师,还是已有多年教学经验的"资深教师",显然都不应停留于"忙、盲、茫"这样一种状态。

正因为此,我们就应特别重视"什么是数学教学的关键"这样一个问题。例如,尽管所使用的词语并不相同,但近年来在国际上兴起的关于"数学教学核心实践"的研究事实上也可被看成同一方向上的一个具体努力。具体地说,这正是由美国数学教师全国委员会(NCTM)组织出版、我国旅美学者和著名数学教育家蔡金法教授担任主编的《数学教育研究手册》的一项重要内容:"K-12数学教学核心实践的研究"。以下就是相关作者对于这一工作重要性的具体说明:"教学中核心实践的研究是一种相对较新又很有前途的,帮助我们理解和改进教学的方式";"将教学分解为核心实践的工作已经有了很大的发展……我们觉得将数学教学研究的讨论建立在核心实践工作的基础上是富有成效的"。(雅各布斯、斯潘格勒,"K-12数学教学核心实践的研究",蔡金法主编,江春莲等译,《数学教育研究手册》,人民教育出版社,2021,下册,203-232,第222、221页)更一般地说,这事实上也正是相关组织与人士何以投入大量时间和精力编撰这一文集的主要目的,即希望能够提供关于"数学教育研究内容系统、简明而详尽的汇总",这也就是指,其中每一章都包含了"关键性的里程碑式的研究主题","着重介绍了相应领域中最新且最为主要的研究发展……作者们对于数学教育每个领域中的研究现状及未来走向都给出了他们的见解"。(序言)显然,这也就更清楚地表明了上述论题的重要性。

具体地说,其中所论及的"数学教学核心实践"事实上就相当于我们所说的"数学教学的关键"。以下就是相关作者关于"核心实践"的一些具体分析:这应是"教学中经常发生的实践",并应具有易学、易用的特点,还应是"新手教师可以掌握的实践,能够让新手教师更多了解学生和教学的实践"。(雅各布斯、斯潘格勒,"K-12数学教学核心实践的研究",同前,第222页)显然,这与我们在前面所提及的基本立场也是完全一致的。

再者,正如以下事实所清楚表明的,这事实上也可被看成中国数学教育深入发展十分重要的一个方面:如众所知,国际上对于中国数学教育的整体评价在这些年中发生了重大变化:"美国前总统奥巴马认为,上海学生的 PISA 数学考试成绩堪比 1957 年的苏联卫星率先上天。……英国教育大臣访问上海,启动中英数学教师交流,BBC 电视台播出数学教育中英对比的专题节目。"(张奠宙,"可以说'中国数学教育崛起'吗?",《中学数学月刊》,2017 年第 1 期,1-2)但是,究竟什么又可被看成中国数学教育为世界同行提供的主要启示与经验呢? 以下就是"中英交流项目"英方领队黛比·摩根女士的相关分析:"英国从与上海的交流项目中学习到的有益经验,可以用'掌握'一词来加以描绘和概括。……在观察上海的数学课堂时,让我们印象特别深刻的是:似乎所有的学生对数学学习各个阶段的不同要求都有很好的掌握。没有学生被落下。这和英国的情况截然相反。"相关人士并对构成"'为了掌握而教'的有效支持策略"做了如下的具体分析:"精心的教学设计、增强课程连贯性、优化教材使用、变式教学、开发'动脑筋'(指'拓展练习'——注)栏目、发展学生对数字事实的熟练程度等。"(黛比·摩根,"英中交流项目———一项旨在提升英国成就的策略",《小学数学教师》,2017 年第 7~8 期,31-35)当然,我们在此仍应深入地去思考这样一个问题:上面的概括是否就可被看成关于"中国数学教学传统"的很好总结,乃至已经包含了数学教学的全部关键?

笔者的看法:尽管这一方面或许也存在"不识庐山真面貌,只缘身在此山中"这样的现象,但这仍应被看成中国数学教育工作者应当很好承担的一项责任,即关于中国数学教育教学传统的认真总结,包括已有的成绩和经验,从而切实提升自身的文化自信,还包括不足之处或努力方向的清楚认识,从而就能在工作中表现出更大的自觉性。显然,这也更清楚地表明了对于"数学教学的关键"做出深入研究的重要性。

在此还应特别强调"抓准关键"的重要性。具体地说,这事实上也可被看成人们认识活动的一个普遍规律,即这不仅是指"由少到多,由简单到复杂",还包括这样一个重要涵义,即我们如何能够通过深入的思考和研究切实做好"化多为少,化复杂为简单"。对此由华罗庚先生的以下论述就可清楚地看出,尽管后者所使用的词语也略有不同:"由薄到厚是学习、接受的过程,由厚到薄是消化、提炼的过程";"经过'由薄到厚'和'由厚到薄'的过程,对所学的东西做到懂,彻底懂,经过消化的懂,我们的基础就算是真正打好了"。(《张奠宙数学教育随想录》,华东师范大学出版社,2013,第100页)

联系数学教育的现实情况我们即可更清楚地认识到切实做好这一工作的重要性。

第一,正如[附录一]中所提及的,相对于新一轮数学课程改革的开始阶段,数学教育领域中的各类人士,特别是一线教师在当前的关注点已经有了很大的扩展和转移。具体地说,如果说课改初期人们在论及应当如何从事数学教学时一定会首先想到教学方法的改革,特别是,认为我们应当用"情境设置""动手实践""学生主动探究"和"合作学习"等"新的"教学方法去完全取代传统的教学方法,那么,现今的情况就已有了很大变化,特别是,人们不仅在教学方法的问题上采取了更加开放的立场,同时也认识到了数学教学事实上涉及更多方面。例如,以下就是现今人们在这一方面经常会提到的一些概念或词语:理解,联系;活动,动手实践,主动探究,主题活动,项目学习,再创造,数学的应用;问题引领,问题解决,问题提出;变式;活动经验,总结、反思与再认识,长时间思考;整体性教学,单元式教学,结构化教学;以学为主,先学后教;合作学习,表达,倾听,交流与互动……

显然,这也十分清楚地表明了加强分析的重要性,特别是,上述这些环节是否都很重要,其中又有哪些可以被看成具有特别的重要性,也即可以被看成我们做好数学教学的关键?

第二,如果说这正是课改初期的普遍现象,即一线教师普遍缺乏独立思考,而是表现出了较大的盲从性,那么,这一情况现也已有了很大的变化:不仅一线教师的思考能力有了很大提高,更有不少教师提出了自己相对独立的教学主张或理论。例如,以下就是近年来在小学数学教育界中具有较大影响的一些思想或主张:"儿童数学教育""大问题教学""化错教学""种子课""学为中心""结构化教学""无痕教学""说理课堂"等等。还是这样一个问题:我们应当如何看待这些理论或教学主张,特别是,这些是否都可被看成具有特别的重要性,或者说,究竟有哪些又可被看成做好数学教学的关键?

显然,我们既应十分重视相关思想或理论的学习,注意分析这对于我们改进教学有哪些新的重要启示,但同时也应注意分析其可能的局限性,包括从总体上做出必要的综合分析,从而切实防止以下现象的再现:"时下,各地课改轰轰烈烈,高效课堂、智慧课堂、卓越课堂、魅力课堂、和美课堂……绚丽追风,模式、范式眼花缭乱。一线教师困惑、苦闷,越发感觉自己不会上课。"(何绪铜,"品味全国大赛,悟辨课改方向",《小学数学教育》,2014 年第 1 期)

为了更清楚地说明问题,我们在此还可特别提及这样一个事实:当前我们在数学教育领域中还可看到一些新的热点,特别是所谓的"创意课堂",即如让学生通过数学魔术、数学游戏、数学绘本、数学折纸和数学戏剧等来学习数学。当然,从更大的范围看,我们则又应当提及这样一些热点,即"数学文化""数学史在数学教学中的渗透""数学深度学习与深度教学"等。但是,我们究竟又应如何看待这些新的创意与热点?!

还应强调的是,这也可被看成过去这些年的课改实践给予我们的一个重要启示或教训,即我们不应盲目地追随潮流,而应坚持自己独立思考。就当前的论题而言,这也就是指,我们决不应盲目地去追随所说的各个热点,而应清楚地认识到这样一点:"热点≠关键"。我们还应通过深入分析切实做好"化多为少,化复杂为简单",也即很好地弄清究竟何者可以被看成我们做好数学教学的关键,从而切实提升自身在这一方面的自觉性。

二、研究的基本立场

那么,我们究竟又应如何去从事所说的研究呢?进而,从一线教师的角度看,什么又是这方面工作应当特别重视的一些问题或方面?以下就对此做出简要论述。

第一,这一方面工作应当坚持这样一个基本立场:"大处着眼,小处着手。"这也就是指,我们应当围绕数学教育的基本目标去从事相关的分析研究,也即应当以此为依据具体地去判别究竟何者可以被看成数学教学的关键,也即这是否真的有益于数学教育基本目标的实现?

具体地说,正如第一章中所指出的,数学教育的主要任务应是努力促进学生思维的发展,特别是,应帮助学生逐步学会更清晰、更深入、更全面、更合理地进行思考,也即努力提高学生的思维品质,包括由理性思维逐步走向理性精神。

显然,依据上述立场我们也就可立即引出关于如何判断一堂数学课成功与否的这样一个标准:不管这是一堂什么样的数学课,其中涉及何种具体内容,也无论相关教师在教学中采取了什么样的教学方法或教学形式,但如果相关教学未能促进学生积极、深入地进行思考,就不能被看成一堂真正的好课。

第二,相对于纯理论的研究,我们又应更加重视研究的现实意义,特别是,作为一线教师,我们决不应主要关注如何能够得到关于"数学教学的关键"的一张完整清单,并希望借助某一主管部门或权威人士的帮助就能很好地实现这样一个目标,恰恰相反,我们应当更加重视自己的独立思考,特别是,应密切联系自己的教学工作进行分析思考。

后者事实上也正是国外的相关研究所特别强调的一点:"我们建议用一种实用主义的视角看待高影响力的实践:哪些实践——在什么样的尺度下——有可能给予我们更大的动力促进针对特定受众的教和学?""首要目标不是达成对核心实践的共识,而是核心实践的想法能够成为改进该领域的工具。"(雅各布斯、斯潘格勒,"K-12数学教学核心实践的研究",同前,第206、207页)

当然,这也可被看成从实践角度进行分析思考的又一重要结论:"数学教学需要的不仅仅是某些特定实践的熟练度,还需要考虑这些实践作用的情境——这些学生是谁以及影响学生作为学习者的身份和经验的学校制度。"(雅各布斯、斯潘格勒,"K-12数学教学核心实践的研究",同前,第222页)这也就是指,相对于这一方面的各种具体主张而言,我们应当更加重视教学活动的综合性质,也即应当针对具体的教学对象和环境创造性地加以应用,包括以此为基础做出进一步的研究。

第三,既然是"关键"(或者说,"核心实践"),自然就应"少而精",而且,与单纯地"求全"相比,我们又应更加重视针对现实情况与自己的个性特征从中做出适当的选择;更重要的是,一旦选定了方向,就应坚持去做,包括密切联系教学实践积极地开展新的研究,从而促进认识的不断深化,并能将自己的教学工作做得更好。

相信读者由以下实例即可在这方面获得直接启示,尽管其所直接论及的只是语文教学,而非数学教学:

[例1]　支玉恒老师的语文教学。

"支玉恒老师是我国小学语文教育界的传奇人物,他半路出家,改教语文······他的学生是真正意义上的'语文是体育老师教的'。从1989年执教示范课'第一场雪'在小语界引起轰动,他的教学艺术开始在全国范围产生广泛影响。"(《教育研究与评论》,2020年第1期)

以下就是支玉恒老师对于自身教学思想的具体说明:

"我今天这一课的教学,教学手段非常简单······教学手法,简单到一个字——读。······整节课也就是一句话:始终都在读。

"教学过程,简单到三步:第一步,第一节课,不管用什么方式,就是让学生好好读书,没有什么别的事;第二步,让学生再读书,去感悟,就是'去倾听作者对你说了些什么',这是读后之思,通过'听听作者在你耳边轻声絮语都说了什么',让学生来思、来体会和领悟作者的思想感情;

"第三步,让学生思考'读了文章你想说些什么',来和作者进行心灵沟通,向作者倾诉,写出最想说的一句话,写出后让他们读,写得比较好的,让他写在黑板上。这三步中,除第三步没有读课文外,其他的两步一直在读。"

支玉恒老师并从理论角度对为什么要突出"读"这样一个环节做了如下说明:

"为什么现在提倡要多读,特别是朗读? 因为朗读是最具有综合性的一种语言训练、语言实践的方式······我觉得,一个爱朗读、敢于朗读的学生,一定是热情的、开朗的、大胆的、自信的,一定是善于和乐于表现自我的。热情、开朗、自信、善于和乐于表现自我,不正是一个优秀的性格吗?"

现在的问题是:什么又可被看成做好数学教学的关键? 我们又应如何从事研究才能真正地做到"少而精"?

在此笔者愿再次强调"贵在坚持"的重要性,即一旦认准了方向,就应坚持去做,包括密切联系教学实践积极地开展研究。在笔者看来,这也就是一线教师如何能够更有效地实现自身的专业成长,包括由"合格"走向"优秀"的关键。相信读者由以下实例即可对此有更好的认识:

[例2] 贲友林老师的"学为中心的数学课堂"。

建设"学为中心的数学课堂"是贲友林老师这些年中一直坚持的工作目

标。他在这一方面原先的认识则可说比较简单,甚至有点粗糙:"凡是学生自己能学会的都不要教。"……但这又是贲友林老师十分可贵的一点,即这些年中他不是在包装上狠下功夫,而是更加注重实践中的学习与提升,从而不断取得了新的进步。

例如,在笔者看来,以下就是十分重要的一个变化:

"我曾经主张,改变课堂,不妨从减少老师的话语量开始。课堂中,教师要管住自己的嘴,用好自己的耳。不过,回看这节课,我自己也发现,和先前的课进行比较,老师的话语量增加了,教师在学生学习进程中的介入变多了。

"教师的话多了,多在真正地关注学生是否在学习,关注学生在学习过程中是否真正在看、想、听、说,多在指导学生学会学习,多在促进学生更好地学习。这些,都是和以往的课堂有变化的地方。一句话,教师,更真实也更接地气地关注学生的学习。"("教师,永远是学习者",《教育视界》,2020 年 6 月)

第四,建议读者特别是一线教师还可以相关研究为背景认真地去思考与专业成长密切相关的各种问题,从而促进自身的专业成长。

例如,为了切实抓好数学教学的各个关键,教师必须具备哪些能力,或者说,哪些能力可以被看成具有特别的重要性? 再者,什么又可被看成数学教师最重要的专业素养,乃至数学教师实现专业成长的关键?

以下就是笔者在上述方面曾经表达过的一个意见,即认为数学教师必须具备这样三项基本能力:(1)善于举例;(2)善于提问;(3)善于比较和优化。(详可见另文"数学教师的三项基本功",《人民教育》,2008 年第 18~20 期)由以下的论述可以看出,这也是与我们关于"数学教学的关键"的分析十分一致的。(对此感兴趣的读者还可具体地去阅读《数学教育研究手册》中所收入的另一文章:"为学生学习提供支持:认知科学对数学教学的建议"[同前,299 - 314],因为,在这两者之间我们也可看到很大的一致性)

当然,这些工作又不能被看成已经穷尽了"数学教学能力"的全部内容;恰恰相反,我们应当密切联系自己的教学工作在这方面做出进一步的研究,包括必要的扩展与深化。例如,从现今的角度看,我们显然应将"善于数学地交流与互动"看成数学教师必须具备的又一基本能力。再者,笔者以为,我们在此还应清楚地认识到这样一点：所说的"基本能力"主要应被看成一种"实践性智慧"，也正因此，相对于纯粹的理论学习而言，我们就应更加重视如何能够针对具体的教学情况和自己的个性特征灵活地加以应用，包括由此而获得更加深入的体会与感悟。

另外，依据上述分析我们显然也可对"什么是数学教师最重要的专业素养"做出自己的分析概括。当然，从宏观的角度看，我们又应对此做出如下的必要补充，即我们不仅应当对教学活动有很好的了解，也应很好地了解学生、了解数学，或者更恰当地说，应当通过积极的教学实践很好地实现这三者的必要整合。

相信读者依据这一分析也可对以下论述有更好的理解：优秀教师的主要特色不应局限于教学方法或教学模式，而应是他的教学是否很好地体现了对于教学内容的深刻理解，反映了其对于数学学习和教学活动本质的深入思考，以及对于理想课堂与教师自身价值的深刻理解与执着追求。

最后，笔者以为，这又可被看成数学教师实现专业成长的关键："乐于思考，勤于思考，善于思考。"因为，如果教师本身不善于思考，也不愿意思考，如在教学中总是照本宣科，更会听任情感主导自己的行为，乃至十分任性地处事，要期望通过他的教学提升学生的核心素养，特别是促进学生思维的发展，显然就只是一句空话。应当强调的是，这事实上也可被看成我们如何能够做好理论学习与教学研究的关键，特别是，如何能够很好地弄清各种理论，包括他人经验对于我们改进教学的主要启示，什么又可被看成进一步研究工作的方向，等等。总之，这就正如优秀小学青年教师宋煜阳所指出的："一切创新，思考先行。'行之于对外来信息的独立判断，行之于对实际问题的追溯改进，行之于对自我意志的百般锤炼'。"（林良福，"走在教学研究的幸福之路上"，《小学教学》，2015年第10期）

进而，从后一角度读者显然也可更好地理解深入思考"什么是数学教学的关键"这一问题的重要性。因为，"从观察中学到什么取决于关注到了什么"。（雅各布斯、斯潘格勒，"K-12数学教学核心实践的研究"，同前，第209页）这也就是指，只有清楚地认识到了"什么是数学教学的关键"，我们才可能更有针对性地进行学习，包括如何能够通过教学观摩与同事之间的积极互动在专业上有更大的收获,特别是,能清楚地知道自己应当在哪些方面做出特别的努力。

在结束这一部分的讨论时,我们还将重新回到这一主题(3.3节),希望读者届时也能对此有更加深刻的认识和感触。

2.2　数学教学中的"问题引领"

从本节起我们将对数学教学的各个关键性环节或因素做出具体分析,相关论述将统一采取这样一个模式,即首先指明相关方面是否真的可以被看成对于我们做好数学教学具有特别的重要性,其次,教学中我们又应如何加以落实,特别是,什么是相关实践应特别重视的一些方面,或者说,我们应围绕哪些问题更深入地去开展研究?

一、数学教学为什么应当特别重视"问题引领"

对此可以从三个方面做出分析说明,从促进发展学生思维发展的角度看,这也可被看成分析逐步深入的一个过程:

第一,对于"引领"的高度重视可以被看成是由数学学习的本质所直接决定的,后者即是指,学生数学水平的提高主要依赖后天的系统学习,也即主要是一个文化继承的过程,教师在此所发挥的正是"文化传承者"的作用,也即应当对于学生的数学学习发挥重要的引领作用。

第二,对于"问题引领"的强调集中地体现了"双主体"这一基本的教学思想,即在充分发挥教师在教学过程中主导作用的同时,我们也应很好地落实学生在学习活动中的主体地位。

但是,我们在教学中又如何才能很好地落实所说的"双主体"呢? 由以下实例可以看出,"问题引领"正是实现这一目标十分重要的一个途径:

[例3]　"一场改变学校命运的课堂教学革命——河南省濮阳市第四中学教学改革纪实"(《人民教育》,2009年第6期)。

这是2005年走马上任的校长孙石锁在濮阳市第四中学开展的一项教改实验。他在这方面的基本想法是:"只强调学生的主体性,课堂太'活';只强调教师的主导性，又太'死'。""我们就搞一个'半死不活'的。"

改革的道路当然并非一帆风顺。具体地说，他们曾先后尝试过"生生互动—师生互动—反馈检测"的"三段式教学改革"，后来又"在'生生互动'前加上一个'学生自学'环节：一上课，先让学生自己看几分钟课本，看完了，让他们提问题，老师围绕这些问题展开教学"，等等，但结果都不理想。正是通过不断地总结与反思，最终产生了以下的做法：

"学校想了个办法：让教师写'教学内容问题化教案'。""2008 年寒假，孙石锁强迫教师做了一件很'不人道'的事，让教师利用寒假写完一个学期的问题化教案。每节课只写一个问题。"

"'教学内容问题化教案'是让老师知道自己该教什么，让学生知道自己想学什么。这是三段式教学法的主线……老师和学生都应以问题为中心进行双向的互动，实现双主体的双互动。"

简言之，"问题引领"正是教学实现"双主体"十分有效的一个手段；另外，这显然也可被看成现实中人们何以又往往同时强调"问题引领"和"问题驱动"的主要原因："教学要学会用'有意思'来表达'有意义'。"因为，这十分有益于我们很好地调动学生的学习积极性，即真正地做好"问题驱动"。（储冬生，"问题驱动教学，探究生成智慧"，《小学数学教师》，2017 年第 3 期）

第三，我们关于数学教育主要目标的分析则清楚地表明了"问题引领"的方向：我们应当通过设问、追问等手段促进学生更深入地进行思考，从而达到更大的认识深度，并能逐步学会想得更清楚、更全面、更合理、更深刻。

具体地说，如果我们认定数学教师的主要责任应是"以深刻的思想启迪学生"，那么，我们显然就不应直接告诉学生如何去做，而应更加注重如何能够通过适当的提问让学生积极地进行思考，从而很好地发挥主体的作用；还应强调的是，这又不仅是指直接意义上的"问题解决"，还包括我们如何能够通过这方面的反复实践与总结反思帮助学生逐步学会思维，努力提高自身的思维品质。

最后，对于"问题引领"的高度重视事实上也可被看成中国数学教学传统十分重要的一个方面：尽管"讲授"可以被看成中国数学教学的基本形式，但这又不应被等同于"知识的简单传递与被动接受"，因为，中国教师在充分发挥主导作用的同时,也十分重视学生在学习中的主体地位,特别是,如何能够通过增强教学的"启发性",也即适当的提问引导学生积极进行思考,从而真正成为学习的主人。另外,这显然也为我们如何能够很好地解决"大班教学"与教学"有效性"之间的矛盾提供了现实的可能性,特别是,我们如何能使所有的学生,而不只是其中的少数人都能由课堂教学特别是教师的教学获得最大的收益。(详可见另文"文化视角下的中国数学教育",《课程、教材与教法》,2002年第 10 期,44 - 50;英文版已被收入由 F. Leung & K-D. Graf & F. Lopez-Real 主编的《Mathematics Education in Different Cultural Traditions-A Comparative Study of East Asia and the West》,Springer,2006)

另外,从同一角度我们显然也可很好地理解这样一个事实,即"问题引领"何以在现实中得到了人们的广泛重视。例如,以下就是这方面较有影响的一些工作:黄爱华,《"大问题"教学的形与神》(江苏教育出版社,2013);吴正宪等,《让儿童在问题中学教学》(教育科学出版社,2017);潘小明,"用核心问题引领探究学习,培育小学生数学核心素养"(《小学数学教师》,2016 年增刊);王文英,"核心问题的提炼与设计"(《小学数学教育》,2020 年第 10 期);储冬生,"问题驱动教学"(《小学数学教师》,2017 年第 3 期);顾志能,"《生问课堂》教学研究"(《小学数学教师》,2020 年增刊)等。容易想到,广泛的教学实践和教学研究也为我们从理论高度对此做出进一步的分析总结提供了直接基础。

二、教学中应当特别重视的一些方面

就实际教学中如何做好"问题引领"而言,笔者则愿特别强调这样几点:

第一,"核心问题"的提炼与加工。

为了很好地落实学生在学习活动中的主体地位,特别是为他们的积极思考提供充分的空间,"引领性问题"应当少而精,这也就是我们何以将此称为"核心问题"的主要原因。例如,这事实上也正是所谓的"大问题教学"所特别强调的一点:"我们就想找到一种真正是以学为核心的教学,是关注学生的学习,强调给予学生大空间,呈现教育大格局的模式,于是就提出了'大问题'教学。……大问题强调的是问题的'质',有一定的开放性或自由度,能够给学生的独立思考与主动探究留下充分的探究空间。"(王维花,"'大问题'教学——一种有生命力的新型课堂",《中小学教材教学》,2016 年第 1 期,4 - 6)

　　由以下实例我们可更清楚地认识到突出"核心问题"的重要性,包括什么可以被看成后者的主要特征,从而就不至于在不知不觉之中重新陷入"机械教学"的泥潭:

　　[例 4] 不应被提倡的"问题引领"(引自顾泠沅等,《寻找中间地带》,上海教育出版社,2003,第 174～175 页)。

　　在一次几何教学观摩中,一位教师在一堂课中共提了 105 个问题,数量之多连任课教师自己在事后也几乎不敢相信。但其中"记忆性问题居多(占74.3%),推理性问题次之(占 21.0%),强调知识覆盖面,但极少有创造性、批判性问题";另外,"提问后基本上没有停顿(占 86.7%),不利于学生思考"。

　　[例 5] 关于韦达定理的两个教学设计。

　　其一,先让学生填以下的表格,然后问:你认为根与系数有什么关系?

方程	x_1	x_2	x_1+x_2	$x_1 \cdot x_2$
$x^2-x-12=0$				
$x^2-6x+5=0$				
$x^2-2x-35=0$				

　　其二,直接提问:什么是一元二次方程的主要成分? 在一元二次方程的根与系数之间可能存在什么样的关系? 我们又应如何进行证明?

　　不难看出,在第一种情况下,由于教师的提问没有给学生的主动探究留下足够的空间,因此,这就很难被看成具有真正的启发性,毋宁说,这只是一种包装成"启发性提问"的直接提示。

　　就"核心问题"的提炼与加工而言,笔者还愿特别强调这样几点:

　　(1) 相关工作主要关系到"知识的问题化",也即相应的知识内容是围绕什么问题展开的? 应当强调的是,尽管现行的各种数学教材都已在这一方面做出了很大努力,但我们仍应将"核心问题"的提炼看成备课活动最重要的内容之一,也即应当通过自己的分析很好地弄清相关内容是围绕什么问题展开的,我们对于这一问题又为什么应当予以特别的重视? 相关知识是如何得到建构的? 相应的探究和研究又可能遇到哪些问题与困难,这一过程体现了什么样的思想方法? 等等。

前面所提到的支玉恒老师在这一方面也为我们提供了重要的启示:

[例6]　支玉恒老师的"备课之道"。

"我是怎样备课的?"这是[例1]中所提到的支玉恒老师的相关文章中的又一主题。以下就是他的回答:

"我要讲一篇课文,我便非常认真地读一遍(不读第二遍),就把书合上,回忆这篇课文哪些地方给我留下了较深的印象。我想,只读一遍就能留下印象的,一定是作者所着力表现的东西,一定是他浓墨重彩之处,也一定是文章的精妙之处。我要通过第一次的阅读就把它捕捉到……我就抓住第一遍的印象,抓住了就不放,然后再想,既然课文着意表达这些东西,那我该怎么教? 用什么方法教? 有了内容,方法往往迎刃而解,因为内容决定形式。"

当然,在语文与数学教学之间有一定的差异;但又正如以下论述所表明的,在这两者之间也有很大的共同点,特别是,无论就哪门学科的教学而言,我们都应使之真正成为一个探索和发现的过程:"每一个学科背后都是一个广博的领域。数学,是理性之王;语文,是精神的母体,是文化的脉搏……这里有足够多的美,足够多的智力历险,足够多的探索发展,吸引每一个学生。""然而,一个语文教师,如果从来没有过激情,没有过诗意,没有过精神高地,他就不可能'占据'孩子的心灵,他的'语文'也绝不会有感染力;一个数学教师,如果从来不懂得什么叫严谨之美,从来没有抵达过数学思想的密林,没有过对数学理性的深刻体验,那么,他的数学课自然是乏味的,甚至是令人生厌的。"(余慧娟,"教育伟大源自厚重的责任感——2008年教育教学热点评析",《人民教育》,2008年第24期)

当然,正如前面所提及的,我们也应十分重视"核心问题"对于学生而言的恰当性,也即应当通过"核心问题"的适当加工使之由单纯的"有意义"转变为"有意思"(储东升语),从而就可对学生有更大的吸引力。

还应强调的是,相对于单纯的"趣味性"而言,我们又应更加重视"核心问题"对于学生的"自然性",这也可被看成围绕数学教育目标进行分析思考的一个直接结论,即我们如何能够通过具体数学知识和技能的教学帮助学生逐步学会思维,包括逐步学会提问。这也就如黄爱华老师等人所指出的:"大问题的一个核心追求是让学生不教而自会学、不提而自会问。要做到这一点,一个很关键的因素就是教师必须让学生感到问题的提出是自然的,而不是神秘的,是有迹可循的,而不是无章可依的。"(黄爱华、刘全祥,"研究大问题,构建大空间——以'圆柱体的表面积'为例谈谈大问题的教学",《小学教学》,2013 年第3 期)

进一步说,我们还应超出"知识的问题化"去从事"核心问题"的设计;就这方面的实际工作而言,这也正是人们何以在"大问题"以外又特别重视"问题串"的设计的主要原因。对此我们将在以下做出具体的分析论述。

最后,为了很好地发挥"核心问题"的引领作用,我们又不应仅仅是在教学的开始部分对于"核心问题"做出特别的强调;恰恰相反,由于人们的认识必然有一个逐步发展的过程,包括必要的调整或重构,因此,我们就应在课程的各个部分不断地对此进行强化,从而更好地起到提纲挈领的作用,再者,我们在复习阶段也应注意引导学生围绕"核心问题"对于全部学习过程做出回顾与反思,从而就不仅能够很好地实现"问题的知识化",也能帮助学生很好地认识到充分发挥"核心问题"引领作用乃至学会提问的重要性。

(2)我们应通过"问题串"的设计包括及时的调整引导学生深入地进行思考。

这事实上也可被看"问题解决"的现代研究,特别是 20 世纪 80 年代以此为中心开展的数学教育改革运动所给予我们的一个重要启示,即我们不应满足于单纯意义上的"问题解决",而应通过新的思考特别是提出新的问题积极地去从事进一步的探索研究,也即很好地做到"解决问题,继续前进"。这也可被看成数学思维,也即数学家思维方式的一个重要特点。

从教学的角度看,我们则又应当特别强调这样一点:"问题串"的设计应努力做到"浅入深出"(吴正宪语)。这事实上也可被看成中国数学教学传统的又一重要特点:中国的数学教师"在课堂上不仅对同一个问题的解答采取层层递进的方法,从复杂程度来说,也是层层递进的。而在美国的课堂中,即便教材设计的问题是层层递进的,不少教师也常常把这些问题处理成简单的使用同一过程的问题,从而降低了问题的认知难度"。(江春莲等,"数学教育的国际比较研究——ICME-13 的第一个大会报告及其对我国小学数学教学的启示",《小学教学》,2016 年第 12 期)

当然,这也应被看成"层层递进"的一个重要涵义,即我们能由单纯的知识学习过渡到思维方法的学习,也即努力提升学生的思维品质。如果沿用"问题解决"这一术语,这也就是指,相关教学必须超越"就题论题"上升到"就题论法"和"就题论道"(王华语),我们并就应当按照这一路径具体地去从事"问题串"的设计。

总之,我们应将"大问题"与"问题串"的设计看成"问题引领的数学教学"最重要的两个方面。当然,这又是我们在教学中所应特别重视的一个问题,即如何处理这两者之间的关系。以下就是这方面的一些具体经验:"整体设计的开放性,细节处理的精致化"(张齐华);"大问题引领,小问题推进"(王致庸)。希望读者也能通过积极的教学实践与认真的总结反思在这方面做出自己的研究,包括我们又如何能够让学生在这方面发挥更大的作用。这也正是我们的第三个论点。

(3) 努力提升学生提出问题的能力。

这是这方面工作的又一重要目标,即我们应当通过自己的教学努力提升学生提出问题的能力,因为,这不仅直接关系到我们如何能够帮助学生逐步学会学习,特别是,能由主要围绕教师所提的问题进行思考逐步转变为通过"自我提问"实现学习上的自我引领,而且也十分有益于学生创新能力的提升——正如人们普遍认识到的,"善于提问"应当被看成创新能力最重要的一个组成成分。

不难想到,这事实上也正是现实中何以有不少教师和研究者特别强调"生问课堂"的主要原因,即认为与"师问"相比我们应当更加重视由学生直接提出问题,我们并应围绕学生的"真问题"去进行教学。但是,我们在此也应清楚地看到这样一点:正如解决问题能力的提升,学生提出问题的能力也有一个后天培养与提升的过程,从而,片面地强调"生问"并不合适。相信读者由以下分析

即可对此有更清楚的认识:

第一,就"核心问题"的提炼而言,即使我们仅从知识的学习这一角度进行分析,指望学生能够独立地完成这一工作应当说也有很大的难度,因为,一个尚未很好地掌握甚至都未能很好地了解相关内容的学生如何能够准确地提出相应的"核心问题"?! 进而,如果我们将"数学教育的三维目标"包括如何提升学生提出问题的能力也考虑在内,这显然也就更清楚地表明了主要依靠学生的提问进行教学的局限性。

第二,现实中学生所提的问题往往都是"从众"的结果,更有很多人只是为了得到教师的表扬而进行提问,却没有在这方面做出认真的思考,也正因此,他们所提的问题往往就不具有很大的价值。在笔者看来,这也正是我们面对课改初期曾经十分流行的以下说法所应提出的一个责疑:"学生所提的一切问题都是有意义的。"还包括这样一个稍有改变的说法:"儿童思考起来不会离数学太远。"

由以下的实例读者即可对此有更清楚的认识:

[例7] "认识分数"与问题引领。

这是三年级的一堂课。课初,教师根据学生的资源讲解了分数的写法和读法,包括分子、分母、分数等具体名称。然后,教师开始引导学生提问:

师:同学们,你们已经知道分数长什么样子,会读、写分数了,也知道它各部分的名称了。现在,让我们再来好好看看它们吧(指黑板上一串分数及各部分名称)。你心里有没有什么不明白的地方,或者觉得好奇的地方呢?

生1:老师,我想知道下面那个数字为什么要叫分母?

师:嗯,分母,你觉得奇怪吗?(学生表示极大的赞同)她问出了大家心中的疑问! 掌声送给她。(提问的学生满脸喜悦,其余学生争先恐后地举手)

生2:那上面的那个数字为什么叫分子呢?

生3:分数线是用来干什么的?

生4:为什么要先画中间的线,再从下往上写?

生5:为什么要从下往上读呀?

生6:这些分数到底表示什么意思呢?

......

这时的课堂氛围可以说十分活跃；这又是笔者在此的主要关注：尽管相关问题或许都可被看成学生的"真问题"，我们或许也可围绕这些问题去进行教学，但这是否就是我们所希望的"问题引领"呢？或者说，究竟什么是这方面工作所应努力实现的主要目标？进而，教师在教学中又是否应当对学生所提问题的"好坏"做出具体的判断？

第三，从实际教学的角度看，真正的重点显然也不在于相关"问题"是由谁提出的，而是这能否引起全体学生的兴趣，从而真正成为学生自己的问题，也即愿意围绕所说的问题深入地进行思考研究。

综上可见，与单纯强调围绕学生所提的问题进行教学相比较，我们就应更加重视教师在这一方面的引领作用，特别是，与单纯鼓励学生积极地去提出问题、提出"与众不同"的问题，乃至单纯数量上的增长相比，我们应当更加重视"问题"的分析比较、评价和优化，我们还应很好地去处理"预设"与"生成"之间的关系。更一般地说，这事实上也正是我们如何能够帮助学生学会提问十分重要的一个方面，即面对众多不同的问题应当有一个比较、择优或不断改进的过程，包括我们又应如何进行表述才能取得更好的效果，等等。

在笔者看来，我们还应按照同一思路对以下一些主张做出自己的分析，即我们是否应当将"情境创设"看成做好"问题引领"特别重要的一环，乃至将所谓的"裸情境"的创设看成这方面工作的重点，也即如何能够创造出"蕴含着丰富信息，但并没有明确提出待研究问题的情境"。因为，如果缺乏教师的必要引导与这方面的长期训练，即使所面对的情境十分丰富，也尽管我们的学生的确可以由此获得"真正的体验"，但他们恐怕仍然不能提出适合新学习的问题。

当然，这也是教学中我们应当十分重视的又一问题，即注意保护学生的提问积极性，而不要因为不恰当的回应使学生变得越来越不愿意提问。因为，如果教师在教学中经常采用不恰当的"理答"方式，即如所谓的"震字诀""吓字诀"和"拖字诀"等，那么，"经历多了，学生也就明白了，所以他们才会说问了也白问；所以他们才会说怕，老师要骂"。（俞正强，《种子课2.0——如何教对数学课》，教育科学出版社，2020，第27页）这更可被看成现实中何以出现以下现象的重要原因,即随着学生年龄的增大,他们的提问积极性却变得越来越低。

当然,相对于通过简单表扬等手段提升学生的提问积极性而言,我们又应更加重视提高学生在这一方面的自觉性,也即能够很好地认识学会提问的重要性,特别是,我们应当如何对问题的"好坏"做出分析判断,从而就能通过进一步的工作实现必要的优化。

例如,这就是这方面特别重要的一个认识,即我们应当清楚地认识到在"问题提出"与"问题解决"之间所存在的重要联系,特别是,我们决不应满足于单纯意义上的"问题解决",而应通过提出新的问题积极地去开展新的研究,从而实现认识的不断发展和深化。

另外,从同一角度我们显然也可清楚地认识到以下一些工作的重要性,即如相关的"学习单"为什么不应仅仅要求学生写出"我最感兴趣,认为最值得研究的问题是什么",还应要求他们具体地说明"我提出这一问题的理由是什么"。再者,这也应成为"总结与反思"十分重要的一项内容:"反思大家提出了哪些问题,这些问题是如何提出的,这些问题的特点是什么",包括"在所提出的各种问题之间存在怎样的联系"。(吴正宪等,《让儿童在问题中学数学》,教育科学出版社,2017,第27、146、145页)

再者,从同一角度我们显然也可很好地理解教学中切实抓好以下环节的重要性,即除去让学生自由进行提问以外,我们也应十分重视对学生所提问题的加工。以下就是这方面的一个很好实例:

[例8]　"'85个问题'引领学习"(吴正宪等,《让儿童在问题中学数学》,同前,第127~129页)。

在学习六年级"圆"单元之前,王老师和学生们共同收集了生活中有关圆的现象的图片,并在此基础上鼓励大家提出自己想研究的关于圆的问题。结果,大家一共提出了85个问题。

圆是怎么来的?

圆的面积怎么求? 可以通过正方形的面积计算出来吗?

在四维空间,圆是什么样的?

为什么圆比正方形、长方形更适合当车轮?

为什么地球是圆的,不是方的呢?

为什么自然界有许多圆形?它们是如何形成的?

如果地球是方的,地球上的引力还是平衡的吗?我们会觉得不稳吗?

如果无限倍放大圆,它会有棱角吗?

一个多边形如果有无数条边,能否变成一个圆?

世界上存在完美的圆吗?

圆周率真的永远不循环吗?它是否在几万、几亿位时开始循环?

……

面对所说的 85 个问题,王老师陷入了沉思:"我该怎么办呢?是不是不顾孩子们的问题,仍然按照自己已经备好的课上呢?当然不行。可是这么多问题怎么解决呢?这个单元的学习该如何展开呢?"干脆问问学生们的想法吧。

王老师带领学生一起阅读了这些问题,并鼓励他们思考如何开展本单元的学习。没想到,学生们很快就给出了基本的学习思路,看来近六年的学习已经帮助他们积累了如何学习的经验——先分类,然后在同一类中选择有代表性的问题进行研究。于是,王老师带领学生先独立思考,然后全班交流,共同对这 85 个问题进行了分类。下面就是一节课后全班的分类结果。

(1)圆周率 π 的理解类。比如,什么是圆周率?圆和 π 有什么关系?

(2)有关宇宙和生物等的幻想类。比如,超行星是按圆形爆炸的吗?水滴在地球上自由落体时是圆的吗?在四维空间,圆是什么样的?

(3)计算圆的周长和面积类。比如,圆的周长如何计算?圆的面积怎么求?

(4)生活应用类。比如,为什么车轮(钟表表针的运行轨迹、团圆饭的圆桌等)的形状是圆的?

(5)其他类,也就是圆的特点及圆与其他图形关系类。比如,圆和别的学习过的图形有什么不一样?

(6)个性化的问题类。比如,一位学生对于"正圆"很感兴趣,提出了"能画出完全的'正圆'吗"等多个类似问题。

分类后,学生们从每一类中挑选了一些有代表性的问题,比如对第(4)类,学生挑选了"为什么车轮的形状是圆的"。在每一类都挑选完代表性的问题后,王老师鼓励学生进一步思考:"在本单元的学习中,我们按照什么顺序研究这些问题呢?"学生经过讨论,决定"首先研究第(4)类和第(5)类,它们是有关联的。因为在研究为什么车轮的形状是圆的过程中,就能了解圆的特征和圆与其他图形的关系;反过来,如果研究了圆的特征和圆与其他图形的关系,就能解决为什么生活中许多物体表面的形状都是圆的问题。""然后研究第(1)类和第(3)类,它们也是可以一起研究的。""接着是第(6)类。有时间的话可以研究第(2)类。"就这样,本单元的学习线索就确定下来了。

应当指明的是,从研究的角度看,上述分析也清楚地表明了深入研究"问题结构"的重要性,包括我们应当如何认识各种类型的问题("辅助性问题""拓展性问题""加工性问题"等)的作用,从而就能在教学中很好地加以应用。(详可见王文英,"问题结构:'核心问题统领'的关键",《小学数学教育》,2020 年第 12 期,4‐7)。更一般地说,由此我们显然也可更好地理解这样一个结论,即相对于所谓的"真问题",我们应当更加重视"引领性问题"对于学生而言的"自然性",从而使得相应的思维过程对学生而言真正成为"可以理解的、可以学到手和可以加以推广应用的"。

最后,就总体而言,我们又应努力创建这样一个氛围或境界:此时不仅原先设计的问题已经成为了学生自己的问题,学生的关注也不再局限于原先的问题,他们所追求的更已超出了单纯意义上的"问题解答"。(Lampert 语)显然,这也意味着他们已在努力提升自身的创造能力这一方面取得了切实的进步!

再者,作为"学以致用"这一原则的具体体现,建议读者在结束本节的阅读时还可围绕以下实例认真地去思考这样一个问题:在所提及的"'问题化学习'的基本流程"中,究竟何者可以被看成具有特别的重要性,什么又是做好相关工作应当特别重视的一些问题? 因为,只有通过这样的路径,我们才能将理论学习与教学实践很好地联系起来,并切实地避免现实中经常可以看到的教学的"模式化"和"套路化"这样一个弊病。

[例 9]　"'问题化学习'的基本流程"(顾俊崎,"数学课,谁来提问题——小学数学'问题化学习'的实践与思考",《小学数学教师》,2020 年第 3 期,5‐12)。

(1) 问题的发现与提出:(ⅰ)学生根据课题内容提出问题;(ⅱ)学生在情

境中发现问题。

（2）问题的组织与聚集。（ⅰ）梳理问题的解决次序；（ⅱ）适时解决常规问题；（ⅲ）聚焦核心问题。

（3）问题的实施与解决：（ⅰ）暴露思维过程；（ⅱ）形成问题串；（ⅲ）让学生有效追问。

（4）问题的反思与拓展。

2.3　整体观念指导下的数学教学

一、我们为什么应当重视整体观念的指导

强调整体观念的指导，主要是因为我们的教学是一节课一节课地进行的，但数学学习显然不应被等同于各种具体数学知识和技能的简单累积（这正是"碎片化教学"的主要弊端），而应超越细节建构起整体性的认识，包括很好地把握知识的整体结构。

前面已经提及，这也可被看成一般性认识包括学习活动应当努力实现的一个目标，即这不仅是指"由少到多，由简单到复杂"，我们还应努力做好"化多为少，化复杂为简单"（或如华罗庚先生所说，即应当同时做好"由薄到厚"和"由厚到薄"）；当然，为了很好地实现"化多为少，化复杂为简单"（"由厚到薄"）这样一个目标，我们就必须跳出细节，并从整体的视角进行分析思考，真正做好消化提炼、去粗存精。

所说的"化多为少，化复杂为简单"事实上还可被看成数学发展以及个人数学水平不断提升的主要标志。这也就是指，这两者主要地都不应被归结成数学基础知识和基本技能以及"基本活动经验"的简单积累；恰恰相反，如果对此可以归结为"横向的发展"，那么，"纵向的发展"就应被看成具有更大的重要性，也即我们如何能够通过相关内容的综合分析包括更高层次的抽象获得更深刻的认识。

这也就是诸多数学家何以倾向于将数学抽象称为"自反抽象"的主要原因：与一般所谓的"经验抽象"不同，数学抽象主要是指我们如何能以已建立的概念或命题作为对象实现更高层次的抽象，"就是把从已发现的结构中抽象出

来的东西射或反射到一个新的层面上，并对此进行重新建构"。（E. Beth &
J. Piaget，《Mathematical Epistemology and Psychology》，D. Reidel Pub.，
1966，第 282 页）这并为数学的无限发展开拓了现实的可能性："全部数学都可
以按照结构的建构来考虑，而这建构始终是完全开放的……当数学实体从一
个水平转移到另一个水平时，它们的功能会不断地改变；对这类'实体'进行的
运演，反过来，又成为理论研究的对象，这种结构或者正在形成'更强'的结构，
或者由'更强的'结构来予以结构化。""从一个水平到下一个水平的每一个过
渡都开拓了新的可能性，这使人们作出推断说，在数学中也同在其他领域中一
样，可能性的王国不是一劳永逸地达到的。"（皮亚杰，《发生认识论原理》，商务
印书馆，1981，第 79、100 页）

　　例如，数学对象由"数"（自然数、小数、分数等）向"式"的过渡就可被看成
这方面的典型例子。因为，其所涉及的不只是研究对象的简单扩展，也直接关
系到另一更重要的变化：我们在此所关注的已不只是各种具体的数量关系，也
即唯一集中于如何能够熟练地去从事各种运算，包括各种具体的数的运算与
"式"的运算，恰恰相反，字母的引入也意味着达到了更高的抽象层次，这并为
我们具体研究整体性的数学结构提供了现实的可能性。

　　也正因此，人们就常常将"整体性教学"与"结构化教学"联系在一起，这并
可被看成我们如何能够真正做好"减负增效"，特别是切实纠正"题海战术"这
一常见弊病十分重要的一个途径，包括我们又如何能够很好地突破专业成长
的这样一个瓶颈，即认为事事都很重要，从而就始终停留于"穷于应付"这一被
动的局面。

　　另外，从同一角度进行分析，我们显然也可很好地理解相关论题在现实中
何以会获得人们广泛的重视。例如，就小学数学而言，以下就是这方面较有影
响的一些工作：许卫兵，《小学数学整体结构教学》（上海教育出版社，2021）；吴
玉国，"数学结构化教学中'五学'的内涵与践行调研"（《江苏教育》，2021 年第
5 期）；戴厚祥，《生态结构化教学——小学数学教与学新路径》（南京出版社，
2020）；袁晓萍，"统整式单元教学"（《小学数学教师》，2019 年第 12 期）；王永
春，"小学数学单元整体设计的理论建构"（《小学数学教育》，2021 年第 4 期）；
等等。

二、教学中应当特别重视的一些方面

以下对我们应当如何做好"整体性教学"做出具体分析,也即什么是这方面工作应当特别重视的一些方面:

第一,"辨"与"带"。

(1) 所谓"辨",就是指我们应当跳出细节,也即各个具体的学习内容和每一节课,并从更大的范围进行分析思考,从而很好地弄清什么是重要的和不那么重要的,并能在教学中切实做到"分清主次,突出重点,以主带次"。

例如,这显然就是我们为什么应当特别重视"教材的整体研读"的主要原因:"教学要有'长程的眼光',应该把教学过程的每个环节看作是这节课的一个局部,把每节课看作是整个单元或者教学阶段的一个局部,把每个教学单元或者教学阶段看作是整个小学阶段的一个局部。""我们给教师发整套教材,让每个教师首先把整套教材的逻辑编排体系和编者的意图弄清楚……然后以章节为单位进行备课,逐步树立教师的整体观念。最后具体到每一节的备课。"("重建课堂——广东省佛山市第九小学教学变革侧记",《人民教育》,2011年第20期)

(2) 相对于单纯的"减",我们又应更加重视"带"这样一个关键词,也即应当用重点内容带动非重点内容的教学,而不是简单地"一放了之"。

在此我们还应特别提及这样一个相关的经验:由于教学中有不少内容是十分相似或密切相关的,因此,我们就应很好地确定何者可以被看成这一方面的"种子课",并应通过"种子课"的教学很好地带动其他内容的教学,而不应将它们看成互不相干的,乃至一再地重复相应的过程,我们还应切实做好"以发展代替重复,以深刻促成简约"。(俞正强语)

[例10] "度量问题"的教学。

如众所知,"度量问题"在小学数学教学中占据十分重要的位置,并包含众多的内容。但这又可被看成所有这些内容的共同核心:它们主要都是围绕"度"和"量"这样两个关键词展开的。也正因此,我们就应通过整体分析很好地确定相应的"种子课",包括认真地去思考应当如何从事各个相关内容的教学。

　　以下就是著名小学特级教师俞正强老师的相关分析:"以计量单位为例,在小学数学中,主要的计量单位一共有八类,这八类中,长度单位是小学生最早接触的,也是最基本的,因此,长度单位的学习在小学数学中应该具有种子特质。而在这个系列中,第一节课的《厘米的认识》无疑是最重要的,也就是本文意义的种子课。"(俞正强,《种子课——一个数学特级教师的思与行》,教育科学出版社,2013,第18页)

　　这并是后继教学应当遵循的一个基本原则,即我们不应每次都要"从头开始",也即一再地重复相应的过程,而应以已学习过的内容作为新的认识活动的直接基础,我们还应通过新的学习努力促进学生认识的发展和深化,也即应当切实做好"以发展代替重复,以深刻促成简约"。

　　具体地说,尽管具有相同的基本问题,但这在不同情况下又可说具有不同的涵义或重点。具体地说,我们在教学中不仅应当帮助学生很好地认识新的内容与已学过的内容之间的共同点,也应注意分析新的内容有什么不同的特点,特别是,在各种不同的情况下我们应当采取什么样的度量单位,什么又是适合的度量方法与工具?

　　例如,如果说《厘米的认识》的教学应很好地突出"度量单位的标准化"这样一个思想,那么,在后继的课程中,我们就应通过"分米""米"与"毫米"等多个长度单位的引入帮助学生清楚地认识度量单位的相对性,也即我们应当针对不同的情境与需要选择适当的度量单位;进而,后一事实显然也就十分清楚地表明了很好地掌握这样一个基本技能的重要性,即不同度量单位之间的换算。

　　再者,如果说在学生开始接触到"度量问题"时教师应当很好地突出这样一个思想,即我们应由简单的定性描述过渡到精确的定量表述,那么,随着学习的深入,我们就应帮助学生逐步建立起这样一个新的认识,即我们应当尽可能地将较复杂的度量问题转化为已学习过的、较简单的度量问题,包括用计算代替直接的度量,这也可被看成以联系的观点为指导去进行分析思考的直接结果。(也正是在这样的意义上,笔者以为,将所谓的"量感"列为"数学核心素养"之一,乃至随意地断言"数学的本质在于度量"就很不恰当。对此我们将在以下做出进一步的分析论述)

显然，依据上述实例我们也可很好理解"以发展代替重复"的重要性；与此相对照，"以深刻促成简约"则可说与我们要强调的第二组关键词有着更为直接的联系。

第二，"统整""提升""指导"与"渗透"。

（1）所谓"统整"与"提升"，主要就是指我们应当帮助学生由局部性的认识逐步过渡到整体性、结构性的认识，包括在思想方法与情感、态度和价值观的培养等方面都能有较大的收获。显然，这也就意味着我们已经超出单纯的"减负"走向了更高层次的"增效"。

正如2.2节中所提及的，由于学生在这方面具有明显的局限性，因此，这事实上就可被看成诸多"以学为主"的教学模式的最大局限性，或者说，这应被看成教师在教学中"引领作用"十分重要的一个方面。

以下就是由"局部性认识"过渡到"整体性认识"最重要的一些方面：

① 理清发展线索，突出"核心问题"。在此还应特别强调这样一点，即我们不仅应当注意对于"日常认知"的必要超越，还应防止将数学的历史发展混同于逻辑分析。

后者事实上也可被看成数学发展的一个重要特点："数学家有这样的倾向，一旦依赖逻辑的联系能取得更快的进展，他就置实际于不顾。"（弗赖登塔尔，《作为教育任务的数学》，上海教育出版社，1995，第45页）从教学的角度看，这也就是指，我们应当努力做好"数学史的理性重建"。

② 概念的综合分析，包括"核心概念"的提炼。

例如，由[例10]和[例11]可以看出，这是小学数学教学特别重要的两个核心概念："度量"和"比较"。

[例11]　"比较"与小学数学学习。

以下是俞正强老师通过小学数学学习内容的综合分析引出的又一重要结论：

"可以说，'比较'这一数学思想贯穿了小学数学学习的始终，对此并可简单地罗列为下列几个典型句式：

第一阶段（一、二年级）：□比□多（少）几？

第二阶段(三、四年级):□是□的几倍(几倍多[少]几)?

第三阶段(五、六年级):□是□的几分之几(□比□多[少]几分之几)?"(俞正强,《种子课——一个数学特级教师的思与行》,同前)

显然,由此我们也可更好地理解切实做好这样一项工作的重要性:"以发展代替重复。"

进而,从同一角度进行分析,笔者以为,我们又应对于"比"这一概念予以特别的重视,也即应当将此看成"比较"更加重要的一个涵义;再者,从总体上说,我们则又应当更加突出"数量关系"特别是"等量关系"的概念,也即应当将此看成小学数学教学特别是"数的认识与运算"教学最核心的一个概念。

应当提及的是,我们并可由中国旅美学者马立平博士的名著《小学数学的掌握与教学》找到这一方面的更多实例,包括"知识包"这一十分重要的概念,后者即是指,我们应当注意分析不同数学概念之间的联系,而不应将它们看成完全孤立、互不相关的。

例如,作为这方面的具体实践,建议读者可以围绕"数的整除"对于各个相关的概念,包括"因数""倍数""公因数""互质数""质数""合数""公倍数"等,做出自己的分析和梳理。(相关实例可见周卫红等,"同课异构,深度研修——以'数的整除'复习课为例",《吴正宪小学数学教师工作站专辑》,《小学数学教师》,2018年增刊)

③ 重要数学思想的梳理,即与学习内容密切相关的"概念上很强大的思想"与普遍性的数学思想方法。

正如马立平博士所指出的,这也意味着我们达到了更大的认识深度。

例如,就"数的认识与运算"的教学而言,笔者以为,我们从低年级起就应很好地突出这样一些数学思想或数学思想方法:(1)比较与"一一对应";(2)"客体化"与"结构化"的思想;(3)优化的思想。从"中段"起则又应当对于"算法化的思想"予以特别的重视,并应联系教学内容恰当地开展应用题的教学,从而更有效地促进学生的思维发展。最后,就小学"高段"而言,我们则又应当特别强调"联系的观点"与"变化的思想",并应帮助学生很好地认识"总结、反思与再认识"的重要性。(3.1节)

④"大道理"的剖析。不同于前面已提到的"核心问题""核心概念"和"重要数学思想",这里所说的"大道理"是指相关内容的教学所应遵循的最大的指导性原则,这又不仅直接关系到了我们如何能够很好地做到"以深刻促成简约",还包括我们如何能够通过当前的学习为学生的后继学习和未来发展做好必要的准备。

以下就是小学数学教学最基本的两个"大道理":

小学关于"数的认识与运算"的教学不仅应当很好地突出"比较"这样一个核心概念,从而帮助学生很好地掌握"大小""倍数""分数""比"等概念,也应帮助学生初步建立起关于"数学结构"的整体性认识,特别是清楚地认识它的丰富性与层次性、开放性与统一性,并能真正做好"化多为少,化复杂为简单",包括很好地认识数学与现实世界之间的关系。

小学几何的教学不仅应当突出"度量"这一核心概念,很好地发挥直观认知的作用,也应努力实现对于"度量几何"与"直观几何"的必要超越,也即应当对于图形的特征性质及其相互关系的逻辑分析予以足够的重视。

(2) 所谓"指导"与"渗透",是指我们在教学中应当很好地发挥"整体性认识"的指导作用,切实做好"以大驭小和小中见大"。

具体地说,依据上述分析我们显然就可更清楚地认识单纯强调"一课研究"的局限性,或者说,这对我们应当如何真正地上好每一节课提出了更高的要求,特别是,我们决不应"就课论课",而应注意跳出各个特定内容从更大的范围进行分析思考,并应很好地发挥整体性观念的指导作用,包括高层次思想的必要渗透。

例如,如果说这可被看成中国数学教学传统的又一重要内涵,即认为一堂常规的数学课,特别是所谓的"新知课",应当包括这样五个主要的环节:复习、引入、新授、练习、总结,那么,依据上述分析我们显然就可对此做出新的思考和解读,这并意味着我们已经超出单纯的传统继承而走向了新的发展。

第三,"单元教学"与课程的整体设计。

为了帮助学生很好地实现由局部性认识向整体性认识的过渡,除去高层次思想的适当渗透,以及用整体性认识很好地指导各个具体内容的教学以外,我们还应十分重视课程的整体设计。

容易想到,这也正是现实中人们何以特别重视"单元教学"的主要原因,特别是,这与单独的一堂课一堂课的教学相比又可说具有不同的工作内容和重点。对此建议读者也可结合以下实例做出自己的分析,特别是,以下所提及的各个环节是否都可被看成具有特别的重要性? 强调"单元教学"是否又意味着我们应当引进一种新的数学教学模式?

［例12］ "统整式单元教学"的六个要素(袁晓萍,"让数学学习成为儿童真实的探究与创造",《小学数学教师》,2019 年第 12 期)。

(1) 单元开启课:以"陌生的情境任务"开启新单元的学习,让学生从内容、学法上"鸟瞰"整个单元,激发单元学习兴趣,进行整体架构,形成基本学法。

(2) 主题活动课:将学习内容精心设计为活动主题,学生以小组形式学习,各自担当一定的角色,共同完成某一任务或解决某一问题。

(3) 史料交流课:利用课前收集到的数学史资料,在课堂上共享学习资料,重新进行意义建构,获得对数学史料的重新认知和新的问题思考。

(4) 专题练习课:设计新颖、有趣、富有挑战性的专题性练习任务,启发学生反思练习过程和方法,变换问题角度与方式,将结论迁移运用于不同的场合,以达到更完整的认知结构。

(5) 自主整理课:指导学生有序地整理学习任务,自主地预习、复习、巩固,建立符合数学学科特点的学习习惯与整理方法。

(6) 长作业:建立在大跨度时间基础上的,能够体现知识与技能、思想与方法的综合的"长周期作业",学生需要经历一段时间去完成。

以下则是笔者在这方面的具体看法:如果集中于由"局部性认识"向"整体性认识"的过渡,那么,在上述的六个环节中,"自主整理"就应被看成具有特别的重要性——当然,相对于由学生自主进行整理和总结,教师在这方面也应发挥重要的引领作用。其次,尽管所说的"单元开启课"有很大的重要性,但要真正做到"让学生从内容、学法上'鸟瞰'整个单元……进行整体架构,形成基本学法"恐怕不容易;毋宁说,在"单元教学"的开始阶段我们即应更加重视如何能够通过"核心问题的提炼与加工"激发学生的学习兴趣,并应在全部的学习过程中不断对此做出回顾,从而实现必要的强化和提升,我们还应将此看成"整理和总结"十分重要的一项内容。最后,由于学生的认识必定有一个发展的过程,包括一定的反复与必要的强化,因此,相对于任一固定的"教学模式"特别是"教学顺序"而言,我们就应更加重视如何能够通过整体设计促进学生认识的发展与深化,包括很好地做到"以发展代替重复,以深刻促成简约",以及由"局部性认识"向"整体性认识"的必要过渡。

显然,上述分析事实上并不只适用于所谓的"单元教学",恰恰相反,我们应从同一角度去思考和处理与"课程的整体设计"(或者说,"课程内容组织")密切相关的各种问题,即如我们如何能从这一角度对所谓的"螺旋式上升"做出新的理解和解读。

相信读者由以下关于"结构化教学"的分析即可对此有更好的认识,包括我们又应如何去认识这样一个工作的意义,即"小学数学知识结构全景图",特别是,对于"一体""二核""三主""四附"的突出强调。(详可见许卫兵,《小学数学整体结构教学》,上海教育出版社,2021,第三章)

第四,"结构化(性)教学"之慎思。

强调"慎思",主要是因为在这方面经常可以看到一些片面性或简单化的认识,特别是,由于现实中人们往往将"整体性教学"和"结构化教学"直接联系在一起,却未能对此做出明确区分,甚至都未能很好地认识到深入思考这一问题的重要性,因此就很容易陷入各种可能的误区。

例如,由于与"碎片化教学"的对立可被看成"整体性教学"十分重要的一个特征,因此,如果我们关于"结构化分析"的论述也只是强调了这样一点,就只能被看成一种简单化的认识:"毋庸讳言,我们的教育正面临着一个巨大的危险因素,那就是碎片化的教与学。大量事实表明,沉溺于碎片化的学习,将会一步步摧毁学生的深度思考能力。对数学教育而言,结构化教学正是我们急需的一种应对利器。"(邱学华、张良朋,"2018 年小学数学教育特点问题探讨",《小学教学》,2019 年第 3 期)

再者,这应当说也是一个十分重要的问题,即我们是否应将"教结构,用结构"看成"结构化教学"的主要目标? 当然,为了对此做出正确解答,我们又必须先行回答这样一个问题,即应当如何理解这里所说的"结构",特别是,我们是否可将此归属于国际上曾一度十分流行的"结构主义课程论"这样一个范畴,乃至不加分析地接受这样一个经常被提及的普遍性结论:"任何学科都能够用在智育上是诚实的方法,有效地教给任何发展阶段的任何儿童。"(布鲁纳,《布鲁纳教育论著选》,人民教育出版社,1989,第 42 页)

由于后一论断的涉及面十分广泛,因此,我们在此将主要围绕数学教学进行分析,也即集中于这样一个问题:对于所说的"结构"我们是否应从纯数学的角度进行理解,也即将此等同于各种具体的"数学结构"?

事实上,对于"结构"的强调正是数学现代发展十分重要的一个特点,这与一般所说的"模式化"相比并可说达到了更高的抽象层次。因为,"结构"这一概念不仅突出强调了整体分析的重要性,也即主要着眼于"模式间的关系"(L. Steen 语),还具有"形式化"这样一个重要的涵义,后者即是指,我们完全不用关心相关理论的研究对象究竟是什么,或者说,具有什么样的现实背景,而应将此看成纯粹的"假设—演绎系统"。例如,主要也就是在这样的意义上,希尔伯特指出,我们可以用"桌子、椅子和啤酒杯"代替几何研究中的"点、线和面"。

再者,这又可被看成相关研究(这集中体现于法国布尔巴基学派的工作)的主要意义:通过已有数学理论的综合分析我们可以更清楚地认识数学的统一性,因为,全部数学主要地都可被看成是由三种基本数学结构("母结构")通过交叉与复合逐步生成的,即构成了一个十分庞大但又井然有序的宏大结构。

上面的论述应当说有点难以理解,借助冯·希尔夫妇关于几何思维五个不同水平的分析(详可见 D. Fuys & D. Geddes & R. Tischler 主编,《English translation of selected writings of Dina van Hiele-Geldof and Pierre M. van Hiele》,Brooklyn College,1959),读者或许就可对此有较清楚的认识:所说的"结构分析"即是指我们已经超出"水平 4"上升到了"水平 5":

水平 4:形式推理。这时学生已能对公理化系统中的未定义项、定义、公理、定理作出明确区分,并能作出一系列命题以对作为"已知条件"逻辑结论的某个命题进行证明;但这时推理的对象还只是图形性质之间的关系,而非不同演绎系统之间的关系,他们也还不能清楚地认识严密性的要求。

水平 5:严密性/元数学。这时学生即使不参照模型也能以较大的严密性进行推理,这时推理的对象是形式化构造之间的关系,推理的产物则是几何公理系统的建立、详尽阐述和比较。

综上可见,如果从纯数学的角度进行理解,"教结构,用结构"就已完全超出了中小学生的接受水平。这事实上也可被看成 20 世纪 60 年代在世界范围内盛行的"新数运动"给予我们的一个直接启示或教训。因为,这也是这一数学教育改革运动的主要指导思想,即认为我们应当用现代数学思想对于传统的数学教育进行改造,从而实现数学教育的现代化:"这里,一个主要的前提就是要像 20 世纪的数学家所理解的那样,去逐步向学生揭示数学结构,从而使学生们进一步领会、应用研究和爱好数学。"(ICMI 丛书之一,《国际展望:九十年代的数学教育》,上海教育出版社,1990,第 104 页)但是,由于所说的目标完全超出了学生的接受能力,因此,尽管人们曾经为此做出了巨大努力,一些数学家也曾对此充满了信心,但是,随着时间的推移,这一改革运动逐步暴露出了众多弊病,直至最终陷入了完全的失败。

那么,我们是否仍应积极地去提倡"结构化教学"呢? 显然,这里的关键仍在于我们应当如何理解这一主张的具体涵义。例如,在笔者看来,以下就是比较合适的一个提法:"在数学教学的过程中,一定要关注那些更加上位、更为统整、更具'超能'的较高水平的数学思想方法、数学精神文化的培育。"因为,"当学生的结构化思维水平越来越好……他们就能将之自觉地应用到其他学科的学习领域,应用到日常生活领域,应用到人际交往领域,应用到从未有过的问题解决。若能这样,我们就可以说,他的数学素养就真正形成了,数学教育价值也真正地得以实现"。(许卫兵,《小学数学整体建构教学》,上海教育出版社,2021)简言之,数学教学应当很好地做到"分清层次,居高临下,走向深刻"。

例如,从后一角度我们即可更好地认识到切实做好以下工作的重要性:由于现行的数学教材采取了"混编"的方法,因此,有不少内容之间的联系在形式上就被切断了,即如各种方程(组)以及方程与不等式之间的联系,各种三角形以及三角形与四边形之间的联系,等等,正因为此,我们在教学中就应十分重视用"联系的观点"引导学生进行分析思考,包括如何对于相关内容做出必要的层次区分。

再例如,从同一角度我们显然也可更好地认识到"特殊化"与"一般化"对于数学研究与数学学习的特殊重要性,因为,这也直接涉及我们应当如何认识各种对象(包括结论和理论等)之间的联系,包括必要的层次区分。

更一般地说,我们应帮助学生很好地认识到这样一点,即相对于纯粹的"横向的扩展",我们应当更加强调"纵向的发展";另外,从教学的角度看,我们又应特别重视"高层次思想的渗透与指导",从而帮助学生逐步学会"结构性思维"。

例如,从后一角度我们即可更好地理解这样一个建议:我们不仅应当在数学教学中很好地使用"画图"这样一个方法,也应要求学生在学习的过程中积极地画图:画出自己的想法,画出自己的理解……(刘善娜语)再者,相对于一般所谓的"直观图"而言,我们又应更加重视"流程图"与"概念图"的应用,因为,借助于后者我们即可更好地认识不同对象之间的联系,包括我们又应如何对此做出一定的层次区分。对此我们将在 2.4 节做出进一步的分析论述。

最后,从同一角度相信读者也可很好地理解笔者对于"学习路径研究"这一国际上较新研究成果的如下评论:

[例 13]　"学习路径研究"之我见。

所谓"学习路径研究",是近年来在数学教育乃至整个教育领域中出现的一个新的研究取向。例如,由全美数学教师理事会(NCTM)组织出版的《数学教育研究手册》(人民教育出版社,2021)就用了整整一章对此进行分析介绍,国内也有学者以此为指导开展了相应的教学实践:"基于学习路径分析的数学教学。"

应当如何看待上述工作? 笔者以为,相关研究有一定合理性,特别是,就总体而言这即可被看成对于先前较流行的一些片面性认识的必要纠正,这也就是指,我们不仅应当由单纯强调"过程"转向"目标为本",也应清楚地认识到这样一点:除去对于教学目标的清楚界定以外,我们还应注意研究什么是学生达到相应目标在学习过程中必须经历的实际"路径"。

进而,我们又应将"结构性思维"看成"学习路径研究"十分重要的一个指导思想,这也就是指,相对于一般所谓的"学习路径"特别是这方面的过细分析而言,我们应当更加强调这样一点:学生的数学学习必定有一个逐步发展、不断深化的过程,对此往往还可区分出一定的层次或阶段,这也可被看成强调"学习路径研究"的主要意义所在,即"对学生在学习或探索一个长时间跨度的主题过程中逐渐形成复杂思维方式的描述"。(NRC)

由以下的对照比较读者即可对此有更好的认识:这是相关学者在对"基于学习路径的小学数学教学"做出说明时所引用的一个实例,它的直接论题是"分数除法教学",即主要集中于这样一个问题:为了帮助学生较好地掌握分数除法,我们应当按照一条什么样的路径去进行教学? 以下就是相关文章提供的解答(黄荣金等,"实施基于学习路径分析的小学数学教学,促进学生学习和教师成长",《小学教学》,2021年第3期,9-12;第4期,4-7):

(1)与原有知识联系(整数除法,包括等分除和包含除)。例如,$10÷2$。任务1(略)。

(2)分数除以整数(当分子是除数的整数倍时),例如,$\frac{4}{5}÷2$。任务2(略)。(注:我们希望学生通过理解等分除来理解这个任务)

(3)分数单位除以整数,例如,$\frac{1}{3}÷2$。任务3(略)。(注:我们希望学生通过理解等分除来理解这个任务)

(4)分数除以整数(当分子不是除数的整数倍时),例如,$\frac{3}{4}÷2$。任务4(略)。(注:我们希望学生通过理解等分除来理解这个任务)

(5)1除以分数单位,例如,$1÷\frac{1}{3}$。任务5(略)。(注:这个问题用到了包含除……我们希望学生通过理解包含除[重复减]来解决这个问题)

(6)整数除以分数单位,例如$2÷\frac{1}{3}$。任务6(略)。(注:我们希望学生将这个问题与任务5进行联系,并且认识到该任务的答案是任务5的2倍。因此,$2÷\frac{1}{3}=2×2\left(1÷\frac{1}{3}\right)=2×3=6$)

（7）同分母分数相除，例如，$\frac{2}{3} \div \frac{1}{3}$。任务 7（略）。（注：这个问题用到了包含除……我们希望学生通过理解包含除［重复减］来解决这个问题）

（8）分数除以分数，例如，$\frac{1}{2} \div \frac{1}{3}$。任务 8（略）。（注：这个问题用到了包含除……）

但这恰就是笔者面对上述设计首先想到的一个问题：这与国内曾一度流行的"小步走"有什么不同，这又是否可以被看成真正的有效教学？因为，这正是同一文章中提到的一个事实，即相关内容的教学在中国只需 2 个课时，在美国则要用 5 个课时才能完成。再者，由于"最终的学习目标是让学生发现分数除法的算法"，因此，我们又应进一步去思考：上述的教学设计究竟给学生的主动探究（更恰当地说，即学生的积极思考）留下了多少空间？或者说，这究竟是可以被看成一种真正的"启发式教学"，还是一种"假探究、真灌输"？

当然，这又是笔者在这方面的主要看法，即认为我们在积极推广"基于学习路径分析的数学教学"时，也应清楚认识到这一主张的适用范围。具体地说，这一研究应当说比较适用于具有较长时间跨度的学习内容；而且，相对于单纯的先后顺序而言，我们又应更加重视"层次"或"阶段"的分析。

最后，由于对于"课程内容结构化"的强调正是《数学课程标准（2022）》的一个重要特征，因此，我们也就有必要对此做出具体分析。这正是［附录二］的主要内容，其中我们还将对是否应当将"量感"列入"数学核心素养"提出自己的看法。

2.4　教师的示范与评论

由于学生数学水平的提升主要依靠后天的学习，更离不开教师的指导，因此，这就应被看成做好数学教学的又一关键，即我们应当很好地发挥教师的引领作用。

作为对照，在此还可提及这样一个关于教学活动与教师工作的具体定位："教学活动是师生积极参与、交往运动、共同发展的过程。有效的教学是学生学与教师教的统一,学生是学习的主体,教师是学习的组织者、引导者与合作者。"(中华人民共和国教育部,《义务教育数学课程标准(2011年版)》,北京师范大学,2011,第2页)需要思考的是:这一论述是完全针对数学教学而言,还是也可被用于一般的教学活动?再者,所说的"组织者、引导者与合作者"是否又可被看成关于数学教师教学工作的适当定位,特别是,我们是否应当"平等地"看待这样三个作用?

以下则是笔者在这方面的主要观点:在上述三个作用中我们应当更加突出教师的引导作用,也即应当将"数学学习活动的引导者"看成数学教师教学工作的主要定位;进而,又如1.3节中所已提及的,由于积极的思考可被看成学生数学学习活动最重要的一个涵义,从而不仅能够较好地掌握相应的数学基础知识与基本技能,真正做到理解学习,而且也能通过数学学习逐步学会思维,努力提升自己的思维品质,因此,作为数学教学活动的具体分析,我们也就不应停留于"学生学与教师教的统一"这样的一般性分析,而应更加突出教师的"引"和学生的"思"这样一对矛盾。

那么,数学教师究竟如何才能很好地发挥所说的引导作用呢?除去前面已提及的"问题引领",以及我们又如何能够以"问题"或"建议"的形式给学生一定指导,从而帮助他们顺利地克服困难,并能由局部性认识上升到整体性认识以外,笔者以为,我们又应特别重视这样两项工作:示范与评论。

一、教师的必要示范

这是数学教师示范作用特别重要的一个方面,即我们应当用思维的分析带动具体知识内容的教学,从而将数学课真正"教活、教懂、教深",也即向学生展现"活生生的"数学研究工作,而不是死的数学知识,并能帮助他们很好地理解相关的内容,而不是囫囵吞枣,死记硬背,又不仅能够掌握具体的数学知识,也能很好地领会内在的思想方法。(详可见另著《数学方法论》,广西教育出版社,1991)

笔者在这方面并有这样一个具体建议:"数学思维方法的学习,不应求全,而应求用。"这就是指,无论是数学思维的研究或是所谓的"数学方法论",都不应成为借题发挥、纸上谈兵的空洞学问,而应对于实际教学发挥实实在在的指导和促进作用;另外,我们显然也只有通过这样一个途径,才能使学生真切地感受到数学思维的力量,真正起到言传身教的作用。

总之,我们不应将数学思维的教学与具体知识内容的教学绝对地对立起来,而应特别重视数学思维在具体数学知识教学过程中的渗透与指导作用,包括通过这一途径帮助学生很好地了解与学习数学思维,也即使得相应的思维过程和思想方法对于学生而言真正成为"可以理解的、可以学到手和可以加以推广应用的"。

相对于数学发展的真实历史而言,上述工作也可被看成"数学史的方法论重建",并集中地体现了教学工作的创造性质,包括我们又如何能够联系自己的教学工作积极地去开展教学研究。具体地说,如果我们在阅读教材或是实际教学的过程中发现某一内容的处理(包括教材中采取的途径、别人设计的教例,以及自己先前的教学设计)不很自然,这或许就可看成用思维方法的分析改进教学的很好切入点。

以下就是这样的一个实例,这是笔者多年前的一个实际经历:

[例14]   三角形内角平分线性质的证明。

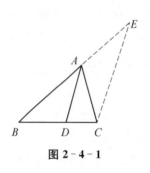

图2-4-1

所谓"三角形内角平分线的性质",是指这样一条定理:"三角形中任何一个角的平分线分对边所得的两条线段与这个角的两边对应成比例。"教材中关于这一定理的证明应当说并不困难(图2-4-1),但这恰又是我们在从事这一内容的教学时应当认真思考的一个问题:相关的证明思路是如何发现的? 我们又如何能够使得这一过程对学生而言真正成为十分自然的? 因为,不可否认的是,CE这一辅助线的添加是很难想到的,从而就很像波利亚所说的"从帽子中掏出来的兔子"。

正是围绕上述问题笔者进行了长期思考,但却始终未能得出令人满意的解答,直至有一天突然产生了这样一个想法:既然无法自然而然地引出所说的辅助线,那么,我们是否就可不添加任何辅助线而直接证明这一定理? 又由于笔者在此前刚刚接触到了所谓的"面积法",也即主要通过图形面积的分析去求解几何问题,这样,以下思路的产生就十分自然了:

作为面积法的具体应用,我们在此即可集中地去考察 △ABD 与
△ADC 的面积的比。由于这两个三角形具有同
一条高,因此,它们的面积比显然就等于 BD∶
DC;另外,由于 AD 是角平分线,这是并角平分
线的基本性质:上面任一点到两边的距离相等,
由此我们也就可以立即推出:△ABD 的面积∶
△ADC 的面积＝AB·DE∶AC·DF＝AB∶
AC(图2-4-2)。这样,相关的定理(BD∶DC＝
AB∶AC)就得到了证明。

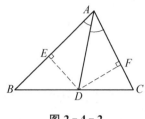

图 2-4-2

当然,作为教学活动,我们又不应满足于这一问题的解决,而应引导学生
从更一般的角度进行分析思考,也即应当由知识和技能的学习上升到思维的
层面。例如,通过这一解题活动我们就可帮助学生很好地理解"面积法"的具
体涵义,包括以此为背景对这一方法与传统方法做出对照比较,从而初步认识
它们各自的优点与局限性,并在应用上实现更大的自觉性。

建议有兴趣的读者还可对以下问题做出自己的思考和探究:

[例 15] **"直角三角形斜边上的中线等于斜边的一半"的证明。**

这是八年级的一项学习内容。由于学生在先前已经学习了"三角形的全
等"和"等腰三角形的性质"等相关知识,因此,面对以下证明在理解上就不会
有太大困难:

在 Rt△ABC 中,∠ACB 是直角。 在 ∠ACB 内作
∠BCD＝∠B,CD 与 AB 相交于点D,可知DB＝DC。(图2-
4-3)依据等角的余角相等,可得 ∠ACD＝∠A,于是就有
DA＝DC。从而就有DA＝DB＝DC。由于 CD 正是斜边AB
上的中线,且 $CD = \frac{1}{2}(DA + DB) = \frac{1}{2}AB$。 这样,原来的定
理就得到了证明。

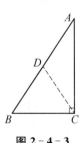

图 2-4-3

现在的问题是:在证明的过程中我们为什么不直接做出斜边 AB 上的中

线CD,而要把它看成按照"$\angle BCD = \angle B$"这一要求所做的另一条线呢？尽管这样做了证明就不会有任何困难,但从思维的角度看毕竟很不自然！

也正因此,我们或许就应进一步去思考:能否为上述定理找出更加自然的一个证明？

其次,尽管所说的"方法论重建"十分重要,但由于教材中的大部分内容都已经过了几代人的反复加工,因此,教师实际从事"重建"的机会应当说并不很多。也正因此,我们就应更加强调另一种形式的创新:"熟练的演绎者(skilled performer)。就像演员或音乐家一样,他们的主要工作就是有效地和创造性地演绎出指定的角度或乐曲。"(H. Stevenson & J. Stigler 语)

具体地说,相对于全面的创新或"重建"而言,我们应更加重视如何能够通过教材的"加工"演绎出一堂精彩的数学课,即如我们如何能够针对具体的教学环境和对象设计出适当的问题引导学生积极进行思考,教学中我们又如何能够很好地体现整体性观念的指导作用,切实做好承上启下,突出重点,逐步深入……

容易想到,这事实上也可被看成我们为什么应当特别重视"过程教学"的主要原因。当然,正如著名数学家、数学教育家弗赖登塔尔所指出的,我们在此又应特别重视这样一个问题:"应该重复人类的学习过程,但并非按照它的实际发生过程,而是假设人们在过去就知道更多的我们现在所知道的东西,那情况会怎么发生。"(《数学教育再探——在中国的讲学》,上海教育出版社,1999,第 67 页)

应当指明的是,上述分析还可被看成为我们应当如何做好"数学史在数学教学中的渗透"指明了主要方向:后者不应被理解成对于数学教学提出了一个新的不同要求,我们也不应认为只有在教学中加入某些新的成分,如数学家的小故事等,才能很好地实现这样一个目标;恰恰相反,由于任一学科的教学主要都集中于学科知识的学习,学校中所学习的各种知识又都可以被看成历史的一种结晶,也即经由文化得到传承的历史,从而就都直接涉及"我们应当如何看待历史、讲述历史"这样一个问题。由此可见,这里的关键仍在于我们如何能够切实提高自身在这一方面的自觉性。

　　具体地说,尽管所说的"演绎"从外表上看似乎比不上全面的创新或重建,但仍然直接关系到了我们如何能够通过自己的教学帮助学生逐步学会思维,并能努力提高他们的思维品质;再者,尽管这些工作我们可能一直在做,但又只有切实提高自身在这一方面的自觉性,我们才能真正教出精彩,也即很好地起到"示范"的作用。

　　从上述角度相信读者也可更好地理解我们为什么应将以下两个实例看成真正的范例,因为,尽管它们所直接论及的都不是数学教学,但仍十分清楚地表明了这样一点:只有教师本身具有深切的感受和体会,才能使学生受到直接的感染,很好地体会到创造的魅力,尽管相关教学很可能也只是对于教材的一种"演绎"。

　　[例16]　学生对于一位语文教师的回忆(董月玲,"师说",《中国青年报》,2008 年 7 月 16 日)。

　　这是北京四中语文老师李家声的课堂,不是公开课:

　　他讲《离骚》,"好像被屈原附体一样,散发出一种人性的光芒,(让我们)心里有说不出的感动"。他朗读《离骚》,时而激扬,时而悲愤,学生不得不"被屈原那种灵魂的美、精神的美,所深深吸引"。"虽然《离骚》只上了两节课,一个从前不喜欢语文的理科学生,课后,不知花了多少时间来读《离骚》,375 句差不多都能背下来了。"

　　"他讲《满江红》,不是讲,而是吟唱,每次唱,都会哭。"一个考上北大的女生回忆道:"开始时,我望着他,他微蹙着眉头,凝视着前方,几根发丝微微颤动。但很快,我低下头,不敢再抬起来,因为我知道,自己的双颊已经红得发烫,眼中的泪水,已经涨到收不回的程度。"唱到"待从头收拾旧山河,朝天阙"时,先生已满眼是泪,学生也满眼是泪。歌罢,教室里,立刻响起雷鸣般的掌声。"我们把手拍红了,却都不愿意停下来。就这样,掌声一浪接一浪地响了不知多长时间。"

　　一茬茬的学生,成了他忘年的知音。"先生给予了我空灵、明净和透亮的灵魂,教我们怎样做一个知识分子,做一个铁骨铮铮、处世独立、横而不流的知识分子。"

[例17]　一位特别受到学生欢迎的历史老师：李晓风。（引自余慧娟，《大象之舞》，教育科学出版社，2014）

一位学生回忆道："在高三的单调生活中，历史课成为我们全班同学的享受，李老师十分注重逻辑，带领我们建立起知识的整体结构，这无论对考试或是我们今后的常识记忆都是大有裨益的。"

"在这个流行'刷题''刷夜'的年代，高三的历史依然是50分钟的传统（三周两次），没有作业题，不用参考书，课堂，便是一切，课后要温习的，也是课上的历史细节和思考。在做够了数学题，背吐了政治书之后，一切与历史有关的复习和思考都成了一种享受。这种学习，无关乎高考，甚至无关乎前途，或许只是对某个人物的命运、某段王朝兴衰的慨叹，对某个哲学家思想的思悟，又或，对某个现实事件折射出的历史进程的思考——那不是明确的课堂内容，却是每个人在课上课下不由自主会想的问题。常常有那么一瞬，为自己是在进行'人文思考'而不是'文科学习'而感到幸福，这种幸福感，源自风哥的历史课。"

以下则是这位教师对于自己工作的自我分析："学生们喜欢我的课，我觉得思考是个很重要的原因。""这是我的历史课的一个目标。我想让他知道更多的历史事件，我想让他学会思考，我想让他建立一种价值观与正义感。这是成为一个知识分子必要的条件。独立思考，不屈服权威。咱们老强调创新精神和思维，其实创新精神不是说学点什么技巧就行，如果在人格上、在思想深处没那东西就不行。"

当然，教学不应成为教师的个人秀，而应很好地服务于教育的基本目标。也正因此，教师在教学中的示范就应集中于关键性的环节，而不应在细节末事上耗费时间。除去上面已提及的"问题引领"与"整体性观念的指导"，以及很好地发挥思维方法的指导作用以外，笔者在此愿特别强调这样几点：

第一，思维的"显（外）化"。

正如1.3中所已提及的，为了促进内在的思维活动，包括理解与深入的剖析，我们应当高度重视思维的"显（外）化"，特别是，应当切实做好"画数学"和"说数学"。具体地说，这也正是教师在这方面所应发挥的一个重要作用，即通过示范帮助学生清楚地认识到这样一点：对此我们不应等同于一般所谓的"画"或"说"，而是应有一个不断提升的过程。

例如，对于所说的"画数学"我们显然就不应局限于如何能够画出与各种几何体直接相对应的直观图形，也即唯一地强调由抽象向具体的回归，而应将此与抽象分析很好地结合起来，也即更加关注我们如何能够借助于适当的图形清楚地表现出内在的思维过程及其内涵，从而不仅有助于理解，也能为进一步的分析思考提供重要的工具。正如 2.2 节中所提及的，这事实上也正是现实中我们为什么应当特别重视"流程图"和"概念图"的主要原因。应当提及的是，也只有从这一角度去进行分析，我们才能帮助学生很好地理解华罗庚先生的这样一个论述："数缺形时少直觉"，包括这里所说的为什么又是"直觉"而不是"直观"。

另外，从同一角度我们显然也可很好地理解关于教师应当如何做好"板书"的以下建议，后者当然也应被看成一种直接的"示范"：我们应当"用箭头标注联系"，用框线、星号等不同记号，以及不同大小的字体等表明不同对象的层次区分……乃至很好地实现这样一个目标："一张板书看课堂。"（许卫兵语）

再者，这又可被看成所说的"说数学"的主要涵义，即我们不仅应当十分重视师生间的积极交流与互动，而且也应针对学生的具体情况认真地去思考如何讲才能讲清楚，才能便于学生理解，并能获得学生更多的关注；再者，教学中我们又应如何去处理学生的意见，特别是与自己不同的想法，也即应善于从学生的表达中吸取有益成分，而不应采取漠然置之的态度。

容易想到的是，上述工作具有超出数学学习更普遍的意义，特别是，这十分有益于学生表达与倾听能力的提升，包括我们又应如何很好地去处理"个体"与"群体"之间的关系。这也就是我们为什么将此纳入"教师示范"的主要原因。

最后，除去"画数学"和"说数学"以外，我们显然也可从同一角度对其他一些相关的问题做出分析思考。例如，正如前面所提及的，这就可被看成"多元表征理论"在这方面给予我们的重要启示，即除去"图象"和"口头语言"以外，我们在教学中还应注意到更多的方面，包括不同方面的必要互补与适当整合。

（图 2 - 4 - 4）

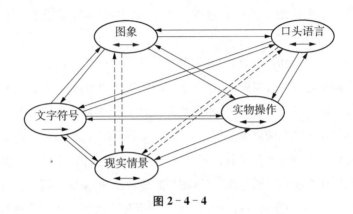

图 2 - 4 - 4

这事实上也就直接关系到了我们的下一个论题。

第二,"以做促思"。

从更广泛的角度看,上述关于"画数学"与"说数学"的分析显然也可被归结为这样一个问题,即我们在教学中应当如何很好地去处理"做数学"与"想数学"之间的关系,这并是我们在这一方面所应坚持的基本立场,即应切实做好"以做促思",而不应陷入"为活动而活动",以及"表面上热热闹闹,实质上却没有什么收获"这样的误区。

就低年级的数学教学而言,这显然就直接涉及教具的应用。例如,主要地也就是基于这一方面的思考,人们提出了"结构性实物操作"的概念,对此我们借助[例18]即可有大致的了解;另外,[例19]中"摄像机"的使用或许可被看成这方面的一个反例,因为,我们并没有看到这一工具的使用对于促进学生的积极思维有任何作用,反而还可能起到一定的干扰作用。

[例 18] "十进制计数块"与自然数的认识。

各种学具在数学教学特别是低年级的数学教学中的应用显然也可被看成"动手实践"的一个具体形式,特别是,通过这些学具的实际操作学生即可获得必要的经验,从而也可更好地理解相关的数学概念。

然而,我们在教学中又应十分重视学具的适当性,因为,只有当后者的显性特征与我们所希望建立的数学关系较为一致时(这就是所谓的"结构性实物操作"),所说的实际操作包括教师的演示,才能产生较好的效果。

例如,为了帮助学生较好地掌握十进位制记数系统,人们常常使用十进制计数块(10-base blocks)或有色的筹码。但是,由于在后一种情况下位值与筹码颜色之间的关系是随意指定的(如用黄色表示单位值1,用红色代表10,用绿色代表100等),从而筹码本身就不能提供关于它所代表的数值的任何暗示;与此相对照,十进制数块的制作则明显地提示出大一点的块是较小的块的10倍,从而就更加有利于学生建立对于十进位值原理的正确认识。

［例 19］　"用眼睛看或用头脑看?"

这是 2007 年 4 月在广东东莞举行的一次教学观摩中所展示的一堂课,其主要任务是帮助学生学会从不同的方向去观察一些简单的物体(包括立方体以及用若干同样大小的立方体组成的较复杂形体),也即具体地去确定从正面、左面、上面等不同方向去进行观察究竟会看到什么形状的图形(正方形、长方形等)?

如果不做深入的思考,人们也许会觉得这是一堂较容易的数学课:我们在课堂上只需引导学生实际进行观察就可以了。就当时的课堂教学而言,任课教师不仅精心准备了必要的教具,还先后采取了全班派代表以及以小组为单位轮流进行观察等做法;颇有特色的是,这位教师在教学中还采用了用摄像机进行验证这样一种做法——这样,一切似乎都进行得十分顺利。

具体地说,教师在课堂上首先提出了这样一个问题:"这是一个立方体,从正面看你看到了什么?"面对这样一个问题,学生进行了实际观察,教师并不断对学生给出的解答作出评价:"好!""非常好!""你看得真仔细!""你再仔细看看!"……这样,所有学生最终都得出了"我看到了一个正方形"这样一个结论。

但是,笔者所思考的问题是:后一结论的得出真是实际观察的结果吗? 例如,如果有一名学生提出他所看到的是通常所说的立体图(图 2-4-5),你能够说他看错了吗?

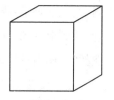

图 2-4-5

完全可以想象,如果在教学中真的出现了上述情况,任课教师就一定会建议道:"你再仔细看看!"甚至还可能作出如下提示:"你再好好想想究竟什么是'从正面看'?"但是,如果一个学生始终坚持说他怎么也看不出老师所说的正方形,而只能看到通常所说的立体图,教师又该如何去处理? 还是这个问题:你真的能说他是看错了吗?

至此我想有的读者也许已经有所感悟了:我们在此事实上并不是真正地在看,而是在教会学生应当如何去看。这也就是说,我们在此所从事的事实上是一种规范化的活动:正是通过我们的教学,学生逐步学会了什么叫做"从正面看",或者说,究竟看到了什么样的形状才是正确的,其他的都是不正确的。

"等一等!"也许有的读者早已忍耐不住了,"难道这不是一个客观事实吗? 即立方体在长、宽、高三个方向的投影都是正方形!"是的! 但这里的关键恰恰就在于"投影"这样两个字,因为,后者显然是一种理想化的状态(或者说,即是严格定义的结果),而如果我们真的用眼睛(或是摄像机)去看是很难(如果不说不可能的话)看出正方形的。从而,总的来说,我们就应引出这样一个结论:我们在此事实上不是用眼睛在看,而是用头脑在看!

由此可见,即使是"观察"这种最基本、最直截了当的活动事实上也不简单。当然,笔者提出上述思考并非是想用哲学分析扰乱一线教师的思维;恰恰相反,上述分析即是从一个角度十分清楚地表明了这样一点:数学学习不应停留于实际的操作性活动(包括动手、动眼等),恰恰相反,只有通过活动的"内化"我们才可能发展起一定的数学思维;另外,如果说上述分析有点"高不可攀";那么,在笔者看来,这也就是我们在制定"数学课程标准"时应当认真思考的一个问题,即是否应当将投影图这样的内容"下放"到小学数学课程之中,因为,这正是不少类似题材的共同特点:它们看似简单,事实上却一点都不简单!

当然,如果从更广泛的角度进行分析,我们还应将"问题解决"也包括在内,这也就是指,我们的教学中决不应停留于各个具体问题的求解,而应由"就题论题"上升到"就题论法"和"就题论道"。对此我们将在下一小节中围绕"作业教学"做出具体的分析论述。

建议读者也可从同一角度对我们应当如何做好"数学应用"的教学做出自己的分析。

第三,善于举例。

适当举例显然也应被看成教师示范作用的一个重要方面。当然,后者的主要作用并不是为学生提供可资直接模仿的样例,而是应当"用具体的例子说出普遍性的道理",包括引导学生积极地进行思考,即如很好地起到触类旁通的作用。也正因此,我们对于"范例"的选择和应用就应持十分慎重的态度,并应将"善于举例"看成数学教师必须具备的又一项基本能力(基本功)。

对于"范例"的作用我们还应从更广泛的角度进行分析理解,特别是,由于抽象性可被看成数学最重要的一个特点,而学生则因为经验的局限往往不具有作为抽象基础的适当事例,因此,为了帮助学生很好地掌握各个数学概念,我们在教学中就应通过适当举例为学生顺利实现相应的数学抽象提供必要的基础。例如,主要地也就是基于这样的思考,一些学者提出了所谓的"范例教学法"。以下就是这方面的一个实例:

[例 20]　"负数的认识"与"范例教学法"。

"范例教学法"是美国著名数学教育家戴维斯(R. Davis)所倡导的一种数学教学方法。以下就是由他本人给出的关于这一方法的一个教学实例:为了帮助学生掌握负数的概念,特别是如何去进行包含有负数的运算(如 $4-10=?$),教师采用了一个装有豆子的口袋,并在桌上提前摆了一些豆子。教学中,教师首先在口袋中装入 4 颗豆子,同时作为一种记载,在黑板上记下了"4"这样一个数字;然后,教师从口袋中拿出 10 颗豆子,这时黑板上就出现了"4-10"这样一个计算式。

教师接着提问道:

(1) 现在口袋里的豆子与一开始相比是变多了还是变少了?

学生很快回答道:变少了。

(2) 少了多少?

回答:少了 6 颗。

这时,教师就在黑板上写下了这样的表达式:$4-10=-6$,并告诉学生这一表达式读作"四减二等于负六",而所说的"负"则表示这时口袋中的豆子变少了。

在这一实例中,装有豆子的口袋与相关的动作(即在口袋中装入更多的豆子或是取出一些豆子)对学生而言显然都是十分熟悉的,从而就起到了"认知基础"(戴维斯称为"同化范式")的作用;这并是"范例教学法"的核心所在,即其中所使用的例子应能真正起到"范例"或"认知基础"的作用。戴维斯并强调指出,一个好的"范例"或"认知基础"应当具有这样的性质,即能"自动地"指明相关概念的基本性质或相关的运算法则,这也就是指,学生借此即可顺利作出相应的发现,而无须依靠对于相关定义或法则的机械记忆。例如,在上述的实例中,学生显然就可借助于所说的"认知基础"顺利地实行诸如"4-10"和"5-8"这样一些运算。

再者,我们显然也可从同一角度更好地认识"变式理论",包括所谓的"概念变式"与"问题变式"对于数学教学的特殊重要性。(详可见另著《小学数学教育的理论与实践》,华东师范大学出版社,2017,第8.1节)

更一般地说,这又可被看成我们如何能够切实做好这一方面工作的关键,即我们在教学中应当很好地处理具体与抽象之间的关系,包括通过两者的辩证运动不断提升学生的抽象能力。

例如,在笔者看来,我们就应从这一角度很好地去理解著名数学家柯朗(R. Courant)的以下论述:"一个人必须牢记,'具体''抽象''个别'和'一般'这些术语在数学中没有稳定的和绝对的含义。它们主要涉及一个思想框架、一个知识状态以及数学本体的特征。例如,已被列为熟悉的事物很容易被看作具体的。'抽象'和'推广'这些词描述的不是静止情况或最终结果,而是从某些具体层次导向更高层次的动态过程。"(J. Kapur主编,《数学家论数学本质》,北京大学出版社,1989,第121页)这也就是指,"具体"与"抽象"事实上具有很大的相对性;也正因此,对于数学实例的"可接受性"我们就不应简单地等同于"生活化",而应针对学生的具体情况做出具体分析。

第四,辩证思维的应用。

由于上述三个方面主要地可被看成围绕"显(外)"与"隐(内)"、"做"与"思"、"抽象"与"具体"这样几个范畴展开的,因此,就总体而言,这也就十分清楚地表明了辩证思维对于我们改进教学具有重要的指导意义。(1.3节)当然,我们也应通过自己的教学帮助学生逐步学会用辩证思维分析问题和解决问题,因为,归根结底地说,这显然也应被看成一种重要的思维品质。

这是笔者在这方面的一个坚定信念:有些事似乎无关大局,也不具有立竿见影的效果,但只要持之以恒,坚持去做,就一定可以取得较好的结果。当然,这也可被看成对教师本身提出了更高要求,对此我们将在3.3节中做出具体的分析论述。

二、比较与评论

上面的分析显然也已表明:数学教师的教学具有很强的评论性质,这也是后者的主要作用,即我们应当通过适当的评价帮助学生很好地弄清前进的方向,包括应当在哪些方面做出更大的努力。当然,这也应被看成一种重要的引领。

这并直接涉及了数学学习的本质:这主要是一个不断优化的过程。正因为此,我们在教学中就不应盲目地去提倡结论或方法等的"新颖性"或"与众不同",乃至片面地去强调所谓的"多元化",而应更加注重不同主张或方法的对照比较,并能通过适当评论帮助学生很好地实现必要的优化。当然,由上述分析我们也可清楚地看出:这一方面的工作不应局限于简单的"纠错",而应具有更广泛的涵义,特别是,这不仅包括"显性层面"的变化,如方法的改进、结论的推广、引入了更好的表述方法等,还包括"隐性层面",即如观念的更新、新的品格的养成等等。

在此还应特别强调这样一点:相对于课堂教学而言,我们如何能够很好地处理"多元化"与"优化"之间的关系也可说对于"作业教学"具有更大的重要性,并直接关系到我们如何能够很好地纠正日常教学中经常可以看到的这样一些弊病,即对于"多""异""快"等的不恰当提倡。以下就对此做出具体分析。

在此可以首先思考这样一个问题:数学教学为什么应当特别重视"作业教学"? 简单地说,这显然也可被看成充分发挥学生在学习过程中主体地位的一个重要方面,因为,要求学生主要依靠自己的力量去解决那些非单纯练习题的问题,包括所谓的"探究性作业",在一定程度上就是让学生处在了与数学家同样的位置之上,从而不仅可以有效地防止所谓的"机械学习",也即主要依靠死记硬背与简单模仿学习数学,也十分有益于学生很好地领会隐藏在具体数学知识与技能背后的深层次数学思想和数学思想方法,包括逐步养成相应的情感、态度与价值观。

例如，尽管所谓的"探究题"通常有较大难度，但在不少人看来，这恰可被看成其优点所在，因为，大多数喜欢数学的人都有这样一个体会：自己之所以喜欢数学，不是因为数学容易，恰恰是因为它有一定难度，他们就是通过解决困难体会到了一种深层次的快乐，真切地感受到了"数学的力量和美"。（马立平语）

当然，作为问题的另一方面，我们也应清楚地看到：即使我们仅仅着眼于学生解决问题能力的提升，这也不可能单纯地通过反复实践得到实现，教师更应在这方面发挥重要的引领作用，尽管后者不应是一种硬性的规范，我们并应切实做好教学的开放性，因为，这正充分尊重学生在学习过程中主体地位与个体特征的必然要求。总之，我们既应明确肯定教学工作的规范性，努力帮助学生实现方法和思维等的必要优化，同时也应使之真正成为学生的自觉行为。显然，从后一角度我们也就可以更好地理解切实做好比较和评论的重要性。

就这方面的具体工作而言，笔者并愿特别强调这样几点：

第一，数学教学应当坚持理性分析，即应帮助学生很好地弄清相关主张或方法的合理性，从而就不仅能够做到真正的理解学习，我们也可通过这一途径帮助学生逐步养成理性的精神，也即成为真正的理性人。

例如，从这一角度我们即可很好地理解积极提倡"说理课堂"的重要性："'说理课堂'不仅是学知识，让学生知晓知识发现的背景、存在的条件以及解释客观世界的适用范围，更是激发学生自觉学习的心向，让学生通晓学习中的道理，在阅读中习得分析与理解，在思考中习得分析与体验，在交流中习得表达与协作，在审辨中习得接纳与批判，在尝试中习得想象与创作……"（罗鸣亮，"'说理课堂'：走向未来的数学教育"，《福建教育》，2021年第14期，第40~42页）

例如，依据以下分析我们即可更好地理解"面积法"的重要性（对此可见[例14]），还包括这样一点：即使在初等数学的范围内我们仍可通过积极的探索研究做出重要的发明创造。

如众所知，"全等三角形"在平面几何的研究中具有特别重要的位置，这并是相关研究的主要作用：只需依据三个条件（其中至少一边）我们就可推出两个三角形全等，从而求得其他的边或角。但应强调的是，尽管这一方法十分重要,但要求两个三角形至少有三个元素(至少一边)对应相等,应当说是一个很强的条件,从而就未必适用于所有场合;也正因此,我们就应进一步去思考能否通过适当地减弱条件找出更有效的方法。又由于三角形的全等可被理解成同时满足了"形状相似"和"面积相等"这样两个条件,因此,我们在此或许可通过"两者取一"取得新的进展。

具体地说,"相似三角形"的引入显然可被看成后一立场的具体体现:我们在此即是删除了"面积相等",而仅仅保留了"形状相似"这样一个要求;但从逻辑的角度看,在此还有另一可能的选择,即仅仅保留"面积相等",而放弃"形状相似"的要求——显然,这也就十分清楚地表明了引入"等积形"这一概念的合理性。

再例如,就数学中对于符号的使用而言,应当说有不少偶然的成分,但这同样也可被看成这方面的一个基本事实,即从发展的角度看理性分析仍可被看成在这方面发挥了最重要的作用,特别是,我们在此也可清楚地看到"优胜劣汰"这样一个过程。

例如,在微积分学的创建过程中,人们就曾引入过多种不同的符号体系,特别是,作为当时具有最大影响的数学家,英国的牛顿和德国的莱布尼兹都曾创建过自己的符号体系。但是,尽管英国数学家曾因为民族的偏见在很长时间内对莱布尼兹的符号体系进行了抵制并坚持使用牛顿的符号,但前者终因其更加便利实用最终得到了普遍采用。再例如,尽管我国在辛亥革命前一直没有使用国际上通用的符号体系,如 1906 年京师大学堂使用的教科书就是用"天、地、人、元"等表示求知数,用符号"⊥""T"表示加和减,分数则自上往下读,这样,式子 $\dfrac{W^2}{5} - \dfrac{z^3}{3} + \dfrac{x^2 y^4}{27}$ 就被写成了

五　丅　三　⊥　二七
元二　　人三　　天二地四。

这显然很不方便,从而最终自然也就遭到了淘汰。

第二,"作业教学"必须超越"就题论题"上升到"就题论法"和"就题论道"。显然,这也可被看成这样一个思想的具体体现,即我们在教学中必须超出各个特定内容将学生引向更高的层面,特别是,应帮助学生逐步学会思维,包括由

理性思维逐步走向理性精神。

例如,无论是所谓的"一题多变"或是"问题变式",都可以被看成我们如何能够真正做好"就题论法"十分有效的一些措施,特别是,我们如何能帮助学生超出各个具体问题的求解上升到普遍性的解题策略和数学思想方法。当然,为了实现这一目标,我们又应切实加强比较和分析的工作,包括帮助学生很好地认识到这样一点:所说的"过渡"事实上就是更高层次的一个优化。

当然,相关工作又应注意防止与纠正这样一些倾向,即题型的"泛化"与解题策略的过度细化,乃至对于"解题活动算法化、程序化"的片面追求。因为,如果我们对此缺乏清醒的认识,就可能因此而重新陷入"题海战术"。进而,这也正是我们为什么又应特别强调"就题论道"的主要原因,即应当由具体的解题策略和数学思想方法进一步上升到普遍性的思维策略,特别是,我们应通过自己的教学帮助学生逐步学会思维,努力提高他们的思维品质。

由以下实例读者或许可对此有更好的认识:

[例21] 未知数与条件的"不对称性"。

这是《学习与评价——数学7年级下册》(江苏凤凰教育出版社,2013)中的一个问题:

"有甲、乙、丙三种货物,若购甲货物2件、乙货物4件、丙货物1件,共需90元;若购甲货物4件、乙货物10件、丙货物1件,共需110元。若甲、乙、丙三种货物各购1件,共需多少钱?"

相信任一有一定数学知识和解题经验的人,面对这一问题都会有这样的想法:"3个未知数,只有2个条件,这个题目肯定有错,也即根本无法求解。"

但这恐怕不是当前的大多数学生面对此类问题时会采取的立场,恰恰相反,他们更加倾向于上网去查。令人惊奇的是:这一问题在网上居然也可找到答案!当然,这又是此类网站的主要局限性,即仅仅提供了问题的解答,也即具体的解题步骤,而未能清楚地说明背后的道理。也正因此,如果我们的学生只是满足于完成作业,就不可能通过上网查解答有真正的收获。更一般地说,这也正是"就题论题"的主要弊病所在。

以下就是网上给出的解答：

设甲、乙、丙三种货物的单价分别为 x、y 和 z。

由题意得：$2x+4y+z=90$·········(1)

$\qquad\qquad 4x+10y+z=110$ ······(2)

$(2)-(1)$ 得：$x=10-3y$······(3)

代入(2)可得：$z=2y+70$······(4)

将(3)(4)代入 $x+y+z$ 得 $10-3y+y+2y+70=80$。

但是，明明是不可解的一个问题，最终又为什么能够顺利地得到解决呢？显然，如果我们着眼于通过解决问题帮助学生逐步学会思维，这就是我们应当深入思考的一个问题。

笔者的看法：既然这一问题能够得到解决，就说明尽管从形式上看这一问题包含了 3 个未知数，但这事实上只是一个"表(假)象"，或者说，我们即可通过适当的变化(变量代换)将未知数的个数由"3"压缩为"2"。

具体地说，由于最终所要求的是"甲、乙、丙三种货物各购 1 件共需多少钱"，因此，我们就可将 $x+y+z$(x、y、z 分别代表甲、乙、丙三种货物的单价)看成一个新的未知数，那么，另一个未知数又应是什么呢？

显然，一旦确定了方向，后一问题的解决就不是十分困难了。因为，这时我们可对原先的方程(1)($2x+4y+z=90$)做出如下的"变形"：$(x+y+z)+x+3y=90$。由此可见，另一个未知数很可能就是($x+3y$)。由于对于方程(2)($4x+10y+z=110$)我们显然也可做出类似的变形：$(x+y+z)+3(x+3y)=110$，上述想法就得到了证实。

这时，原来的问题显然也就不难解决了，即有 $x+y+z=80$。当然，相对于单纯的问题解决而言，我们又应更加重视如何能由上述过程学到更多的东西。例如，借此我们可更好地体会到"适当提问"的重要性，也即应通过提出适当的问题更深入地去进行思考；就我们目前的论题而言，这也意味着我们已由单纯的"就题论题"上升到了"就题论法"和"就题论道"。

另外，由上述分析我们还可引出这样一个结论：尽管一次方程组的学习并不困难，但这仍然可以被看成为我们如何能够帮助学生逐步学会思维提供了重要的契机，因为，一次方程组往往有多种不同的解法，从而我们就可以此为背景帮助学生更好地理解比较与优化对于数学学习的特殊重要性。

[例 22] "多元化"的泛滥与审视。

这是南京市某区由多个学校统一组织的"2020级七年级下学期期中考试"中的一道题目：

数学课上,老师展示了这样一段内容：

【问题:求式子 a^2+4a+6 的最小值。

解:原式$=(a^2+4a+4)+2$

$=(a+2)^2+2$。

$\because (a+2)^2 \geqslant 0$,

$\therefore (a+2)^2+2 \geqslant 2$。

即原式的最小值是 2】

小丽和小明想,二次三项式都能用类似的方法求出最值(最小值或最大值)吗?

(1) 小丽写出了一些二次三项式：

①x^2-2x+1;②$2x^2+4x+7$;③$-x^2+2x+3$;

④x^2-2y+1;⑤x^2-2y^2+1;⑥$-y^2-y+5$。

经探索可知,有最值的是＿＿＿＿＿(只填序号),任选其中一个求出其最值。

(2) 小明写出了如下 3 个二次三项式：

① $a^2-4b^2+4a-12b+2$;

② $a^2+9b^2-6ab+4a-12b+5$;

③ $a^2+4b^2+2c^2-2ab-3a-12b+c$。

请选择其中一个,探索它是否有最值,并说明理由。

这一考题应当说有点超纲、超标。因为,相关问题的求解不仅依赖于学生对于"配方"的很好掌握,更应被归属"二次函数"的研究,从而就已超出了初一数学的范围。这或许也就是"命题者"何以在题目中专门加上"探索"这样一个字眼,包括首先提供一个实例的主要原因。但是,如果学生事先并未通过各种渠道学习过相关内容,要想在时间受限、更存在考试的巨大压力的情况下顺利解决上述问题恐怕并不容易。但笔者在此主要关注的并非此情况,而是教师事后讲解时出现的以下情况:由于有学生在事后求解第(2)题第③小题时采用了不同的方法,相关教师要求每位学生在课后都能用三种不同的方法去求解这一问题。

　　后者应当说是一个很高的要求,因为,尽管有学生已经发现了一种解法,却很可能怎么也想不出第二种解法,更不用说第三种了。这时教师又应如何去进行处理,特别是,如何能够使得相应的思维过程对学生而言真正成为"可以理解的、可以学到手和可以加以推广应用的"? 就我们目前的论题而言,这事实上也就可以被看成由"就题论题"过渡到了"就题论法"。

　　具体地说,以下的"解法一"在很大程度上可以被看成是最容易想到的:

解法一:原式$=a^2-2ab+b^2+3b^2-3a+3b-3b+2c^2+c$

$$=(a-b)^2-3(a-b)+\frac{9}{4}+3\left(b^2-b+\frac{1}{4}\right)+2\left(c^2+\frac{1}{2}c+\frac{1}{16}\right)-\frac{9}{4}-\frac{3}{4}-\frac{1}{8}$$

$$=\left(a-b-\frac{3}{2}\right)^2+3\left(b-\frac{1}{2}\right)^2+2\left(c+\frac{1}{4}\right)^2-\frac{25}{8}。$$

∴原式的最小值是$-\frac{25}{8}$。

　　但是,我们又如何才能想到其他的解法呢? 以下就是一个可能的提示:抽象地看,原式中与a和b有关的各项都可被看成处于"对等"的地位,鉴于前一方法是通过$4b^2$的变化(分解)解决问题的,因此,我们很可能就可通过a^2的变化解决问题。

　　显然,按照这一思路,以下解法的发现就不很困难了:

解法二:原式$=\frac{1}{4}a^2-2ab+4b^2+\frac{3}{4}a^2-3a+2c^2+c$

$$=\left[\frac{1}{2}a-2b\right]^2+3\left[\frac{1}{2}a-1\right]^2+2\left(c+\frac{1}{4}\right)^2-3-\frac{1}{8}$$

$$=\left[\frac{1}{2}a-2b\right]^2+3\left[\frac{1}{2}a-1\right]^2+2\left(c+\frac{1}{4}\right)^2-\frac{25}{8}。$$

∴原式的最小值是$-\frac{25}{8}$。

　　但是,我们又如何能够找出第三种解法呢? 显然,在此我们仍不应直接地去告诉学生,而应坚持"就题论法",也即应当通过自己的分析使得相应的思维过程对于学生而言真正成为十分自然和能够学到手的。

以下就是一个可能的提示:原式中共有三个二次项,即 a^2、$4b^2$ 和 $-2ab$;前两种方法分别对 $4b^2$ 和 a^2 做了改变,也即将它们分别拆成了 b^2+3b^2 和 $\frac{1}{4}a^2+\frac{3}{4}a^2$,由此可见,我们或许就可通过对于第三个二次项,也即 $-2ab$ 的适当变化找出第三种解法。

在接受了这样的提示以后,这时学生所需要的或许只是足够的时间,从而就可实际地去进行尝试和探究:

解法三:原式 $= a^2-4ab+4b^2+2ab-3a+2c^2+c$

$= (a-2b)^2-(a^2-2ab)+\frac{1}{4}a^2+\frac{3}{4}a^2-3a+3+2\left(c+\frac{1}{4}\right)^2-3-\frac{1}{8}$

$= \left(a-2b+\frac{1}{2}a\right)^2+3\left(\frac{1}{2}a-1\right)^2+2\left(c+\frac{1}{4}\right)^2-\frac{25}{8}$。

$\therefore$ 原式的最小值是 $-\frac{25}{8}$。

最后,应当强调的是,尽管这时学生已经完成了布置的任务,我们仍应引导他们围绕以下问题做出进一步的思考,这事实上并就意味着向"就题论道"的过渡:我们究竟为什么要寻找三种或更多种不同的解决方法? 我们又是否可以认为能够找出越多的解题方法就越好?

正如前面所提及的,相对于知识与技能(以及经验)的简单积累而言,优化更应被看成数学学习的本质。也正因此,我们在"作业教学"中就不应简单地去提倡解题方法的多元化,而应更加注重不同方法的比较和反思,从而帮助学生很好地实现必要的优化,包括又如何能够使得后者真正成为学生的自觉行为,而不是由于外部压力的被迫服从。例如,由具体的比较可以看出:上述的"解法二"与"解法一"相比应当说更加简单,"解法三"事实上则是与"解法二"相同的——显然,这时我们又应要求学生进一步去思考其中的"道理"。应当强调的是,这里所说的"比较分析"和"优化"都有超出数学学习的普遍意义,也即可以被看成一种真正的"治学之道";与此相对照,如果我们在教学中完全忽视了这些方面,而只是单纯地强调解题方法的多元化,乃至在后一方面提出一些硬性"指标"(即如必须找出三种不同的方法),这事实上就是将"开放"变成了"完全放开",乃至在不知不觉之中又重新走向了"封闭"。

最后,由以下的分析可以看出,即使我们仅仅着眼于学生解题能力的提升,"就题论道"也应被看成一种真正的优化,从而我们也就应当更明确地去提倡这样一个要求:由于数学问题的多样性和复杂性,更由于解题活动具有非逻辑性的特征,并必然地表现出一定的或然性和个体性,因此,尽管我们应当充分肯定"题型分析"的重要性,包括帮助学生很好地掌握相应的"解法",也应高度重视解题策略("数学启发法")与数学思想方法的学习,从而在遇到困难时就可获得一定的启示,但是,单靠这些显然还不足以保证解题活动的成功,而如果我们更因此将主要精力放在了题型与解题策略的"细化"与"程序化"之上,则就可以说选错了方向;恰恰相反,我们应当更加重视如何能够通过"作业教学"努力提升学生的思维品质以及对一般性思维策略的很好掌握,即如如何能够通过类比联想发现可能的解题途径,包括通过将事物联系起来考察从而获得更深入的认识,又如何能够通过适当变化实现"化未知为已知,化繁为简",并能逐步学会从不同角度去分析问题和解决问题,包括不同方面的必要互补与适当整合,我们还应通过总结、反思与再认识帮助学生实现更大的自觉性,也即使得相应的思维过程真正成为"可以理解的、可以学到手和可以加以推广应用的",包括又如何能够通过"题后反思"实现必要的优化。对此我们并将在 3.1 节中做出进一步的分析论述。

第三,努力提升学生在这一方面的自觉性。

前面已经提及,这是这方面工作的一个更高目标,即努力提升学生在这一方面的自觉性,使"优化"真正成为他们的自觉行为。

为了实现这一目标,我们应从多个方面做出积极的努力。

首先,应高度重视习题的整体设计,包括对于作业"总量"与"难度"的必要控制。因为,只有这样,学生才能有足够的时间和适当的心情从事更高层次的思考。

与此相对照,如果我们的学生一直在忙于"刷题",特别是急于完成教师布置的大量作业,甚至更可能因此而无法保证足够的睡眠时间,他们又如何可能从事相关的思考;更严重的是,如果学生始终处于这样的状态,这必然会对他们的成长产生严重的消极影响!

显然,我们也可从同一角度对教学中应当如何用好"探究题"做出具体分析,包括清楚地认识到以下论述的合理性:"探究、发现数学规律,只能少量为之。"

其次,这也更清楚地表明了加强分析引导的重要性,特别是,我们应切实纠正这样一个常见的现象:教师只是一味地要求学生做题,做大量的题,事后则除去直接给出"标准解答"以外却不做任何分析,在一些极端的情况下,教师甚至只是直接搬用相关习题册上的解答,其本人都没有花时间认真地进行分析思考。

与此相对照,我们应当通过比较与评论帮助学生很好地理解相关做法的合理性,包括这样一些相关的思考:什么是其背后的思想方法,又是否还有其他的解法,这些解法各有什么优点与缺点,我们又可由问题的求解获得哪些一般性的启示或教益,等等。

对于学生而言上述工作显然也可起到一定的示范作用,特别是,帮助他们很好地认识到加强"题后反思"(包括总结)的重要性,从而切实改变"做了却没有收获",或是"事倍功半"这样的现象,包括切实纠正这样一种错误的认识,即认为学生所需要的就是"老老实实地做题,认认真真地完成老师布置的作业",乃至将"逐步做到一看就会,从而就根本不用动脑"看成这方面的主要目标。

应当再次强调的是,我们应清楚地认识到做好上述工作的重要性,特别是,这不仅直接关系到我们如何能够有效地纠正现实中普遍存在的"应试教育""题海战术"这样一些错误做法,而且也十分有益于学生逐步学会学习。对于后者我们将在 3.2 节中做出进一步的分析论述。

最后,基于同样的思考,笔者以为,除去前面已提及的"善于提问"和"善于举例",我们也应将"善于比较优化"看成数学教师必须具备的又一基本能力,而这事实上也正是笔者在先前所提及的数学教师的"三项基本功"。(详可见另文"数学教师的基本功",《人民教育》,2008 年第 18~20 期)当然,这三者又不应被看成已经穷尽了数学教师的专业能力。例如,依据上述的分析,我们显然也就应当十分重视提升自身的"作业教学"的能力。对此我们也将在第三章中做出进一步的分析论述。

附录二　"课程内容结构化"与"量感"之简析

正如不少人士都已注意到了的,这也可被看成《数学课程标准(2022)》的一个重要变化或新特点,即对于"课程内容结构化"的突出强调,更将此直接列成了"课程理念"最重要的涵义之一:"设计体现结构化特征的课程内容。"以下就是关于这一论题的具体说明:

"数学课程内容是实现课程目标的重要载体。

"课程内容选择,保持相对稳定的学科体系,体现数学学科特征;关注数学学科发展前沿与数学文化,继承和弘扬中华优秀传统文化;与时俱进,反映现代科学技术与社会发展需要;符合学生的认知规律,有助于学生理解、掌握数学的基础知识和基本技能,形成数学基本思想,积累数学基本活动经验,发展核心素养。

"课程内容组织,重点是对内容进行结构化整合,探索发展学生核心素养的路径。重视数学结果的形成过程,处理好过程与结果的关系;重视数学内容的直观表述,处理好直观与抽象的关系;重视学生直接经验的形成,处理好直接经验与间接经验之间的关系。

"课程内容呈现,注重数学知识与方法的层次性和多样性,适当考虑跨学科主题学习;根据学生的年龄特征和认知规律,适当采取螺旋式的方式,适当体现选择性,逐渐拓展和加深课程内容,适应学生的发展需求。"(《义务教育数学课程标准(2022 年版)》,同前,第 3 页)

作为"课程标准",当然应当特别重视课程内容的选择、组织与呈现;但是,我们究竟又应如何看待这里所提到的"课程内容的结构化"这样一个主张? 显然,这也直接涉及对于"结构化"这一概念的理解。

按照 2.3 节中的分析,特别是"整体观"与"结构化"的对照比较,这即可被看成这方面最重要的一些认识:

第一,如果我们所强调的是帮助学生很好掌握某种具体的知识结构,也即所谓的"教结构,用结构",那么,无论这是指某种具体的数学结构,还是指其他学科的知识结构,还包括"任何学科都能够用在智育上是诚实的方法,有效地教给任何发展阶段的任何儿童"这样一个普遍性断言,我们都应当持十分慎重的态度,这也就是指,我们决不应超越学生的认知能力随意地去提出一些十分激进但却没有经过认真检验的主张。

第二,这应被看成"结构化思想"的核心,即我们应当清楚地认识活动的发展性与层次性,特别是,我们既应很好地做到"居高临下",也应当高度重视"高层次思想"的渗透与指导,从而切实保证相关认识活动的整体性与一致性,同时也应十分重视认识发展的阶段性或层次性,特别是,不应超越认识能力盲目地去追求所谓的"高水平发展"。

后者并可被看成"结构化"与"整体观"的主要区别所在。正因为此,如果我们所强调的仅仅是"内容的必要整合",或是"注重知识之间的关联",这就不能被看成真正的"结构化"。

综上可见,强调"课程内容结构化"就有很大的合理性,或者说,我们应将此看成《数学课程标准(2022)》的一个重要进步,特别是明确提出了课程内容的选择、组织与呈现应当很好地体现"整体性、一致性与阶段性"这样一个要求,还包括这样一些具体的主张,即如我们应将"发展核心素养"看成这方面最上位的指导性思想,课程内容的呈现则应"注重数学知识与方法的层次性……适当采取螺旋式的方式",等等。

但在做出上述肯定的同时,我们又应清楚地看到这样一点:无论就《数学课程标准(2022)》中的相关论述或是各种相关的"权威性"解读而言,又都有一定的局限性。例如,上述引言中显然就有不少都已超出了"课程内容的结构化"这样一个范围,即如关于"课程内容的选择"应当考虑的各种问题(如课程内容的先进性),什么又应被看成"课程内容组织"所应特别重视的一些辩证关系(如"过程与结果"),等等;再者,这应当说也是各种相关的解读十分常见的一个弊病,即将"结构化"简单等同于"整体观",即如认为"课程内容的结构化最本质的就是知识之间的关联",等等。

我们在这一方面还应深入地思考这样两个问题:

第一,我们是否应当将"核心概念"看成落实核心素养的主要抓手,也即应当以数感、量感、空间观念等"核心概念"统领全部课程内容的选择、组织与教学?

例如,这显然可被看成以下论述的主旨所在:"结构化要求学生不仅要学习单个内容、记住某个概念,还要掌握内容之间的关联,体会知识的本质,而建立这些关联的关键就是核心概念,也就是大概念、大观念。""在知识概念的整体建构中,以核心概念统领,抓住本质,沟通知识之间的联系,这样结构化的教学才能促进学生理解性的学习⋯⋯"(丁锐,"新课标中为什么强调课程内容的结构化——马云鹏、吴正宪老师访谈录[一]",《小学教学》,2022 年第 9 期,4-9,第 6 页)但在笔者看来,我们所应关注的又不只是"核心概念",而应更加重视相应的"大观念"或"大道理"。例如,读者只需将"数感"等核心概念与 2.3 节中所提及的"小学数学教学的两个'大道理'"做一对照比较就可很好地体会到这样一点,即何者才能对于实际教学活动起到更直接的指导作用。

再者,这也是这方面又一密切相关的问题,即我们应当如何看待《数学课程标准(2022)》中所提及的 11 个"核心概念"的恰当性。对此我们将在以下针对所谓的"量感"做出具体分析。

第二,我们又应如何认识与把握相关内容的发展性和层次性?

具体地说,相对于前述的"整体性与一致性"而言,《数学课程标准(2022)》在后一方面的论述应当说也是比较薄弱的,特别是,笔者以为,对此我们决不应满足于"词语"上的简单区分,即如由所谓的"推理意识""数据意识"和"模型意识"过渡到"推理能力""数据观念"和"模型观念",而应结合具体内容做出更加细致的分析。(笔者以为,这事实上也可被看成"数学课程标准"制订与修订工作的一个通病,即过分注重词语的选择与"创新",乃至将此看成了真正的进步,但这显然又是一种过于简单化的认识。对此我们将在 6.3 节中做出进一步的分析论述)

进而,我们也只需通过对照比较就可清楚地认识在这一方面确实还有很长的路要走。例如,我们在此可特别提及这样两项在国际上得到普遍认同的工作:(1)英国学者道尔等关于"高层次数学思维"与"初等数学思维"的区分(详可见 D. Tall,"Cognitive Growth in Elementary and Advanced Mathematical Thinking", Plenary Lecture, Conference of PME, Recife, Brazil, 1995;对此还可参见郑毓信,"高层次数学思维的研究",载郑毓信,《数学教育的现代发展》,江苏教育出版社,1999);(2)冯·希尔夫妇关于几何思维发展五个不同水平的分析。

总之,我们既应充分肯定《数学课程标准(2022)》对于"课程内容结构化"的积极提倡,又应切实加强这一方面的工作,特别是,应通过"立足课堂,立足教学"深入地开展研究,从而才能真正做好课程内容组织与教学的"结构化"。

最后,笔者以为,上述关于认识发展过程性和层次性的分析事实上也可被看成为以下问题提供了直接的解答,即我们是否应当将"量感"看成数学教育的又一"核心概念"? 以下就对这一论题做出具体分析。

我们是否应当对于所谓的"量感"予以特别的重视,乃至将此看成数学教育的又一"核心概念"?

具体地说,这显然应当被看成先前分析的一个重要结论,即"核心概念"应对课程内容的组织和教学起到统领的作用,也即应当是这方面最上位的指导思想。但是,如果我们坚持这一立场,无疑就应对上述问题持否定的态度,因为,所谓的"量感"充其量只能对于小学低段的数学教学起到一定的指导作用,从而就应被看成属于较低的"层次",甚至还可说与"课程目标"有一定的冲突。

以下就是《数学课程标准(2022)》中关于"量感"的具体说明:"量感主要是指对事物的可测量属性及大小关系的直观感知。"(《义务教育数学课程标准(2022年版)》,同前,第7页)但是,按照一般的认识,这又应被看成数学最重要的一个特性:数学并非对真实事物和现象的直接研究,而是以抽象思维的产物作为直接的研究对象。当然,对于所说的抽象性我们并可区分出一定层次,但这毕竟又应被看成是与所说的"对事物的可测量属性及大小关系的直观感知"直接相冲突的。

借助一些实例我们可更清楚地看到上述主张对于实际教学工作可能产出的误导作用。例如,正如人们熟知的,面对"要将4个苹果平均分给2个小朋友,每个小朋友可以分到几个"这样一个问题,我们在教学中显然不会关注所说的苹果是否大小均匀,而是唯一集中于其中所涉及的各个数量及其相互关系;但是,如果我们又认定应当特别关注"事物的可测量属性及大小关系",那么,我们在教学中是否也应当对于苹果的大小予以特别的关注? 但这显然就将导致思维的混乱! 再例如,我们又应如何去看待"三角形的内角和等于

180°"这样一个结论,特别是,我们究竟应当将此看成按照这样一个思维方式进行研究的直接结果,即我们应当注意分析相关的量与量(就三角形而言,就是三角形的"边"与"角")之间的关系,包括我们又应如何对此做出严格的逻辑证明,还是应当将此看成一个经由实际测量得到发现,并由进一步的实际度量得到证实的结论,乃至在教学中又应特别强调对于这一结论的"直观感知"?

显然,按照先前的分析,这也应被看成认识发展的阶段性和层次性的一个直接结论,即尽管小学低段的数学教学中应当十分重视数学与实际生活的联系,包括适当发展学生的"量感",但是,随着学习的深入,我们又应将教学的重点转向数量关系的分析,包括我们又如何能够通过对象之间关系的分析解决相应的度量问题,也即由直接的度量转向相关算法的学习,包括更深层次的数学思想。

也正是从后一角度进行分析,笔者以为,吴正宪老师的以下论述就是很有道理的:"从这点来说,学生建立量感是逐步从对事物可测量属性及大小关系的直观感知到度量认知的过程,这个过程有助于学生养成用定量的方法认识和解决问题的习惯。"(孙兴华,"为什么把量感作为小学阶段核心素养表现——马云鹏、吴正宪老师访谈录[二]",《小学教学》,2022年第9期,9-14,第12页)当然,就我们目前的论题而言,这事实上也就更清楚地表明了这样一点:鉴于"量感"的过渡性质,我们确实不应将此看成数学教学与课程内容设计中具有最高层次的一个"核心概念"。

还应指出的是,从"日常(生活)数学"与"学校(正规)数学"的对立这一角度(详见5.2节)进行分析,这里所说的"量感"显然应当被归属于"日常数学"的范围;又由于这即可被看成学校数学教学特别是低年级数学教学的一个重要任务,即应当帮助学生很好地实现由"日常数学"向"学校数学"的必要转变,从而我们显然也就不应将发展学生的"量感"看成学校数学教育的一项重要目标(与此相对照,我们应当更加重视发展学生"量性分析"的能力),尽管我们又应充分利用学生在这方面已获得的知识和经验作为学校数学学习的直接基础。

最后,作为更深层次的分析,笔者以为,我们又应认真思考这样一个问题,即应当如何看待"度量"在数学学习乃至数学中的地位? 以下就是这方面的一个具体主张:"增加量感这个核心素养,是希望从整体上把握与度量相关的内容,以核心素养为统领理解和掌握与度量相关的内容,在学习这些内容的过程中,形成量感,培养学生会用数学的眼光观察世界的能力。"进而,我们显然还应特别提及这样一个与此密切相关并具有更大普遍性的论点:"史宁中教授认为:'数是对度量结果的表达,是一种符号表达,数学的本质在于度量,度量的本质在于数的表达。'"(孙兴华,"为什么把量感作为小学阶段核心素养表现——马云鹏、吴正宪老师访谈录[二]",同上,第12、11页)

以下就对"数学的本质在于度量"这一论点做出简要分析,包括"数是对度量结果的表达"这样一个论断。

具体地说,尽管相关人士提出上述论点可能具有某些特定的背景和思考,但在笔者看来,这仍然具有很大的局限性,甚至可以说直接的错误。因为,即使我们局限于自然数的考察,也应清楚地看到这样一点:除去"度量结果的表达",也即所谓的"基数"这样一个涵义以外,自然数还具有"序数"这一重要的涵义,后者并不与"度量"具有直接的联系。再者,正如前面所提及的,这是法国布尔巴基学派关于"数学结构"的研究所揭示的一个重要事实,即作为数学的基本结构,不仅包括所谓的"代数结构",还包括"序结构"和"拓扑结构",这并是后者的一个重要特征,即对于一般所谓的"度量"的超越。

综上可见,我们确实不应将"量感"看成数学教学与课程内容设计中具有最高层次的一个"核心概念"。笔者在此还有这样一个一般性的建议:在论及"数学的本质"等问题时,我们应当采取十分慎重的态度,特别是,如果我们更将此作为课程内容组织与教学的重要指导思想的话。例如,作为后一方面的更多实例,我们或许还可提及这样一些论述:"数学是数学教育的本质","分数的本质在于它的无量纲性",等等。

第三章

数学教学的关键(续):走向深度教学

"走向深度教学",是做好数学教学的又一关键,这与第二章中所论及的各个环节相比也可说提出了更高的要求,或者说,体现了数学教学在当前的主要努力方向。具体地说,这正是 3.1 节和 3.2 节各自的主题,即我们应当通过数学教学努力提高学生的思维品质,并应帮助学生逐步学会学习。3.3 节则从更为宏观的角度对于第二章与第三章中所论及的各项内容进行了综合分析,既包括实际教学工作应当特别重视的一些问题,还包括我们又应如何依据相关要求更好地实现自身的专业成长。

3.1　努力提升学生的思维品质

"走向深度教学",就其直接意义而言,可被看成对于数学教育领域中"教学浅层化"现象的直接反对,也即是数学教学应当很好地实现的一项基本要求。

具体地说,所谓的"机械教学",也即认为学生主要依靠死记硬背与简单模仿就可学好数学,可被看成"浅层化教学"最常见的一种表现,由此我们并可立即引出关于"数学深度教学"的这样一个基本涵义:"理解教学",这也就是指,我们应当通过自己的教学帮助学生很好理解相关的内容,包括事实与方法等。

由以下实例我们即可清楚地认识到切实纠正"浅层化教学"的重要性,因为,在很多情况下,不仅当事学生,甚至教师本身也未必对此具有清醒的认识:

　　[例1]　"'三角形内角和'一课的实践与思考"(丁玉华,《小学教学》,**2018 年第 9 期**)。

　　师:关于三角形的内角和,你们已经知道了什么?

　　生:三角形的内角和是 180°。

　　(全班学生没有一个不举手的,回答问题时还"得意洋洋")

　　师:你们都认为是 180°?(所有学生点头)我不信!

　　师:(课件出示图 3-1-1,接着出示图 3-1-2)请看大屏幕,这两个三角形的内角和分别是多少度?

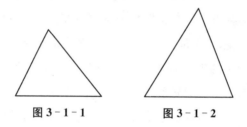

图 3-1-1　　　　　　　图 3-1-2

　　生:都是 180°。

　　生:三角形不管什么形状,不管多大多小,内角和永远都是 180°。(全班学生依旧"自信满满")

　　师:(出示图 3-1-3)继续看大屏幕,如果在下面的三角形中添一条线,将它们分开,现在这两个小三角的内角和分别是多少度呢?

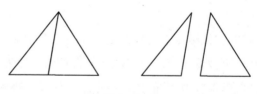

图 3-1-3

　　(有的学生说 90°,瞬间又改口说 180°;也有学生说 180°,但显然"口气不硬了")

　　师:(出示图 3-1-4)每个小三角形的内角和是多少度?把这两个小三角形拼成一个大三角形,所得大三角形的内角和是多少度?

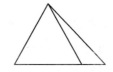

图 3-1-4

(有的学生说 360°,瞬间又改口说 180°;也有学生说 180°,显然犹豫不定)

其次,我们又应帮助学生努力做到数学知识的"深刻理解"。例如,按照这一要求,如果我们的几何教学始终停留于所谓的"直观几何",也即概念和图形的直观感知,却没有认识到还应深入研究各种图形的特征性质和相互之间的联系,这也应被看成一种"浅度学习"。因为,按照荷兰著名数学教育家冯·希尔(van Hiele)夫妇关于学生几何思维发展五个不同水平的分析,"直观"属于最低的一个层次,从而自然就有深入发展的必要。

在此我们还应提及这样一个常见现象,即满足于数学基础知识和基本技能,包括数学经验的简单积累,却没有认识到我们还应帮助学生达到更大的认识深度。这事实上也正是中国旅美学者马立平博士通过中美数学教育的比较研究得出的一个主要结论:"数学知识的深刻理解"可被看成中国小学数学教师相对于美国同行的主要优点。她还对我们应当如何理解"数学知识的深刻理解"进行了具体分析:这不仅直接涉及认识的深度,也与认识的"广度"密切相关,也即我们是否善于用联系的观点看待事物和现象:"具有数学基础知识深刻理解的教师,总是倾向于在数学概念和方法间建立联系,从单独的知识点的简单、肤浅的联系,到不同运算和子领域的复杂和潜在的联系。反映在教学上,这种意图能防止学生学得的知识支离破碎。学生学到的不再是孤立的专题,而是知识的有机整体。"(《小学数学的掌握和教学》,华东师范大学出版社,2011,第 116 页)

再者,这显然也可被看成"题海战术"的直接表现,即要求学生大量地做题,做各种各样的题,却未能引导学生从联系的观点进行分析思考。当然,为了切实提高学生解决问题的能力,除去"联系的观点"以外,我们也应十分重视如何能够教会学生通过适当的变化去解决问题,这就是指,我们也应将后者看成"数学深度教学"的又一重要涵义。

但是,我们又如何能够帮助学生超出知识、技能以及经验的简单积累上升到更高的层面呢? 由于这主要地应被看成一个不断优化的过程,我们并应努力使之成为学生的自觉行为,而不只是对于外部规定的无奈服从,因此,我们也就应当高度重视培养学生"再认识"的习惯和能力,也即应当将此看成"数学深度教学"的又一重要涵义。

应当提及的是,笔者在先前往往将"总结""反思"与"再认识"这样几个词语联系在一起使用,并认为它们作为一个整体可被看成为我们应当如何从事"长时间思考"指明了方向;但笔者后来又逐渐认识到了这样一点:前两者在现实中应当说具有比较确定的涵义,这并与它们在数学教学中的应用不完全一致,正因为此,为了防止可能的误解,笔者现时就更加倾向于将它们统一归结为"再认识",以下则就是我们为什么又应特别强调这样一点的主要原因:人们的认识往往有一个不断发展、逐步深入的过程,我们所希望的则是不断提升学生在这一方面的自觉性,从而就能通过深入的思考和研究很好地实现认识的不断深化,后者既包括从新的角度进行分析思考,也包括更高层面的概括总结,还包括我们如何能够通过新的抽象达到更大的认识深度,又如何能够通过及时的自我审视做出必要的调整,等等。简言之,我们应当将"再认识"看成十分重要的一种认识能力,这并清楚地表明主体是否已在认识活动中达到了较大的自觉性。

总之,这即是我们做好"数学深度教学"最重要的三个方面,或者说我们在当前应当特别重视的三个方向:(1)"联系的观点"与思维的深刻性;(2)"变化的思想"与思维的灵活性;(3)"再认识"与思维的自觉性。笔者之所以将"思维的品质"与"数学深度教学"直接联系在一起,则主要体现了关于数学教育目标的思考,也即我们应当将努力促进学生思维的发展,特别是提高他们的思维品质看成数学教育的主要目标。当然,这三者又不应被看成已经穷尽了所有相关的方面,这也正是笔者在此为什么又要专门加上这样一点的主要原因:(4)数学学习与思维的清晰性和严密性。

以下就是笔者关于"数学深度教学"的具体解释:我们应当超越具体知识和技能深入到思维的层面,由具体的数学方法和策略深入到一般性的思维策略与思维品质的提升,我们还应努力帮助学生由主要是在教师(或书本)指导下进行学习逐步转变为主动学习,包括善于通过同学间的合作与互动进行学习,从而真正成为学习的主人。显然,由此我们也可更清楚地认识在"数学深度教学"与"数学教学的关键"之间所存在的重要联系,包括我们为什么又要将这一部分的论述分成这样两个部分:(1)努力提升学生的思维品质(3.1节);(2)努力帮助学生学会学习(3.2节)

应当强调的是,"走向深度教学"并具有超出数学学习的普遍意义,或者说,即是集中反映了社会的现代发展对于数学教育的更高诉求。例如,我们显然应从后一角度更好地去理解这样一个主张,即我们应当高度重视学生理性精神的培养,也即应当由理性思维逐步走理性精神。

为了清楚地说明问题,在此还可特别引用美国普里策奖三度得主弗里德曼的相关论述:

"随着流动的速度加快,它会渐渐掏空过去给我们带来安全和财富的存量知识。""你在学校里学到的那些知识,可能你还没有出学校的大门,就已经变得过时了。"我们必须"重新思考我们的学生究竟需要哪些新的技能或态度,才能找到工作、保住工作"。(《谢谢你迟到——以慢制胜,破题未来格局》,湖南科学技术出版社,2017,第115页、"导读"、第190页)

弗里德曼并曾针对上述情况提出了一些具体对策,尽管其中没有直接提及"深度教学"这样一个概念,但显然也是与我们关于"数学深度教学"的提倡十分一致的:

(1)我们必须牢固树立终身学习的思想,切实提高自身在这一方面的能力:"你必须知道更多,你必须更加频繁地更新知识,你必须运用知识做更多创造性的工作,而不仅仅是完成常规工作。"

(2)应当特别重视长时间的思考与反思:"世界变化得越快……对我们生活方方面面改变得越多,每个人就越需要放慢速度……当你按下一台机器的暂停键时,它就停止运转了。但是,当一个人给自己暂停一下的时候,他就重新开始了。你开始反思,你开始重新思考你的假设前提,你开始以一种新的角度重新设想什么是可能做到的,而且,最重要的是,你内心开始与你内心深处最坚定的信仰重新建立联系……"

（3）我们还应清楚地认识合作的重要性："到了21世纪,我们大部份人将与他人一同协作,相互提供服务……我们必须意识到,工作的固有尊严来自人与人的关系,而非人与物的关系。我们必须意识到,好的工作就是与他人沟通交流,理解他们的期许与需求……"（《谢谢你迟到——以慢制胜,破题未来格局》,同前,第185页、"简体中文版序"、第215页）

最后,就当代中国社会而言,"数学深度教学"显然又具有重要的现实意义,也即直接关系到了我们如何能够有效地防止与纠正现代社会中所经常可以看到的一些弊病。

例如,这是信息社会十分普遍的一个弊病,即知识的浅薄化、表面化、碎片化:"现代人将浮浅当作时尚,把信息当做知识,把知识当做智慧。许多人日夜在网上泡着,四处收集新闻热点,仿佛天下大事尽在心头。可是你仔细听听,却发现他嘴里没有一句是他的话……"（辛泊平,《杂文月刊》,2008年第6期上）

再者,尽管我们应当充分肯定以下转变的意义,即现代社会已由高度统一转向了多元化,由强制的一致性转向了更大的开放性,包括对"另类"在一定程度上的容忍,但是,所说的转变也有一些消极的后果,特别是,有些人可以说由一个极端走向了另一极端,即表现得十分任性,甚至可以说随心所欲、肆无忌惮,却对基本的社会规范和文化传统缺乏必要尊重……更一般地说,也就是理性精神的缺失,由于后者事实上又正是中国传统文化比较薄弱的一个方面,因此,理性精神的养成就是数学教育应当很好承担的一项社会责任。

以下对我们如何能够通过数学教学努力提升学生的思维品质,也即真正做好"深度教学"做出具体的分析论述。

一、"联系的观点"与思维的深刻性

对于"联系"的重视可以被看成国际数学教育界的一项重要共识。例如,无论是美国数学教师全国委员会（NCTM）2000年发表的《学校数学的原则和标准》,还是国际教育署与国际教育学会2009年联合推出的指导性手册《有效数学教学》,都将"联系"列成了数学教育最重要的"标准"之一。另外,正如以下论述所表明的,我们又应超出数学,并从更大的范围去理解"联系"的重要性,乃至将此看成全部教育的一个共同目标:"找出各种事物之间的联系是教育家们竭尽全力思考的问题……当学生能够用相互联系的观点看待各种事物的时候,他们的学习生涯就开始了。我建议把发现事物之间的联系当作基础学校课程的首要目标。"(多琳语)

但是,我们究竟为什么应当特别重视用"联系的观点"看待事物和现象呢?以下就对此做出简要的分析论述。

第一,从解决问题的角度看,我们往往可以通过这一路径获得关于如何解决问题的重要启示,乃至通过"化未知为已知,化难为易"直接地解决问题。

例如,这显然可被看成著名数学家、数学教育家波利亚何以将以下一些建议纳入"怎样解题表"的主要原因,也即认为应当将此看成普遍性的"解题策略":

你以前见过它吗? 你是否见过相同的问题而形式稍有不同?

你是否知道与此有关的问题? 你是否知道一个可能用得上的定理?

看着未知数! 试想出一个具有相同未知数或相似未知数的熟悉的问题。

这里有个与你现在的问题有关,且早已解决的问题,你能不能利用它? 你能利用它的结果吗? 你能利用它的方法吗? ……

另外,在很多学者看来,"借助特例进行思考"也可被看成"实践性智慧"最重要的一个特征。

由以下实例特别是不同教学设计的比较相信读者即可对此有更清楚的认识:

[例2] "认识三角形"的教学。

其一,以下分析尽管提到了三个教学目标,但仍然表现出了这样一个明显的特点,即局限于相关内容的教学:

"这节课有三个知识目标:知道三角形的样子;了解三角形的组成;理解三角形三边关系。三角形的样子,学生基本都已知晓……三角形的顶点、边、角,部分学生可能没有系统了解过,但并非难点……三角形三边关系,既是本课的重点,也是本课难点。""三角形三边关系,可以分成三种情况进行研究。其中,

‘两小棒长度和大于第三根小棒能围成三角形’和‘两小棒长度和小于第三根小棒不能围成三角形’这两个结论显而易见。而‘两小棒长度和等于第三根小棒’这种情况，学生在操作后，常常会认为能围成三角形……关于怎样突破这一教学难点，教师们想了很多方法……”

其二，与此不同，突出“联系的观点”可被看成以下教学设计的主要特点（范午英，“跳跃的数学联系——有关‘平面图形’的两个教学片断”，《小学教学》，2013 年第 12 期）：

“我在黑板上画出两个点 B、C，并问：‘同学们，从点 B 到点 C 的最短距离怎么画？’学生画出了一条线段。我顺势画了一条折线，问道：‘如果走其他路线，还有更短的吗？为什么？’

“‘两个点之间走直线是最短的，其他的路线多多少少拐弯了。’学生说。

“我在折线的拐点处标出字母 A（图 3-1-5）：‘这就是△ABC，如果不看点 A，三角形就可以被看成是 B、C 之间的一条线段和一条折线。你有什么发现？’

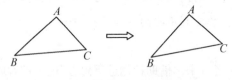

图 3-1-5

“‘折线一定比线段长，即便是微微‘撑起’也是折线。’

“‘BC 一定是最短的，$BA+AC$ 一定比 BC 长。’

“‘换一个角度看，任何一个三角形都可以被看成是由两点之间的一条线段和一条折线组成的。’

“不费吹灰之力，就得到了下面的结论：任意三角形的两边之和一定大于第三边。”

第二，用联系的观点进行分析思考，也十分有利于我们以已有知识为背景提出新的猜想。

这事实上也正是波利亚所说的“合情推理”十分重要的一项内涵。我们在此还应特别强调"类比联想"的应用,特别是,如何能够很好地做到"求同存异":我们首先应当通过对照比较,包括抽象分析找出不同对象之间的共同点,从而引发一定的联想;其次,又应依据对象的差异做出必要的调整,包括进一步去思考如何能够对此做出必要的检验或证明。

以下就可被看成这方面的一个实例,尽管其具体内容已经超出了基础数学的范围。

[例3]　"四维图形长什么样?"(施银燕,《小学数学教师》,2019年第7~8期)

[教学实录]

1. 情境与问题。

师:同学们,有这样一句话:"点动成线,线动成面,面动成体。"能谈谈你的理解吗?

生1:比如这是一支铅笔,笔尖看成一个点,我在纸上划一下,就有一条线了。这就是点动成线!

生2(一边说,一边用手势比划):一条线平移,能形成长方形,旋转就形成一个圆。圆平移就能形成圆柱。长方形旋转也能形成圆柱。

师:大家能根据生活中的例子,结合学过的各种图形来谈自己的认识,真好!

师:你有没有想过,点动成线、线动成面、面动成体,那么——

生(自然地喊出):体动成什么?

师:这个问题可以有!(生笑,等待教师讲解)

师:我也没有答案! 体动究竟成什么,自己想!

2. 探究与讨论。

(1)初步猜测:体动成什么?

生1:我觉得体动还是体!

生2:我也赞同他的观点。比如,一个长方体再移动的话,还是一个长方体!

生3:一个球原地旋转,还是一个球;要是绕着另外一根轴旋转的话,就形成了一个有点像游泳圈一样的图形,也是立体图形!

生4:我本来觉得体动会形成新的东西,现在我认为他们说的是对的,体动只能成体!

师(对生4):采访一下,你本来觉得的新东西是什么?

生4(犹犹豫豫):我也不知道,应该是我想错了!

师:特别佩服大家,不仅能自己提出问题,还能依靠举例、想象回答这个新问题,特别是在认真倾听交流后,还能不断调整自己的想法!(学生鼓掌)

(2)选择:哪个答案更有意思。

师:目前有两个答案,一是体动还是体,换句话说,点、线、面就到头了,可以画上句号了;二是体动成一个新的东西,但是这个新东西究竟是什么,我们也不知道。对于答案一,大家能想象各种图形;答案二呢? 在头脑里一闪而过,自己就觉得不对了。现在我换一个问法:你们觉得,哪个答案更有意思?

生(异口同声):第二个!

生:我听说过,是不是四维空间?

师:看来,大家都对体动形成的新东西特别有兴趣!

(3)体验:从熟悉、简单的想起。

师:但是这个新东西,还不是刚刚大家说的那样,体动一动就能动出来的。这个新东西对我们来说完全陌生,也无法想象。这么多年学习数学的经验告诉你,面对一个完全陌生、不知从何下手的问题,该怎么办呢?

生1:可以试一试!

生2:可以画图,或者举个例子看看!

师:试一试,画一画,举个例子,都是把困难的问题变简单的好方法! 学数学的人特别善于"见到复杂的先想简单的,见到陌生的先想熟悉的"。体动成什么不好想,不妨先回到我们熟悉的点、线、面、体中去。就以简单的长方体为例吧,从最初的一个点,怎么动,最后动成一个长方体?

生:一个点向一个方向平移,比如向右平移,就形成一条线段;线段向上或向下平移,形成一个长方形;长方形向前或向后平移,形成一个长方体。(动画演示)

(4)反思与概括:三次运动的规律。

师:这三次运动,有什么相同的地方吗?

生:三次都是平移。

师:能从表面不同的现象找到背后相同的特点,好! 说到平移,少不了方向。看了刚才动画里的三次平移,它们在方向上有什么规律呢?

生:第一次是点往右平移,第二次是线往上平移,第三次是面往后平移。

师:没错,这样平移能形成长方体,再想一想,只有这样一种平移方式吗?有没有其他方式也能使点最后形成长方体的?

生1:第一次,点可以往上下左右前后平移,无论往哪个方向,都能成线;如果第一次是往左或者往右平移,第二次线可以往上下平移或者前后平移成面;如果第一次是左右,第二次是上下,第三次面就只能往前后平移了。

生2:我来补充,第一次除了往上下左右前后这些方向,左上、右上……随便怎样斜着平移,都没有关系;第二次线动成面,就不能随意平移了,那样就可能形成平行四边形了。

师:嗯,大家的讨论越来越深入,的确,第一次要想点动成线,往哪个方向平移都行;第二次,一条线段无论往哪个方向都能成面吗? 都能成长方形吗?

生1:如果这条线段本身是左右方向的,再往左右平移的话,只能线动成线。

生2:我补充一下,线段是左右方向的话,要平移成长方形,可以上下,可以前后,也可以斜着往前或往后(手势比划),但不能左右斜着,那样就不是长方形了。

师(拿笔示意):第二次平移,还是有无数种方向可以选择,这无数种方向和第一次平移的方向之间有什么关系呢?

生(恍然大悟):要有直角,要和原来的线段垂直。

师:那么第三次呢? 和第二次有什么相同的地方吗?

生1:大家看,有了一个长方形,拿一张纸水平放置,第三次只能往上或往下平移了。

生2:第三次如果往前后、左右,或者左前、左后平移,面动还是面,只有跳出这个面进行平移,才能动成体。要想面动成体,方向还得和原来长方形的长和宽垂直,所以只能往上或往下平移。

师:大家已经总结出平移出长方体的规律了! 原来,从第二次平移开始,每次都要跳出原来的图形,沿着新方向平移,并且新方向与原来的平移方向是垂直的!

(5) 推广:长方体该怎么运动?

师:顺着这个思路,这个长方体下一步该怎么运动了? 同桌两人小声说说。

生:下一步还得往新方向平移,这个新方向要和长、宽、高都垂直。

师:真会类比思考! 没错,正像大家所说的,长方体沿着第四个现实中并不存在、你也无法想象的,并且和它的长、宽、高都垂直的新方向平移一段距离,就得到了一个新的图形。

(6) 新问题:超长方体长什么样?

师:这个图形有个名字,叫"超长方体"(板书:超长方体)。对这个答案,大家满意吗?

(学生愕然)

师:说真话,满意吗?

生(摇头):不满意!

生1:光知道一个名字,我还是不知道它长什么样啊。

生2:我既想不出来,也画不出来。

生3:我们既不知道它有几个面、几条棱、几个顶点,也不能算它的体积、表面积。其实,我们什么也不知道!

(7) 探索超长方体点、线、面的数量,再次体验探索过程和方法。

师:是的,就知道名字不算认识。大家说着不满意的理由,不知不觉又提出了很多好问题。超长方体有几个面、几条棱、几个顶点呢? 该怎么研究?

生(若有所思):还是要从简单的想起!

师:说得好! 简单的在哪里?

生1:可以回到我们熟悉的点、线、面、体上。

生2:可以找规律!

师:我们想到一起去了! 我们可以考察从点到长方体的运动变化过程中,点、线、面的数量分别是怎么变化的,有没有藏着什么规律。是自己研究,还是我们一起来?

生：自己研究！

师：有志气！（出示探究表格）

	点	线段	长方形	长方体
点的数量				
线的数量				
面的数量				

师：考考大家，我们所说的点，对线段来说，指的是什么？长方形、长方体呢？

生1：对线段来说指的是它的端点，否则线段上有无数个点，就没有研究了。对长方形来说指的是它的顶点，长方体也是同样的。

生2：我知道线，段就是线段，对长方形来说指的是边，对长方体来说指的是棱。

师：不错！那就开始研究吧！

……

第三，联系的观点对于我们更好地认识事物也有重要的意义，在一些学者看来，这甚至更可被看成学习的本质：（1）学习就是鉴别；（2）有比较才能鉴别。

另外，从同一角度我们显然也可更好地理解"变式理论"的意义，特别是，我们应通过"概念变式"与"非概念变式"、"标准变式"与"非标准变式"的比较帮助学生很好地掌握各个数学概念的本质。

例如，按照这一认识，我们在教学中就应将三角形的"稳定性"与平行四边形的"可变性"有意识地联系起来，而不应将此看成互不相干的两项内容。（对此可参见张菁，《形变质通——灵动的数学》，天津教育出版社，2012，第80～82页）

在此我们还应特别强调"联系的观点"对于认识深化的特殊重要性。

首先，这显然与抽象活动密切相关。因为，按照通常的理解，所谓"抽象"主要是指由特殊上升到了一般，也即我们如何能够透过表象发现事物和现象的共同本质，而这当然就意味着认识的重要发展或深化。

进而,对照比较显然也应被看成抽象的必要基础,尽管我们在此所关注的已不是"由此及彼",而是认识的纵向发展:"数学教学需要'举三反一',甚至有时需要'举十反一','能够举三反一',孺子可教也。"(赵宪初语)

再者,这显然也应被看成认识发展与深化的又一重要涵义,即由局部性认识上升到了整体性认识,这也是从更大范围进行分析思考的直接结果。

由于对"整体性观念"的重要性我们已在2.3节中做了专门论述,在此就不再赘述,而仅仅强调这样一点:相对于"比较"或"类比联想"的应用而言,由局部性认识向整体性认识的过渡可被看成"联系的观点"在更高层次的一种应用。当然,相对于机械的区分而言,我们又应更加重视教学工作的针对性,包括如何能针对学生的认识水平做出适当的安排。

最后,从理论的角度看,我们又应清楚地看到"深度"和"宽度"之间的重要联系,而这事实上也正是马立平博士何以将此列为"数学知识深刻理解"的两个基本涵义的主要原因:"我将'深刻地理解一个专题'定义为:将这个专题与该学科的更多的概念上很强大的思想联系起来……'广泛地理解一个专题',就是与那些相似的或概念性较弱的专题相联系……"(《小学数学的掌握和教学》,同前,第116页)更一般地说,只有适当地拓宽视野,我们才能达到更大的认识深度;也只有达到了更大的认识深度,我们才能更好地发现不同事物与现象之间的联系。

应当提及的是,按照马立平博士的分析,"数学知识深刻理解"还有第三个涵义:"然而,深度和宽度依赖于贯通度——贯穿某一领域的所有部分的能力——把它们编织起来。"(同上)显然,就我们的论题而言,这也就为我们应当如何理解"结构性认识"提供了一个很好的解释,即我们应当帮助学生很好地建立起知识与技能的整体性网络。

再者,依据上述分析我们显然也可更好地理解笔者关于数学教学的这样一个建议:"数学基础知识的教学,不应求全,而应求联。"这也就是指,我们在教学中应当很好地突出这样一个关键词:"联"!

二、"变化的思想"与思维的灵活性

以下就是关于"变化的思想"对于数学学习特殊性的简要分析。

第一,2.4节中关于"作业教学"的讨论显然已经直接涉及这一论题,即我们应当善于通过适当的变化去分析问题和解决问题,特别是很好地实现"化难为易,化复杂为简单,化未知为已知"。

例如,无论是面积计算中经常用到的"割补法",或是算术中所谓的"速算法",都可以被看成通过变化解决问题的典型例子。

再者,所谓的"关系映射反演方法"(RMI 方法)则可被看成"变化的思想"在更高层次的应用。因为,这一方法不仅可以被用于解决诸如求取某个未知量这类具体的数学问题(如对数计算),也可用于解决与理论的整体性结构有关的这样一类更高层次的问题(例如,解析几何的创建);而且,这一方法又不仅可以被用以得出问题的肯定性解答,即按照原来的要求解决问题,也可被用于得出问题的否定性解答,即证明原来的问题是不可能解决的。

以下就是数学中经常用到的一些变化方法:逆向思维,整体思维,数形互换……不难看出,它们主要都涉及视角的转变。这也就如马立平博士所指出的:"达到数学基础知识深刻理解的教师,欣赏一个概念的不同侧面和解决问题的不同途径,以及它们的优势和不足。另外,他们能从数学的角度解释这些侧面和方法,教师能引导他们的学生灵活地理解该学科。"(《小学数学的掌握和教学》,同前,第 116 页)

由以下实例读者可对此有更好的理解:

[例 4]　一个困难问题的"漂亮解法"。

问题:一辆火车与一个苍蝇相距 150 公里,火车以每小时 30 公里的速度驶向苍蝇,后者则以每小时 70 公里的速度向火车飞去。在抵达火车以后,苍蝇又掉头重新飞向原来的起点,在到达后又重新掉头飞向火车直至抵达火车,这样一直持续下去直至火车最终到达苍蝇的起飞点,问苍蝇这时一共飞了多少距离?

显然,如果我们直接追踪苍蝇飞行的轨迹与路程,这一问题就是较难解决的;但如果我们转而思考"苍蝇总共飞了多少时间",这一问题就不难解决了,因为,这也是火车到达苍蝇起飞点要花费的时间,而这是不难求得的。

在此我们还应特别强调"特殊化"与"一般化"这样两种方法——在不少学

者看来,这可以被看成"怎样解题"的关键,乃至数学思维的核心。

例如,著名数学家希尔伯特就曾指出:"可能在大多数场合,我们寻找一个问题的答案而未能成功的原因,是在于这样的事实,即有一些比手头的问题更简单、更容易的问题没有完全解决或完全没有解决。这时,一切有赖于找出这些比较容易的问题并使用尽可能完善的方法和能够推广的概念来解决它们。这种方法是克服数学困难的最重要的杠杆之一。""在解决一个数学问题时,如果我们没有获得成功,原因常常在于我们没有认识到更一般的观点,即眼下要解决的问题不过是一连串有关问题中的一个环节。"("数学问题",载中国科学院自然科学史研究所数学史组等主编,《数学史译文集》,上海科学技术出版社,1981,第 63 页)因为,通过将视线由单一问题转移到一系列相关的问题,特别是它们的相互关系,往往可以为我们求解所面对的问题提供新的可能性,包括对于特例的更好认识。

这事实上也正是波利亚"怎样解题表"的又一重要内容:

如果你不能解决所提出的问题,可先解决一个与此有关的问题。你能不能想出一个更容易着手的有关问题?一个更普遍的问题?一个更特殊的问题?一个类比的问题?你能否解决这个问题的一部分?仅仅保持条件的一部分而舍去其余部分,这样对于未知数能确定到什么程度?它会怎样变化?你能不能从已知数据导出某些有用的东西?你能不能想出适合于未知数的其他数据?如果需要的话,你能不能改变未知数或数据,或者二者都改变,以使新未知数和新数据彼此更接近?

第二,除去"问题解决"以外,"变化的思想"包括特殊化方法与一般化方法对于我们积极从事概念创造也有直接的帮助。具体地说,如果说一般意义上的抽象可被看成一般化方法的具体应用(对此也可称为"弱抽象",也即我们如何能够通过从对象中分离出某些特性建构出新的对象),那么,数学中也常常会通过特殊化创造出新的概念,也即如何能够通过概念的适当组合,或者说引入新的特征强化原型去完成抽象(这也是我们何以将此称为"强抽象"的主要原因)。

例如,由"三角形"的概念出发,通过分别加上"两条边相等"和"一个角为直角"这样两个条件,我们就获得了"等腰三角形"和"直角三角形",它们相对于一般三角形而言应当说是更加特殊的;再者,由后者的综合我们又可立即获得"等腰直角三角形"这样一个更加特殊的概念。

再者,这显然也可被看成所谓的"问题变式"的主要作用,即通过问题的适当变化我们可帮助学生更好地掌握相关的方法,也即所谓的"讲一题,通一类,得一法",还包括这样一个具体的主张:"我提倡'一题一课,一课多题'——一节数学课做一道题目,以一道题为例子讲解、变化、延伸、拓展,通过师生互动、探讨、尝试、修正,最后真正学到的是很多题的知识。"(李成良,"聊聊'懒'课——谈谈高效课堂",人民教育编辑部,《教学大道——写给小学数学教师》,高等教育出版社,2010,第 65 页;这方面的更新实例还可见鲍善军等,"'一题一课'的教学价值、设计与策略",《教学月刊》,2022 年第 7/8 期,12—16)

当然,从更高的层面进行分析,我们又应特别重视"变"与"不变"之间的辩证关系,特别是,我们既应善于"从变化中抓不变",又应善于"从不变中抓变化",从而实现认识的不断深化。

以下就是这方面的一个具体经验:

[例 5]　"在'变与不变'的探究中促进学生主动思考"(张琦,《小学数学教师》,2019 年第 7~8 期)。

1. "在小学数学的四则运算中,存在着守恒不变的运算定律和运算性质,如乘法的交换律、结合律,除法的商不变性质等。在开始学习 20 以内加减法时,就可以渗透'变与不变'的思想。"

具体地说,"学生首先借助于直观图(图 3-1-6)进行运算,教师引导学生在运算中寻找规律:'什么变了? 什么没变?',从而发现'一部分多了 10,另一部分不变,整体也多了 10'。然后借助'数轴上的加法'来加以验证。

"有了这样的经验,在学完'20 以内进位减法'和'20 以内退位减法'之后,组织学生再次讨论以下这些算式中的规律。此时学生'竖看'发现:一个加数增加 1,另一个加数不变,和也增加 1;'横看'发现:一个加数不变,另一个加数减少 1,和也减少 1;'斜看'发现:一个加数增加 1,另一个加数减少 1,和不变。

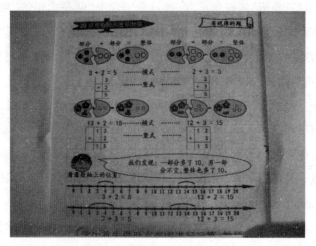

图 3 - 1 - 6

从不同的角度,可以看到不同的'变与不变',从而发现不同的规律。"

作者并由此引出了这样一个结论:"'变与不变'在学生的认知中多次出现后,便能成为他的一种思考模式,见到有序排列的算式,便会自觉地从不同的视角(行、列、对角线)来观察其'变与不变'。"

例如,"加法表"和"减法表"都可以看成这样的实例。

2. "教学'平行四边形'这一概念,通过操作与比较,学生可以发现,只要'两组对边分别平行'不变,对边伸缩、夹角变化后仍然是平行四边形……在拉动平行四边形框架的变形过程中,周长和面积是否会发生改变呢? 通过一系列的猜测、验证、比较,学生不仅能发现'面积变了,周长不变',还能更清晰地理解平行四边形的周长和面积是两个不同的概念,学会全面思考问题和辨析事物的方法。"

"在梯形面积的讨论中,又可以通过延长或缩短上底,将梯形转化成平行四边形、三角形等图形,在引导学生观察'什么变了,什么不变'的过程中推导计算公式的变化,发现梯形与平行四边形、三角形面积公式之间的联系。……对于一个一般四边形,只要将它的边长或角度适当变化,就可以变成学生熟悉的特殊四边形;对于特殊四边形,使其部分特征不变、部分特征改变,又能让它变成另一个特殊四边形。这样的探索,不仅有助于学生对图形本质的进一步认识,而且能加强图形间的关联,从而开拓学生的创新思维。"

3. "小学数学中'变化中抓不变'的例子很多,如商不变性质、分数的基本性质、比的基本性质,虽然形式变了,但其根本的实质却是不变的。"

"有些问题,不变量比较隐蔽,但有了变化中抓不变的思维习惯,也就不难识别。比如,学校有足球和篮球共 180 个,其中篮球占 40%,后来又买了一些篮球,这时篮球占 50%,学校又买了多少个篮球? 在这个问题中,变化的是篮球的个数,不变的是足球的个数。解决问题时,教师引导学生紧扣不变量——足球的个数……只要在纷繁复杂的变化中把握数量关系,以不变的量为突破口,问题就能迎刃而解。"

"我们也要在'不变中抓变化'。比如,被除数和除数同时乘或除以一个相同的数(0 除外),它们的商不变,但仔细比较,便会发现余数会变,余数会跟着乘或除以相同的数;利用分数的基本性质,可以得到分数的大小不变,但进一步分析,我们又会发现分数单位变了。"

当然,这又是这方面更加重要的一个事实,即我们可以以变化作为数学研究的直接对象——从历史的角度看,这并直接促成了由"初等数学"到"变量数学"的重要发展。正如以下实例所清楚表明的,尽管后者已在一定程度上超出了基础数学教育的范围,但即使就小学数学而言,我们也可通过适当的例子引入相关的内容。

[例 6] "谁的面积大?"

这是笔者曾参与的一次教学观摩,相关教学集中于这样一个问题:"用 100 分米长的铁丝围成一个长方形的菜地,如何围面积最大?"

就上述内容的教学而言,这是十分常见的一个做法,即人们往往集中于问题的具体求解,特别是,如何能够通过学生的主动探究发现这样一个结论:"在各种等周长的长方形中,正方形的面积最大",尽管我们对此尚不能作出严格的证明。

上述做法有一定的意义;但从思维教学的角度看,笔者以为,这又应成为这一教学活动的一个重点,即我们如何能够以此为例帮助学生初步理解数学家是如何提出自己的研究问题的？

　　具体地说，按照后一立场，我们在此或许不应从一开始就将学生的注意力直接引向如何去求解上述的问题，而应通过更加细致的设计突出相应的思维过程。例如，用固定长度的铁丝去围长方形显然有多种不同的做法，而这又是数学思维的一个重要特点，即在面对多种不同的可能性时数学家们往往会倾向于它们的对照比较，包括在何种情况下相关的量值会达到"极值"——就当前的问题而言，这也就是指，在各种具有相等周长的长方形中何者具有最大的面积？

　　第三，除去从认知的角度进行分析以外，"变化的思想"也涉及学生情感的培养，也即我们如何能够帮助学生真正地喜欢数学、喜欢思维。

　　例如，尽管以下两个实例并不复杂，特别是，只要掌握了较多的数学知识，我们就可用方程方法顺利地进行求解，但我们仍然会对其中使用的方法由衷地欣赏，乃至发自内心地赞叹！

[例 7]　由"鸡兔同笼"到"和尚分馒头"。

　　这是波利亚关于"鸡兔同笼"问题的一个奇妙解法：可以想象这样一个奇特的情境，届时每只鸡都用一只脚站在地下，兔子则举起了前腿……这时，这一问题显然就不难解决了。当然，这也是大多数人在首次看到这一解法时都会产生的一个印象：这真可谓奇思妙想！

　　与此相类似，以下实例可能也会给你同样的印象（引自张菁，《形变质通——灵动的数学》，天津教育出版社，2012，第 62 页）：

　　问题：100 个和尚吃 100 个馒头，大和尚每人 3 个，小和尚每 3 人 1 个，大小和尚各有几人？

　　解法：可以将 1 个大和尚和 3 个小和尚看成一组，每组 4 个人正好吃 4 个馒头，100 个和尚、100 个馒头按每组 4 人、4 个馒头分正好可以分为 25 组，这时分别求取大、小和尚的人数显然就没有什么困难了。

　　以下则是马立平博士在《小学数学的掌握和教学》中引用的一个实例，她并由此而谈到了自己对数学的这样一个印象:"让我印象最深的是,他们能够运用看似非常简单的思想去解决非常复杂的问题,正是从他们那里我开始发现数学的美和力量。"(同前,第130页)

[例8]　"数学的美和力量"。

我们如何能够求得图3-1-7中所示图形的面积?

一个学生举手说他能解决这个问题:"我可以绕着这个图形画一个矩形(图3-1-8),长方形长为25 cm,宽为24 cm,它的面积是25×24,矩形中间的原来的图形刚好是矩形的一半,所以只要用2去除25×24,就可得到那个图形的面积。"

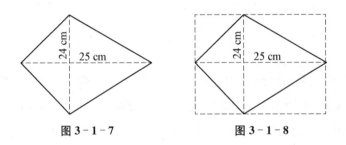

图3-1-7　　　　　　　　　图3-1-8

显然,从认知的角度看,这也清楚地表明了这样一点:数学学习的确十分有益于提升学生思维的灵活性,更通俗地说,也即让学生变得更加聪明。在笔者看来,这还直接涉及这样一个问题,即我们应当如何认识数学教育的价值,也即应当在教学中提倡一种什么样的价值观:是突出强调数学的应用性,还是应当更加强调数学对于人类智力发展的特殊作用? 对此我们将在6.4节中做出进一步的分析论述。

最后,正如以下实例所表明的,"变化的思想"对于我们改进教学也有很大的重要性:

[例9]　是"学生笨",还是"老师笨"?

这是俞正强老师在报告中提到的一个亲身经历:班上有一名女生数学学得不好,因此他就经常给她"吃小灶",即有针对性地进行个别辅导。有一次,他给这个学生讲一道题目,可整整讲了3遍她还是不懂,这下俞老师可真有点失去耐心了:"讲了3遍还是不懂,你可真笨!"没想到学生对此却很快做出了反应(由此可见,在数学学习与思维的灵活性之间并无必然的联系):"你讲了3遍都没有把我讲懂,你才真正的笨!"

这两个人中究竟何人真的笨?相信以下分析即可给你一定的启示:

如众所知,中医治病以辨症为先,但是,由于号脉、看舌苔等传统辨症方法具有很大的经验性,因此,现实中就常常会出现"对不上号"的现象,也即医生所开的药有时似乎完全无效;但又恰是在这一点上我们可看到"好中医"与"一般化中医"的重要区别:前者在先前药路不对的情况下往往能够及时加以改变,也即转而采取另一全新的路子,后者则只会"一条路走到黑"……

总之,这正是这一实例中教师的不足之处,即未能通过"求变"去解决问题!

综上可见,我们在教学也应很好地突出"变化的思想",努力提升学生的思维灵活性;这并可被看成数学教学的又一关键词:"变"。另外,从同一角度我们显然也可很好地理解笔者的这样一个主张:"数学基本技能的教学,不应求全,而应求变。"

三、"再认识"与思维的自觉性

上面已经提及,这里所说的"再认识"同时包含"总结""反思"乃至"元认知"等这样一些涵义,其核心思想则在于:人们的认识往往有一个不断发展、逐步深入的过程,我们应努力提升主体在这一方面的自觉性,从而就可通过深入思考很好实现认识的不断深化,这也可被看成为我们应当如何从事"长时间思考"指明了主要方向。

为了清楚地说明问题,以下首先围绕"快思"与"慢想(长时间思考)"这样一对范畴对我们为什么应当特别重视培养学生"长时间思考"的习惯和能力做出简要分析。

具体地说,数学教学决不应简单地提倡"快",因为,无论是"联系的观点"或是"变化的思想"的应用,主要都可被看成长时间思考的结果,而且,即使在一些情况下这也可能表现为"灵机一动",即"顿悟"的结果,我们也仍然需要通过事后的长时间思考才能对此做出清楚的表述与必要的证明,包括细节的展开与必要的改进,等等。

学会"长时间的思考"并具有更加普遍的意义。具体地说,尽管"快思"在人类的思维活动中占据了主导地位,并对人们的生活与工作具有十分重要的作用,但这又可被看成这方面的一个基本事实,即"快思"常常会导致错误的结果,甚至是系统性的错误,从而就需要通过长时间思考予以纠正和改进。

当然,这也可被看成数学的一个重要特点,即任何一个真正的数学问题都不可能轻而易举地得到解决,而是往往需要当事者做出持续的努力,也正因此,数学就十分有益于人们学会"长时间的思考"。例如,这就正是我国著名数学家姜伯驹先生在接受采访时面对"什么是数学对您的最重要影响"这一问题所做的解答:"数学使我学会长时间的思考,而不是匆忙地做出解答。"(教育频道,2011年5月2日)

当然,上面分析不是指我们应对"快思"持完全否定的态度,恰恰相反,这两者应当说各有一定的优点与局限性,从而我们就应针对具体情况恰当地加以应用,包括努力做好两者的必要互补。这也就如菲尔兹奖得主、日本著名数学家广中平佑所指出的:"思考问题的态度有两种:从专业角度看,一种是花费较短时间的即时思考型;一种是较长时间的长期思考型。所谓的思考能人,大概就是指能够根据思考的对象自由自在分别使用这两种类型的思考态度的人。"在他看来,我们在当前又应特别重视如何能够帮助学生学会长时间的思考,因为,"现在的……教育环境不是一个充分培养长期思考型的环境。……没有长期思考型训练的人,是不会深刻思考问题的。……无论怎样训练即兴性思考,也不会掌握前面谈过的智慧深度。"(代钦,"对日本精英教育的怀旧及其借鉴作用——日本数学家藤田宏教授访谈录",《数学教育学报》,2010年第2期)

以下再围绕数学思维的发展,特别是认识的深化对"长时间思考"的重要性做出进一步的分析。具体地说,由于对"长时间思考"的提倡在一定程度上可被理解成我们在教学和学习中应当适当地"放慢节奏",因此,我们就应认真地去思考:放慢节奏以后应当做些什么? 在此我们还应清楚地认识到这样一点:这里的关键事实上并不在于"时间的长短",而是我们如何能够更有效地促进认识的深化,包括我们又如何能在这方面实现更大的自觉性?

容易想到,后一问题事实上也直接涉及了数学学习的本质:这主要是一个不断优化的过程,也即主要表现为认识的纵向发展。正因为此,我们就应将"再认识"包括总结和反思等看成实现这一目标的主要途径,我们在教学中还应很好地落实学生的主体地位,而不应单纯依靠外部规定硬性地去实现形式上的"统一"或"优化"。

当然,这也应被看成所说的"自觉性"十分重要的一个涵义,即我们不仅应当在认识活动的结束阶段引导学生认真地从事总结、反思与再认识,也应十分重视这一思想在全部学习过程中的渗透和应用。

正如前面所提及的,正是从后一角度进行分析,这里所说的"总结、反思与再认识"也可被看成是与现代认知心理学中强调的"元认知"十分一致的,后者即是指,这是决定人们解决问题能力的又一重要因素,即解题者对于自身在当前所从事的解题活动(包括解题策略的选择、整个过程的组织、目前所从事的工作在整个解题过程中作用等)是否具有清醒的自我意识和自我分析(评估),并能及时做出必要的调整,包括纠正可能的错误。

例如,为了对所从事的解题活动具有清醒的自我意识,我们就应经常问自己:

"我所面临的是怎样的问题?"

"我所选择的是怎样一条解题途径?"

"我为什么做出这样的选择?"

"我现在已经进行到了哪个阶段?"

"这一步的实施在整个解题过程中具有怎样的地位和作用?"

"我目前所面临的主要困难是什么?"

"解题的前景如何?"

......

以下的问题则关系到了我们对于当下所从事的解题活动的自我分析和评估:

"我是否真正弄清了题意?"特别是,"我对于所面临的困难与成功的可能性是否有清醒的认识?"

"我是否真正'盯住了目标'?"特别是，"我所采取的解题途径是否足以导致问题的彻底解决或能对此起到很大的促进作用?"

"我所选择的解题途径是否可行?"特别是，"目前所面临的困难是否可以顺利地得到克服?"

"我所选择的解题途径是否是最好的? 是否有更好的解题途径?"

"在已完成的工作中是否存在隐蔽的错误?"特别是，"我有没有重犯先前的'老毛病'(如计算中的粗心大意等)?"

由此可见，对于"元认知"的重视也十分有益于我们防止与纠正由于"快思"，特别是"解题冲动"所可能造成的错误，特别是，不加思考地"一条路走到黑"。当然，我们又不应将防错、纠错看成"反思"的唯一涵义，恰恰相反，这主要是指我们应当及时"停下"正在从事的活动(包括实际操作与思维活动)，并从更高层面进行分析思考，从而实现更大的自觉性。正因为此，这里所说的"元认知"事实上就可被看成一种"即时反思"。当然，这又是我们为什么更加倾向于使用"再认识"这一词语的主要原因：我们不仅应当从更高层面对自己的所作所为做出自觉的反省，也包括这样一种思考，即我们如何能够通过进一步的思考，包括概括总结等获得更加深刻的认识，特别是，能很好地实现"化多为少"和"化复杂为简单"。

例如，如果我们在学习的过程中发现新的认识与先前已建立的认识(如"乘法总是使数变大")构成了直接冲突，这就应当引起我们的高度重视，并应通过观念更新去消解矛盾。因为，正如诸多"灾难研究"所清楚地表明的，如果我们对此掉以轻心，就很可能出现这样的情况，即尽管有很多学生被认为已经较好地掌握了相关知识，特别是，由于他们在通常的考试中取得了较好成绩，但在进一步的学习中却又暴露出了严重的观念错误。具体地说，造成后一现象的主要原因就是思维的"惰性"，从而也就是与我们所说的"优化"直接相对立的。当然，更一般地说，我们又应通过自己的教学很好地消除学生头脑中存在的种种疑问或困惑，而这主要地也可被看成一个"再认识"的过程。

[例10] **"真分数和假分数"的教学。**

这是著名小学特级教师罗鸣亮老师的一堂课。基于不少学生在课前都已知晓了相关的规定,因此,他就为自己设定了这样一个教学目标:"本节课立足暴露学生的真实问题来激发学习的需求,让学生在自主探究的过程中引发对数学知识本质的思考,促进学生走向深度的数学学习。"("源于学生'真问题'的深度学习",《小学数学教师》,2019 年第 2 期)

具体地说,这就是罗鸣亮老师在课上特别强调的一个问题:"假分数究竟假在哪里?"他通过以下的教学设计成功地使之成为了全体学生的共同关注:

1. 暴露已知,互学提升。

师:今天我们学习真分数和假分数,知道什么是真分数和假分数的请举手。这么多人知道,你是怎么知道的?

……

师:看来,许多同学都知道了真分数、假分数。可是,还有几个同学不知道,怎么办?

生:我来告诉他们。真分数就是分母大于分子的分数,比如 $\frac{3}{4}$。假分数就是分母等于分子或分母小于分子的分数,比如 $\frac{3}{3}$ 和 $\frac{4}{3}$。

……

2. 提出问题,自主探究。

师:今天要来学习真分数和假分数,既然你们都知道,请大家收拾好东西准备下课!

(学生迟疑,摇头)

师:都知道了,为什么还不下课?

生:因为我们还没深入学习,我们只知道什么是真分数和假分数。

师:你们还想深入学习什么? 还有什么困惑?

生:我想知道真分数和假分数各代表什么?

生:它们有什么关系?

生:真分数和假分数是怎么来的?

生:假分数是不是分数? 如果是,为什么叫假分数?

生:它们有什么用?

生:假分数假在哪里?

······

就上述目标的实现而言,罗鸣亮老师的这一设计显然十分成功,因为,"假分数假在哪里"确可被看成学生的真问题。当然,相关教学又不应停留于清楚地说明"真假分数"的定义,或者说,满足于学生能够按照分子分母大小的比较对分数的"真假"做出准确判断,而应更加重视如何能够促进学生认识的深化,包括深入地思考这样一个问题:既然分子大于或等于分母的分数都不能被看成真正的分数,为什么不把它们直接清除出去?

在笔者看来,这或许也正是曹培英老师何以做出以下评论,乃至直接引用张奠宙先生"假警察一定不是警察,假人民币一定不是人民币"这样一个论述的主要原因:"确实,假分数'假在哪里'? 教材、教参都没作解释······因此,也难怪绝大多数教师回避分数'真假'的讨论,然而,我们又不得不承认,这一令教师为难,却又萦绕学生心头不能放下的问题,连同与之相关的'假分数有什么用',都是数学教学应该直面以对的问题。"("'假分数'的认知及其教学研究",《小学数学教师》,2019 年第 2 期)

当然,用一堂课的时间就要解决所有这些问题并不现实,但在笔者看来,我们确又应当对此予以足够的重视,包括清楚地建立这样一个认识:我们不仅应当认真地思考什么是学生的"真问题",而且应当更加重视能够促进学生认识深化的"深问题"!

具体地说,笔者以为,这正是解决后一问题的关键:假分数之所以被认为是"假的",是针对分数原先的定义而言的;然而,由于假分数具有重要的作用,因此,在此所应做的就不是将此从分数中清除出去,而是对分数的意义(和范围)做出必要的扩展(也即应当由"分"和"部分与整体的关系"过渡到分数的"比的定义"),这也就是这里所说的"认识的不断优化"或"再认识"的主要涵义。

进而,也正是从同一角度进行分析,我们可清楚地认识到深入思考这样一个问题的重要性:教学中我们应在什么地方适当地放慢节奏? 又应如何掌握

相应的"度"? 由以下实例相信读者即可在这方面获得一定启示:

[**例 11**] **"课堂等待,让学生的思维更舒展"(陈晨,《小学数学教师》,
2019 年第 3 期)。**

这一文章的主要内容是:"以'用字母表示数'为例,谈谈如何通过恰当的课堂等待,让学生舒展的思维状态回归课堂。"

[教学片断 1]

课件出示(图 3-1-9):

图 3-1-9

师:摆 1 个这样的三角形需要几根小棒?

生:3 根。

师:摆 2 个这样的三角形需要几根? 用算式怎么表示?

生:6 根,算式是 2×3。

师:摆 3 个三角形呢? 4 个呢? 10 个、100 个呢?

生:3×3,4×3,10×3,100×3。

师:这样说下去能说完吗?

生:说不完。

师:既然说不完,那你能不能想个办法,用一种比较简明的方式把所有的情况都概括进去呢? 将你的方法写在学习纸上。

(学生独立探究,教师等待 3 分钟)

师:陈老师搜集了 5 位同学的作品,一起来看一看吧。

……

对此教师有如下的总结:

"在探究处等待,给学生创造的平台。"

"在上述片断中,笔者给学生预留了较为充分的探究时空,学生创造出了多种表示三角形个数和小棒根数的方法。也许他们的想法千奇百怪,但每种创造都闪烁着思维的火花,也许这样的等待会耗费一些时间,但学生无时无刻不在思索、尝试、收获,这比做再多的练习都更有价值。"

[教学片断 2]

课件出示:

三角形的个数	小棒的根数
a	$a \times 3$

师:同学们,这里的 a 可以表示哪些数呢?

生 1:1,2,3…

师:a 能不能表示小数和分数?

生 1:能。

生 2:我觉得不可以。

(教师等待 25 秒)

生 3:我认为是可以的,因为这里的 a 表示的是变化的数。

生 4:我也认为它可以表示小数和分数。

生 5:我不同意你们的观点。这里的 a 虽然表示变化的数,但如果它是小数或分数,那就不是完整的三角形了。

(全班学生自发地鼓起了掌)

教师的总结:

"在分歧处等待,给予学生争辩的时间。"

"表示三角形个数的字母 a,它的取值对于初次接触代数知识的学生来说是有难度的。教学中,面对学生'a 能表示小数和分数'和'a 不能表示的小数和分数'的对立观点,笔者没有以'仲裁者'的身份介入,而是采取了'课堂等待',将学生的'相异构想'充分暴露,让他们自由争辩。学生在理性对话、辩证质疑中澄清了理解,形成了共识。"

[教学片断 3]

课件出示(图 3-1-10):

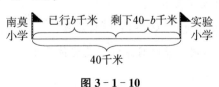

图 3-1-10

师：如果 $b=10$，你能口算出剩下的千米数吗？ $b=26$ 呢？

生：30 千米，14 千米。

师：看来，字母的值确定了，字母式子的值也就确定了。

师：大家再看，已行的路程是变化的，剩下的千米数也是变化的，但……

（学生静静地思考，教师等待 43 秒，学生渐次举起了手）

生1：已行路程和剩下路程的和是不变的。

生2：我同意，也就是总路程不变。

生3：其实就是已行路程和剩下路程之间和的关系是不变的。

生4：我还发现，前面三角形的个数是变化的，小棒根数也是变化的，但它们之间 3 倍的关系永远不变。

……

教师的总结：

"在提问后等待，给学生思考的时间。"

"在上述教学片断中，笔者提出'已行的路程是变化的，剩下的千米数也是变化的，但……'这个具有挑战性的问题，当个别成绩优秀的学生举起手后，笔者没有立即去'点将'，而是静静等待，待多数学生有了想法，再组织集体交流。对于'沉默的大多数学生'而言，比起热闹的交流，他们更需要一个静默思考的环境。有了较为充足的思考时间，学生交流问题的质量也让我刮目相看。"

［教学片断 4］

课件出示（图 3-1-11）：

图 3-1-11

师：作为正方形的边长，字母 a 可以表示哪些数呢？

生：1，2，3…

师：你认为 a 只可以表示自然数，是吗？

生：是的，这里的字母 a 只可以表示自然数。

（教师等待 20 秒，用期待的目光注视着这位学生）

生:我纠正一下刚刚的想法,作为正方形的边长,这里的 a 还可以表示小数和分数。

师:说说你的想法。

生:正方形的边长不同于三角形的个数,它可以是小数或分数。

(全班同学自发地鼓起了掌)

生:我还要提醒大家,在不同的情况下,字母所表示的范围可能是不一样的。

教师的总结:

"在错误处等待,给学生修正的机会。"

"在上述教学环节中,一位学生在回答'作为正方形的边长,字母 a 可以表示哪些数'时,受惯性思维的影响出现了错误。面对学生的认知偏差,笔者没有直接否定,而是用期待的目光注视着这位学生,给予他足够的探索思考和主动修正的时间,学生经历了一番安静、内心激烈的思考后,主动修正了原先的错误。这样的'等待',不论对于学生学习信心的建立还是思维发展,都是有益的。"

［教学片断5］

课件出示(图 3-1-12):

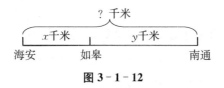

图 3-1-12

师:从海安到南通的路程是多少千米?

生:"$x+y$"千米。

师:"$x+y$"是运算过程呀! 结果是多少呢?

(教师等待1分钟)

生1:结果应该是"xy"千米。

生2:我不同意他的想法,"$x+y$"不能简写,含有字母的乘法才可以简写。

生3:我认为结果就是"$x+y$"千米。

生4:我同意,"$x+y$"既表示运算过程,也表示运算结果。

生5：我知道了，刚开始咱们用"$a\times3$"表示小棒的根数，就是一个结果。

师：是呀！以前我们习惯于用一个确定的数表示最终的结果，从今天开始，我们会经常遇到用含有字母的式子表示最终结果的情况。

教师的总结：

"在关键处等待，给学生反思的过程。"

"在学生学习'用字母表示数'之前，接触的都是算术运算，形成了'只能用确定的数表示最终结果'的思维定势。因此，让学生理解'含有字母的式子既可以看作一个过程，又可以看作一个结果'，是本课教学的一大难点。课堂上，学生虽然能说出海安到南通的路程是'$x+y$'千米，但这并不意味着学生真正理解了'$x+y$'是运动过程。'结果是多少呢'这一追问颠覆了学生的原有认知，通过'课堂等待'，营造宁静的'思维场'，学生思维的闸门被打开，在质疑、辨析、反思中实现了认知建构。"

以下是这篇文章的结语："课堂等待，促使笔者真正做到了'为学生的思维发展而教'。而最为关键的是，当课堂开始等待，课堂中也就有了'人'的回归。"

建议读者也可以自己的教学实践为对象实际地去统计一下你在课堂上究竟等了多少时间，也即给了学生多少深入思考的时间？

当然，由上述例子我们也可更好地认识到教学中适当放慢节奏的重要性，而不应一味地去追求"快"。当然，这又是这方面更加恰当的一个主张，即教学中我们应当很好地处理"快"与"慢"之间的辩证关系。

例如，尽管以下的论述来自语文教师，但其对于数学教学显然也是同样适用的：

"如果一节课的内容太多，承载的任务太重，学生上课时候很忙碌，思考力就很难得到提升，学习力会越来越弱。若课堂只聚焦几个核心问题，让学生深入思考，看上去学得少、学得慢，但思考的方式、方法丰富了，思考力便能提高，思考力就会越来越强。"（林莺，"'学习共同体'创造课堂新景观"，《福建教育》，2016年第3期）

当然，就具体的教学工作而言，应该说还涉及更多方面，即如"安静"与"热闹"之间的关系:"传统教学强调激发学生兴趣、学习激情,培养学生参与学习的积极性与主动性,课堂往往呈现热闹氛围……而我们……倡导安静,是否会因静而冷,冷却了学生的学习兴趣,影响学生的注意力甚至学习成效呢? 对此,我们在反思中从心理学角度帮助教师消解困惑,认识到人的思维专注进入心无旁骛的境界,便走向了潜心静思,而安静的氛围就会保证这种静思不受干扰。"(林莘,"在改变与反思中前行",《福建教育》,2016 年第 3 期)

最后,除去"即时性反思"和"再认识"以外,在学习的结束阶段我们当然也应十分重视从整体的角度对全部的学习内容和学习过程做出回顾、总结、反思与再认识,从而进一步发展与优化自己的认识。

例如,前一节中关于"题后反思"的分析,特别是,我们如何能由"就题论题"上升到"就题论法"和"就题论道",显然就可被看成后一方面的很好实例。

总之,我们应当将努力帮助学生学会"长时间思考"看成数学教学的又一重要目标,并在教学中很好地突出这样一个关键词:"再认识(优化、深化)"。

四、数学学习与思维的清晰性和严密性

除去已提及的思维的深刻性、灵活性与自觉性以外,思维的品质当然具有更多的涵义。以下关于数学学习与思维的清晰性和严密性之间关系的分析就可被看成这样的一个实例,建议读者还可联系教学实践在这方面做出自己的分析研究。

第一,清晰性显然也可被看成数学思维十分重要的一个特征。例如,数学中的任何一个概念都应有明确的定义(包括显定义和隐定义),我们并应很好地坚持概念的一义性,而不应在不知不觉之中表现出明显的内在矛盾,乃至随意地偷换概念,再者,我们显然也应高度重视思维的条理性,这则是这方面的又一基本事实,即数学特别是几何学习对于人们学习逻辑思维也有十分重要的作用。(当然,我们并不应因此而将"数学思维"简单地等同于"逻辑思维",更不应将"逻辑思维[推理]"看成数学教育的主要目标。详可见本章末的附录三)

由著名哲学家维特根斯坦的相关感受我们即可很好地认识数学对于思维清晰性的特殊重要性:作为 20 世纪最有影响的西方哲学家之一,维特根斯坦在谈及自己的学术生涯时就曾明确谈到了数学对他的影响,特别是这样一点:"能说的就应说清楚,说不清楚的就应保持沉默。"

　　但就现实而言,我们在这一方面显然又可看到很多不如人意的地方,从而也就应当引起我们的高度重视。例如,正如前面所提及的,这就是相关研究特别是"灾难研究"的一个直接结论,即尽管有很多学生在数学考核中取得了较好成绩,但其对于相关概念的认识仍有一定的模糊性和不一致性,不仅不能用自己的语言对此做出清楚的表述,而且,在涉及概念表征的不同方面或概念的应用时,又往往会表现出明显的不一致性,甚至是直接的矛盾。

　　但是,概念的明确定义不是应当被看成属于"高层次数学思维"的范围,从而就是一个过高的要求吗? 由以下实例可以看出,即使是小学数学教学也可在这方面做出很好的工作,关键仍然在于我们对此是否具有足够的自觉性:

　　[例 12] "圆的认识"的教学(李培芳,"深刻体验,深入思考,深化认知——'圆的认识'教学思考与实践",《小学数学教师》,2017 年第 4 期)。

　　相关教师在课前曾做了这样一个调查:"笔者曾对六年级两个班 100 名学生(已学过圆的周长与面积的计算)做过一次后测,面对'圆最本质的特征是什么'这一问题,只有 3 人回答'所有的半径都相等',大部分学生则回答'圆是曲线图形'、'圆没有角'等。可见,学生在学习'圆的认识'时,对圆的特征没有深刻的数学体验。"

　　正是针对这样的情况,相关教师做出了如下的教学设计:

　　1. 唤醒经验,外化认知。

　　师:同学们,你们对圆陌生吗? (不陌生)……请看大屏幕(出示椭圆),这是一个圆吗?

　　生:不是,这是椭圆。

　　师:再看这个图形(图 3 - 1 - 13),是圆吗?

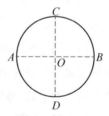

图 3 - 1 - 13

生(齐):是。

师:同学们,你们被骗了,这不是圆!(学生一脸惊讶)老师这里有一把尺子,谁能用数据证明"这不是圆"?一名学生上台分别量出图中 AB 和 CD 的长,并报出数据是 22 厘米和 23 厘米。

师:有什么想说的吗?

生:看上去像圆的图形未必是圆。

生:要测量才能判断。

师:是啊,有些时候不能只凭眼睛观察就作判断哦!

2. 比较想象,重建认知。

师:现在,李老师将一个标准的圆放在一堆图形里,你能将它找出来吗?

(课件出示图 3-1-14)

图 3-1-14

生:第一个图形是圆。

师:那么问题来了,圆和其他图形最大的不同是什么?

生:圆是弯的。

生:圆没有角。

生:圆有无数条对称轴。

师:关于圆的对称性咱们会在下一节课重点讨论。刚才有同学说"圆是弯的",没有错,圆是曲线图形。不过,当圆对着其他图形说"我是弯的",想一想,谁该有意见了?(椭圆)椭圆会怎么说?

生:我也是弯的啊!

师:同样的,当圆说"我没有角"时……

生:椭圆会说"我也没有角"。

师:咱们看似找出了圆的特征,不过分析比较发现,这些并不是圆最本质的特征。再想想。

(长时间的沉默)

师:同学们,这个问题想不出来不奇怪。人类早在4000多年前就能做出圆形的轮子,但是会做圆形的物品,不一定就懂得圆的特征。一直到2000多年前才由我国古代思想家墨子总结出圆的特征,这中间经历了2000年呢!所以,同学们继续想,老师愿意等!

又一段沉默之后……

生(小声地):是不是圆边上到圆中心的距离是一样的?

师:请你再大声地说一遍!

生:圆边上到圆中心的距离是一样的!

师:这句话来自2000多年前啊!你愿意上来边比划边说吗?

学生上台比划,课件同步动态演示,如图3-1-15。

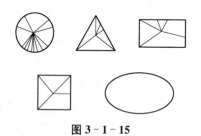

图 3 - 1 - 15

师:墨子用一句话概括了圆的这个特征:"圆,一中同长也。"(板书)谁来说说对这句话的理解?

生:就是说圆有一个中心,从圆边上到中心点的线段都一样长。

师:没错,这是圆最本质的特点。人们将圆的这个中心点称为"圆心",用字母O表示,这些等长的线段称为"半径",用字母r表示。接下来,请同学们在老师给大家准备的圆上画出一些半径,量一量这些半径是不是都相等。

学生活动后,讨论得出:圆有无数条半径,所有的半径都相等。

3. 尝试推理,丰富认识。(略)

4. 应用知识,内化认知。(略)

　　当然,这也是小学数学教学应当特别重视的一个问题,即对于数学概念与日常生活中相应概念的明确区分,如数学中的"比"与生活中的"比"、数学中的"直线"与日常生活中所说的"直线"等。

[例13]　关于"'生活中的比'的教学"的两点思考。

　　这是2015年在杭州举行的"第6届中国小学数学教育峰会"上展示的一堂课。从现场的调查情况看,这一内容的教学应当说十分必要,因为,尽管学校尚未正式教过"比的认识",全班除3个人以外都已通过其他渠道学过了"比"这样一个概念,但其中的大多数人仍不知道这一内容在现实中究竟有什么用,特别是,"数学中的比"与日常生活究竟有什么联系与区别?

　　相关的教学活动是这样的:在对"比"的概念作了简单回顾以后,任课教师首先向学生提出了这样一个问题:你在生活中有没有遇到过"比",有哪些?学生给出了各种各样的回答,如药水中药物与水的比、洗涤剂的浓度、足球比赛中的比,等等。由于这些实例显然可以被归属于两个不同的类别(我们并可将"药水中药物与水的比"与"足球比赛中的比"看成两者的典型代表),这时教师就将学生的注意力引向了这样一个问题:这两种"比"有什么不一样?

　　就课堂的实际情况看,学生在此又一次给出了多种不同的解答,如前者是不可变(固定)的,并可适当地予以简化;后者则是可变的,不可简化的,等等。教师通过全班交流与必要的引导最终引出了这样一个结论:前者就是"数学中的比":它所反映的是两个量之间的固定(倍数)关系。

　　笔者在此并不企图对上述教学活动做出全面评价,而只是集中于这样一个问题:除去帮助学生对所说的两种不同类型作出明确区分以外,相关教学是否还能使学生在这方面有更大的收获?

　　具体地说,这正是人们在这一方面的一项共识:数学概念源于现实,又高于现实。但是,我们又如何能够结合当前的实例帮助学生很好地认识到这样一点,特别是,"日常生活中的比"与"数学中的比"究竟有什么共同点和不同点,由前者向后者的过渡又在哪些方面可被看成真正的进步?

　　再者,"比"的概念的引入显然又可被看成"比较"的思想的具体运用,后者并可被看成在小学数学中占据特别重要的位置(2.3节),因此,我们在此也就应当认真地去思考这样一个问题,即我们是否可以"比的认识"的教学为契机在这方面做出特别的努力,包括帮助学生很好地认识到跳出各个具体内容并从整体的角度进行分析思考的重要性。

最后,我们又应特别提及这样一个重要的思想:"序的思想"。正如著名数学家彭加莱所指出的,对于"序"的很好把握不仅意味着主体已经超越各个细节实现了整体的把握,而且对于我们如何能够做到思维的清晰性也有特别重要的意义:"数学证明不是演绎推理的简单并列,它是按某种次序安置演绎推理。这些元素安置的顺序比元素本身更为重要。如果我具有这种次序的感觉,也可以说这种次序的直觉,以便一眼就觉察到作为一个整体的推理,那么我已无需害怕我忘掉这些元素之一,因为它们之中的每一个都在排列中得到它的指定位置,而且不要我本人费心思记忆。"(彭加莱,《科学的价值》,光明日报出版社,1989,第 376 页)

著名数学家阿达玛在其名著《数学领域中的发明心理学》中所提到的,他针对"存在无穷多个质数"的逻辑证明在头脑中出现的心理图像则可被看成这方面的典型例子(详可见另著《小学数学教育的理论与实践》,华东师范大学出版社,2017,第三章,[例 21])。另外,依据这一实例我们显然也可更好地理解数学教学中为什么应对"概念图"和"流程图"予以特别的重视。

另外,我们显然也可从同一角度去理解算术应用题教学中"复杂应用题"的作用。

第二,数学中关于证明的要求显然与"思维的严密性"密切相关,我们在此还应特别重视对于"证明"的正确理解:这主要地不是指我们如何能够按照严格的逻辑顺序一步不落地写出所有的步骤,而是指我们如何能够通过严格的审视和理解做到真正的"信服",包括由"说服自己"到"说服朋友",再到"说服敌人"。

"数学家的工作就是整天用数学语言自己与自己辩论……一般精彩的辩论往往是抓住别人的小辫子,甚至挖一个陷阱等着别人跳,而数学语言辩论的特质是:让我们一起来剪去双方的小辫子。不能给数学家分配成正方或反方,而是随时准备坚持真理,随时准备修正错误。"(吴宗敏,"数学是一门艺术性的

语言"，《科学》，2009 年第 9 期）

　　这方面的一个反例可见 5.2 节的［例 16］。由此我们并可直接引出这样一个结论：这也应被看成思维严密性的又一重要涵义，即我们在数学研究中应当完全排除主观因素的影响，也即应当采取一种"纯客观"的立场。

　　应当指出的是，后者直接涉及数学思维的"文本性质"：在严格的数学研究中，我们只能按照相应定义和给定的法则去进行推理，而不应求助其他的方面，如对象的直观意义等。这也就是指，尽管数学对象是人类思维的产物，但是，一旦它们得到了建构，即使是创造者本人也只能按照它的"本来面貌"去进行研究，而不能随意地加以改变。例如，我们既不能随意将"3 与 4 的和"说成 10，也不能通过单纯的辩论去判定圆周率应是多少。

　　当然，就这方面的具体教学工作而言，我们又应充分地考虑到学生的认知水平与接受能力。但应强调的是，无论是哪个阶段的数学教学，我们又都应当帮助学生牢固地树立这样一个认识，即对于任何事情我们都不应满足于知其然，而应很好地弄清其所以然，也即应当成为一个"明理"的学生。

　　由以下的论述可以看出，后者事实上并可被看成各科教学特别是"深度教学"应当共同追求的一项目标："一般课堂多用'怎样的''有什么样的……'等普遍问句，关注的是'事实'；而追问式课堂多用'如何……''为什么''如果不这样还可以怎样'等具有思维深度的句式，关注的是'内在机理'，两者思维含量和深度迥然不同，长此以往，形成的认知结构和思维品质也会大异其趣。"（转引自施久铭、余慧娟，"看青岛二中如何改革人才培养模式"，《人民教育》，2011 年第 7 期）

　　再者，我们还应清楚地看到这方面工作对于学生健康成长的特殊重要性："多亏了数学，人们才能有些可以确信的东西"；"数学已经给人类带来了无可估量的心理上的满足，我们不再害怕疯狂的上帝与我们人类开冷酷无情的玩笑了"。（ICMI 研究丛书之一：《国际展望：九十年代的数学教育》，上海教育出版社，1990，第 79 页）"讨论这种人类理性的成就，在一定程度上能增强我们对文明的信心，这种文明在今天面临着毁灭的危险，燃眉之急可能是政治上和经济上的。在这些领域中，至今还没有充分的证据表明人类的力量能克服自身的困难，进而建设一个合理的世界。通过研究人类最伟大和最富于理性的艺术——数学,则使得我们坚信,人类的力量足以解决自身的问题,而且到现在为止人类所能利用的最成功的方法是能够找到的。"(克莱因,《西方文化中的数学》,九章出版社[台湾],1995,第 192 页)

最后,如果说上面的论述已清楚地表明加强这一方面引导工作的重要性,那么,作为更高的追求,我们显然也应十分重视如何能够提升学生在这一方面的自觉性,即应当使得上述各个要求真正成为他们的自觉追求,更一般地说,也即如何能够帮助他们逐步学会学习。这也正是下一节的直接论题。

3.2 努力帮助学生学会学习

除去学生思维品质的提升,数学教学还应努力实现这样两项目标:(1)帮助学生逐步学会学习;(2)"数学课堂文化"的创建,从而对学生产生潜移默化然而又是十分重要的影响。对于后一论题我们将在第五章中做出专门论述,以下则首先集中于我们应当如何能够通过自己的教学帮助学生逐步学会学习这样一个主题。

具体地说,尽管这里所说的"学会学习"主要是针对"教师直接指导下的学习"而言的,教师仍应在这方面发挥重要的引领作用。例如,从这一角度我们可更好地理解努力提升学生提出问题能力的重要性,因为,一旦具备了这样的能力,学生就可由主要是在教师指导下进行学习逐步转变为通过提出适当的问题实现学习上的自我引领。由于对此我们已在 2.2 节进行了分析论述,在此就不再赘述,而是集中于另外两项特别重要的工作。

一、努力提升学生在这一方面的自觉性

具体地说,我们在教学中应当引导学生经常思考这样两个问题:(1)我们为什么要学习数学,或者说,什么是数学学习的主要价值? (2)我们又如何能够学好数学,或者说,什么是学好数学的关键? 之所以强调"经常地思考",则是因为这方面的认识必然也有一个逐步发展和深化的过程,更离不开学生的自我总结、反思与再认识,教师经常提及这样两个问题则可起到引领与促进的作用。

当然,这又可被看成我们如何能够做好这一方面工作的一个重要前提,即教师本身对此应有清楚的认识,包括我们为什么又应引导学生经常思考这样两个问题。由于这事实上也可被看成我们如何能够有效纠正"应试教育"十分重要的一项措施,以下主要地就从这一角度做出具体的分析论述。

第一,只有围绕"为什么要学习数学"这一问题进行思考,我们才能很好地认识到努力提升学生思维品质的重要性,包括引导学生很好地做到这样一点,即不应满足于在各种考试中取得较好成绩,而应认真思考如何能够通过数学学习有更大的收获,特别是,如何能在离开学校以后还能留下一些对自己一生的工作和生活都能真正有用的东西。

例如,从上述立场我们显然就可清楚地认识到以下做法的局限性,即在课后只是关注如何能够尽快地完成作业,却未想到还应认真地思考隐藏在各个具体问题背后的解题策略与数学思维方法,乃至一般性的思维策略与思维品质。简言之,即是未能清楚地认识到我们应当由单纯的"就题思题"上升到"就题思法"和"就题思道"。

另外,正如前面所提及的,从同一角度我们也可更好地认识"学会提问"的重要性,从而自觉地改变这样一个常见现象,即随着年龄的增大,学生提出问题的积极性反而越来越低。

应当强调的是,引导学生经常思考"数学教育的价值"还具有超出数学学习更普遍的意义,特别是,这直接关系到了学生价值观念的培养,而这事实上也是全部教育工作都应特别重视的一个问题:"教学是培养人的社会活动,要以人的成长为旨归。人的所有活动都内隐着'价值与评价',教学活动也不例外。深度教学将教学的'价值与评价'自觉化、明朗化,自觉帮助学生形成正确的价值观,形成有助于学生自觉发展的核心素养,自觉引导学生能够有根据地评判所遭遇到的人、事与活动。"(郭华,"深度学习的五个特征",《人民教育》,2019 年第 6 期)简言之,数学教育如何能够很好地落实"立德树人"这一教育的根本目标。

当然,我们在此又应高度重视数学教育的特殊性,特别是,如何能够通过我们的教学努力培养学生的理性精神。对此我们并可通过与语文教育的对照做出更清楚的说明。具体地说,尽管以下论述主要是针对语文教育而言的,但其对于数学教育显然也是同样适用的,更可说具有重要的现实意义:我们应从

"纯粹的'应试''谋生''实用''有用'以及'工具论'等泥沼中抽离出来,脱身出来";但是,如果说这正是"语文教育"的适当定位,即我们应当突出"对言说'人'的关注,立足于言语人格的修养、趣味的培养和言语主体的建构"(胡亨康,《评课:对话的艺术》,福建人民出版社,2020,第143页),那么,相对于"语言人"而言,我们作为数学教育工作者就应更加重视如何能够帮助学生成为真正的"理性人",也即能够由"理性思维"逐步走向"理性精神"。

当然,上面的论述并不是指教学中我们可以完全无视数学的应用,而是指我们应对数学教育的主要价值有更加全面、更加清楚的认识,并能通过适当引导帮助学生在这一方面形成正确的认识。对此我们将在6.2节中做出进一步的分析论述。

第二,我们也只有通过引导学生经常去思考"如何才能学好数学",才能帮助他们更好地领会到切实抓好这一方面各个关键性环节的重要性,并不至于因陷入枝节而固步自封。更一般地说,这也就是指,无论是教师或学生都应努力做到"有所选择,有所取舍",这应被看成高度自觉性的又一重要涵义。

具体地说,尽管本章的分析主要集中于数学教学,但相关结论对于学生如何学好数学也是同样有效的,即如学习中我们应当高度重视整体性观点的指导,特别是,应从这一角度切实做好"再认识"的工作,从而实现认识的不断发展与深化。

当然,这也应被看成我们在学习中是否实现了较大自觉性的又一重要表现,即能否针对自身情况很好地确定主要的努力方向,包括什么又可被看成自己学好数学最重要的一些方面,什么是最适合自己的学习方法,什么又是自身特别薄弱,从而就极待加强的一些方面,等等。

从上述角度进行分析,我们显然也可更清楚地认识到切实纠正以下认识的重要性,即认为作为一名学生,我们只要老老实实地按照教师的要求去做就可以了;恰恰相反,即使教师的引导没有问题,我们也应看到学生中必然存在一定的个体差异,包括认识的路径、方法、速度,以及喜好、习惯等,因此,我们必须根据自己的情况做出适当选择。当然,这也是我们在当前应当注意纠正的一些论点,即对于"熟能生巧"的片面强调,或是认为我们只须认真地去"做数学"就一定可以学好数学。

对于学生如何能够学好数学我们还将在 4.1 节中做出进一步的分析论述,在此仅限于强调这样一点:与这方面的各个具体主张或建议相比较,这应当被看成最重要的一个方面,即我们应当坚持积极的思考,并集中于如何能够通过持续努力切实提升自身的思维品质,从而就不仅能够乐于思考,也能逐步做到善于思考。

也正因此,类似于先前关于我们应当如何判断一堂数学课成功与否的基本标准,我们在此也可总结出关于自己是否已经真正抓住了学好数学的关键的以下标准:在学习数学的过程中我们是否一直积极地在思考,又是否在思维的深度和广度等方面有切实的收获,即如觉察到了先前未曾注意到的联系,找到了更有效的解题方法,能够利用已有的知识和经验对新学习的概念做出自己的解释与理解,等等。

最后,就这方面的具体工作而言,我们显然也不应局限于将我们关于"数学教学的关键"的各个认识或结论直接推广应用于"学生如何能够学好数学"这一新的论题。例如,这就可被看成从后一角度进行分析的一个重要结论,即我们应当十分重视如何能够帮助学生逐步养成这样一种重要的品格,即有较强的承受能力,既能经得起挫折与失败,也能经得起成功与胜利,而不会因此而骄傲自满,既能善于合作共处,也能耐得住寂寞,更有一定的独处能力,特别是,能够始终保持"积极的思维与谨慎的乐观"这样一种状态。由于这也直接涉及"数学的文化价值",对此我们将在 5.3 节中做出进一步的分析论述。

当然,由"学生如何能够学好数学"的分析研究我们也可获得关于如何做好数学教学的重要启示。例如,正是从学生的角度进行分析,我们显然就应引出这样一个结论,即教学中我们应当十分重视如何能够很好地保持学生对于数学学习的兴趣,包括必要的自信,而不要因为不适当的教学使学生走向了反面。

这事实上也可被看成国际数学教育界的一项共识,即如果缺乏应有的自觉性,数学教学就很可能陷入这样一种"恶性循环":正是由于我们的教学使学生完全丧失了对数学的兴趣,例如,在不少美国学生看来,数学学习就意味着每天准时到校,坐在教室里安安静静地听那些他既不理解也根本不感兴趣的事,每天的日程就是听教师讲课并按教师布置、用教师指定的方法去作练习,努力记住一大堆毫无意义又零零碎碎的"知识",而唯一的理由只是因为将来的某一天他们可能会用到这些知识,尽管教师和学生对是否真有这样的一天都持怀疑的态度;进而,兴趣的丧失当然会对他们的数学学习产生严重的消极影响,即使得他们的数学学习成为纯粹的失败记录,后者反过来又会使他们对数学更加不感兴趣……这样不断地反复,直至学生因此而完全丧失了对于学好数学的自信。当然,并非所有学生将来都会成为专业的数学工作者,但是,数学学习的失败确又在很大程度上限制了不少学生的发展,更有甚者,有些学生就是因为未能学好数学,从中学甚至小学起就对自己丧失了信心,乃至放弃了全部的人生抱负并最终成为社会上的廉价劳动力——正是在这样的意义上,美国著名数学教育家戴维斯教授疾呼道:"我们的学校已接近于毁灭年青一代!"

显然,由以上分析我们也可更清楚地认识到努力增强学生在这一方面自觉性的重要性,或者说,应当将此看成帮助学生学会学习最重要的一个方面。

二、努力帮助学生学会合作,并能通过交流与互动更有效地进行学习

就数学教育领域中对于"合作学习"的提倡而言,应当首先提及这样一个问题:这是否与数学学习的性质有一定冲突? 因为,按照通常的理解,数学可以被看成"思维的科学",特别是,只有通过深入思考,我们才能做到对于数学知识和技能的很好理解,而不可能有任何其他的捷径,特别是,指望其他人能够适当地代劳。例如,在笔者看来,我们或许也就应当从这一角度去理解著名特级教师曹培英老师的以下论述:"数学无可争议地是思维学科,而不是语言学科。'听说'式数学教学盛行的现象必须引起我们的高度警醒与深刻反思。"("小学数学问题提出的反思性实践研究[下]",《小学数学教师》,2021 年第 6期,4 - 11,第 9 页)

另外,现实中经常可以看到的以下现象显然也可被看成为上述责疑提供了进一步的论据:数学课堂上的"合作学习"常常容易流于形式,即"表面上热热闹闹,实质上却没有什么收获",也会有这样的学生,相对于"合作学习"而言,更加倾向于个人学习,因为,"在别人看来是很有成效的课堂讨论对其而言只是分散了他对于数学概念与所倾向的方法的注意"。(Boaler 和 Greeno 语)

上面的责疑当然有一定道理,但我们并不能因此而否定"合作学习"在数学教学中的应用,毋宁说,这清楚地表明了深入思考这样一个问题的重要性:什么是数学教学中做好"合作学习"的关键,特别是,我们如何能通过"合作学习"促使学生更深入地进行思考?因为,由以下的分析可以看出,只要应用恰当,合作学习与个人学习相比确实可以有更好的效果。

再者,强调"合作学习"当然也不应被理解成完全取消了教师在教学中的指导作用,而是从一个不同的角度对此提出了新的要求。例如,为了防止"不必要的交流"与"无准备的交流",我们不仅应当十分重视"交流点"的选择,即应当在学生真有问题、真有体会的地方进行交流,在实际交流前也应要求学生做好充分准备,包括明确提出一些相关的要求,即如我们不应简单地"说结果"和"讲算法",或是直接转述书上的说法,而应清楚地说出自己在这些方面的真实想法,包括存在的问题与困惑、相应的思维过程、对于算法背后道理的理解、自己在这方面又有哪些真切的体会和感受,等等。因为,如果学生事先没有认真地进行思考,后续的"合作学习"就是"无源之水,无根之木",自然不可能有较好的效果。

总之,在实际组织学生进行交流前我们应引导学生围绕适当的问题积极进行思考,包括提供充分的时间和空间。容易想到,这也正是现实中人们何以特别重视"学习单"的主要原因。当然,这又是这方面工作应当注意的一个问题,即教学中要求学生解决的问题不应太多太小,而应努力做到"少而精",并应有足够的思维含金量。因为,不然的话,学生就会忙于应付,而不可能真正静下心来做长时间的思考,乃至完全找不到深入思考的切入点。教学中我们还应十分重视如何能为学生的静心思考提供合适的环境与氛围,包括帮助他们很好地进入这样一种状态,即完全沉浸于相应的学习活动。①

在此我们还应注意防止与纠正这样一种错误的做法,即因为不恰当的引领导致了相反的结果,特别是,只是在"形式"上下功夫,却忽视了实质性的问题,即如将注意力完全集中到了教室中课桌的排列方式:应是一排排、一圈圈,还是所谓的"之字形"?或是我们应当如何对教师在课堂上的讲课时间做出限

---

① 由语文学习中的"阅读状态"我们可以在这方面获得直接的启示:有经验的语文教师都知道,所谓"入定"是语文阅读的最佳状态。"学生可以持续阅读 10 分钟以上,不受外在环境的影响,并且经常是这样的状态。"(林文生,"相互学习的课堂风景",《福建教育》,2016 年第 3 期)

制以保证学生发挥更大的作用:是 15 分钟,还是 20 分钟? 乃至将"合作学习"错误地理解成完全取消了教师在教学中的主导地位。不难想到,这事实上也可被看成这些年的课改实践给予我们的一个重要教训。

当然,这也是这方面应当十分重视的又一问题,即我们还应针对数学教育的特殊性更深入地进行分析思考,特别是,我们如何能通过合作学习,特别是积极的交流与互动促进学生更深入地进行思考,从而实现认识的不断发展与深化。以下就从这一立场指明这方面工作应当特别重视的一些方面,特别是,我们应如何指导学生真正地做好"表达"与"倾听"?

(1)要求学生为"合作学习"做好充分准备,不仅能够围绕相关问题深入进行思考,还包括应当如何去进行表达。

具体地说,相对于"大声地说,清楚地说"这种一般性的要求,我们应要求学生在表达前先行对自己头脑中的想法做出认真的自我梳理、审视和必要的调整,也即能够真正做到"想清楚了再讲",还应认真地去思考如何讲才能讲清楚,才有更大的说服力和吸引力……我们还应通过这方面的长期努力帮助学生逐步养成这样一种品质:乐于参与、乐于分享。

(2)要求学生认真倾听别人的发言,认真做好比较分析的工作。

具体地说,除去"认真地倾听"这一普遍性要求,我们还应要求学生更加重视比较与分析的工作,也即应当帮助学生很好地树立起这样一个认识:其他人的看法或做法可被看成为我们更深入地进行思考提供了重要背景,我们并应通过不同想法或主张,包括自身原有想法的比较分析很好地实现认识的必要优化,包括必要的综合。我们还应通过这一途径帮助学生逐步养成这样一种品质,即头脑的开放性:乐于向别人学习,重视思维的优化。

显然,从同一角度我们也可更好地理解积极提倡观点与方法等的多元化的重要性。当然,相对于"容忍、理解与欣赏"此类一般性的要求,我们也应更加重视不同意见的分析比较,包括必要的争论;与此相对照,这也应被看成"浅度交流"的直接表现,即教学中我们只是满足于让更多学生表达自己的想法,却没有认识到还应通过倾听、比较、分析、评论、反思等促进他们认识的发展与深化。

在一些教师看来,依据这一方面的分析我们还可对"课堂交流"区分出这样三个不同的层次:"表达与交流,补充与提问,质疑与辩论。""我们看重学生在课堂教学中的提问、质疑、辩论,因为这是学生主动学习的重要标志,更是思考、勇于攀登、不怕失败、勇于坚持的品格。学生在这一过程中,学到的是做人的道理。"(仲广群,"数学交流:流淌在课堂教学中的曼妙交响曲",《教育视野》,2016 年第 2 期)

总之,这正是我们做好"合作学习"特别重要的一个方面,即教学中我们应当很好地去处理"内"与"外"之间的关系。

例如,这显然可被看成以下经验的核心所在:"合作交流,不仅仅'向外',即表现为与同学、教师共同完成学习任务,与他人分享自己的想法,还要'向内',即在'说'与'听'的过程,促使自己对学习内容的认识经历'原来我是怎样想、怎样做的——还可以这样想、这样做——现在我是这样想、这样做的'过程,思维从平衡到失衡,再形成新的平衡,从而尝试建构对新学习内容的理解。"(贲友林,"让学生在学习中学会学习",《小学数学教师》,2020 年第 4 期)这也就是指,我们不仅应当将个人的积极思考看成有效合作的必要前提,也应将此看成"合作学习"的重要落脚点,还包括这样一点,相关教学不应满足于学生已经通过合作学习顺利地完成了任务,也即很好地解决了所面对的问题,还应促使他们进一步去思考自己通过这一活动,特别是相互合作究竟有哪些收获,包括这样一个具有更大普遍性的问题,即"合作学习"如何才能更加有效?

(3) 除去"内"和"外"之间的辩证关系以外,我们也应很好地去处理"个体"与"群体"之间的关系,乃至将"群体"看成认识的主体,而不只是局限于从"个体"的立场进行分析思考。

从总结和反思的角度看,这也就是指我们应由单纯的"个体反思"过渡到"群体反思"和"社会反思"。因为,个体反思显然有较大的局限性,对此我们则可依靠集体智慧很好地加以弥补;另外,如果相关认识只是局限于少数成员,社会作为一个整体也不可能取得真正的进步。

显然,从同一角度我们也可更好地理解切实做好"互动"的重要性,特别是,真正的互动不应是"线性的和纯因果性的",而应是"反思性、循环性和相互依赖的"。(P. Cobb, "Interaction and Learning in Mathematics Classroom Situation", 《Educational Studies of Mathematics》, 1992[23],99 - 122,第 99 页)

当然,对于后者我们也不应单纯从形式上去进行理解,即如认为了实现上述的转变,我们在教学中必须为所有学生提供直接发言的机会,至少是能够通过举手表达出自己对于某个主张的看法;恰恰相反,这主要是指学生在思想上的参与,特别是,我们在此能否看到真正的"反思性、循环性和相互依赖性",相关学生并能通过这样一个过程共同完成知识的建构。

进而,我们显然也应从上述角度更好地去理解这样一些建议:"课堂对话"不应成为"打乒乓式"的师生对话(叶澜语),也即每次由教师指定一位学生发言,然后教师立即对此做出指导点评,恰恰相反,我们应将课堂的评价权还给学生;我们在教学中还应"让学生的思维多飞一会儿"(陈洪杰语),也即应当先呈现几位学生具有典型意义的想法,然后再通过"你都懂吗""你能分分类吗"此类提问,引导学生在更大的范围实现对话和互动。

当然,教学中我们也应给不会的人、有问题的人一定的发言机会,也即应当努力做到"学生什么不会就讲什么,谁不会就给谁讲。这样……为学生与文本对话、与同学对话、与教师对话、与自己对话提供平台。"(黎书柏语)另外,这显然也是一个很好的教学措施,即在课堂上组织学生对解题时容易出错的地方("易错题")进行交流,包括明确提出这样一个思想:"聪明人会认识自己的错误,聪明人会改正自己的错误,聪明人不重复犯同样的错误,最聪明的人不重复别人的错误。"(贲友林语)在笔者看来,这也正是我们如何能够很好地实现这样一个目标的关键:"错着错着就对了;聊着聊着就会了。"(吴正宪语)

以下就是这方面的一个具体经验:

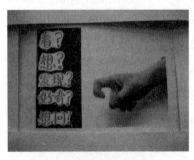

图 3 - 2 - 1

[例 14] 与学生的"约定"。

这是北京小学长阳学校吴桂菊老师的一个做法,即从一年级开始就鼓励学生在课堂上自由地与同学们分享"自己看到了什么,自己想到了什么,自己发现了什么,自己有什么好奇想问的",并将此作为师生的共同约定用明显的标识写在了教室的黑板之上(图 3 - 2 - 1)。

当然,随着学生年龄的增长,我们又应对此做出必要的调整。例如,在进入小学中段以后,这可能就是更加合适的一个"约定",即应当鼓励学生在课堂上自由地提出以下问题:"我还有哪些不理解的地方或疑问? 有什么不同的想法或做法? 我又有哪些教训愿意与大家分享? 我还能提出哪些问题供大家进一步思考?"

应当提及的是,在一些学者看来,我们并可从同一角度更好地认识学习的本质:这主要是指主体"身份"的形成和变化,特别是,如何能由相应共同体的"边缘成员"逐步转变成为"核心成员",也即能在共同体中发挥更加重要的作用。(详可见另文"数学教育研究的社会转向",《数学教学》,2003年第12期)另外,这显然也可被看成以下主张的核心所在:数学教学不仅应当注意学生"学科性素养"的培养,也应努力提升他们的"社会性素养"。(张齐华语)

当然,正如"个体"与"群体"之间的辩证关系,我们也不应将"学科性素养"与"社会性素养"绝对地对立起来,而应更加注重两者的相互渗透与互相促进。(对此我们将在5.3节中做出进一步的分析论述)再者,又只有通过各个学科的合理分工与密切配合,学生的"社会性素养"才能很好地得到养成;当然,这又应被看成数学教学的主要职责,即努力促进学生思维的发展,并能由"理性思维"逐步走向"理性精神",也即应当帮助他们成为真正的理性人,而不只是笼统意义上的"社会人"。

在笔者看来,上述讨论也就更清楚地表明了这样一点:作为数学教师,我们决不应满足于"平等的参与者"和"组织者"这样的定位,而应很好地发挥"引领者"的作用,即如讨论方向的引导、结论的提炼、必要的强调等,我们并应以"学习共同体"的创建作为一项重要的工作目标,让每个学生都能成为学习共同体的积极成员。

再者,从同一角度我们显然也可对应当帮助学生养成什么样的思维品质做出进一步的分析:我们既应坚持自己的独立思考,而不应随意地附和别人,特别是轻易放弃自己的观点,同时又应保持头脑的开放性,也即应当善于通过比较分析吸取别人意见中的合理成分,从而不断发展和深化自己的认识。

在笔者看来,从上述角度我们也可更好地理解著名学者周国平先生的以下论述,包括数学教学又应在这一方面发挥什么样的作用:"怎样才能使灵魂丰富呢? 欣赏艺术,欣赏大自然,情感的经历和体验,这些都很重要。除此以外……要养成过内心生活的习惯。人应该留一点时间给自己,和自己的灵魂在一起,静下来,想一想人生的问题,想一想自己的生活状态……我承认交往是一种能力,但独处是一种更重要的能力,缺乏这种能力是更大的缺陷。"("人身上有三样东西是最宝贵的",《新华日报》,2019 年 3 月 22 日)

最后,我们又不仅应当通过适当的指导使得合作学习对于学生的数学学习能够发挥真正的促进作用,也应通过持续的努力帮助他们逐步学会合作,包括清楚地认识到学会合作的重要性,特别是,这更可被看成未来社会合格公民必须具备的一个重要素养。

在笔者看来,这也正是以下实例给予我们的主要启示:

[例 15]　我们应当如何组织"小组学习"?(杨薪意,"做知行统一的探究型教师",《小学教学》,2019 年第 9 期)

文中提到:"为了培养学生既能静下来独立思考,又能动起来与人友好合作的学习品质,整整两年的时间,我不断地思考和探寻'什么样态的学习小组才是学生最需要的''什么样态的学习团队有利于学生综合能力的发展'。"

相关作者首先在小学中低段做了一个"你喜欢小组合作吗"的小调研,希望通过诊断不喜欢的理由,找到'有效合作'的突破口。以下就是这方面的一些具体做法:

"以什么标准建立小组才能使合作最优化呢? 于是,'亲密关系''兴趣爱好''综合能力''学习成绩''性别'甚至'家庭住址'都成了我分组的方式。然而,两年下来,实施效果并没有达到我心目中'成就学堂'所期待的状态。

"花了那么多精力,却没有达到理想的状态,这一度让我心灰意冷想放弃。可是最终,帮助学生改变现有的学习方式,让学生体会学习成就的想法战胜了放弃的念头,我选择了坚持。

"念念不忘,必有回响。有一天,我突然意识到'小组合作'首要的目的是要让学生'学会与人相处'。反思我之前的分组,因为总想着把提高学业成绩放在首位,无一例外地都是在以我(老师)的'眼光'把学生逐一量化、等级化,甚至标签化了。这样的小组构成表面上看是满足了'组内异质,组际同质'的要求,但实际上它不是自然生成的。

"'细思恐极',如果在校内,学生学习小组由老师安排决定,那么,将来学生在工作、生活中的分组又将由什么人来安排呢? 他们将会遇见什么能力、什么层次、什么性情的'同事'? 他们将会与谁为伍? 与谁构成'工作小组'呢?

"于是,我明白了,我要构建的成就学堂的学习小组就是要能帮助学生适应未来社会需求的一个学习共同体。在经历了种种尝试之后,我最终选择了回归,回到最朴实的做法。结合我校大多数班级座位每周向右后方退一排的轮换方法,构建了一种与其相适应自然而成的'流动制学习共同体'。"

除去所说的"流动制"以外,相关作者还采取了以下两个做法:

第一,"老师根据不同的年段、班级人数以及课程内容的需要机动划分人数"。在不同学段有不同的要求或重点:"低段合作学习时,教师侧重对学生数学学习习惯的养成训练;中段合作学习时,老师侧重对学生数学方法的引导;高段合作学习时,教师侧重对学生应用能力的拓展。"

第二,"'流动制学习共同体'中'主持人'的角色依据学习日和座位编号确定,避免了'优生的掌控权、话语权',确保每个学生享受公平的锻炼机会"。

以下则是文章作者对于上述过程的自我总结:

"在边思考、边实践、边完善的过程中,'流动制学习共同体'让我重新认清了'小组合作'的本质,修正了我对'组内异质、组际共质'的肤浅认识。它将学生眼前的学习,与其整个学习生涯、职业发展的需要关联起来,全面地获取学生在日常学习中的复杂表现,反映学生在不同学习阶段综合学习力的发展与提升。"

应当强调的是,努力做好合作学习也为我们有效改变以下的现象提供了重要途径,即由于考试压力的不断增大,随着学生升入到了更高年级,他们的"合作意识"却不断下降,取而代之的是强烈的"竞争意识",但这不仅对于他们的学习有消极的影响,也必然地会影响到他们的未来发展。

最后,从同一角度我们显然也可更好地认识到创建好的"数学课堂文化"的重要性:"思维的课堂,安静的课堂,互动的课堂,理性的课堂,开放的课堂。"

因为,就数学教学中如何能够真正做好"合作学习"而言,不仅需要教师有意识地加以引导,也取决于整体性环境和氛围,更必然地有一个较长的形成过程,包括潜移默化的变化。

后者事实上也可被看成文化的固有特征:"你的心中有你坚信的价值观,你真诚地相信它、表达它、宣扬它,并持之以恒地创造性地工作,可能就是在倡导一种文化……文化是源自内心的坚守和持之以恒的耕耘,短时间内是无法被刻意创造出来的。"(王小东语)。由此可见,我们也应将整体性"数学课堂文化"的创建看成做好数学教学又一关键。对此我们将在第五章中做出专门的分析论述。

3.3　从"教学实践"到教师专业成长

前面已经多次提到,我们关于"数学教学的关键"(包括"数学深度教学",下同)的分析不仅有助于实际教学工作的改进,也对广大一线教师提出了更高的要求。以下就从总体上对此做出进一步的分析论述。

一、总体认识的必要更新

前面已经提到,这是数学教育领域这些年中取得的一个重要进展,即广大教师的专业水平已有了较大的提升,特别是,已在很大程度上由原先缺乏独立思考这样一种状态变得更加主动、更加自信。对此由诸多优秀教师在这些年中所提出的各种相对独立的教学思想或理论主张就可清楚地看出。(2.1节)

鉴于我们目前的论题,在此还可特别提及这样一个例子:

[例16]　"儿童数学教育"与数学教学。

所谓"儿童数学教育",这是著名小学特级教师吴正宪老师关于小学数学教育的总体主张,其中当然也包含有关于我们应当如何做好数学教学的一些具体建议。以下就是吴正宪老师本人对于后者的简要概括:

(1)儿童数学课堂的"八大特色":"以做启思的实践课堂,真情流淌的生态课堂,追根溯源的寻根课堂,思维碰撞的智慧课堂,纵横连通的简捷课堂,经验对接的主体课堂,充满魅力的生活课堂,机智的灵动课堂。"

(2)儿童数学学习的"六种策略":"唤起儿童的兴趣和自信,走进生活学习数学,活动中理解数学,'问题串'发展思维,交流表达中运用数学,学会数学地思考。"(吴正宪、武维民、陈凤伟,"我们的十年——'吴正宪小学数学教师工作站'十年研修回顾",第66页)

以下则是关于后者的进一步概括:"唤起兴趣,贴近生活,注重交流,动手操作,敢于提问,学会思考。"(吴正宪、武维民,"从数学教学走向数学教育",《小学数学教师》专辑,2018,第66页、第8~9页)

由此可见,这就是这一工作的一个重要特点,即提供了关于这些年的课改实践,特别是我们关于应当如何从事数学教学较为全面的一个概括与总结,也即什么可以被看成这些年的教学实践在这一方面的主要经验。

上述工作当然具有重要的意义;但在笔者看来,为了促进这一方面认识的发展与深化,我们又应从更高层面进行分析思考,特别是,应当深入思考什么是我们面对"数学教学的关键"这样一个问题应当采取的基本立场;再者,除去教学方法等"显性成分"以外,我们显然也应十分重视另外一些比较"隐性",但却仍然对于我们的教学具有重要影响的成分或方面,尽管后者或许并不具有"立竿见影"的效果。总之,我们应超出教学经验的简单概括,并从更高层面做出进一步的分析研究。

这也是笔者在这方面的具体建议,即为了做好数学教学,我们应当特别重视这一方面总体观念的必要更新,也即应当很好地实现总体观念的与时俱进。

当然,后者并不是指我们应当简单地去追随潮流,恰恰相反,我们应当切实增强自己的独立思考,并应密切联系教学实践积极地去开展研究。相信读者由以下实例可对此有更清楚的认识。

[例17]　"课标专家"论数学教学。

这是国家基础教育课程专家工作委员会委员、教育部义务教育数学课程标准研制核心组成员孙晓天教授近期在接受采访时发表的相关意见:

"新的义务教育课程标准在关于深化教学改革的要求中明确提出了'注重做中学''加强知识学习与学生经验、现实生活、社会实践之间的联系,注重真实情境的创设,增强学生认识真实世界、解决真实问题的能力''发挥每一个教学活动多方面的育人价值。探索大单元教学。积极开展主题化、项目式学习活动''创设以学习者为中心的学习环境,凸显学生的主体地位'等关于教学方式的具体要求。"(孙晓天、邢佳立,"中国义务教育:基于核心素养的数学课程目标体系——孙晓天教授访谈录[三]",《教育月刊》,2022年第3期,第11页)

当然,以上论述并不能被看成对于我们应当如何做好数学教学提供了完整分析,但是,由此我们仍可清楚地看出新一轮数学课程改革在开始阶段所提倡的一些"新的"教学方法包括相应指导思想的重要影响,或者说,上面的论述即可被看成在这一方面表现出了很强的连续性和继承性。与此相对照,以下则是笔者在这方面的一些基本看法:

第一,即使从继承的角度看,我们也应高度重视总结与反思的工作,特别是,应清楚地认识到这方面存在的问题,并应做出切实努力很好地去解决问题,从而才可能取得新的进步。(例如,2.1节中所提及的关于数学教学方法改革的总结与反思显然就可被看成这方面的一个重要实例)

第二,除去必要的继承,我们又应高度重视如何能够跳出已有框架,并从更大的范围进行分析思考,后者即是指,我们关于如何做好数学教学的分析决不应脱离关于数学教育基本目标的认识,这也是后一方面的认识所应很好地实现的一项重要转变,即我们应当跳出狭隘的专业视角,并从更大范围认识数学教育的价值和基本目标。

显然,从后一角度我们也可更好地认识到在我们关于什么是数学教学的关键的分析与相关人士上述论点之间存在的重要区别。

更一般地说,由此我们显然也可更好地认识到这样一点,即单纯从"课程"(特别是,"课程实施")的角度去从事数学教学相关问题分析的局限性(1.2节),特别是,尽管《数学课程标准(2022)"中对于"问题引领""整体性观念的指导"等关键因素都有所涉及,但分析的深度应当说都不够深入,特别是,未能通过存在问题的深入分析为这方面的进一步工作指明努力的方向,特别是,如何能够引导广大一线教师密切联系自己的教学工作积极地去开展教学研究,而不是满足于对于现成结论的简单接受。

总之，为了做好数学教学，我们应十分重视这一方面整体性认识的必要更新。

二、细节上的严谨性

由于前面所论及的"数学教学的关键"包含不少新的思想和理论主张，更有一些问题需要我们密切联系教学实践深入地进行研究，包括必要的检验与改进，因此，我们在实践中也就应当十分重视这样一个问题，即应当在细节上采取十分慎重的态度，特别是，决不应随意地提出各种极端化的主张，并应注意防止与纠正各种简单化的认识。

例如，2.2 节和 2.3 节中关于"生问"与"师问"、"整体性教学"与"结构化教学"之间关系的分析显然就可被看成后一方面的具体例子。这也是笔者引用以下实例的主要原因，即希望有助于读者更好地认识正确理解各种新的理论思想和主张的重要性，特别是，应当切实避免各种可能的误读，乃至在不知不觉中起到了误导的作用。

[例 18]　数学教学和学习中的"再认识"。

这是一位教师在一篇题为"如何把握小学数学中的'再认识'"(《教育研究与评论》，2022 年第 4 期，10－14)的文章中提出的一个论点："小学数学中的'再认识'只有小数、分数和平均数这样三个情况。"

从形式上看，上述说法或许有一定道理，因为，如果就教材中的标题进行检索，直接使用"……的再认识"这一词语的内容可能就只有这样三个；但在笔者看来，这恰又十分清楚地表明了加强这一方面的学习和研究的重要性，特别是，我们应如何认识数学中所说的"再认识"的具体涵义，及其对于数学学习和教学的特殊重要性。

具体地说，正如 3.1 节中所提及的，数学教育领域中对于"再认识"的强调主要体现了这样一个认识，即数学认识在大多数情况下都不是一次就可得到完成的，而是有一个逐步发展和深入的过程，后者又不应被归结为知识、技能或活动经验的简单积累，而主要是一个不断深化和优化的过程，特别是，相对于单纯的"由少到多""由简单到复杂"而言，我们应当更加重视"化多为少""化复杂为简单"，后者并就主要依赖于"再认识"，包括比较与分析、总结与反思、优化与综合等。

显然,依据上述认识我们也可立即看出上述引言的错误性,包括这样一个进一步的论述:"为什么小学数学的'再认识'只有小数、分数和平均数? 因为有的概念一次便认识到位了,而小数、分数、平均数的内涵比较丰富,对其的认识一节课无法完成。"因为,即使人们在一些方面的最初认识没有明显的错误,大多数数学概念的认识仍有一个不断发展与深化的过程,也即离不开所说的"再认识"。

例如,就学生对于"数"的认识而言,显然就有一个不断发展与深化的过程,而这又不只是指其外延的不断扩展,即引入了更多的"新"数,还包括我们对于"数"的内涵或特征性质的进一步认识。例如,随着学习的深入,我们显然就应将学生的注意力由各种具体的数量关系引向更深层次的规律(如加法和加法的交换律等),由局部性认识过渡到结构性认识,特别是层次的分析与区分(例如,相对于加法而言,乘法就应被看成具有更高的层次;另外,除去同向的发展以外,我们显然也可看到相向方向上的运动,即如加法与减法、乘法与除法之间的互逆关系等),还包括这样一个整体性的认识,即数系的开放性与一致性。

在此我们还应特别强调拓宽视野的重要性,因为,这十分有益于人们从新的不同角度,包括通过对照比较更深入地进行分析思考,从而也就十分有益于认识的深化,特别是,由局部性认识过渡到整体性认识。

总之,我们应当清楚地看到"再认识"对于数学学习的特殊重要性,并将这一思想很好地贯穿、应用于全部教学活动,而不只是在某些特定场合才想到这样一点;我们还应努力提升学生在这一方面的自觉性,也即应当将此看成"学会学习"十分重要的一个涵义。

当然,作为这方面的具体工作,我们又应十分重视针对具体的教学内容,包括学生的实际情况和教学情境去进行分析研究,并应注意防止与纠正各种简单化的认识。以下就针对同一作者的以下论点对此做出进一步的分析论述:小数、分数与平均数的再认识"代表了人类认识世界的三种基本样式:由表及里,有了认识的深刻性;由一及二,有了认识的完整性;由正到反,有了认识的全面性"。

第一,分数是否可以被看成"小数的本质"? 后者即是指,"小数本质上不是一类数,而只是分母为整十、整百、整千的分数";也正因此,我们就可将"小数的再认识"归结为"由表及里",也即由"显性知识"深入到了小数的"本质属性"?

为了对上述问题做出正确解答,建议读者可首先思考这样一个事实:自然数事实上也可被看成一种特殊的分数,也即"分母是 1 的分数",或是"分子是分母整数倍数的分数"(例如,2 就可以被看成 $\frac{2}{1}$, $\frac{4}{2}$, $\frac{6}{3}$…),那么,我们是否也应认定分数构成了自然数的本质?

再者,这显然又应被看成"小数的再认识"更重要的一个涵义,即我们应当跳出"小数代表了一种新的数"这一初步的认识,并从更大的角度进行分析思考,特别是,应帮助学生很好地认识"数系"的发展性与整体性。具体地说,正如十、百、千、万等新的计数单位的引入,小数的引入显然也反映了实际度量工作的需要(精确的定量描述),两者的唯一区别则是我们在此已将关注点由"很大很大的量"转移到了"很小很小的量"。再者,通过小数的引入我们显然也可帮助学生很好地认识"数系"的开放性,包括这样一个重要的事实:正是实际需要在这一方面发挥了主要的作用。

进而,我们显然也可从同一角度去理解以下的事实,即在小数以后为什么又要引入分数,乃至更多的"新数"。值得指出的是,这也可被看成通过拓宽视野促进认识发展与深化的很好实例。例如,无论就小数或分数的引入而言,我们都应当认真地思考这样一个问题:在新引入的数与已有的数之间存在什么样的关系?

第二,这确可被看成分数的引入所导致的一个重要变化,即"多与一的矛盾的凸现",后者又不仅是指同一分数具有多种不同的表征,如 $\frac{1}{2} = \frac{2}{4} = \frac{3}{6}$……也是指分数的意义有多种不同的解释,如除法的解释、整体与部分的解释、比的解释等。当然,就这一方面的具体教学工作而言,以下两种解释又可被看成具有特别的重要性:(1)分数表示"量"。分数"对应着不完整的物的数量属性"。(2)分数表示"率",也即"两个独立量之间的关系",包括"部分量与总量之间的关系"。在笔者看来,这也正是相关教材何以将此分别归结为"分数的初步认识"和"分数的再认识"的主要原因。

但是,所说的"由一至多(二)"的变化又非分数的认识所特有,而是具有更大的普遍性。例如,即使就最简单的自然数而言,人们的认识应当说也经历了同样的发展,尽管教材中没有对此做特别的强调。具体地说,"倍数"的概念显然代表了自然数的另一种涵义,也即代表了两个独立量之间的一种关系。

正因为此,笔者以为,分数的教学应很好地落实这样一个目标,即我们不仅应当帮助学生很好地认识分数涵义的多重性,还应将此看成发展学生关于"数"的认识的又一重要契机,特别是,各种不同的"数"的内在联系与统一性,即如分数与自然数、小数之间的联系,自然数和分数的双重涵义,等等。

应当强调的是,上述分析也可被看成为这方面的进一步工作指明了努力方向:由于自然数和分数都涉及两个量之间的关系,只是所采取的视角有所不同,也即我们究竟是用两者中较小的那个数还是较大的数作为度量(比较)的单位(当然,通过引入分数我们也可对此做出进一步的推广,即不再局限于两者之间存在直接的倍数关系这一特殊情况),因此,这就是一个十分合理的发展,即除去这两个量以外,我们还可引入第三个量作为比较的基础。容易想到,这事实上也正是度量单位(计数单位)的主要作用;当然,我们在此又应更加重视这样一个可能的发展,即在很多情况下我们还可引入另一更加合适的数作为比较单位——显然,按照这一分析,"比"的引入也就十分自然了。

容易想到,这并就是"比"的概念何以具有广泛应用的主要原因,特别是,应用"比"的概念我们可较容易地解决很多较复杂的算术应用题。当然,就我们目前的论题而言,这也更清楚地表明了这样一点:"分数的再认识"只是这方面认识不断发展与深化过程中的一个阶段或环节。

最后,依据上述分析我们显然也可引出这样一个结论:就这方面认识的发展而言,我们不仅应当十分重视"由一到多(二)"这样一个变化,也应高度重视"由多到一"。当然,相对于先前的单一性认识而言,后者又应被看成一种"重构"的工作,即意味着我们已经达到了更大的认识深度。因为,这里所说的"一"应当被看成"一种包含有丰富的多样性的'一'、一种整合意义上的'一'、一种具有极大可变性与灵活性的'一'、一种处于不停的流动或变化中的

'一'。"(对此可见另文"多元表征理论与概念教学"，《中学数学教学参考》，2011年第5期)

也正因此，就"数"的认识而言，我们就不应过分地强调如何能将所有的数（自然数、小数等）统一成某一种数（分数），乃至将此看成它们的共同本质，而应更加注重它们的内在联系与统一性，包括如何能依据具体的情况和需要在各种不同的"数"或不同的解释之间做出必要的转换。

在笔者看来，这也就是"分数的再认识"最重要的一个涵义。

第三，这是相关人士对于"平均数的认识"的主要看法："从平均数的初步认识到平均数的再认识，是从长处到短处的认识，是一个由正到反的过程"；通过这一过程我们并可很好地体会到学会全面看问题的重要性。这一说法有一定道理，我们甚至更应将"由正到反"看成一种重要的思维品质，从而也就应当通过自己的教学努力提高学生在这一方面的自觉性，也即应当帮助他们逐步养成"从正反两个方面看待问题"的良好习惯。当然，后一目标的实现必然也有一个较长的过程，正因为此，我们就应将这一思想很好地贯穿于数学教学的全部过程，而不应期望仅仅通过某一特定内容的教学就能很好地得到实现。

再者，从同一角度我们显然也可更好地理解"数系"不断扩展的合理性和必然性。具体地说，每一种"新数"的引入都可被看成认识的一个重要进步，也即对于先前已建立的认识的局限性的一种超越；但这又不应被看成认识的终结，因为，"新数"的引入并不足以解决所有问题，因此，我们就必须有针对性地开展进一步的研究，包括从新的角度做出"再认识"。

综上可见，我们就应明确肯定"再认识"对于数学学习和教学活动的特殊重要性，并将这一思想很好地贯穿于全部的数学教学活动。

三、积极的教学研究

这是一线教师提高专业水平十分重要的一个途径，即我们应当密切联系自己的教学积极地开展教学研究。就这一方面的具体工作而言，我们也应特别强调"问题引领"的重要性，也即应当善于发现值得深入研究的问题，并能通过解决问题不断取得新的进步。

笔者在此愿再次强调拓宽视野的重要性，包括这样一点：先前的分析不能被看成已经穷尽了数学教学所有的关键因素或方面,恰恰相反,我们应当依据情况与需要积极地开展新的研究,包括对此做出必要的扩展。以下就仍然以"学生交流(表达)能力的提升"为例(这方面的一个初步论述可见 2.1 节)做出进一步的分析论述。

[例 19]　学生交流能力的提升。

　　本章与前一章的分析主要集中于这样一个问题,即如果我们认定数学教育的主要目标应是促进学生思维的发展,那么,教学中就应特别重视哪些环节或方面,也即我们应当将哪些环节或方面看成做好数学教学的关键? 但应强调的是,数学教育不仅可以而且也应当在其他一些方面发挥重要的作用,后者又不应被看成是与"努力促进学生的思维发展"直接相冲突的,恰恰相反,在它们之间往往存在相互依赖、互相促进的辩证关系。以下就以努力提升学生的语言表达能力为例对此做出简要说明。

　　具体地说,如果说"通过数学学会思维"这一主张相对于"帮助学生学会数学地思维"是更加合理的,那么,我们在此显然也不应片面地去强调"用数学的语言表达世界",而应更加提倡"通过数学努力提升学生的表达能力"。当然,为了实现后一目标,我们又应深入地去思考这样一个问题:数学教学对于提升学生的表达能力究竟可以而且应当发挥什么样的作用?

　　容易想到,后者事实上也就直接涉及这样一个具有更大普遍性的问题,即我们如何能够通过各个学科的合理分工与密切合作很好地实现"立德树人"这一教育的根本任务。因为,按照通常的理解,努力提高学生的表达能力主要地应被看成语文教学的任务。也正因此,当著名特级教师张齐华老师在提到自己新从事的一项工作的直接主题是"表达"时,他的爱人——她是一位语文老师——就提出了直接的责疑:"这需要你们管吗? 这不是我们的事吗? 你们能把自己的事情搞好就行了。"张齐华老师在当时的反应也可说十分"尖锐":"你们搞好了还需要我们介入吗? 你不应该回头看看你们的语文课上是不是留下了太多太多的问题?"当然,相对于简单的"指责"而言,这是更加合理的一个做法,即除去对语文教学积极作用的直接肯定以外,我们作为数学教师也应认真地去思考自己在这一方面究竟能够起到什么样的作用,特别是,哪些特殊的作用?

　　容易想到,先前的分析已为此提供了直接解答:我们不仅可以通过数学学习,特别是各种数学概念与符号的引入使我们的语言(包括日常语言与科技语言)变得更加丰富,这也十分有益于我们表达能力的提升,即让我们的表达变得更加准确、更加简约、更有条理、更加合理,等等。

　　我们在此还应清楚地看到在思维与语言之间所存在的重要联系,特别是这样一点:语言是思维的表达。当然,这两者之间也存在相互促进的关系。例如,我们显然可从这一角度去理解以下的论述:"数学需要思维的表达。"(罗鸣亮语)更重要的是,这还可被看成为教学中我们应当如何去从事"语言教学"指明了努力的方向:无论是学生表达或倾听能力的提升,都不应离开促进学生更深入地进行思考这一基本目标。例如,我们显然就应从这一角度更好地理解这样一个建议:"不管是倾听、表达,都必须有任务驱动,而且是发自内心的、真实的任务驱动。有任务驱动,才有表达和倾听的欲望。"这也就是指,我们应当十分重视如何能够促使学生围绕任务积极地进行思考,从而就不仅有表达的欲望,也真的有东西可讲。简言之,"帮助学生训练表达的能力,实质上也是在帮助他形成思考的能力"。(吴贤语)

　　另外,从后一角度我们显然也可更好地理解以下一些建议,即如对于所说的"表达"我们应当赋予更广泛的意义,特别是,应当将"评论"也包括在内,包括让学生在后一方面发挥更大的作用:"有时是需要教师的,但有时更需要的是学生。学生之间的互相评价、互相批判,不就是我们要的高阶思维吗?只有把这个权利还给学生的时候,课堂才是他们的。"(罗鸣亮语)再者,我们在教学中又不仅应当给学生更多的表达机会,还应针对不同的学习内容提出不同的要求:"数学上,陈述性知识、程序性知识(或技能性知识)、原理性知识,这是三类不同的知识,陈述性知识的本质是'是什么',就要让学生尽量说准确、说全面;程序性(或技能性)知识的重点就不是说准确、说全面了,而是要说'先怎样''再怎样''然后怎样'……而原理性知识,可能更多地需要'因为……所以我的结论是……'这样的表达。当然,不是要用固定的句式去框定它,但至少给我的启示是,不同的内容,指向不同知识的属性,学生在分享、表达和交流的过程中,是可以用不同的语言形式来进行深度表达的。"(张齐华语)

应当强调的是,这方面工作显然也具有超出数学学习的普遍意义。例如,"当我们更多地关注'表达'这个点的时候,就会逐渐地走向数学课堂的深度表达。我认为,这个深度,是从自言自语的表达(只顾着自己说,而缺少与同伴的交流或不顾及别人的感受),到目中有人的表达,走向心中有据的表达(有理有据,把内容说准确,阐述有条理,结论要符合数学的逻辑推理)"。(陈静,"数学表达:支持深度学习的关键能力",《教育研究与评论(小学数学教育)》,2019年第9期)显然,这与我们先前关于如何通过数学学习帮助学生学会合作的论述也是完全一致的,我们并就应当从后一角度更深入地去思考如何才能将这方面的工作做得更好:"我们今天谈'倾听''表达''思考',其实是在培养学生的学习力,我的本意是想让学生自己能够明白,什么才是学习。"(罗鸣亮语)(对于这一论题感兴趣的读者还可见6.3节)

总之,为了更有效地实现自己的专业成长,我们应当密切联系自己的教学积极地去开展教学研究,包括对于"什么是数学教学的关键"这一论题做出更深入的研究。

四、从数学教学到数学教育

正如前面所已提及的,依据先前关于"数学教学关键"的分析我们也可进一步去研究什么是数学教师必须掌握的"专业知识""专业能力"和"专业素养"。当然,作为对后一论题的具体分析,又应说包括很多的方面和内容;我们在此则仅限于再次强调这样一点:如果认定数学教育的基本目标应是努力促进学生思维的发展,那么,我们就应将"善于思考、坚持理性"看成数学教师最重要的素养。因为,我们显然无法想象一个既不善于思考也不愿意思考的数学教师,即如在教学中总是照本宣科,更会听任情感主导自己的行为,乃至十分任性地处事,却仍然能够通过自己的教学对学生的思维发展发挥积极的促进作用,也即能够帮助他们逐步学会思维,并能由理性思维逐步走向理性精神。

再者,为了更好地实现自身的专业成长,包括不断改进自身的教学,笔者以为,我们又应很好地树立起这样一个认识,即我们必须由数学教学走向数学教育,也即真正地做好"大处着眼,落于实处"。

这并就是所说的"大处着眼,落于实处"最主要的一个涵义:尽管我们在此所关注的主要是数学教学的问题,但又必须从整体教育的视角,特别是围绕数学教育的基本目标去进行分析思考,包括在任何时候都应始终牢记自己作为教师的初心和使命。

例如,如果我们对于以下的事实(引自《NCTM News Bulletin》,1998,No.2)缺乏清醒的认识,也即缺乏教师应有的献身精神与使命感,恐怕就很难在所说的方向上做出持续努力,包括又如何能够超越各种现实的考虑与干涉很好地实现"平凡中的成长":

教师对于学生的整个生涯都有十分重要和深远的影响;

选择成为教师,就是选择了一个在情感方面有很高要求的职业;

教师应像家长一样爱自己的学生,但却是为了不同的理由,并采取了不同的方式;

教师既应成为学生的典范,同时又应努力改变学生的行为;

很少有人会高度评价教师为教学工作所付出的大量时间和精力;

人类文明大多数最重要的进步都应归功于教师的工作;

教师的工作是一种基于关于明天的信仰而从事的活动。

进而,尽管以下论述所直接涉及的只是语文教学,我们仍可由此在这方面获得直接的启示,特别是,我们究竟应当如何认识教师工作的意义:"我时常扪心自问:我教给学生的东西,最有价值的是什么? ……我有一种特别强烈的冲动,希望把这种对于终身发展有价值的'绝活'教给学生。""在多年来的写作教学实践中,我发现一个规律,许多学生通过写作不断进步,获得写作的自信,由写一篇好文章到后来把写好文章变成了自己的追求和习惯,仿佛人在写作中醒了过来,活了过来……通过写作找到了自我,塑造了自我。"(曹勇军,"'我是新的生活,大声地向你问好'——我专业学习和成长的新故事",《教育研究与评论》,2021年第10期,13-23)

就当前而言,这也直接关系到了我们如何能够顶住方方面面的巨大压力守好自己的职业底线,特别是,决不会事实上已经深深陷入"应试教育"但却仍然自我感觉良好,或是因为认识的片面性,或是对于时髦潮流的盲目追随而对学生产生负面的影响。例如,在笔者看来,我们就应从后一角度更好地去理解这样一个论述："优质的教育从来不肯迎合儿童当下的兴趣;优质的教育从来都是从适宜的高度引导学生——带领学生围绕伟大的事物起舞、成长;优质的教育要求教师的心中首先装着伟大的事物,然后才是学生。否则,爱学生就是一句空话;否则,我们拿什么去爱他们,帮助他们。""自由从来不是自上而下赐予的,它是凭借信念和意志争取到的,自由的程度从来都取决于我们坚守正道、向善向美的信念和信心!"(薛瑞萍语)

再者,以下论述显然也直接关系到了我们应当如何更有效地实现自身的专业成长,包括什么又可被看成实现这一目标的基本途径:"一个教师的真正成长,一定是其思想精神的自觉、自主与自得的成长。这种成长又总是从职业起步,逐步走向教育视域里的学生,走向哲学意义上的人生。"(袁炳生,"一个值得解读的专业成长范例",《小学教学》,2015 年第 2 期)(对此感兴趣的读者还可见本章末的附录四)

附录三 对于"逻辑思维"的必要超越

如众所知,这是新颁发的《数学课程标准(2022)》的最重要的一个特征,即认为我们应将"三会"("会用数学的眼光观察现实世界,会用数学的思维思考现实世界,会用数学的语言表达现实世界")看成数学教育的"终极目标"。相关人士并明确地指出,在"三会"中"数学思维"可以被看成具有特别的重要性,对此我们并应主要理解成"逻辑思维",特别是"逻辑推理",即如"数学眼光的观察和数学语言的表达都离不开数学思维……'三会'中的数学思维主要表现为推理。"(孙晓天,"如何理解和把握作为核心素养的数学思维——《义务教育数学课程标准(2022 年版)》提出的'三会'视角下",《教育研究与评论》,2022年第 5 期,35 - 40)"数学思维在本质上就是逻辑推理……说数学能够培养思维能力是不够准确的,应该细化……它能培养的是逻辑思维能力。"(史宁中,"数学课程标准修订与核心素养",《教育研究与评论》,2022 年第 5 期,18 - 27)

笔者认为,上述观点有很大的片面性。当然,这不是要否定逻辑思维的重要性,也不是指我们不应将帮助学生学会逻辑思维看成数学教学的一项重要任务,而是指我们不应将"逻辑思维"简单等同于"数学思维",乃至依据这一认识对数学教育的基本目标做出不恰当的解读,也即将"逻辑推理(思维)"看成"数学思维",从而也就是"三会"的核心。

与此相对照,笔者认为,数学教学必须实现对于逻辑思维的必要超越,这并应被看成我们如何能够帮助学生逐步学会思维,包括努力提升他们思维品质的一条重要途径。以下就通过"逻辑思维"主要特征的分析对此做出具体说明,读者由此也可更好地认识"再认识"对于数学学习的特殊重要性。

第一,所谓的"渐进性"可被看成逻辑思维十分重要的一个特征,这也就是指,思维应当按照严格的逻辑顺序一步一步地前进,而不应有任何跳跃,每步又应有充分的理由,也即应当符合相应的逻辑法则,从而保证不会出现任何的错误。

但是,尽管"严格性"确应被看成数学研究必须坚持的一项要求,这又不应被看成数学研究的主要目标,因为,我们应当更加重视如何能够通过新的发现促进认识的不断发展和深化。这也正是人们何以特别重视"数学直觉"的主要原因,尽管按照通常的认识,所谓的"非逻辑性"又应被看成后者最重要的一个特征。这就正如著名科学家、数学家彭加莱所指出的,"搞算术,就如搞几何,或搞任何别的科学,需要某种与纯逻辑不同的东西。为了表述这个某种东西,我们没有更好的字眼,只能用'直觉'一词"。(关于"数学直觉"更完整的分析可见另著《数学方法论入门》,浙江教育出版社,1985,2006,第 3.3 节)

当然,正如我们不应片面强调"逻辑思维(推理)"的学习,我们也不应唯一地强调数学直觉的培养,恰恰相反,我们应将直觉与逻辑看成数学研究的双翼,并应清楚地看到这两者之间所存在的相互补充、互相促进的重要联系。

其次,除去对于"数学直觉"的应有重视以外,数学教学显然也应十分重视如何能够帮助学生超越"纯线性"的发展建立结构性的认识,特别是,应通过"层次"分析帮助学生获得更加深入的认识。

正如 2.3 节中所指出的,这并就是数学教学为什么应当特别重视"联系的观点"的主要原因,而这当然也已超出了"逻辑推理"的范围。

第二,从"概念的生成、分析与组织"这一角度进行分析,这也可被看成逻辑思维的又一重要特征,即概念的一义性,我们并应当将概念的明确定义(包括显定义和隐定义)看成由"初等数学思维"向"高层次数学思维"过渡的一个重要标志。

上述要求也可说十分合理,但是,我们既不应将对象的确定性与其表现形式的唯一性相混淆,也不应唯一集中于概念的外在表现却忽视了它们的内在表征。对于所说的片面性的必要纠正也是"超越逻辑思维"的又一重要涵义。

具体地说,正如我们在前面已多次提及的,这可被看成"多元表征理论"给予我们的主要启示:数学概念的心理表征往往具有多个不同的方面或成分,如实物操作、心理图像、书面语言、符号语言、现实情景等,这些成分对于概念的理解都具有十分重要的作用,而且,与片面强调其中的某一成分相比较,我们又应更加重视各个成分之间的转换与恰当整合。

显然,从上述角度我们也可更好地理解数学教学中为什么又应突出地强调"变化的思想",包括通过这一途径努力提升学生思维的灵活性。

再者,从同一角度我们也可更好地认识切实做好以下工作的重要性,即思维的显化(外化),特别是,我们应当鼓励学生积极地说数学、画数学,即如用别人可以理解的语言对自己的想法做出清楚说明,或是借助于图形,特别是"概念图"和"流程图"对思维过程做出理解与分析,等等。因为,这十分有益于主体对于已有思想的自我梳理、评价与改进,包括我们又如何能够跳出细节建构起整体性、结构性的认识。

由于"口语化"的交流显然离严格的逻辑形式有一定距离,"形象思维"更可被看成是与"逻辑思维"直接相对立的,因此,就我们目前的论题而言,这也更清楚地表明了超越逻辑思维的重要性。

第三,"逻辑思维"有明确的方向性,甚至可以说是"单向性",但这在很大程度上又可被看成是与思维活动的"双向性"直接相冲突的,更不用说思维的"跳跃性"或"层次性"了。

后者事实上也可被看成"辩证逻辑"的重要特征,也即对于对立环节之间对立统一关系的明确强调,包括两者的相互渗透与互相促进。当然,我们不应将"辩证思维"与"数学思维"简单地等同起来,但我们仍应清楚地看到辩证思维的自觉应用对于数学学习和研究工作的积极意义。例如,除去"逻辑"与"直觉"之间的辩证关系以外,各种关于"数学解题策略"的研究显然也可被看成这方面的重要实例,如罗增儒教授在《数学解题学引论》(陕西师范大学出版社,

1997)中所提及的十个"解题策略":模式识别、映射化归、差异分析、分合并用、进退互化、正反相辅、动静转换、数形结合、有效增设、以美启真;以及任樟辉教授在《数学思维论》(广西教育出版社,1990)一书中提到的十个"思维原则":以简驭繁、进退互用、数形迁移、化生为熟、正难则反、倒顺相通、动静转换、分合相辅、引参求变、以美启真。

在此我们还应清楚地看到这样一个事实:数学发展不只是指"由少到多,由简单到复杂",还包括相反方向上的运动,也即我们如何能够很好地实现"由多到少,由复杂到简单"的回归,后者并就是认识达到更高水平的主要标志。

又由于"再认识"可被看成实现上述"回归"最重要的一个途径,这显然也就更清楚地表明了切实抓好这一工作的重要性;当然,又如以上关于"辩证思维"的分析所已清楚表明的,这一工作并具有超出数学的普遍意义。

综上可见,数学教学必须十分重视对于"逻辑思维"的必要超越,特别是,我们决不应将帮助学生学会"逻辑推理(思维)"看成数学教育最重要的一项目标。

附录四 好人·好老师·好数学老师

相对于3.3节的论述,以下分析体现了分析视角的重要转变,也即我们不仅已由主要关注"如何能够上好课"转移到了"如何能够成为一名好老师",而且已将聚集点由教师的专业能力转移到了数学教师必需具备的素养,包括专业素养与一般素养。以下首先对从多个不同角度做出研究的必要性做出简要说明。

第一,"好课"与"好老师"显然密不可分,特别是,没有好老师就不会有好课,因为,不管采取了什么样的教学形式,教师都应说起到了主导的作用;另外,如果一个教师不会上课,或是上课时漫不经心,不负责任,自然也不能被看成一个好老师。

正因为此,我们就可围绕"什么是好的教学"对"什么是好老师"做出进一步分析,特别是,"优秀教师的特色不应局限于教学方法或模式,而应体现其对于教学内容的深刻理解,反映他对于学习和教学活动本质的深入思考,以及对于理想课堂与教师自身价值的深切理解与执着追求"。再者，我们当然也可依据"什么是做好数学教学的关键"进一步去思考"什么是数学教师必需具备的专业能力"。这也就是 3.3 节的一项主要内容。

再者，尽管以下文章的直接主题是"好课的五个'关键词'"(马臻，《教育研究与评论》，2022 年第 7 期)，但由具体内容可以看出，这事实上也直接涉及教师所应具备的基本素养：(1)真实；(2)质朴；(3)开放；(4)芜杂；(5)生气(机)。

第二，在充分肯定上述工作积极意义的同时，我们又应清楚地看到："好课"与"好老师"毕竟是两个不同的论题，两者并有一定的相对独立性，后者既是指研究内容的不同，也包括具体的研究途径与方法。具体地说，如果我们集中于数学教师的专业成长，那么，除去已提及的专业能力以外，这显然也应被看成一个重要的论题，即什么可以被看成数学教师的必备素养，包括专业素养与一般意义上的素养(人品)。

例如，以下就可被看成后一方面工作的一个实例，尽管相关作者所使用的是"精神长相"这样一个词语："优秀数学教师的精神长相至少包含如下的要素：(1)优秀的数学教师，一定是有爱的。(2)优秀的数学教师，一定是积极向上的。(3)优秀的数学教师，一定是常为新的。(4)优秀的数学教师，一定是包容的。(5)优秀的数学教师，一定是尚研的。(6)优秀的数学教师，一定是善读的。(7)优秀的数学教师，一定是乐写的。(8)优秀的数学教师，一定是重视思维启迪的。(9)优秀的数学教师，一定是突出数学本质的。(10)优秀的数学教师，一定是将课堂与生活相融合的。(11)优秀的数学教师，一定是个性独特的。(12)优秀的数学教师，一定是追求艺术至臻境界的……"(马小为，"优秀的数学教师该有怎样的精神长相"，《中学数学教学参考》，2018 年第 9 期)

以下就对什么是数学教师的必备素养做出简要分析，笔者并将采取"由一般到特殊"这样一个分析路径，即首先指明数学教师应当具备的人品，然后转向教师的基本素养，特别是所谓的"师德"，最后再集中于数学教师的专业素养。这也是笔者由 20 世纪最伟大的大提琴家卡萨尔斯的相关论述获得的直接启示：面对"如何才能获得成功"这样一个提问，后者的回答是："先成为一个优秀的、大写的人，然后成为一名优秀的、大写的音乐人，再然后就成为一名优秀的大提琴家。"

一、做一个真实的人、单纯的人

要对"做人的道理"做出清楚说明,显然不是一件易事,即如究竟何者可以被看成所说的"大写的人"。不同于已有的大量论述,笔者在此将主要围绕教学工作进行分析论述。

在此也可首先提及这样一个问题:人们常说"字如其人""文如其人",我们是否也可认为"课如其人"?

笔者对此持肯定的态度,这就是指,教师的课在一定程度上确可被看成其内在品性的流露或外现。

笔者在此并应特别强调这样一点:人的品性并非一成不变,教学工作更可被看成教师对于自身人品的重塑或陶冶。对此由以下事实就可清楚地看出:如众所知,"人前人后"的表现会有一定区别,特别是,大多数人在公众场合都会更加注意自己的举止,表现出较强的自控。也正因此,这就可被看成教师工作的一个明显优点:由于教师一直是几十双纯真的小眼睛的直接聚集点,因此,即使这并非一个完全自觉的行为,大多数教师在课堂上与平时相比也一定会对自己有更高的要求,如此长期地延续下去,自然就会对教师人品的陶冶起到潜移默化但又十分重要的影响。

在笔者看来,从这一角度我们也可对教师的"童化"现象做出新的认识。具体地说,笔者在此所关注的主要是这样一个事实:我们的教师特别是小学教师由于长期与儿童相处,从而就在一定程度上被"童化"了。具体地说,如果说笔者在先前所强调的主要是"轻信、缺乏独立思考"这样一个负面的影响,那么,笔者在现时就愿更加强调这样一点:长期与儿童相处也可使我们变得更加真实(真实不假),更加单纯(朴实),这也正是笔者在此所要特别强调的基本人品或素养。

例如,这可被看成所说的"单纯"的一个重要涵义,即对于世俗的超越,包括不应盲目地去追赶潮流,以及对于名利的刻意追求。与此相对照,我们应当更加强调对于教学工作全身心的投入。

另外,也正是从重塑这一角度进行分析,笔者就十分赞同"四十岁以后,人要对自己的长相负责"这样一个论述。这并可被看成为所说的"做真实人"提供了一个很好的注解:对于自己的人品我们事实上是无法完全掩饰的。

进而,作为更高的标准,笔者认为,随着年龄的增大我们又应变得更加从容、更加大气,特别是,能很好地做到"拿得起,放得下"。例如,这或许就是"优秀教师"应当特别注意的一点,即如何能够变得更加淡定、更加从容,也即不再刻意地去表现什么(正因为此,优秀教师就不会随意地"拖堂"),也不再拘泥于任一特定的教学设计或教学智慧,但却事事处处尽显功夫,喜怒哀乐皆成文章,一言一行无不"合规而无逾矩",并使人深切地感受到人格的魅力,包括无形的文化熏陶!

相信读者由以下关于插花艺术或流派的大致分析也可在这方面获得一定的启示:(1)所谓的"欧美流派",他们的插花往往会使你受到强烈的感官冲击,更可形容为"金碧辉煌,美不胜收",但却很容易陷入审美疲劳,其中更常常混杂有一些"沽名钓誉者",即"金玉其外,败絮其中"(这也正是各类诗词大会上经常可以看到的一个现象,即有的人似乎出口成章,琴棋书画无一不能,事实上却只是装腔作势,徒有其表)。(2)类似于所谓的"茶道""剑道",插花的"日本流派"也特别注重形式,即有一整套的礼仪,包括严格的程序,从而就会使人不知不觉地"陷入"其中,逐渐变得中规中矩,但又常常会感到压抑、拘谨。(3)真正的大师则已进入到了这样一种境界:自然、舒服,尽管相关作品似乎并未使人感到震撼,似乎也未能完全吸引住你;但是,一旦有所接触,却又会感受到一种真正的感染力,一种内在的"光"!

二、做心中有"大爱"的老师

教师应当具有"师德",这集中地体现了教师职业的特殊性,因为,我们在此所强调的并非一般意义上的专业精神,而是这样一个特殊的要求,即对于学生的爱心,对于所有学生的真切关切——如果你不具有这样一种情感,就不配做教师。

但就现实而言,这又是我们应当切实防止与纠正的一个现象,即因为"应试"而造成人性的扭曲。

例如,即使在"减负"这样的形势下,仍有不少教师完全不考虑学生的负担,而只是一味地要求他们做更多、更难的作业,甚至还对偶尔表示出少许不满的学生加以直接的训斥,甚至到了蛮不讲理的地步:"别人能在晚9点前完成,你为什么不能?!"还有教师居然一上课就公开声称:"我的课主要是让聪明的学生变成尖子,如果你听不懂就算了,我也不会再管你。"更有少数教师似乎把学生当成了"仇人",动辄就将学生叫到办公室随意地加以训斥,甚至有点像泼妇骂街,根本谈不上应有的尊重。应当指出的是,上述现象在初中要比小学严重得多,而且,所有这一切又都往往被加上了"这一切还不都是为了你们(指学生——注)好"这样一个外衣!

当然,教师对于学生的爱,又应是一种大爱,而不是一种溺爱,一种无原则的迁就,乃至完全放弃了教师的责任,即应当努力促成学生的积极变化。也正因此,这就应被看成"好课"最重要的一个标准,即应对学生的发展具有切实的作用,对此我们并应超出单纯的知识学习,从更广泛的角度进行分析理解,也即应当将"学知识、增能力、长见识、学做人"等多个方面都包括在内。在笔者看来,这也可被看成著名小学语文教师薛瑞萍老师以下论述的核心所在:"优质的教育从来不肯迎合儿童当下的兴趣;优质的教育从来都是从适宜的高度引导学生——带领学生围绕伟大的事物起舞、成长;优质的教育要求教师的心中首先装着伟大的事物,然后才是学生。否则,爱学生就是一句空话;否则,我们拿什么去爱他们,帮助他们。"

再例如,从同一角度我们显然也就应当对于所谓的"观摩课"提出这样的要求:这不应成为任课教师的"个人秀",而应更加注重如何能够使得相关活动对于人们的成长有更大的促进作用,后者既包括学生,也包括听课教师。

再者,为了更有效地促进学生的成长,我们也应对自己的教学提出这样一个要求,即适当地"留白",也即应当给学生提供充分的空间和时间,从而就不仅可以更好地发挥他们的主动性,也能使他们有足够的时间(和适当的心情)进行思考。应当指出,这也直接关系到了我们的下一个主题,即数学教师的专业素养。

最后,作为对于教师应有什么样的人品的进一步的分析,笔者又愿特别提及这样一个论述:"教师往讲台一站,该是什么样的气场呢? 是书生之气、儒雅之气、宽厚之气,还是浅薄之气、专制之气、粗俗之气、浮躁之气? 精神气质是我们身上最重要的'教育资本'。教育原本就是文化濡染。为自己的精神气质负责,这是我们一生都要去面对的命题。"(俞慧娟语)再者,尽管以下论述是针对一般人而言的,但我们仍可由此更好地理解什么是教师应有的"样态":"这个社会最缺的是什么？是从容和有情，因此我们就很难看见步履雍雅、情趣盎然的人，就很难看见慈眉善目、处处洋溢着善心的人。"（林清玄语）

显然，后者也可被看成更清楚地表明了这样一点："四十岁以后，人要对自己的长相负责！"

三、做善于思考、坚持理性的数学老师

如果认定数学教育的主要目标应是帮助学生逐步学会思维，特别是努力提高他们的思维品质，并能由理性思维逐步走向理性精神，那么，正如 3.3 节中所提及的，我们就应将"善于思考，坚持理性"看成数学教师最重要的一种素养。

正因为此，作为数学教师，我们在教学中就应特别重视理性的分析，特别是，应十分重视"数学史的方法论重建"，也即如何能够很好地做到用思想方法的分析带动具体知识内容的教学，并能使得相关的思维活动对学生而言真正成为"可以理解的、可以学到手和可以加以推广应用的"。（2.4 节）当然，对此我们又不应理解成数学课上不具有任何激情，恰恰相反，我们在此只是涉及一种不同的情感：一种因发现带来的快乐，一种因坚持带来的快乐，一种因智力满足带来的快乐。

例如，从后一角度我们显然也就可以更好地理解以下的论述（2.2 节）："一个数学教师，如果从来不懂得什么叫严谨之美，从来没有抵达过数学思想的密林，没有过对数学理性的深刻体验，那么，他的数学课自然是乏味的，甚至是令人生厌的。"（余慧娟语）

再者，我们又应让自己的课堂真正成为"说理的课堂"，让学生成为说理的主人。这正如著名小学数学教师罗鸣亮老师所指出的（2.4 节）："'说理课堂'不仅是学知识，让学生知晓知识发现的背景、存在的条件以及解释客观世界的适用范围，更是激发学生自觉学习的心向，让学生通晓学习中的道理，在阅读中习得分析与理解，在思考中习得分析与体验，在交流中习得表达与和协作，在审辨中习得接纳与批判，在尝试中习得想象与创作……"

更一般地说，我们又应努力创建这样一种"数学课堂文化"："思维的课堂，安静的课堂，互动的课堂，理性的课堂，开放的课堂。"（3.2 节）

显然，这不仅对于数学教师的专业能力而且也对其专业素养提出了更高

的要求,即如应当具有很强的平等心、包容心,还应有较强的分析评价能力,等等。

最后,基于上述分析我们也可引出这样两个进一步的结论:

第一,如果说上面所引用的大提琴家卡萨尔斯的论述容易给人留下时间上的严格顺序这样一个印象,那么,后者充其量就只能被看成是就人们最初的成长过程而言的;与此相对照,就教师的专业成长而言,我们则应更加强调这样一个事实:"一个教师的真正成长,一定是其思想精神的自觉、自主与自得的成长。这种成长又总是从职业起步,逐步走向教育视域里的学生,走向哲学意义上的人生。"(袁炳生语)这也就是指,我们在此可看到一种螺旋式的上升。在笔者看来,这也十分清楚地表明了"大道归一"这样一个道理。

例如,依据以下论述我们可对所说的"复归"有更好的理解,特别是,只有努力成为一个真正的"优秀的、大写的人",我们才有可能成为一个"优秀的、大写的教育家",一个"优秀的、大写的数学教育家":"气性不平和,则文章事功,俱无足取。语言多矫饰,则人品心术,都属可疑";"先是要自然,然后要理性。用理性在这儿摆,摆出来还要让看的人不累。虽然你很累,但别人不能觉得累。"(林清玄语)

第二,这也可被看成教师专业成长最重要的一个特征,即与学生的成长密不可分,我们甚至还可做出这样一个明确的断言:离开了学生的成长,教师本身就不可能有真正的成长。在笔者看来,这并应被看成现实中有不少教师因陷于"应试教育"而出现人性扭曲这一事实给予我们最重要的一个教训。又由于数学显然应当被看成"应试教育"的一个重灾区,因此就应引起我们的特别重视。

显然,从上述角度我们也可更好地领会经常重温以下论述的重要性:"不忘初心,牢记使命。"

第四章

从数学学习到数学研究

本章的前两节集中于学生的数学学习,也即由教师的教学转向了学生如何能够学好数学,还包括这样一个特殊的论题,即对部分优秀学生而言,如何从一开始就能为将来从事专门的数学研究做好适当的准备。4.3节则提供了关于我们如何能够做好数学教育研究的简要分析,特别是,什么是数学教育研究相对于一般研究的特殊性,希望有助于提高人们在这一方面的自觉性。

4.1 学生如何能够学好数学

一、必要的转变

前面已经论及,这是数学教学应当努力实现的一个更高目标,即帮助学生由主要是在教师指导下进行学习逐步转变为主动学习。从实践的角度看,这也可被看成对于"应试教育"与"题海战术"的直接反对,因为,尽管学会学习对于学生如何能在各种考试中取得更好成绩似乎并无立竿见影的效果,但对他们的整体成长却有重要和持久的意义,特别是,能让学生在离开学校以后还能留下一些真正有用的东西。

我们在先前主要是从教师的角度对如何帮助学生学会学习进行了分析论述,以下则将从学生角度对此做出进一步的分析,也即集中于学生如何能够学好数学学习。在比较的意义上,后一论题应当说尚未获得人们的足够重视,尽管所说的情况现也已经有所改变。例如,以下就是这方面较新的一部著作:《邱学华怎样教儿童学数学》(上海教育出版社,2021)。书中对我们应当如何帮助儿童学好数学提出了一些具体建议:(1)读懂儿童,发展儿童;(2)一抓趣味题,二抓思考题;(3)先练后讲,练在当堂;(4)一教方法,二养习惯;(5)学问学问,又学又问;(6)承认差异,培养英才;(7)互相结合,恰到好处。

显然,上述建议对于教师如何帮助儿童学好数学确有一定的启示意义,特别是,清楚地指明了就小学生特别是小学低年级而言,为了实现所说的目标,教师应当切实做好哪些工作。例如,如果学生从小学低段起就已丧失了数学学习的兴趣,也未能在这方面养成良好的习惯,我们显然就很难指望他们能够通过进一步的学习变得喜欢数学,并能主要依靠自身努力真正地学好数学。

当然,就我们如何能够帮助学生真正地学好数学而言,还有更多工作要做,特别是,随着学生年龄的增长,相对于单纯的"外部刺激"而言,我们应当更加重视培养学生对于数学本身的兴趣,从而就能具有"内在的动力"。这正如一位特别关注数学教育的当代数学家洛克哈特所说:"我们谈的是一个完全天真及愉悦的人类心智商活动——与自己心智的对话。数学不需要乏味的勤奋或技术上的借口,它超越所有的世俗考量。数学的价值在于它好玩、有趣,并带给我们很大的欢乐。"(《一个数学家的叹息——如何让孩子好奇、想学习、走进美丽的数学世界》,上海社会科学出版社,2019,第 132 页)另外,尽管养成良好的学习习惯十分重要,对此也有必要做出进一步的细分,即如"积极自学的方法""认真听课的方法""独立思考的方法""质疑问难的方法""动手操作的方法""专心做作业的方法""检查验算的方法""课外阅读的方法""应对考试的方法""制订和执行学习计划的方法"等,但就整体而言,仅仅强调习惯的养成显然也有很大的局限性,特别是,其最终效果只是行为的"自动化",或非真正的自觉性,从而就离"真正学会学习"还有很大距离;与此相对照,我们应将努力提升学生在这一方面的自觉性看成这方面工作的主要目标。

为了清楚地说明问题,在此还可联系所谓的"先练后讲、练在当堂"做出简要分析。首先,这应当说也是一种简单化的认识,即将一种具体的教学方法或模式与基本的教学思想简单地等同起来,也即认定"'先讲后练'模式注定是被动的",对于"先练后讲"则持绝对肯定的态度,即认定后者可以被用于所有的学习内容、对象与环境。正如第三章中所提及的,就教学中如何落实"教师的主导作用"与"学生的主体地位"而言,关键并非时间上的"先后顺序",也不是教师在教学中应当讲多少时间(或者说,应给学生的练习或独立探究留下多少时间),而是教师讲了什么,后者对于学生的学习特别是积极思考究竟又起到了什么样的作用? 容易想到,后一结论对于我们如何指导学生进行练习也是同样成立的:我们不应单纯强调练习的"量",乃至认定"把练习量做得充分大,就能得到最大效益的课堂教学效益";恰恰相反,练习的安排应当少而精,其设计也不应仅仅着眼于具体数学知识与技能的学习,而还应当考虑更深层次的目标。

例如,这可被看后一方面的一个实例:面对一篇 1000 字左右的文章,一位初中语文教师居然要求学生写至少 10 条"阅读感受"。但是,10 条感受真的比 1 条好吗?! 感兴趣的读者或许还可翻阅一下新疆文化出版社的《点金名著阅读导练丛书》(2000):为了让学生"读深读透",编者居然在原书每一页的边上都加上了所谓的"名师点评"和"思考探究",后者的字数甚至已接近原文! 难道我们自己是这样看书的吗? 我们又真的认为这样指导就能帮助学生学会阅读吗? 显然,从同一立场我们也应认真地去思考:数学学习是否需要大量地做题,乃至认定越多越好,还是应当有所选择?

应当强调的是,上述论题事实上还涉及这样一个更普遍的思想,即"学数学,做数学",也即认为我们主要地应让学生通过做数学来学数学。 就我国而言,这一主张还可说与以下主张具有直接的联系,即所谓的"熟能生巧",以及对于"活动经验"的片面强调,等等。 由于对于这些论题我们已做了多次分析,在此就仅限于强调这样一点:这些做法完全忽视了这样一个事实:数学学习主要是一个不断优化的过程,并主要依赖于总结、反思与"再认识",从而就有很大的局限性。(3.1 节)当然,后者也可被看成为我们应当如何帮助学生学好数学指明了一个重要的方向。(在本章末的附录五中,我们还将针对"'再创造'是学习数学的唯一正确方法"这样一个论点做出专门的分析)

最后,就这方面的实际工作而言,我们当然也应十分关注学生的认知水平,而不应在帮助学生学会学习这一方面操之过急。 当然,对于后者我们不应理解成要求的降低,而是应当很好地掌握适当的"度"。 简言之,我们既应弄清努力的方向,并能做出持续的努力,特别是,应使"学会学习"真正成为学生的自觉追求,而不只是对于教师要求的被动适应,同时又应依据学生的具体情况和教学环境做出整体安排,包括随着学生年龄与能力的增长在这方面不断提出新的要求。

以下从学生的角度对如何学好数学做出具体分析。我们将采取"由一般到特殊"这样一个分析顺序,即首先集中于一般学习,然后再转向数学学习。

二、从"一般学习"谈起

这是"学会学习"最重要的一个方面,即我们应当切实增强自身在这一方面的自觉性,让学习真正成为一种自觉的行为。

也正因此,这或许可被看成这方面最大的一个"迷思",即认为学生只需好好跟着老师学,听老师的话,老老实实地按老师要求去做,就一定能够学好各门学科。

由以下事实即可清楚地看出上述"迷思"的错误性,包括我们为什么又应努力提高自身在这一方面的自觉性:

第一,如果能遇到一位好老师,这是你一辈子的福分,从而就应好好珍惜;但人不可能总有这样的好运气,而一定会遇到各种各样的老师,那么,在后一种情况下我们又应如何去"适应"?

第二,强调"好好跟老师学"还有这样一个弊病,即将学生置于了完全被动的地位,从而也就是与学生在学习活动中的主体地位直接相抵触的。这或许也正是出现以下现象的重要原因:尽管不少人的成长环境十分相似,在小学阶段特别低年级成绩也都不错,但随着年龄的增大彼此间的差距却越来越大,但就他们的主观努力而言似乎并不存在明显的差异。

第三,人总要离开学校,而且,正如人们普遍认识到了的,这是社会现代发展的一个重要特点,即知识的快速更新,从而就需要人们养成终身学习的习惯与能力。

正如3.1节中所提及的,依据美国普里策奖三度得主弗里德曼的相关论述我们可对此有更好的认识,特别是,"随着流动的速度加快,它会渐渐掏空过去给我们带来安全和财富的存量知识";"你在学校里学到的那些知识,可能你还没有出学校的大门,就已经变得过时了"。(弗里德曼,《谢谢你迟到——以慢制胜,破题未来格局》,湖南科学技术出版社,2017,第11页)从而,我们就应十分重视如何能够真正地学会学习,特别是,应切实提高自身在这一方面的自觉性。

但是，我们究竟又应如何去理解这里所说的"自觉性"呢？笔者以为，这主要是指我们应当始终坚持自己的独立思考，并应努力克服与纠正各种可能的盲目性。

具体地说，我们首先应弄清为什么应当努力学习，也即什么是学校学习的主要价值，包括自己又应在哪些方面做出特别的努力，或者说，能较好地做到有所取舍，有所为有所不为。

但这恰又可被看成中国学生乃至中国教育的最大不足，即在很多重要的方面表现出了较大的盲目性和盲从性。

例如，这可被看成中国学生特别是城市学生的普遍特点，即在家长的极度呵护下成长，又只要能在各种考试中取得较好成绩，其他的一切似乎都无关紧要，所说的现象在学生升入中学后更可说发展到了极度……但是，你不妨具体地去了解一下：有多少学生曾有过这样的体验，即在学习中感受到了真正的快乐，也即不仅是因为自己的考试成绩比别人好而感到高兴，而是一种超越世俗的快乐，一种因为真切地感受到了自身的成长而感受到的幸福感……再者，就学生对于高中文理分科以及毕业时对大学和专业的选择而言，又有多少是他们的自主选择，还只是服从的结果？ 更严重的是，有很多学生根本就没有意识到这是自己的事，而是心甘情愿地将自己的人生交给别人去做主……

由几位曾先后在中美两国任教的人士的实际感受我们可以更清楚地认识上述问题的严重性："人到 16 岁开始成人，知道自己要有人生目标，优秀生开始思考未来，这是一个人成长、成型的关键时期。中国学生却在这两年天天复习高考"；"美国的优秀学生不断向上攀升，中国学生天天做高考题。中国高中的'空转'，在最容易吸收知识、开始思考人生的年龄段，束缚于考试。更令人心焦的是，许多顶尖的中学，对'空转'现象不觉得是问题。自我感觉良好"。（"中国数学教育的软肋：高中空转——美国奥赛教练冯祖鸣等访谈录"，《数学教学》，2007 年第 10 期）

但是，我们的教师包括家长不都是为了学生好吗？ 考试中能取得好成绩不也是一种成功吗？ 事实是，即使表面上一切顺顺利利，如学生顺利进入了理想的高中、理想的大学……所说的状态与习惯仍会对他们的未来发展造成严重的消极影响。例如,有不少国外高校教师指出,中国出去的学生很多只会考试,研究和创新的能力则较差;另外,在走上了工作岗位之后,真正重要的显然也不再是单纯的考试能力,但是,你真的期望已深深陷入“应试教育”的学校和教师能为你未来的工作和发展做出恰当的准备吗?!

综上可见,即使是学生,我们也应在学习的问题上保持高度的自觉性,特别是,应很好地弄清自己应在哪些方面做出特别的努力,也即能够很好地分清主次,有所取舍,有所为有所不为。

进而,依据上述分析我们显然也可更好地认识到“题海战术”的危害性:一个整天忙于刷题,甚至连基本的睡眠时间都无法保证的学生哪里会有时间和心情去考虑其他事情,尽管后者中有不少比单纯完成作业要重要得多!

就小学生特别是低年级学生而言,我们还应特别提及这样一点,即如何看待老师的表扬,特别是,我们是否应当将此看成学习的主要目标? 当然,如果能够适当地加以应用,表扬可以发挥重要的导向作用;但这显然又应被看成学生日益成熟的一个重要标志,即由特别在意教师的表扬转向了如何能“在学生取得自己的乐趣和满足教师的要求之间达到一种奥妙的平衡”。(弗赖登塔尔语)

更一般地说,这也正是我们何以应当特别重视“学校生态”的主要原因,或者说,我们应为学生创造一种什么样的学习环境? 相信读者由以下的分析比较即可在这方面获得直接的启示:

其一:学生排除买饭时都在看书,走路时都是一种小跑,为的就是争分夺秒地学习……

其二:“在我的心里,一直有个固执的想法。总觉得,最好的校园是应该可以令人发呆的。”

以下是更加详尽的对照:

“师生步履匆匆,除了食堂、寝室和教室、办公室,其他许许多多的角落和空间,对他们而言仿佛形同虚设,他们只是这里的匆匆过客……这样的校园没有情趣,没有内涵;紧张有余,从容不足;‘现代’有余,底蕴不足。

“校园环境有你发呆的空间和机会……可以让人自由地对着一丛花或者

一片叶子深入思考,可以在树下捧起一本书忘我阅读,也可以什么都不想,什么都不做,就坐在那里或者站在那里静静地发呆,不必在乎别人怎么看你,也不用担心有人打扰你。总之,最好的校园一定可以让师生特别是孩子自觉地放慢脚步,从容思想,自由'发呆'。"(厉佳旭,"最好的校园令人发呆",《人民教育》,2020 年第 1 期,49 - 52)

但是,"我们的责任不就是将学生送进好学校去吗? 能使 80% 的毕业生考取 211 或 985 重点大学不正是我们苦苦追求的理想办学境界吗!"以下的认识则截然相反:

"刚毕业那会儿,哪里懂教育,只知道'考考考,老师的法宝,分分分,学生的命根',并将此视为教育教学的准则和方向,起早贪黑地陪读,口若悬河地灌输,苦口婆心地劝诫,整天把学生逼进题海,只为学生考个好分数……可当领导、同事的鲜花掌声涌来,却没有几个学生感恩我的付出。学生的'冷血'让我深刻反省:我就为了赢得这一'佳绩'吗? 如果给学生的只是分数,那叫教育吗?

"因此,在教育的'速成'与'养成'之间我选择'养成',与其大量刷题,不如陪学生读一本书;在教学的'外铄'与'内化'之间我追求'内化',少强迫,多引导,让学生在自我教育中成长;在教育的'有用'与'无用'之间我更钟情于'无用',班级的审美教育、底线教育、阳光教育等活动开展贯穿每学期。我知道,教孩子三年,就要考虑孩子 30 年的成长与发展。"(陈立军,"陪学生遇见美好的自己",《人民教育》,2020 年第 5 期,78 - 80)

其次,除去对于目标的很好把握以外,我们还应认真地思考什么是实现相关目标的主要方法或途径,也即应当对于学习方法予以足够的重视。由于后一方面已有很多论述,在此就仅仅强调这样一点:由于任何个体都有一定的特殊性,因此,我们不仅应当十分重视学习方法的学习和应用,也应进一步去思考什么是最适合自己的学习方法,包括适当的学习节奏,等等。

简言之,这正是高度自觉性的又一重要涵义,即"以我为主,为我所用"。由以下实例可以看出,这事实上不只适用于学习方法的选择和应用,对于学习目标的设定也同样有效:

[例1]　青年数学家陈杲之父陈钱林的"教子经"(胡卉,"为 26 岁天才数学家做父亲",《报刊文摘》,2021 年 6 月 9 日)。

"陈钱林有他冷静独立的见解。还是很小的时候,他就跟孩子说,不要追求 100 分。考 90 分不难;从 90 分到 95 分,要花一些精力;从 95 分到 100 分,要花太多精力。如果能轻松考到 90 分,说明孩子具备学习能力,不如省下时间自由学习。长此以往,孩子在知识面和自学能力上都会有更多收获。"

"陈杲的姐姐陈杳上初中时,有次陈钱林晚上 10 点回来,她还在写作业。学校作业多得让陈钱林很有想法,因为已经不能保证孩子 9 个小时的睡眠了,长期下去,'影响身体健康,自然人格会受影响的'。他建议女儿也像弟弟一样,找老师谈好,自主决定作业量。"另外,也是在父亲的鼓励与支持下,女儿高考时放弃比较稳妥的浙江大学,选择了不能颁发国家承认的本科文凭的南方科技大学,4 年后,陈杳获三所世界名校全额奖学金,赴国外攻读博士。

以下则是陈钱林关于家庭教育的总结:"我家庭教育的核心思想,是自律、自学、自立。"

[例2]　"冰墩墩"主要设计者曹雪的实际经历。

这是最近大火的"冰墩墩"主要设计者的实际经历:此人特别喜爱画画,但对数学却始终学不进去。以下就是他近日接受媒体采访时专门提及的一件事,即十分感谢他的母校(南京大学附属中学,原南京市第十一中学)为他的成长提供了十分宽松和友善的环境:只要他安安静静地坐在教室里,不要缺课,数学课可以完全不听,数学也可以完全不学——此时的他就将时间用在了画画之上,画同学和教师的速写,画各种静物……

但是,究竟又有多少学校和教师能够做到这样一点,即能采取如此开放的态度,并能给学生如此多的理解与包容?!

当然,在此我们也应特别强调这样一点:教育的主要功能应是促进学生的成长,包括通过适度的规范实现必要的优化。也正因此,我们所提倡的就应是另一种"奥妙的平衡":"创造的自由性和指导的约束性之间"的平衡。

最后,应当强调的是,由于我们在此是就一般学习进行分析的,因此,相关结论就有较大的普遍性;当然,就学生如何能够学好数学而言,我们又应高度重视数学学习的特殊性。后者也就是以下两节的具体内容。

三、聚焦"数学学习"(1):加强思考

如果你将来不想成为专业的数学家,甚至也不想从事任何与数学密切相关的学科,那么,什么又可被看成数学学习的主要意义? 毕竟我们自入学以来已经并很可能仍将在数学学习上花费大量的时间和精力,从而自然就应认真地去思考如何才能通过数学学习有真正的收获,后者当然不应局限于一般所谓的"日常数学",也即仅限于日常生活中要用到的基本数学知识与技能。

前面已经提及,著名数学家、数学教育家波利亚的以下论述可被看成为上述问题提供了具体解答:"一个教师,他若要同样地去教他所有的学生——未来用数学和不用数学的人,那么他在教解题时应当教三分之一的数学和三分之二的常识。对学生灌注有益的思维习惯和常识也许不是一件太容易的事,一个数学教师假如他在这方面取得了成绩,那么他就真正为他的学生们(无论他们以后是做什么工作的)做了好事。能为那些 70% 的在以后生活中不用科技数学的学生做好事当然是一件最有意义的事情。"(《数学的发现》,内蒙古人民出版社,1981,第二卷,第 182 页)

具体地说,由于数学可以被看成"思维的科学",因此,数学学习的主要作用就是促进人们思维的发展,对此我们还应超出数学,并从更一般的角度进行理解——显然,这也正是波利亚何以特别强调"思维习惯和常识"的主要原因。简言之,我们应当主要致力于通过数学学习逐步学会更清晰、更全面、更合理、更深入地进行思考,也即努力提升自己的思维品质。

由此可见,就如何学好数学而言,最重要的一点就是加强思考。

在笔者看来,从同一角度我们也可更清楚地认识到现行的数学教学存在的问题,特别是"题海战术"所造成的严重后果。因为,所谓的"大运动量"事实上就是机械学习,即希望学生单凭机械记忆和简单模仿,包括"解题活动的程序化和算法化",就能在数学考试中取得较好成绩。但是,即使上述做法确可对提升考试成绩起到一定作用,但考虑到我们为此付出的巨大努力,而这些除去考试外又无任何真正的用处,这显然是一种得不偿失的行为。

再者,如果我们主要着眼于自身解决问题能力的提升,而不只是如何能在

各种常规的考试中取得较好成绩,那么,上述做法的效能也就大可责疑。因为,真正的"问题解决",无论是在数学内部或是数学以外,显然都应被看成一种创造性的工作,从而就不可能单纯依靠现成的知识与技能,包括"解题策略"的简单应用就能得到实现。恰恰相反,由于问题的多样性和复杂性,更由于相应思维活动的非逻辑性,也即不仅可能表现为纯粹的灵感或顿悟,更必然有一定的或然性与个体性,因此,尽管我们应当充分肯定"题型分析"的重要性,也应高度重视"解题策略"的学习,但是,单靠这些显然还不足以保证解题活动的成功,恰恰相反,我们应由具体的数学思想方法和解题策略转向一般性的思维策略与思维品质的提升。

特殊地,从上述角度我们显然也可更清楚地认识到努力纠正这样一种倾向的重要性,即对于"快"的片面追求。除去前面已提及的姜伯驹先生在接受采访时的相关论述以外,以下也可被看成这方面的又一实例:这是我国最年轻的数学院士孙斌勇(2019年)在被问及如何能够学好数学时给出的回答:"我是从不要求快的,能用笔算的不口算。我和女儿也这么说,稳是最重要的。"

正如3.1节中所提及的,养成"长时间思考"的习惯和能力还具有重要的普遍意义,特别是,这十分有益于我们防止与纠正"快思"所可能导致的各种错误,更一般地说,就是有益于我们思维和认识能力的提升。

以下就对数学学习中应当如何进行思考做出具体分析,也即我们应当围绕哪些问题去进行思考:

第一,"为什么?"这就是指,学习中我们必须明确反对机械记忆与简单模仿,而应切实做到真正的理解。

这事实上也正是孙斌勇院士在接受采访时所提到的主要经验(引自邱学华,《邱学华怎样教儿童学数学》,同前,第84～85页):

"我小时候看书特别仔细,我想这是唯一的不同。

"细到每一句话都能理解它什么意思。数学里每一个定理,比如不等式,我都能自己证明。

"我就是想搞明白,想学得清楚,不稀里糊涂地学习。很多人越学越糊涂,尤其是数学。"

当然,这并非一个全新的主张,因为,数学学习从来强调理解,我们更应将此很好地落实于数学学习的各个方面,即如为什么要对概念做出相关的定义,其合理性究竟何在? 相关结论是否真的可靠,也即我们为什么可以将此看成完全可靠的? 在解决问题的过程中为什么要采取相应的方法,你又是如何想到的? 等等。

认知科学的现代研究已为上述做法的合理性提供了进一步的论据。具体地说,这正是"为学生学习提供支持:认知科学对数学教学的建议"这一综合性文章的直接主题:"我们试图定义一个研究支持下的建议子集……该子集……对课堂教学有清晰而直接的启示。"这并就是文中提到的第一条建议:"解释性提问"。"精心讯问,简单说来就是问'为什么'……包括'为什么这是真的?''为什么……是合理的'……"这则是相关作者何以将此称为"解释性提问"的主要原因:"学习者可以通过向自己解释来理解新知识";"使用解释性提问不仅促使学生回忆信息,而且促使他们综合、阐述、生成、假设和解释信息。从理论上来说……这种提问方式是让学生主动参与学习过程的一种方法"。(斯塔尔等,"为学生学习提供支持:认知科学对数学教学的建议",蔡金法主编,江春莲等译,《数学教育研究手册》,人民教育出版社,2021,299 - 314,第 301~302 页)①

显然,除去数学学习以外,上述思考也具有更加普遍的意义,特别是,这十分有益于我们学会理性地思维,包括理性精神的养成,后者则又应当被看成未来社会特别需要的一种品质,也即我们如何能够有效地防止与纠正行事过于仓促、过于任性这一常见的弊病,包括对于时髦潮流的盲目追随。

第二,"如何发展和优化?"这就是指,除去单纯的"为什么"以外,我们还应十分重视更高层次的思考,即如如何能对已获得的结果做出推广和发展? 如何能够通过新的抽象获得更深刻的认识? 我们又如何能对已有的方法做出改进和发展? 等等。再者,我们又如何能由已有工作得到更大的收获?

具体地说,这也正是"数学传统"的一项基本涵义,即数学家们通常不满足于简单的"问题解决",而是力图通过提出新的问题和进一步的研究不断取得新的进步,即如我们如何能对已获得的结果做出推广? 在各种看上去并无联

———————————

① 文中所提到的另外两个建议分别是"范例的使用"和"元认知策略的训练"。

系的事实背后是否隐藏着某种普遍性的理论? 他们也总是希望达到更大的简单性和精致性,即如能否找到更简单的证明? 又能否对于相应的表述方式(包括符号等)做出改进? 等等。

再者,正如前面已多次提及的,这也可被看成数学学习的本质所在:这主要地不是指知识和技能的单纯积累,也不是指不断地纠错,而是一个不断优化的过程,包括认识的深化与方法的改进等。

鉴于我们的立场,笔者在此并愿再次强调"入"和"出"这样两个关键词,即我们不仅应当十分重视"理解"的工作,也即如何能够通过自己的思考使得相应的过程和方法真正成为"可以理解的和可以学到手的",还应十分重视如何能够对此做出推广和发展,包括超出数学发挥更大的作用。

例如,从上述角度我们显然可更好地理解以下主张的合理性,即就日常的解题活动而言,我们不应满足于顺利地解决了问题,还应由单纯的"就题论题"上升到"就题论法"和"就题论道"。(王华语)

更一般地说,这也正是笔者何以特别强调以下几点的主要原因,即我们在数学学习中应当特别重视这样一些思想的学习和应用:"联系的观点"与思维的深刻性、"变化的思想"与思维的灵活性、"再认识"与思维的自觉性、"序"的思想与思维的清晰性、证明的思想与思维的严密性,等等。(3.1节)

最后,正如前面所提及的,我们在此也应十分重视个体的特殊性:"适合自己的才是最好的。"当然,对此我们不应理解成学习上的固步自封,恰恰相反,我们应当努力做好"创造的自由性和指导的约束性"之间的适当平衡。

第三,强调思考并不意味着对其他各种学习形式的绝对排斥,恰恰相反,正如2.4节中所提及的,这可被看成"多元表征理论"给予我们的一个重要启示,即人们的思维活动往往与其他一些活动密切相关,后者并可说对此具有重要的促进作用。

例如,就数学学习而言,所谓的"动手实践"就是特别重要的一个方面,特别是,鉴于小学生的认知特点,这甚至更可被看成不可或缺;当然,就这方面的具体工作而言,我们又应坚持这样一个原则:不应为动手而动手,而应更加注重"以动促思",也即应当以动手促进自己的思考。

在此笔者愿特别强调"画数学"与"说数学"的重要性。显然,这也同样涉及"内"与"外"之间的关系，只是这里的重点不是"活动的内化"，而是思维的"显化"或"外化"。

总之，我们既应高度重视各种学习方式的综合应用，又应很好地落实这样一个要求，即应当以各种方法促进思维，而不应喧宾夺主。

最后，为了避免不必要的误读，笔者在此特别强调这样两点：

第一，我们是否可以完全不考虑考试成绩的提高？当然不是！恰恰相反，上述建议事实上也可被看成为我们如何能够提升自己解决问题的能力，从而也就能够在各种考试中取得较好成绩提供了一条"正道"。这也就是指，与机械记忆和简单模仿相对照，我们应当更加重视思维策略的学习和应用，特别是自身思维品质的提升。

例如，类比联想显然有助于解题途径的发现，包括通过将事物联系起来加以考察我们就可获得更深入的认识；通过适当的变化我们也可很好地实现"化未知为已知，化繁为简"，包括逐步学会从不同角度去分析问题和解决问题；再者，借助"总结、反思与再认识"我们也可实现更大的自觉性，特别是，使得相应的思维过程对于自身而言真正成为"可以理解的，可以学到手和可以推广应用的"。

第二，如果自己在数学学习中感到十分轻松，如对教师课堂上的讲授一听就懂，做作业时也没有任何特别的困难，上面所讲的对我而言是否就不具有任何意义？事实上，这也正是笔者的一个亲身体验：尽管自己在校学习期间成绩一直不错，但却只是在走上工作岗位的多年以后才认识到了未能及早思考更重要的一些问题所造成的后果，甚至还可说因此浪费了很多的时间和精力。还应强调的是，即使就如何更好地进行学习而言，上面的论述也可说具有重要的启示意义。相信读者由下一节的论述即可对此有更好的认识，因为，这些方面在现实中往往未能获得人们的足够重视，尽管它们对于数学学习事实上也十分重要。

四、聚焦"数学学习"(2)：其他一些重要的方面

以下的论述在很大程度上可以被看成是与第二章和第三章的主要结论直接相对应的，我们所希望的则是学习者本身也能对此给予特别的重视。

第一，总结、反思与"再认识"。

不同于一般所谓的"反思",也即我们如何能够清楚地认识和有效地纠正自己的缺点与错误,数学中所说的"反思"具有更加广泛的涵义,并与"再认识"有着直接的关系,也即主要是指我们如何能够通过深入的分析思考,包括更高层次的抽象等,实现认识的不断深化。

这也可被看成数学发展的基本形式,即除去"由少到多,由简单到复杂"这样一个较明显的趋势以外,也存在相反方向上的运动,即我们如何能够通过深入研究很好地实现"化多为少,化复杂为简单"。例如,我们显然就应从后一角度更好地理解数学的高度抽象性,包括人们为什么会将此称为"自反抽象",并因此而认定数学的发展主要应被归结为"纵向的发展",而不只是同一层次上的扩展。(2.3节)

当然,我们并不应将所说的"纵向发展"与"横向发展"绝对地对立起来,而应清楚地看到两者之间的辩证关系,特别是,相对于单纯的积累而言(无论这是就数学基础知识和基本技能,或是"活动经验"而言),我们应更加重视如何能够通过"总结、反思和再认识"很好地实现由"局部性认识"向"整体性把握"的过渡,包括逐步建立结构性的认识,真正做好"突出重点,以主带次"。(3.1节)

还应强调的是,即使就日常的学习活动而言,后一方面的思考也有十分重要的意义。例如,如果我们在解题过程中遇到了很大困难,这时就不应始终局限于单一方向的思考,乃至唯一集中于如何能够尽快地解决问题,而应跳出这一框架并从更大范围去进行分析思考,即如什么是近期学习的主要内容? 什么是要解决的主要问题? 主要的难点是什么? 什么又可被看成突破难点的主要手段或方法? 等等——尽管这些思考似乎已在一定程度上偏离了当前的任务,但又正如"居高临下"这一成语所清楚地表明的,相关思考往往会对我们顺利地解决所面对的问题有很大帮助。

最后,上述分析显然也更清楚地表明了很好地养成"长时间思考"的习惯和能力的重要性,因为,深入的分析思考,特别是"总结、反思与再认识"的工作,显然不可能单纯依靠"快思"得到完成,这并可被看成真正的数学工作(乃至一般性创造性工作)十分重要的一个特征。

第二,努力提升自身提出问题的能力。

正如 2.2 节中所提及的,这事实上也可被看成中国数学教学十分重要的一个特征,即教师特别善于通过适当提问引导学生积极进行思考,从而在充分发挥引领作用的同时,也能很好地落实学生在学习活动中的主体地位。进而,依据这一分析我们显然也可清楚地认识到"学会提问"对于学生学会学习的特殊重要性:届时我们就可由主要是在教师引领下进行学习逐步转变为通过适当提问实现学习上的自我引领,从而真正成为学习的主人。

应当提及的是,这事实上也可被看成数学教育现代研究中对于"元认知"的强调所给予我们的一个重要启示,特别是,在平时的解题活动中,我们应当经常地问及自己这样三个问题:(1)我正在做什么?(2)为什么要这样做?(3)这样做了究竟又产生了怎样的效果?

更一般地说,适当的提问显然也可被看成我们做好"总结、反思与再认识"的关键,也即我们如何能在学习活动中表现出更大的自觉性。

最后,我们显然也应超出学习,并从更一般的角度认识到学会提问的重要性,特别是,这直接关系到了创新能力的培养。因为,正如人们普遍认识到了的,从后一角度看,提出问题的能力应当说比解决问题的能力更加重要。当然,这也是我们应当特别重视的一个事实,即中国学生往往不善于提出问题,从而就应切实地予以加强。

例如,从教学的角度看,我们就应十分重视保护学生提问的积极性,而不要因为一些不恰当的做法使他们逐步变得不敢问、不爱问、不善问。当然,作为问题的另一方面,我们也应清楚地认识到这样一点:正如解决问题能力的培养,提出问题能力的提升同样依赖于后天的学习,也正因此,片面强调"学生所提的问题都是合理的"就只会起到误导的作用,恰恰相反,无论是教师或学生都应在这方面做出更大的努力,包括将相关思想很好地渗透于日常的数学教学活动。例如,这事实上也正是数学发展的又一重要特征,即每个数学分支都有自己的基本问题,相关理论就是围绕这些问题逐步得到建立的。也正因此,我们就应将"问题"的清楚界定与适当表征看成数学学习的一项重要内容,并应通过这一途径逐步提升自身提出问题的能力。

第三,学会合作。

由于我们在以上也已对这一论题做了专门分析,在此就仅仅强调这样一点:我们不仅应当学会合作,也应"学会独处",这又不仅可以被看成是由数学学习的性质直接决定的,也即这主要依赖于主体的独立思考,还可被看成这样一个主张的必然要求,即我们应当努力养成"长时间思考"的习惯和能力,特别是具有较强的反省意识,包括超出数学,并从更一般的角度进行分析思考。

最后,笔者又愿特别强调"学会自律、自立"的重要性,这不仅是因为这两者可被看成"做好合作"的必要前提,还因为这样一个基本的道理:上述各项要求就总体而言可被看成为我们如何能够学好数学指明了努力方向,但如果我们不能在这些方面做出切实的努力,特别是,能通过自律、自立不断取得新的进步,那么,所说的一切就都只是纯粹的空谈。

当然,上面的论述不能被看成已经穷尽了所有重要的方面,恰恰相反,我们应当通过积极的实践和深入思考做出进一步的分析和总结。例如,正如1.3节中所指出的,辩证思维的指导也应被看成一个十分重要的方面,特别是,我们应很好地去处理这样一些辩证的关系,包括结合自己的实践和个性特点在这些方面做出进一步的分析与总结:"学生取得自己的乐趣与满足教师的要求""创造的自由性和指导的约束性""内在的思维活动与外部的活动或表现""合作与独处""快与慢"等等。

例如,正如前面所提出的,对于"快"与"慢"之间的关系我们不应单纯从时间的维度上去进行理解,而应更加注重相应的实质性问题,也即应当"当快则快,当慢则慢",这也就是指,我们不应在形式等方面花费过多的时间,但又应当舍得花时间进行深层次的思考,特别是做好总结、反思与再认识。再者,这也是我们应当特别重视的又一问题:既应十分重视方法的学习和应用,又应始终保持头脑的开放性和批判性,特别是,应清楚地认识到各种方法都有一定的适用范围或局限性,并应努力做到"以正合,以奇胜"。

4.2 从数学学习到数学研究:大师的智慧与启示

如何才能成为数学研究的行家里手? 在这一节中我们将按照从数学学习到数学研究这一顺序对此做出简要分析。之所以将这两者联系在一起,则是因为它们有很多共同点,特别是,"主动探究"或"再创造"意义上的数学学习就其性质而言可说是与数学研究十分一致的,尽管两者在层次或难度上仍有一定差异。从纵向的角度看,本节的论题又可被看成前一节中关于"学生如何才能学好数学"的讨论的继续和延伸,两者的区别则在于:我们在前一节中所关注的主要是一般学生如何能够通过数学学习有更大收获,而不论他们将来是否会从事数学或其他与数学密切相关的工作,这一节的讨论则以对数学有特别兴趣,甚至更已选定数学作为未来职业,以及已经进入这一行业的新入行者作为主要对象。下面的论述更反映了笔者由阅读华罗庚、陈省身、丘成桐等著名数学家的相关论著在这方面的主要收获,希望通过介绍也能引起青年一代更大的重视。

一、从数学学习谈起

首先,应当清楚地认识到"学会学习"包括"学会自学"的重要性。这也正是我国著名数学家华罗庚先生特别强调的一点:"讲自学,实际上不是神秘的东西。对一个人来讲,一辈子总是自学的时候多,不在学校的时候多,没有老师比有老师的时候多。……社会在前进,事物在发展,历史上的人才总是青出于蓝胜于蓝。为什么? 就是学生除了从老师那里学以外,还多一个自学。……对一个人来讲,没有老师是经常的,一般情况下大多是靠自己学习。"(《华罗庚诗文集》,中国文史出版社,1986,第 293 页)当然,正如我们在先前已指出的,联系社会的现代发展我们即可对此有更清楚的认识。

由上述引言我们也可看出:学习主要应被看成一种创造性的劳动,或者说,我们应将后者看成"学会学习"最重要的一个涵义,包括通过学校学习为将来从事相关研究做好必要的准备。

为了清楚地说明问题,在此还可提及笔者先前一直持有的一个想法:由于自己所接受的大学教育是师范教育,但在后来的学术生涯中研究工作则可说占据了重要地位,因此,自己在很长时间内就一直有这样一个遗憾,就是觉得师范教育未能教会我如何从事研究,从而对于我后来的发展就有一定影响,尽管在校期间自己的学习成绩一直不错。但是,华罗庚先生的经历可被看成为这样一个认识提供了直接反驳,因为,他接受的正规教育只到初中,从而自然就谈不上真正的研究,他却完全依靠自身的努力,也即主要通过自学成了世界著名的数学家。由此可见,为了做好由学习向研究的转变,关键并不在于是否有外部的引领,而是我们在这一方面是否具有足够的自觉性,因为,真正的学习已经包含有研究的成分。

由华罗庚先生的以下论述我们可对此有更好的认识:

"应该怎样学会读书呢? 我觉得,在学习书本上的每一问题、每一章节的时候,首先应该不只看到书面上,而且还要看到书背后的东西。这就是说,对书本的某些原理、定律、公式,我们在学习的时候,不仅应该记住它的结论,懂得它的道理,而且还应该设想一下人家是怎样想出来的,经过多少曲折,攻破多少关键,才得出这个结论的。而且还不妨进一步设想一下,如果书本上还没有作出结论,我自己设身处地,应该怎样得出这个结论?"再者,"如果说前一步的工作可以叫做'支解'的工作,那么,第二步我们就需要做'综合'的工作。这就是说,在对书中的每一个问题都经过细嚼慢咽,真正懂得之后,就需要进一步把全书各部分内容串连起来理解,加以融会贯通,从而弄清楚什么是书中的主要问题,以及各个问题之间的关联。这样我们就能抓住统帅全书的基本线索,贯穿全书的精神实质。……青年同学读书要学会消化。我常见有些同学在考试前要求老师指出重点,这就反映了他们读书还没有抓住重点,还没有消化。靠老师指出重点不是好办法,主要的应当是自己抓重点"。(《华罗庚诗文集》,同前,第 170~171 页)

华罗庚先生并曾依据自己的经历对如何做好上述两个方面的工作给出了一些具体建议:

第一,想要相对独立地做出书上的发现并不容易,因此,学习中一定不要贪多,不要怕慢。

例如,这就是华罗庚先生的一个亲身体验:"学习是艰苦的劳动,只要刻苦钻研,不怕困难,没有解决不了的问题,旁边的同学用一小时能解决的问题,我就准备用两小时解决。是不是别人一小时的工作,我一定要用两小时呢? 那也不见得。由于我不断地刻苦练习,后来别人要花一小时才能解决的问题,我往往只要用半小时,甚至更短的时间就解决了。"(《华罗庚诗文集》,同前,第110 页)

当然,刻苦练习不是指"原地打转",我们也不应片面地强调"钻难题"。这也就如华罗庚先生所指出的:"打好基础,并不是叫大家老是在原地方踱步打圈子,把同一类型的书翻来覆去看上很多遍。譬如过去有些人研究数学,把同样程度的几本微积分都收集起来,每本都从头到尾看,甚至把书上的习题都重复地做几遍,这是一种书呆子的读书方法,毫无实际意义。""给学生出了很多难题,以'培养'数学竞赛的优胜者。我们必须反对,因为这是贻误青年的有害的做法。很明显,从做难题入手,是不会收到好的效果的。纵使学生做了一个类型的难题,而对另一类型,却依然是生疏,并且难题是很多的,层出不穷的,又哪里做得完呢? 单靠做些奇奇怪怪的难题,是锻炼不出很高的才能的。只有掌握了原则,才能无往不利,才能创造性地灵活运用,因而才能有所创造。"(《华罗庚诗文集》,同前,第 126、136 页)

　　显然,从同一角度我们也可更好地理解"做题"的作用,包括如何才能通过做题有更大的收获。"培养独立思想的第一步,还是打好基础,多做习题,肯动脑筋,深透地了解定理、定律、公式的来龙去脉,但最好再想一下,那些结论别人是怎样想出来的,如果能看得出人家是怎样想出来的,那么自己也就有可能想出新东西来了。"(《华罗庚诗文集》,同前,第 198 页)

　　第二,依据华罗庚先生关于"由薄到厚"和"由厚到薄"的分析我们则可对他所说的"综合性工作"有更好了解:"要真正打好基础,有两个必经的过程,即'由薄到厚'和'由厚到薄'的过程。'由薄到厚'是学习、接受的过程,'由厚到薄'是消化、提炼的过程。譬如我们读一本书,厚厚的一本,加上自己的注解,就愈读愈厚,我们所知道的东西也就'由薄到厚'了。但是,这个过程主要是个接受和记忆的过程,'学'并不到此为止,'懂'并不到此为透。要真正学会学懂还必须经过'由厚到薄'的过程,即把那些学到的东西,经过咀嚼、消化,融会贯通,提炼出关键性的问题来。我们常有这样的体会:当你读一本书或是看一叠资料的时候,如果对它们的内容和精神做到了深入钻研,透彻了解,掌握了要点和关键,你就会感到这本书和这叠资料变薄了。这看起来你得到的东西似乎比以前少了,但实质上经过消化,变成精炼的东西了。不仅仅在量中兜圈子,而有质的提高了。只有经过消化提炼的过程,基础才算是巩固了。"(《华罗庚诗文集》,同前,第 187~188 页)

　　以下再谈谈笔者在这方面的一些具体体会:

　　(1) 在数学学习与数学研究之间不存在绝对界限,关键在于我们是否具有足够的自觉性,也即能以研究的精神去从事学习,从而就能通过数学学习逐步地学会研究。

　　在笔者看来,我们或许也就应当从这一角度去理解以下的主张,即认为我们应当将"做数学"或所谓的"再创造"看成学习数学的十分重要一条途径。当然,正如前面已提及的,想要做到这样一点并不容易,因此,现实中我们就应十分重视"量"与"难度"的必要控制,另外,在积极鼓励学生主动探究的同时,教师也应给学生必要的帮助与指导。

　　进而,如果联系数学教育目标进行分析,特别是,考虑到并非所有学生将来都会直接从事数学研究或与此密切相关的工作,要求所有学生都能在上述方面做出很好的成绩显然并不合适,更合理的是,我们应当要求所有学生在数学学习中都能做到真正理解。(4.1节)

　　(2)这是这里所说的"理解"的主要涵义,即我们应当使得相应的思维过程对于自身成为十分自然的,从而也就是"可以学到手和可以推广应用的"。当然,教师也应在这方面起到很好的示范作用,即应当用思维方法的分析带动具体知识内容的教学,从而真正地做好言传身教。

　　当然,无论就教师的教学或是学生的自学,我们都应十分重视对照比较的工作,即如各种不同解题方法的比较等。因为,不仅数学的发展可以被看成一个不断优化的过程,后者也可被看成数学学习的本质。

　　(3)正如华罗庚先生反复强调的,我们还应特别重视自身"问题意识"的提升,因为,问题正是"做数学"或数学研究的直接出发点。

　　更一般地说,我们并应当将"问题"看成"数学活动"十分重要的一个组成成分,包括将"学会提问"看成"学数学"十分重要的一个涵义。当然,除去"问题"以外,"数学活动"应当说还有更多的涵义,特别是,我们应当将"方法"和"语言(概念系统)"也包括在内。

　　具体地说,这正是所谓的"数学活动论"的主要内容,即我们应将数学看成人类的一种创造性活动,而不应将此简单等同于这种活动的最终产物,也即各种具体的数学概念和结论;对此我们并应做广义的理解,也即应当将"数学(活动)"看成是由问题、语言、方法和理论等多种成分组成的一个复合体,还包括所谓的"观念成分"。(详可见另著《新数学教育哲学》,华东师范大学出版社,

2015,第三章)

（4）由华罗庚先生关于"由薄到厚"和"由厚到薄"的论述我们也可更好地认识"总结、反思和再认识"对于数学学习的特殊重要性,特别是,我们不应期望单纯依靠反复练习与简单的经验积累就能有效地提升自己的数学水平。

我们还应注意对于"反思"的正确理解,特别是,不应仅仅理解成"纠错",而应更加突出"再认识"这样一个涵义,也即我们如何能够通过新的分析思考实现认识的不断发展和深化。

当然,正如华罗庚先生所指出的,这又应被看成"总结、反思和再认识"最重要的一个涵义,即我们应当通过总体分析很好地实现"由厚到薄",或者说,很好地实现"化多为少,化复杂为简单"。

最后,除去整本书的学习以外,所说的"总结、反思和再认识"显然对于各个具体内容的学习也是同样适用的,这就是指,我们应当通过深入思考从中提炼出相应的"主要问题""基本方法"和"核心概念"。（2.3节）另外,从同一角度我们显然也可更好地认识"适当放慢节奏"的重要性,并不应将简单意义上的"问题解决"看成学习的主要目标。

（5）从更高的层次进行分析,以上论述显然也可被看成更清楚地表明了努力提升自身思维品质的重要性,特别是,我们应努力做好"深度教学"和"深度学习"（3.1、3.2节）,后者也可被看成这样一个思想的具体体现,即我们在教学和学习中应当很好把握"入"与"出"之间的辩证关系,特别是,应很好地落实"努力促进学生的思维发展"这样一个基本目标,从而使得所有的学生都能通过数学学习有真正的收获。

二、走向"数学研究"

强调"研究",主要是因为以下引言大多源自丘成桐等著名数学家的"自传",从而所涉及的就主要是较高层次的数学研究;但由于在数学学习与数学研究之间不存在绝对的界限,因此,即使是中学生也可由此获得关于如何学好数学的重要启示,包括我们又如何能够通过基础教育阶段的数学学习为将来从事数学研究做好适当的准备。

以下就是笔者由丘成桐先生的《我的几何人生》在这方面获得的主要启示:

第一，"精通方法"。

因为，有很多数学工作就是用熟悉的方法解决新的问题。在丘成桐先生的这一著作中我们可找到这方面的大量例子。例如，丘先生在数学领域中的一个重要贡献就是将非线性偏微分方程应用到了几何研究，并由此开拓出了一个新的研究方向："几何分析"。"整个几何分析……建基于这信念：深入的几何信息除了从拓扑或几何图形直接得到外，还需要加上大量分析的方法，尤其是新近发展的非线性分析的工具，并由其成果支撑。"（《我的几何人生》，译林出版社，2021，第 112 页）

丘成桐先生关于庞加莱猜想的研究则可被看成这方面的又一实例，因为，这一工作主要就是对由汉密尔顿创造的"里奇流"的创造性应用。丘先生这样写道："他似乎找到一把能打开从未开启之门的钥匙，我立刻意识到，汉密尔顿的路走下去会开花结果。……我跟他说，这些技巧可以借用来证明三维空间的庞加莱猜想，这是自 20 世纪以来就悬而未解的老大难题。同样的方法，也足以解决比尔·瑟斯顿的几何化猜想……"（《我的几何人生》，同前，第 180 页）

由后一实例我们还可引出这样一个结论，即对于这里所说的"方法"或"工具"应做广义的理解，特别是，有时就应从这一角度去看待一个数学分支或是一个新的研究方向；再者，后者的作用又不只限于各个具体问题的解决，还可能提供一个新的分析视角，或者说，是一种新的语言或概念工具。

以下就是丘成桐先生在这方面的一些具体建议："你们在做学生的这段时间，最基本的工具一定要学好。若连最基本的工具都没掌握，根本就谈不上跨学科的研究。……当你进入一个学科的研究领域以后，不可能通晓所有东西，但必须将其工具都掌握了，所谓精通就是对工具能运用自如，遇到困难的题目不会惧怕，懂得如何学习和思考。""有很多工具，刚开始以为不重要、不流行，很多人不想去学，这往往是个错误的看法。""我希望你们在做学生的时候至少掌握两门不同的工具，以后做学问的时候有两把'板斧'，而且每一门都要精通，才能在真正去解决问题时收放自如。"（《我的几何人生》，同前，第 327～328 页）

这方面的相关论述还可见本章末的附录六。

第二,思维的开放性。

上面的讨论显然也已清楚地表明了深入思考这样一个问题的重要性,即我们如何能够找到合适的研究问题? 应当强调的是,思维的开放性正是实现这一目标的重要途径。

例如,面对需要求解的问题,我们就应认真地去思考先前是否遇到过类似的问题,后者是用什么方法解决的,这些方法是否也可被用于当前问题的求解? 如众所知,这正是波利亚所倡导的"解题策略"("数学启发法")中十分重要的一条。

丘成桐先生在这方面还有这样一个重要的建议:广泛的交流往往可以帮助我们找到大展手脚的地方,特别是,发现自己熟悉的方法可以在其他领域得到重要应用:

"愚意以为,随意的交谈或许有意想不到的重要作用。姑勿论在讲课、讲座或下午茶的场合,有时你只需记得别人说过的片言只字。这次,随口的一句,竟印记在脑海,最后帮我完成人生第一个有意义的证明。""高研院(指普林斯顿高等研究院——注)是个很棒的地方,差不多每晚大家都要在一起吃饭,所以时常能碰上有趣的人物,聊聊数学或其他大家关注的话题。……大部分来高研院的人都和我一样怀着相同的目的,就是为了和别人做思想的交流,并探究自己感到有兴趣的想法。""从听课和与师友的交流中,可以发现哪些研究方向最为合适,找到理想的方向后,就需要勇往直前。"(《我的几何人生》,同前,第 67、86、318 页)

由以下论述读者可更好地理解"思维开放性"的具体涵义:"所有新的方法,尤其是和已知迥异的,在成为潮流前莫不如此",后者即是指,新方法的应用往往会遭到持保守观点人士的强烈反对,后者在一定时期内并可能占据主导的地位。(《我的几何人生》,同前,第 113 页)

我们还应清楚地看到观念或思维方法在这一方面的重要作用,特别是,应善于用联系的观点看待事物和现象。例如,正如前面所提及的,丘成桐先生关于"几何分析"的研究就可被看成这方面的一个实例:"做研究生时,我有一个想法,微分几何毕竟是涉及分析和几何的一门学问,几何学家应该从分析着手研究几何。况且微分方程的研究已经相当成熟,这个研究方向大有可为。虽然一般几何学家视微分方程为畏途，我决定要将这两个重要理论结合，让几何和分析都表现出它们内在的美。"（《我的几何人生》，同前，第 313 页）

丘成桐先生指出，这事实上还涉及更深层次的一些理念，包括数学的整体性、宏观与微观之间的辩证关系、世界的统一性等：

"我脑海中隐隐浮现一个念头，就是以偏微分方程为经纬，把几何和拓扑联系起来。几何和拓扑通常被看成两个不同的科目，但我总觉得这种区分只是表象。几何能给出的，是局部的特写，就如用放大镜检视地球的表面；而拓扑却能提供宏观的图像，就如从外层空间看地球一般。可是说到底，两者观察的都是同一个行星，不同的观点互为补益而非相冲。……我视所有不同的数学领域为同一织物的各部分，不会为外人附加于科目的界限所拘束。……对各部件的理解愈多，便知它们是糅合在一起的。"（《我的几何人生》，同前，第 58 页）

"几何分析的新意，在于把非线性偏微分方程用于微分几何。……在几何中，我们利用这些方程来量度曲率，并考究曲率在空间各点的变化，当空间的曲率'局部'地（即每一小片）确定后，我们便能对空间的'整体'有所认识。一边是曲率，即局部的几何或空间中精准的形状；另一边是拓扑，即同一空间的概括形状——两者之间的联系使我着迷，构成我过去四十多年工作的重心。"
"当时，人们主要用分析的角度看这问题（指极小曲面的研究——注），而几何学者则聚焦于问题的几何性质，两者就如站在大山的对面，看到全然不同的景象。我想把两者融汇起来，虽然前人早就有了少量偶然的尝试，我却想从事大规划而有系统的探究。"（《我的几何人生》，同前，第 59、91 页）

"我视数学非自成一国的学问，而是和大自然息息相关的知识。从几何中呈现的完美结构，更能看到数学和自然的融合。在某些情况中，这些结构甚至能绘画出来，这令它更容易为人理解。"（《我的几何人生》，同前，第 57 页）

显然，从后一立场出发，不同学科的交叉与渗透也就十分自然了，这是丘成桐先生研究工作的又一重要特色："与物理学家合作是愉快的经验，可以有跳跃性的进展，而又不停地去反思，希望能够从数学上解释这些现象，在这个过程中往往扩展了数学的前沿。"（《我的几何人生》，同前，第 321 页）

在其他一些著名数学家的研究工作中我们也可看到类似的倾向。例如，

华罗庚先生也曾明确强调了拓宽视野的重要性,包括"广度"与"深度"之间的辩证关系:

"鉴别一个学问家或个人,一定要同广、同深联系起来看。单是深,固然能成为一个不坏的专家,但对推动整个科学的发展所起的作用,是微不足道的。单是广,这儿懂一点,那儿懂一点,这只能欺欺外行,表现表现他自己博学多才,而对人民不可能做出实质性的成果来。

"数学各个分支之间,数学与其他学科之间实际上没有不可逾越的鸿沟,以往我们看到过细分割、各搞一行的现象,结果呢?哪行也没搞好。所以在钻研一科的同时,把与自己学科或分支相近的书和文献浏览浏览,也是有好处的。"(《华罗庚诗文集》,同前,第 245 页)

另外,由陈省身先生的以下论述我们显然也可在这方面获得直接的启示:

"黎曼……把几何局部化,可以说是几何学的第四个发展。这是笛卡儿坐标几何的自然推广。……黎曼不但用坐标,他还用坐标的微分,于是便把笛卡儿几何局部化,因此,黎曼几何可说是一个局部化的几何。……黎曼几何最初在二维的情形是高斯发展的……因为当时的德国政府要他主持一个测量工作,为了给这个测量工作一个理论基础,于是高斯写下了这篇在微分几何上最要紧的论文。微分几何自此诞生。……在黎曼几何的情形下,我们只需要空间的一部分……不需要知道全部的空间,也就是说,在这样的一个小块里,便可发展全部的几何性质,这是黎曼几何革命性的观念,使几何局部化,这个和物理上的场论是完全符合的。

"真正使黎曼几何受到重视的是爱因斯坦的广义相对论。大致说起来,爱因斯坦的广义相对论是要把物理几何化,就是说把物理的性质变为几何的性质,因此黎曼几何就成物理学家一定要念的一门数学。到了黎曼空间一样有曲率的概念,只是因为黎曼空间是高维的,所以它的曲率概念就变得相当复杂。在爱因斯坦的广义相对论中的基本公式里,大致说起来,物理的力是一个曲率;数学家讲曲率和物理学家讲力其实是同一个观念。"(《陈省身文选》,同前,第 248~250 页)

第三,树立远大目标。

如众所知,这常常被看成数学上做出重要贡献的一个重要标志,即某个重大问题的解决。从这一角度我们也可很好地理解丘成桐先生的这样一个评论:"今日有些名教授,著作等身,汗牛充栋,然而内容往往脱离现实,一生所作,不见得能比得上一些内容与实际有关的小品文,数十载后读之,犹可回味。"(《我的几何人生》,同前,第 315 页)

当然,"大问题"≠"重要问题",因为,"数学上最大的进步,并不在于解决难题,因为这样只会使某些研究领域完结,而在于开辟了全新的、各式各样的问题以供探索"。(《我的几何人生》,同前,第 289 页)

例如,这就是丘成桐先生的又一重要贡献,即"卡拉比猜想"的证明,由此我们可在如何树立远大目标这一方面获得重要启示:

"打从一开始,我便知道卡拉比猜想不一样,因为它连通着几何学的某一领域,深入而又宽广。这猜想的破解打开了一个缺口。带我们走进了极待开拓的数学领域。""我的经验是,解决数学难题需要艰辛的努力,没有捷径可走,除非问题本身其实颇易。"

丘成桐先生在几何分析这一方面的工作更可被看成这方面的一个范例:"我和众多朋友开拓的几何分析,也差不多花了十年才成功奠基,虽不敢说是'以血书成',但每一次的研究都很花费工夫,甚至废寝忘食,失败再尝试,尝试再失败,经过不断的失败,最后才成就一幅美丽的图画。"(《我的几何人生》,同前,第 129、43、314 页)

我们也应清楚地认识到充分准备、长期规划的重要性:"我深知登山的第一步已不容易,首先要花些时间确定一条可行的路线,然后找工具在石头表面刻上记号。……我需要时间、毅力和大量的运气,直至准备工作通通完成前,我都不会贸然攻顶。然而,我不会忘记这个山峰,它时时刻刻在脑海中浮现,从未远离。""要找到一个制高点,对整个问题有了通透的理解;然后不眠不休、废寝忘食地工作;最后灵光一闪,突然看到了完成证明的途径。"(《我的几何人生》,同前,第 86、124 页)

颇有趣味的是,丘成桐先生还通过阅读文学著作和历史学习获得了关于如何从事数学研究的重要启示:

"少年时最喜爱的小说是《红楼梦》……我从十岁开始阅读这小说,被书中对 18 世纪中国人生活和社会的描绘所深深吸引。……当时意想不到的是,却是这小说的结构，后来竟然影响了我对数学的看法。书中情节千丝万缕，角色层出不穷，要花时间和眼力，始能把情节和人物联系起来，形成纷沓而又浑成的整体。

"我看待数学，尤其是几何分析便类比。到了1977年，我已证明了好几条定理，往后更多了几条。大部分定理看来彼此之间并无关联，然而渐渐可以看出，几何分析中有某种结构，能够把这些不相干的定理联系起来。其实，整个数学领域亦复如此。数学有很多不同的分支，乍一看毫无关系，但当你站得足够远再看，就会知道它们都是一棵大树的各部分，就如《红楼梦》中贾府各人的宗谱关系一样。我努力思考，希望对整棵数学大树有整体的认识，同时亦专注于几何分析这刚发芽的新枝，它正从微分几何这更粗更长的老枝中冒出来。"（《我的几何人生》，同前，第133～134页）

"除了看《红楼梦》，我也看《史记》《汉书》。……历史的事实教导我们在重要的时刻如何做决断。做学问的道路往往是五花八门的，走什么方向会影响学者的一生。复杂而现实的历史和做学问有很多类似的地方，历史人物做的正确决断，往往能够为学者选择问题提供一个良好的指南针。""做好的工作，总要放弃一些次要的工作，如何登高望远，做出这些决断，大致建基于学者的经验和师友的交流。然而对我而言，历史的教训是很有帮助的。"（《我的几何人生》，同前，第316页）

显然，这也更清楚地表明了拓宽视野的重要性。丘成桐先生还突出地强调了这样一点："感情的培养是做大学问最重要的一部分……立志要做大学问，只不过是一刹那间事，往往感情澎湃，不能自己，就能够将学者带进新的境界。"后者主要是指由数学研究包括数学学习获得的快乐和精神满足。也正因此，丘先生所提到的以下一些弊病就应引起我们的高度重视："一些中国学生读研究生时，都没有花工夫做学问，挣钱乃是念书的主要目的，而研习某科某目则为其次。数学上，他们只关注细小的问题，得到一丁点儿结果便急急发表，以此作为升职升等从而加薪的凭借。"当然，在这方面我们也可看到教育制度特别是"应试教育"的重要影响，包括这样一点："或者这是中国教育系统始料不及的后果，过分重视把课程背得滚瓜烂熟，却把做学问的精义丢失了。"（《我的几何人生》，同前，第129、312、157、184页）更严重的是，这事实上也剥夺了年青学子对数学的兴趣,乃至深入从事数学学习和研究必要的自信。

愿有志于数学的年青人从一开始就能树立远大理想,并能为之终身努力,百战不殆,勇往直前!

4.3 聚焦数学教育研究

除去专门的研究者与各类院校中数学教育专业的教师以外,"数学教育共同体"的其他成员,包括广大一线教师,显然也应通过积极的研究努力提高自己的专业水平,从而将自己的工作做得更好。正因为此,本节的论述就具有更大的普遍意义,特别是,这也可被看成为广大一线教师密切联系自己的教学实践积极地开展教学研究指明了努力方向,或者说,我们在此所说的"数学教育研究"事实上也包括"数学教学研究"这样一个特殊的涵义。

一、数学教育研究的特殊性

为了切实提高自身在这一方面的自觉性,应当首先思考这样一个问题:数学教育研究相对于一般研究而言是否有一定的特殊性,什么又可被看成做好数学教育研究的关键? 由于这也可被看成一般师范院校的普遍特点,即相对于研究能力而言更加注重教学能力的培养,因此,以下分析对于新进或即将加入"数学教育共同体"的年青人也就具有特别的重要性。

但是,如果我本身就是数学或教育学专业的硕博研究生,只是在走上工作岗位后才转向了数学教育,那么,是否就无须对上述问题给予特别的关注? 在笔者看来,提出这样一个疑问恰就表明相关人士对于如何做好数学教育研究缺乏深入的思考。相信相关人士由以下的分析即可对此有清楚的认识。

具体地说,这可被看成数学教育研究与数学研究的一个重要区别:如果说数学家群体通常表现出很强的封闭性,即其成员往往局限于在同一或相近方向上工作的数学家,那么,正如前面的引言所已表明的,"数学教育共同体"则可说有很强的开放性,也即包含多种不同类型的成员;再者,与数学研究不同,数学教育研究还可说具有很强的实践性,即应当直接服务于这一方面的实际工作,特别是中小学的数学教育教学。

当然,在这两者之间也有一定的共同点,而这事实上也可被看成任一研究工作都应满足的基本要求,即我们如何能够通过深入研究促进认识的发展与深化,尽管在此我们或许还应提及这样一个不同点:由于数学教育研究的"受众"并不只限于这一方面的专门研究者,而是应当将"数学教育共同体"的其他成员特别是广大一线教师也包括在内,因此,我们在此就应更加关注研究的现实意义。当然,我们并不能因此而否定建构系统性理论的重要性,而只是更加强调这样一点:如果一个数学教育理论并未能对广大的数学教育工作者特别是一线教师如何能够更好地从事自己的教育教学工作提供有益启示,那么,无论它在形式上如何地完整、严谨,这一研究都应被看成完全没有价值的。

也正是在所说的意义上,相对于数学研究而言,数学教育研究可以被看成是与自然科学研究更加接近的,因为,后者的主要目标也是有助于人们更深入地认识各种自然现象,特别是,能很好地起到解释和预见的作用,从而也就有很强的实践性质。对此我们也可用哲学的语言做出如下的概括:自然科学和数学教育研究所采取的都是"经验的标准",数学研究则更加强调"似经验的标准",也即主要是从数学本身的发展这一角度对各种研究工作的价值做出分析和判断。当然,在自然科学与数学教育研究之间也有重要的区别:它们所涉及的分别是自然现象与教学现象。

在数学研究与数学教育研究之间还有这样一个重要的区别:正如 1.2 节中所提及的,数学进步的一个主要标志就是问题特别是重大问题的提出与解决;与此相对照,数学教育的基本问题则可说具有更大的稳定性和持久性,尽管相关认识也有一个不断发展与深化的过程,但我们不能轻易地断言数学教育的各个基本问题现已得到了彻底解决。

也正因此,数学教育研究就可被看成与哲学研究较为接近的,因为,哲学的发展显然也不应被理解成相应的基本问题已经得到了彻底解决,恰恰相反,哲学发展往往表现为提供了新的不同视角。当然,这又是哲学研究与数学教育研究的一个重要区别:前者具有很强的批判性,特别是,新的发展往往意味着与已有传统的决裂或固有认识的颠覆,与此不同,数学教育研究则有很强的兼容性与连续性。

当然,这也是哲学研究应当高度重视的一个问题,即不应成为象牙塔中的纯粹空谈,而应很好地发挥理论研究对于实际工作与生活的指导或促进作用。

例如,数学哲学研究显然不应以同一圈内的少数哲学家作为唯一"受众",而应将数学工作者也包括在内,特别是,应十分重视如何能以数学教育工作者为"中介",从而对于青年学生,也就是未来的数学研究工作发挥积极的影响。

依据上述分析我们即可引出关于如何从事数学教育研究的若干具体建议,包括我们又应将何者看成做好数学教育研究的关键。

二、数学教育研究的关键

第一,与研究方法相比,应当更加重视研究的意义。

这显然可以被看成数学研究的又一重要特征,即对于研究方法的高度重视,因为,只有采用恰当的方法我们才有可能顺利地解决问题,包括使自己的研究成果为相应的"数学共同体"所接受;与此不同,作为实践性质的具体体现,就数学教育研究而言,我们则应更加重视其对于实际的教学活动是否有一定的启示与促进作用,特别是有益于广大一线教师认识的发展和深化,也正因此,数学教育研究在方法上就可说具有更大的开放性,或者说,我们应当很好地坚持"方法服从目标"这样一个原则。

后者事实上也正是美国著名教育家、20 世纪 80 年代以来教学和教师教育的领军人物舒尔曼(Lee Shulman)特别强调的一点:"尽管人们可以将关注点集中在研究方法上,但是任何方法的分析都难以脱离方法所要解决的问题、研究者的学科视角、研究进行的环境和研究的目的。""我们必须首先了解我们的问题,决定有哪些方面需要我们提出疑问,然后再根据这些问题选择适合的规范化探究模式。如果这个合适的方法是量化的、客观的,那么很好。如果它们是主观性的、质性的,我们依然可以很好地使用它们。"总之,"好的研究并不是发现最好的方法,而是先仔细地提出对于研究者和研究领域而言最重要的问题,然后再确认一种规范地探究该问题的方式";"我们必须要避免自己成为盲从于某种研究方法的教育研究者"。(《实践智慧——论教学、学习与学会教学》,华东师范大学出版社,2014,第 207、186、190、207 页)

我们还应明确肯定教育研究方法的多元性:"不要把教育问题仅仅限于方法论的范畴之中;只有综合考虑大量的知识和研究方法你才能胜任研究工作,成为精通于此的教育工作者。""现在的教育研究往往综合运用多种方法。……多种研究方法共同组成了我们今天的教育研究领域。"按照舒尔曼的观点,这并可被看成是由教育的性质直接决定的,更直接涉及教育工作的复杂性,从而也就是与以上我们关于数学教育研究性质的分析完全一致的,还包括这样一个进一步的结论:"我一直努力让人们关注教育研究中我们可以获得的运用多种方法的复杂方式,不仅给我们带来了巨大的技术的挑战,而且还提供了一种从丰富多样的社会和政治的视角研究众多问题的机遇。"(《实践智慧——论教学、学习与学会教学》,同前,第 208、211、201 页)

最后,依据上面分析我们显然也可清楚地认识"为研究而研究"这一做法的局限性。例如,这正是笔者 1997 年经由对我国台湾地区为期两个月的学术访问观察到的一个现象,即台湾的数学教育研究受到了西方特别是美国同行的很大影响,这并在研究课题的选择上有着明显的表现:研究者之所以选择某个课题,往往只是"跟着美国走"的结果,却缺乏对于课题本身理论意义和现实意义的深入分析;再者,相关研究往往也只是满足于对国外已有工作的介绍,甚至是简单的翻版,却没有能够针对台湾数学教育的现实情况有针对性地去开展研究。也正因此,台湾的数学教育研究就明显地表现出了"高投入、低产出"这样的弊病,不仅缺乏重要的独立研究成果,理论研究也表现出了与数学教育实际工作的严重脱离。(详可见另文"台湾的数学教育研究",载郑毓信,《数学教育的现代发展》,江苏教育出版社,1999)

第二,努力增强自身的"问题意识"。

以上关于舒尔曼的引言显然也已清楚地表明了努力增强自身"问题意识"的重要性,这对于一般的研究工作也是同样成立的,这就是指,问题应当被看成一切研究工作的直接出发点。这也就如著名数学家丘成桐先生所指出的:"要寻找好的问题。西方哲人亚里士多德在名著《形而上学》中说:'人类开始思考直接触目不可思议的东西而或惊异……而抱着疑惑,所以由惊异进于疑惑,始发现问题。'"(《我的几何人生》,译林出版社,2021,第 318 页)

当然,为了确保研究工作的价值,我们又应注意分析相关问题是否有较大的普遍意义。以下就是笔者关于数学教育研究应当如何发现值得深入研究的问题的两条具体建议:

(1)注意现实情况的分析。理论研究者应当始终坚持这样一个立场:"深入课堂,关注教学。"

　　当然,为了更好地发挥研究工作的指导意义或促进作用,我们又应十分重视如何能够通过现实情况的综合分析提炼出具有更大现实意义的问题。例如,正如笔者在前面已多次提及的,这是中国小学数学教育在这些年中经历的重要变化,即人们的关注点已由课堂教学的"显性方面",特别是教学方法的改革转向了更深入的一些方面,由单纯的"一课研究"转向了更加重视"整体性观念"的指导,由关于"三维目标"的一般性论述聚焦到了"努力促进学生的思维发展",也正因此,作为理论研究者,我们就应有针对性地去开展研究,特别是,应通过深入研究清楚地指明什么是后一方面的实际工作应当特别重视的一些方面或问题。(第二章)

　　还应强调的是,理论研究者并应切实改变"居高临下"这样一种姿态,而应通过清楚地指明整体的发展趋势,特别是值得深入研究的问题带动各方面人士包括广大一线教师一起积极地从事研究。

　　(2) 对于基本问题的持续关注。

　　这是笔者 2011 年提出的一个建议,即为了促进数学课程改革的深入发展,我们应当很好地坚持这样一个基本立场:"立足专业成长,关注基本问题。"因为,教师专业水准的高低正是决定课改成败与否的关键因素;又只有通过必要的聚焦,我们才能通过持续努力不断取得新的进步,而不是一讲改革就要从头开始,乃至不断地重复过去的错误。

　　关于数学教育各个基本问题的概述可见 1.2 节,在此我们就不再赘述,而仅限于强调这样一点:我们应当围绕基本问题去从事各个具体问题的分析思考,包括积极地开展各项具体的研究。因为,只有这样,我们才能保证相关的研究和工作都能达到较高水准,也即能够真正做到"小中见大"。

　　第三,加强国外研究工作的学习与综合分析。

　　这是这些年的课改实践给予我们的一个重要启示或教训,即我们不应盲目地去追随潮流,而应坚持自己的独立思考,特别是,应很好地弄清什么是各种新的理论思想的主要涵义? 这对于我们深入地开展研究包括实际教学工作的改进有哪些新的启示? 它又有哪些不足之处或可能的局限性? 或者说,什么是实际工作或进一步的研究应当特别重视的一些方面或问题?

　　这也是我们为什么应当十分重视对国外最新研究工作的了解与综合分析

的主要原因,也即应当很好地了解数学教育的总体发展趋势。例如,在笔者看来,这也正是国际数学教育委员会前任秘书长尼斯在 2000 年所提出的以下建议的主要意义所在:在过去 30 年中,数学教育研究的发展主要表现为领域的扩张,即致力于不遗漏掉任何对于数学的教和学可能具有重要影响的因素;但是,我们在今天又应更加注意适当的聚焦,也即对于"复杂性的合理归约"。(justified reduction of complexity)。(M. Niss, "Key Issues and Trends in Research on Mathematical Education",《Abstracts of Plenary Lectures and Regular Lectures of ICME‐9》,2000,Japan)显然,这与我们对于"基本问题"的强调也是完全一致的。

就当前而言,我们还应清楚地认识到这样一点:无论就教学实践或是理论研究而言,中国数学教育在这些年中都有不小的进步,包括不少重要的教学经验与理论成果。正因为此,除去积极地"向外学习"以外,我们也应十分重视自身工作的总结和反思,包括如何能够通过国内外研究工作的对照比较以及必要的互补与整合为进一步的研究工作打好良好基础,特别是,能针对我们的具体情况和需要很好地确定主要的工作方向。

这方面的一些初步工作可见另文"《数学教育研究手册》的学习和思考(1~5)"(《小学教学》,2021 年第 7/8 期~2022 年第 1 期)。应当强调的是,相关工作并有这样一个重要的意义,即不仅有助于我们树立"文化自信",而且也能很好地做到"文化自觉",即不应由一个极端走向另一极端,特别是,由缺乏自信转向妄自尊大,我们并应通过自觉的努力更好地承担起数学教育所应承担的文化-社会责任。对此我们将在第五章中做出进一步的分析论述。

第四,很好处理理论与实践之间的关系。

相对于前面的各个建议,这一建议对于一线教师积极开展教学研究具有更加直接的意义,特别是,什么是我们在当前应当特别注意防止与纠正的一些不恰当主张与做法。

具体地说,无论就数学教育研究或是实际教学工作而言,我们都应很好地处理理论与实践活动之间的关系,特别是,应当努力做好"理论的实践性解读"与"教学实践的理论性反思(总结)"。

就这方面的实际工作而言,我们还应突出强调"案例分析"的重要性,因

为,这可被看成我们很好地处理理论与实践之间关系的重要切入点。正如
1.3 节中所提及的,这事实上也是舒尔曼特别强调的一点,包括我们究竟应当
如何去从事"案例研究":"一个被恰当理解的案例,绝非仅仅是对事实或一个
偶发事件的报道。把某种东西称作案例是提出了一个理论主张——认为那是
一个'某事的案例'。""案例知识是对事件进行具体的恰当组织并详细描述的
知识。尽管案例本身是对某些事件或一系列事件的报道,然而是它们所表征
的知识使它们成为案例。案例可以是实践的具体实例——对一个教学事件发
生进行的细致描述,并伴随着特定的情境、思想和感受。另一方面,它们可以
是原理的范例,例证一个较为抽象的命题或理论的主张。"(《实践智慧——论
教学、学习与学会教学》,同前,第 141、142 页)

简单地说,我们应当努力做到"用具体的例子说出普遍性的道理"。就广
大一线教师而言,这就是指,我们如何能够超出单纯的经验总结上升到理论的
层面,从而也就能够对于实际教学工作发挥更大的促进作用。另外,就理论工
作者而言,这则直接关系到了我们如何能够对于相关的理论思想做出清楚的
说明,从而使之对于广大一线教师而言真正成为可以理解的,并可在实践中加
以应用;当然,我们还应通过具体案例的考察对相关理论的真理性和价值做
出检验和判断,包括很好地弄清改进与发展的方向。

第五,坚持数学教育的专业性质。

正如 1.3 节中所指出的,我们作为数学教育工作者应当很好地坚持这样
两个基本立场:

(1)尽管数学教育应当被看成整体性教育事业的一个有机组成成分,但
我们不应满足于将一般性的教育理论简单应用到数学教育领域,而应针对数
学教育的特殊性做出更深入的分析研究。

例如,这是笔者多年前所表达的一个观点:"由于数学学习也是一种学习
活动,因此,我们在从事数学学习心理学的具体研究时就应以一般学习心理学
的理论作为指导;但是,笔者认为,数学学习心理学如果有单独存在的必要,我
们就应更加注重对于数学学习活动特殊性的深入分析,这也就是说,数学学习
心理学不应被看成一种简单的'组合',也即是在一般学习心理学的理论框架
内加上数学学习的实例。"(郑毓信,《数学教育哲学》,四川教育出版社,1995,

第 222 页)

(2) 与上述倾向相对照,这也是一种片面性的认识,即仅仅强调数学教育的数学性质,却忽视了它的教育性质,特别是,作为整体性教育事业的组成部分,我们必须跳出数学并从更大的范围认识数学教育的各个基本问题。

例如,笔者以为,这就可被看成"数学至上"这一立场的具体体现,即认定"数学是数学教育的本质",而如果我们更以这一认识去指导实际的教学工作,则必然会导致严重的后果,即如将所谓的"三会"看成数学教育的"终极目标"。

总之,这是这方面工作应当坚持的基本立场,即对于"去数学化"与"数学至上"的明确反对与深入批判。当然,这里的关键仍在于我们如何针对现实情况做出独立的分析思考,并能在现实中很好地坚持。

附录五　数学学习中的"再创造"和"再认识"

这是北京教育学院刘加霞教授新近发表的两篇文章:(1)"'数学是系统化了的常识'的内涵及教育意义——《作为教育任务的数学》一书观点评述之一";(2)"通过'再创造'学习数学:'为何'与'何为'——《作为教育任务的数学》一书观点评述之二"(《教育研究与评论》,2022 年第 3、6 期。以下简称"刘文")。文中将荷兰著名数学家、数学教育家弗赖登塔尔在《作为教育任务的数学》一书中表达的数学教育思想归结成了这样两个主要的观点(称为"最有影响力的两个观点"):第一,数学是系统化了的常识;第二,学习数学的唯一正确方法是实行"再创造"。笔者在此所关注的并非这一关于弗赖登塔尔的解读是否正确,而是认为这两个观点确可被看成对于数学教育具有很大的重要性,特别是,其中的第二点更直接关系到了我们应当如何做好数学教学。以下就谈谈自己对于这两个论点的看法。

在笔者看来,我们在此应首先思考这样两个问题:(1)如果我们所关注的主要是数学教学,那么,相关分析似乎就可集中于上述的"观点二",但是我们为什么又要去涉及所说的"观点一"呢?(2)如果认定"学习数学的唯一正确方法是'再创造'",那么,所有关于如何做好数学教学的分析也就应当集中于我们如何能够帮助学生很好地实现所说的"再创造",从而又何必要去涉及更多的方面？总之,我们应先行对为什么要从更广泛的角度进行分析讨论做出清楚的说明。

进而,就上述的第一个问题而言,笔者与刘文中所表达的观点可以说有很大的一致性,即同样认为我们关于"什么是数学"的观点在很大程度上决定了我们会如何看待"数学怎么学",特别是,如果我们未能很好地弄清"什么是数学",那么,所有关于如何教好和学好数学的主张都可以被看成纯粹的空谈,即如我们在尚未弄清往何处去的情况下就去侈谈应当选择什么样的途径与前进方式。但这又可被看成笔者与刘文的主要分歧所在,即应当如何看待所说的"观点二",也即我们是否应将"再创造"看成学习数学的唯一正确方法？笔者并希望通过对这样两个问题的分析能促进读者在这方面的深入思考,特别是,我们应当如何从事数学的教学和学习？

一、关于"数学是系统化了的常识"的若干思考

前面已经指出,"数学是系统化了的常识"这一论述可被看成为"什么是数学"这样一个问题提供了具体解答:如果仅从字面上进行理解的话,这就是指,数学并非一般所谓的"常识",而是经由对此进行改造(重建)获得的结果,这并是这里所说的"改进"的主要涵义,即相关材料的组织和系统化。

应当如何看待这样一个论点,特别是,这究竟为我们提供了哪些新的重要启示？再者,这一论点是否也有一定的局限性或不足之处？事实上,完全切断一个论点与上下文的联系,也即单纯就这一论点本身进行分析并不可取,因为,这很容易导致断章取义、咬文嚼字这样的弊病;但是,即使我们唯一集中于"数学是系统化了的常识"这样一个主张,显然也有不少问题需要我们深入地进行分析思考,又因为笔者在此所关注的并不是如何能对弗赖登塔尔的数学教育思想做出全面、正确的解读,因此,集中于论点本身进行分析或许就是一个可能的选择。

具体地说,由于人们早已牢固地树立起了这样一个认识,即我们应对作为"专业知识"的数学与一般性的"常识"做出明确区分,也即应当将此看成两个不同的范畴,因此,这就可被看成上述论点给予我们的一个重要启示:尽管我们应当明确肯定数学知识的专业性质,也即不应将此混同于一般意义上的"常识",但又不应将这两者绝对地对立开来,而应清楚地看到在它们之间存在的重要联系,特别是,应将所说的"常识"看成建构数学知识的直接基础。因为,正如"数学是系统化了的常识"这一主张所清楚表明的,在此所需要的就只是适当的"加工"。

当然,我们又应进一步去思考如何才能将所说的"常识"转变为真正的数学知识,包括什么又可被看成与此密切相关的基本数学思想? 显然,如果仅从字面上进行理解的话,"系统化"就是相关论述为我们提供的具体解答。但在笔者看来,这恰就是"数学是系统化了的常识"所容易导致的一个弊病,即理解上的片面性或简单化,这也就是指,我们应当超出单纯的字面意义,并从更广泛的角度对此做出分析和理解,而这又不仅直接涉及这里所说的"系统化"的具体涵义,还包括我们是否应当将此看成将"常识"转变为数学知识的唯一途径。

再者,这也是我们应当思考的又一问题,即如何理解这里所说的"常识"? 作为这方面的一个初步工作,我们显然又应特别提及现代数学教育中关于"民俗数学"的研究,因为,这在一定意义上可被看成为此提供了具体的解答。

简要地说,这正是"民俗数学"研究的一个重要结论:"在上学以前和学校以外,世界上几乎所有儿童都发展起了一定的应用数和量的能力以及一定的推理能力,然而,所有这些'自发的'数学能力在进入学校以后都被'所学到的数学能力'完全取代了。"(U. D'Ambrosio 语)正因为此,我们就可认定现实中事实上存在两种不同的数学,即所谓的"日常数学"和"学校数学";而这又正是学校教育应当很好地完成的一项任务,即帮助学生很好地实现由"日常数学"向"学校数学"的过渡或转变,我们并应将"日常数学"用作学校数学学习的出发点与必要背景,包括很好地消解在两者之间存在的"文化冲突",而不应将它们绝对地对立起来。(详可见另文"'民俗数学'与数学教育",《郑毓信数学教育文选》,华东师范大学出版社,2021,第三章)

当然,除去应将"日常数学"看成所说的"常识"的基本意义这样一点以外,依据"民俗数学"研究我们也可更清楚地认识到这样一点,即不应将所说的"常识"与"数学"简单地等同起来,并应更加重视由前者向后者的转变或过渡。但是,究竟何者又可被看成实现这一转变或过渡的主要途径呢?

具体地说,我们确实应当将"系统化"看成实现上述转变十分重要的一条途径。在笔者看来,这也正是东西方数学的历史发展所给予我们的一个重要启示,特别是,我们应当如何理解欧几里德在这一方面的重要贡献,还包括这样一个事实,即为什么有很多西方人士始终认为现代意义上的数学不能被看成已在中国古代得到了初步的建立。

具体地说,从认识的角度看,这正是所说的"系统化"特别是公理系统的建构所导致的一个重要变化,即由局部性认识向整体性认识的过渡,包括对于不同概念与结论之间关系的深入认识。也正是从这一角度进行分析,笔者以为,"刘文"中提到的这样一个论点就有一定道理:"建立联系是系统化的核心。"("'数学是系统化了的常识'的内涵及教育意义——《作为教育任务的数学》一书观点评述之一",《数学研究与评论》,2022 年第 3 期,第 108 页)

但在笔者看来,这又应被看成数学的现代发展在这方面给予我们的主要启示,即对于"系统化"的涵义我们应做更加广义的理解。具体地说,由冯·希尔夫妇提供的关于几何思维发展五个水平的分析,特别是由"水平四"向"水平五"的过渡,就可被看成为此提供了很好的解释;另外,就我们目前的论题而言,笔者则又愿意特别强调这样一点:这也应被看成数学发展的又一重要涵义,即达到了更高的抽象程度,后者也就意味着人们的认识达到了更大的深度。

在笔者看来,这或许也正是刘文中何以多次提到"有层次的系统化"的主要原因,尽管后者从字面上看似乎并不能被看成"数学是系统化了的常识"这一论述的一个直接涵义。但应明确的是,后者确也可被看成弗赖登塔尔特别强调的一个观点,对此由以下论述中对于"层次"的强调就可清楚地看出:"落实'数学是系统化了的常识'是有层次的:常识要成为数学,必须经过组织和提炼而凝聚成一定的法则;这些法则在高一层次里又成为常识,再一次被组织和提炼……"(刘加霞,"'数学是系统化了的常识'的内涵及教育意义——《作为教育任务的数学》一书观点评述之一",同前,第 108 页)由弗赖登塔尔的以下论述相信读者即可对此有更好的了解,尽管后者已经超出了《作为教育任务的数学》这样一个范围:"数学的本质是人们的常识。数学最主要的特征是必然性,而这个必然性要通过脑力劳动来追求和创造,并形成从简单到复杂的多层次的数学结构体系……数学化的一个十分重要的方面就是不断反思自己的活动,改变看问题的角度,并在各种情境、问题、过程、结构……之中寻找其本质,概括一些范例,以探讨其一般性,借助不断发展的组织化、图式化与结构化,从而达到进一步的形式化、算法化、符号化、公理化。"(引自张奠宙,《我亲历的数学教育(1938—2008)》,江苏教育出版社,2009,第 93~94 页)当然,这也应被看成后一论述的一个直接结论,即除去单纯意义上的"系统化"以外,由"常识"向"数学"的转变包含有更多的涵义,而且,对于所说的"常识"我们也应做广义的理解,即不应局限于前述的"日常数学";当然,就人们在这一方面的认识而言,也有一个不断发展和逐步深化的过程。

在此我们还应特别强调"反思"的重要性,因为,由此我们可更好地认识到"强调结构(层次)"和深层次理解的重要性。这事实上也是不少学者特别强调的一点。例如,主要就是基于这样一个认识,著名哲学家、儿童发展心理学家皮亚杰提出,我们应对"数学抽象"与"物理抽象"做出明确区分,并将此特称为"自反抽象"。因为,我们在数学中所从事的主要是这样一种工作,即如何"把从已发现的结构中抽象出来的东西射或反射到一个新的层面上,并对此进行重新建构。"(E. Beth & J. Piaget,《Mathematical Epistemology and Psychology》,D. Reidel Pub. 1966,第 212 页。对此也可见 2.1 节中的相关论述)

最后,正如正文中所指出的,我们还应清楚地看到在"广度"与"深度"之间存在的重要联系,特别是,唯有适当地拓宽视角,也即具有更大的认识广度,我们才能达到更大的认识深度;反之,也只有达到了更大的认识深度,我们才能更好地发现不同事物与现象之间的联系,也即达到更大的认识广度,包括我们又如何能够很好地实现"化多为少,化复杂为简单"。

二、聚焦"学习数学的唯一正确方法是'再创造'"

首先应当指出,主要就是由于弗赖登塔尔的倡导,"再创造"的概念在数学教育领域中获得了人们的广泛重视,这也就是指,我们应将学生置于与数学家同样的位置上,也即应当让学生通过主动探究去发现相关的结果,并经由这一途径逐步学会数学。

弗赖登塔尔曾对"再创造"这一词语的使用做过如下说明:(1)"再"这一词语的使用主要是相对于真实历史而言的,这也就是指,尽管从客观的角度看,学生所做的发明创造不能被看成真正的发现创造,而只是一种再发现或再创造,但对学生本人而言,这仍然可以被看成真正的创造。(2)相对于历史上的真实创造而言,"再创造"也有一些新的要求,特别是,"应该重复人类的学习过程,但并非按照它的实际发生过程,而是假设人们在过去就知道更多的我们现在所知道的东西,那情况会怎么发生"。(《数学教育再探——在中国的讲学》,上海教育出版社,1999,第 67 页)还应提及的是,弗赖登塔尔本人对于选用"再创造"这一词语事实上并不十分满意,因为,这容易导致各种可能的误解,特别是,各种"太狭隘、太肤浅的解释"。

其次,如果就基本思想进行分析,弗赖登塔尔对于"再创造"的强调显然又可被看成是与这样一种普遍性的认识十分一致的,即所谓的"学数学,做数学"("做中学"),也即认为我们主要地应让学生通过实际从事数学活动去学习数学。简言之,倡导学生通过"再创造"去学习数学并不能被看成一个全新的主张。

当然,即使是同一思想在不同场合也可能具有不同的表现形式,甚至有不同的重点。例如,所说的"学数学,做数学"事实上可被看成 20 世纪 80 年代在世界范围内盛行的"问题解决"这一改革运动最核心的一个指导思想,尽管后者所强调的只是"问题解决"这样一种具体的数学活动。另外,更广义地说,我们则又可以提及"熟能生巧"这一在中国具有很大影响的观点,乃至新一轮数学课程改革中对于"数学经验"的突出强调等。

这则是笔者在这方面的基本认识:所有这些主张事实上都有一定的局限性。例如,"问题解决"显然不应被看成数学活动的唯一形式,特别是,我们不应因此而忽视"概念的生成、分析与组织"。再者,"熟能生巧",但未必生巧,而还可能生厌、生笨;"数学经验"的积累则可说更加适合技能的学习,等等。最后,这显然也是实践中经常可以看到的一个错误作法,即仅仅强调"动手实践",却忽视"以做促思"。

总之,我们既应清楚地看到积极倡导"再创造"或"做中学"的合理性,同时又应认真地思考这一主张是否也有一定的局限性,什么又是相关的教学实践应当注意防止与纠正的错误倾向。

就我们目前的论题而言,笔者并愿特别强调这样一点,即我们不应因为通过"再创造"学习数学具有明显的优点就将此看成"学习数学的唯一正确方法",而如果我们更以此去指导实际数学教学工作,就必然会造成严重的消极后果。

事实上,前一节中关于数学认识发展过程的分析已为此提供了重要论据。具体地说,由于数学认识的发展主要是指不断上升到了更高的层次,也即对于已形成的"常识"的不断超越,因此,这不可能单纯依靠"日常活动"包括"活动经验"的简单积累就能得到实现,毋宁说,我们在这方面的认识应有一个不断深化的过程,后者并在很大程度上依赖于外部特别是教师的引领和帮助。

正如前苏联的著名心理学家维科斯基所指出的,后一结论对于大多数学科的学习也是同样成立的:作为儿童科学概念发展过程的具体分析,维科斯基首先强调了我们应对所谓的"自发思维"与"非自发思维"做出清楚的区分,例如,儿童的日常概念应被归属于"自发思维",由学校习得的科学思维则应被归属于"非自发思维"。其次,尽管在大多数情况下"自发思维"最终将为"非自发思维"所完全取代,但我们不应认为这两者在儿童身上的发展是完全独立的,恰恰相反,"日常概念为科学概念及其向下发展清出一条道路。它为概念的更原始、更基本的方面(它给了概念以本体和活力)的演化创造了一系列必要的结构",与此相对照,"科学概念依次为儿童有意识地和审慎地使用自发概念的向上发展提供结构",这也就是指,"学校教学促使儿童把知觉到的东西普遍化起来,并在帮助意识他们自己的心理过程方面扮演着决定性的角色……反省的意识经由科学概念的大门而成为儿童的财富"。维科斯基还曾专门针对"系统化"这样一个思想对此进行了具体分析:"系统化的萌芽首先是通过儿童与科学概念的接触而进入他的心灵的,然后再被转移到日常概念,从而完全改变了他们的心理结构。"更一般地说,"这些科学概念从一开始便具有普遍性的关系,也就是说,具有一个系统的某种雏型。科学概念的形式训练逐渐转变儿童自发概念的结构,并且帮助他们组织一个系统,这促使儿童向更高发展水平迈进"。(详可见《思维与语言》,桂冠出版社[台湾],1998,第六章)

但是,如果我们突出地强调了学习活动的文化继承性质,又如何才能保证学生在学习过程中的主体地位以及学习活动的创造性质呢?笔者的看法是:这一问题的提出本身就反映了这样一种错误的认识:尽管主动探究确可被看成很好地体现了学习活动的创造性,但我们不能因此而认定其他形式的学习,包括所谓的"接受学习"都不具有任何的创造性,乃至认定这使学生处在了完全被动的地位。恰恰相反,只需坚持"理解"的要求,学习就必然包含一定的创造性,因为,真正的"理解"(用建构主义的话来说,就是"意义建构")必然要求主体在头脑中具体建构出相应对象,也即如何能够通过积极的思考将借助明确定义或其他形式得到"外化"的对象重新"内化",而且,这一过程所涉及的往往又不只是所谓的"同化",还包括"顺应",从而自然就应被看成具有一定的创造性,并只有通过主体自身的努力才能很好地得到实现。

为了更清楚地说明问题,在此还可特别提及美国著名认知心理学家奥苏贝尔关于"意义学习"的这样一个分析,即我们不应认为"接受学习"一定是无意义的(机械的),"发现学习"则一定是有意义的。因为,这事实上是把两个不同的范畴,即"接受—发现"与"机械—意义"混淆了起来。简言之,"发现学习"未必一定有意义,"接受学习"也完全可以是有意义的,关键则在于我们能否在新的学习材料与主体已有的认知结构之间建立实质性的、非人为的联系,从而做到真正的理解。不难想到,如果我们认定强调学习活动的创造性意味着我们应将"再创造"看成唯一正确的学习方法,就是犯了同样的错误,也即将两个不同的范畴混淆起来了。

在笔者看来,这或许也就是弗赖登塔尔后来为什么又特别强调"教师指导下的再创造"的主要原因,而这当然也就意味着我们不应将"再创造"看成学习数学的唯一正确方法。再者,从同一角度进行分析,我们显然也可更好地理解深入研究"什么是做好数学教学的关键"的重要性,包括我们为什么又应对于"问题引领""整体性观念的指导""教师的必要示范与评论"等方面或环节予以特别的重视。(第二章)

以下再从比较的角度对我们究竟应当特别强调"再创造"还是"再认识"做一简要的分析。

具体地说,所谓"再创造"意味着我们应当主要关注各个具体结论(或概念)的生成过程;但是,如果我们超出各个具体的结论(概念),并从发展特别是纵向发展的角度去进行分析,显然就应更加重视"总结、反思与再认识"的工作,因为,所说的发展主要应被看成"再认识"的结果(或者更恰当地说,是不断的"再认识"),并离不开主体的自觉总结和反思。

在笔者看来,我们并就应当从后一角度去理解弗赖登塔尔的以下论述:学生应当学习数学化而不是数学,学习抽象化而不是抽象,学习图式化而不是图式,学习形式化而不是形式,学习算法化而不是算法;还包括"刘文"中提到的由"局部的组织化"向"整体性结构"的过渡。简言之,我们应清楚地认识到"再认识"在这一过程中的重要作用,包括我们并应将此看成"过程的观点"的主要体现,以及我们又应如何更好地认识"过程"与"结果"之间的辩证关系,特别是,这两者事实上又应被看成具有很强的相对性。

最后,也正是从同一角度进行分析,笔者以为,作为弗赖登塔尔数学教育思想的介绍与评论,我们不应唯一地去强调"再创造",而也应当明确地提及他的其他一些观点,特别是他对于"反思"的突出强调:"只要儿童没能对自己的活动进行反思,他就达不到高一级的层次。"(《作为教育任务的数学》,上海教育出版社,1995,第119页)"数学化一个重要的方面就是反思自己的活动。从而促使改变看问题的角度。""数学化和反思是互相紧密联系的。事实上我认为反思存在于数学化的各个方面。"(《数学教育再探——在中国的讲学》,上海教育出版社,1999,第50、139页)

更一般地说,这显然也就是我们在加强学习的同时也应特别重视的一个问题,即应始终坚持自己的独立思考,从而切实地防止与纠正各种可能的认识误区!

附录六　"居高临下"的一个范例
——读《张景中教育数学文选》有感

张景中先生是中国科学院院士,我国著名的数学家、数学教育家和计算机科学家。华东师范大学出版社2021出版的《张景中教育数学文选》是《当代中国数学教育名家文选丛书》中的一部,尽管其主要内容,如"几何新方法和新体系""微积分推理体系的新探索""数学机械化与几何定理机器证明"等都已超出了小学数学的范围,广大小学数学教育工作者特别是一线教师仍可由这一著作在很多方面获得重要的启示。以下就是自己在这一方面的一些体会。

一、数学学习究竟能为我们带来什么

无论对数学教师或是中小学学生而言,都应认真地思考这样一个问题,即我们究竟为什么要学(教)数学,也即我们应当如何认识数学教育的价值? 因为,只有这样,我们才能在自己的工作或学习中表现出更大的自觉性。应当指明的是,笔者在此并有意识地没有使用"数学究竟有什么用"这样一个表述,因为,在当前的语境中,后者往往会导致这样一个后果,即将人们的思考引向乃至完全局限于数学在日常生活与工作中的应用。

再者,作为数学教师,如果所考虑的仅仅是如何能让自己的学生在各类考试特别是升学考试中取得较好成绩,那么,即使我们不应将此简单地斥责为"误人子弟",至少也反映出相关人士的思考与追求有很大的局限性,因为,我们显然不应将"应试"看成教育工作的主要目标。除去 3.3 节中已提及的教师的献身精神和使命感以外,相信以下实例也可在这方面给我们一定启示:

[例3]　教师应当经常思考的两个问题(陈大伟)。

第一,"'你为什么要当教师?'才当教师的时候,我可能只是想以此谋生。随着时间的推移,现在的我愿意这样回答:'我当老师,是想让一些人有所改变。'"

第二,"'你准备当什么样的教师?'这是为自己的教育人生确立方向和目标。我的回答是:准备成为当下学生不那么讨厌,若干年后学生还乐于谈论的教师。……我能想到'最浪漫的事',就是在教师生活中有一些超越和创造,一路上收藏点点滴滴的创造,退休以后坐在摇椅上跟自己的子孙们慢慢聊。千万不要在别人问起自己的教师生活时,什么也说不出来。"(陈大卫,"当教师,需要想好几个问题",《教育研究与评论》,2021 年第 10 期,125 - 126)

"从过程看,文化的实质就是找到美好的、值得追求的东西,然后用这样的东西去影响人,改变人,使人变得美好。"(陈大卫,"观课议课的'以人为本'",《教育研究与评论(课堂观察版)》,2021 年第 11 期,4 - 6)

那么,究竟什么又可被看成数学教育的主要价值呢? 在这方面应当说已有了很多论述。如华罗庚先生 1959 年在《人民日报》发表的《大哉数学之为用》就是这方面十分著名的一篇文章,后来还有由王梓坤院士执笔并以"中国科学院数学物理学部"的名义发表的文章"今日数学及其应用"。与此相比较,著名数学史学家克莱因的以下论述则涉及更多的方面,或者说,从一个更广泛的角度对此进行了分析论述:"音乐能激发或抚慰情怀,绘画使人赏心悦目,诗歌能动人心弦,哲学使人获得智慧,科技可以改善物质生活,但数学能提供以上一切。"

当然,如果我们在这一方面只会引用别人的论述,却没有任何真切的感受,那么,即使照本宣讲也一定会让人感到空洞乏味,演讲者本人更必定会感到缺乏底气。正因为此,作为数学教师,我们就应认真地尝试一下:看看自己在这方面能否举出哪怕是最简单的一个实例,即以此为例来说明数学的作用!

例如,正如 4.1 节中所提及的,这就是这方面十分重要的一个观点,即数学主要应被看成人类的一种心智活动,它带给人们的主要是智力上的满足:"我们谈的是一个完全天真及愉悦的人类心智活动——与自己心智的对话。数学不需要乏味的勤奋或技术上的借口,它超越所有的世俗考量。数学的价值在于它好玩、有趣,并带给我们很大的欢乐。""这就是数学的外貌和感觉。数学家的艺术就像这样:对于我们想象的创造物提出简单而直接的问题,然后制作出令人满意又美丽的解释。没有其他事物能达到如此纯粹的概念世界;如此令人着迷、充满趣味……"(洛克哈特,《一个数学家的叹息——如何让孩子好奇、想学习、走进美丽的数学世界》,上海社会科学出版社,2019,第 132、35 页)还是这样一个问题:作为数学教师,你是否也有同样的感受,或者说,能对此做出自己的解读?

以下就是《张景中教育数学文选》中的一些相关论述:

首先,面对"您能谈谈数学好玩在什么地方吗"这样一个问题,张景中先生回答道:

"我觉得数学好玩是因为数学非常理性,首先在学习和研究的过程中,数学能够让人感觉到解放。……数学,能够让很多原来不行的东西都变得行了。刚开始学数学时,有一些清规戒律,随着我们不断地往下学,这种清规戒律就不断地被打破,使人一次又一次地感觉到解放。比如,负数是不能开方的,后来经过一定的发展,负数就能够开方了……在这个逐渐学习的过程中,你就会感觉数学的清规戒律越来越少……由此你可以看到,数学里面无禁区。你只要想做的都可以做到。原来没有规定的你也可以规定,原来他是这样定义的,你可以那样定义,这让我感觉到了解放。"

其次,针对"您觉得哪些是大多数中小学生能够感受、体验到数学是好玩的地方",张先生指出:

"我想应该是力量感。数学是很有力量的。因为有时候,你只需要学一个小时,解决问题的力量跟以前就大不相同了。比如,在小学里,那种很难的应用题……学生拿回去,自己不会,家长也不会,解起来很困难。到后来,学了代数,列个方程就可以解出来了。你越不断学习,就越会觉得数学给人带来的力量简直是不可想象的。……很多问题的解决方法都是世界上许许多多爱动脑筋的人想了很久,终于想出来的。这种方法是前人经过几百年才探索出来的,如果你学会了,那么你就在一节课里前进了几百年……这种原创性的问题,我们在数学学习中和在数学教学时几乎每个星期都会遇到,而且自己在解题时,也会创造出新的东西来。所以,如果老师在教学时也能带给学生一种力量感,经常让学生体会到昨天还不会的问题今天就会了,那么学生对数学的看法就会不同了。"

再者,"除了感觉到解放和力量,你觉得数学还能让我们感觉到什么呢?"

"数学还能让人感觉到震撼……数学给人带来的好处,表面上看不出什么的事情,它的背后中却隐藏着一定的规律。再比如,假定全班有 50 个学生,如果你问有没有两个人的生日是同一天的,回答几乎都是有的。我们可以用概率进行推断,这种情况发生的可能性在 97% 以上,而且可以马上算出来。"

显然,以上论述也为我们更好地理解"数学好玩""数学有趣"等在现实中经常可以听到的论述提供了直接启示:"数学的趣味性不在外部,而在它的内部。要让学生能够钻研到里面,体会到数学的趣味性。"(《张景中教育数学文选》,华东师范大学出版社,2021,第 590~593 页)

当然,除去教师本人应当对此有清楚的认识特别是真切的感受以外,我们还应善于将这些传递给学生,从而激发他们更好地学习数学。以下就是这样的一个实例,尽管它所直接论及的只是语文学习,笔者十分希望我们在数学教育领域中也能看到很多这样的范例:

　　[例4]　"我的第一节语文课"(彭峰,《教育研究与评论》,2022年第1期,125–127)。

　　"语文自身的魅力,是学生对语文产生浓厚兴趣的最重要因素。……我努力让第一节课展现语文的独特魅力。……

　　"'语文里藏着什么呢?'我轻点鼠标,屏幕上出现了'语文里有美妙的音乐'几个大字。学生一脸疑惑,而我则开始背诵《声律启蒙》的选段:'云对雨,雪对风,晚照对晴空……'

　　"诵完,我问学生是否好听,他们都说:'好听,好听。'我问他们是否愿意自己读读,他们连呼'愿意'。屏幕上的文字一出现,他们就迫不及待地读了起来,越读越感受到文字的悦耳。尽管他们还不太清楚其中的意思。……

　　"'语文里除了动听悦耳的音乐,还有什么呢?'随着我的发问,'语文里有深深的智慧'出现在屏幕上。'我要开始讲故事了。'一听有故事,学生们兴奋得不得了。几乎要欢呼雀跃。

　　"有一次,美国代表来我们国家访问,代表团里有名官员当着周总理的面说:'中国人很喜欢低着头走路,而我们美国人却总是抬着头走路。'此语一出,震惊四座,因为谁都听得出来,这位官员在嘲笑、讽刺中国人。周总理却不慌不忙,面带微笑地说:'这并不奇怪。因为我们中国人喜欢走上坡路,而你们美国人走下坡路。'话音刚落,那位官员立即低下了头,不敢出声了。

　　"学生听后哈哈大笑,我朗声说:'周总理的话就是智慧! 学好语文,你也会拥有智慧!'……

　　"'语文里还有浓浓的情感。我将要为大家朗读一篇文章,题目就叫《娘,我的疯子娘》,里面就蕴含着浓浓的情意,不信你听!'……我读了起来……读着,读着,教室里越来越安静,到后来几乎能听到彼此的呼吸声……

　　"我的声音有些哽咽! 读完整篇文章,大家都沉默了。有些学生眼中闪动着晶莹的泪花。我说:'树儿的娘对他的爱让人十分感动! 我们每个人的妈妈都非常伟大。她们的爱让我们感到温暖,快乐,谁愿意说说你的妈妈对你的关爱? 只要说一件,并讲讲母爱让你感觉像什么?'……

　　"快要下课了,我总结道:语文里有'音乐',有智慧,有情感,想必这节课我们已经有所体会了,但是语文里其实还有很多有意思、有意味的宝藏,这就有待你们以后自己去寻找、挖掘了。"

最后,作为对于数学教育主要价值的具体解答,笔者愿特别引用《单墫数学与教育文选》(这同属于《当代中国数学教育名家丛书》)中的一个观点:"数学对思维的训练还是有用的,这才是数学的最广泛的'实用性',这才是我们要学数学的主要原因。"(第 616 页)显然,这即可被看成为"数学是一种'无用之用、无为之为'"这一论述提供了更加具体的说明。

二、数学思想与小学数学

笔者在此愿特别推荐《张景中教育数学文选》中的这样两篇文章:"感受小学数学思想力量——写给小学数学教师们"与"小学数学教学研究前瞻"。因为,这不仅对于我们改进教学有直接的指导意义,据此我们也可更好地理解什么是真正的"居高临下",从而就不至于被看成某些看上去十分高深、实质上却空洞无物,甚至还有一定误导作用的"宏大言论"所迷惑,即如"分数的本质在于它的无量纲性""数学的本质是度量",等等。

为了清楚地说明问题,以下就联系数学教育改革对此做出简要的说明。具体地说,数学教育改革显然涉及很多方面。例如,对于教学方法改革的突出强调,就是我国新一轮数学课程改革十分明显的一个特点;与此相对照,如果我们所关注的不只是一堂课一堂课的教学,则就应当同样关注教学内容的选择与取舍。再者,如果说这两者都可被归属于教学中的"显性方面",那么,关于数学教育基本目标的分析则就上升到了一个更高的层次,尽管后者从形式上看似乎与日常的教学活动有较大的距离;另外,这恐怕也就是"数学课程标准"中为什么又要专门谈及所谓的"核心概念"的主要原因,因为,这在一定程度上可起到"桥梁"的作用,尽管后者的准确界定并不容易。具体地说,作为"核心概念",显然应当"少而精",我们又不仅应当通过全部学习内容的综合分析很好地提炼出相应的核心概念,真正做好"分清主次,突出重点,以主带次",而且也应由具体的"知识和技能"上升到"思维和方法",从而就可从更高层面对于实际教学工作起到"统领"的作用。也正因此,笔者以为,将"核心概念"分别归属于所谓的"三会"就不很恰当,而且,我们又不应仅仅关注这种"向上的联系",而且也应注意分析"核心概念"与具体教学内容之间的关系。进而,又只有从后一角度进行分析,我们才能进一步去谈及所谓的"大道理",包括真正做好"高观点指导下的小学数学教学"。

具体地说,从后一角度我们即可很好地理解张景中先生的以下论述:"小学生的数学很初等,很简单。尽管简单,里面却蕴含了一些深刻的数学思想。""函数的思想、数形结合的思想、寓理于算的思想……这些思想是可以早期渗透的。早期渗透是引而不发,是通过具体问题来体现这些思想,……学下去,过三年五年,他就体会到,是数学思想的力量。"(《张景中教育数学文选》,同前,第558、565页)

由于对于"数形结合的思想"已有了众多的论述,因此,尽管我们也可由张景中先生的相关论述在这方面获得重要启示,即如应让学生尽早使用几何的语言等,我们的分析则将集中于"函数的思想"和"寓理于算的思想"。

以下就是张景中先生关于小学数学应当如何渗透"函数的思想"的具体论述:

"最重要的,首推函数的思想。

"比如说加法,2和3加起来等于5,这个答案'5'是唯一确定的,写成数学式子就是 $2+3=5$。如果左端的3变成4,右端的5就变成6,把左端的2变成7,右端的5就变成10。右端的数被左端的数唯一确定。在数学里,数量之间的确定性关系叫作函数关系。加法实际上是一个函数,由两个数确定一个数,是个二元函数,如果把式子里的第一个数'2'固定了,右端的和就被另一个数确定,就成了一元函数。

"当然,不用给小学生讲函数概念,但老师有了函数思想,在教学过程中注意渗透变量和函数的思想,潜移默化,对学生数学素质的发展就有好处。

"比如学乘法,九九表总是要背的。三七二十一的下一句是四七二十八,如果背了上句忘了下句,可以想想 $21+7=28$,就想起来了,这样用理解帮助记忆,用加法帮助乘法,实质上包含了变量和函数的思想:3变成4,对应的21就变成了28。这里不是把3和4看成孤立的两个数,而是看成一个变量先后取到的两个值,想法虽然简单,小学生往往想不到,要靠老师指点。挖掘九九表里的规律,把枯燥的死记硬背变成有趣的思考,不仅是教给学生学习方法,

也是在渗透变量和函数的数学思想。"(《张景中教育数学文选》,同前,第558～559页)

在此笔者愿特别提及这样一点:正如人们普遍了解的,这是国际数学教育界在当前的一个普遍趋势,即由主要强调小学阶段应当尽早引入某些专门的代数课程转向了对于"早期代数"的大力提倡,也即认为小学算术教学应当很好地渗透"代数思维",包括以此作为小学算术教学的一个重要指导思想。

当然,这又是这方面工作的一个必要前提,即对"代数思维"的正确理解,特别是,对此我们不应仅仅理解成"字母符号的引入",包括将此看成直接对象进行纯形式的操作,而且也应清楚地认识到这样一点,符号的引入也为我们很好地实现"一般化"提供了重要工具;再者,这也是这方面十分重要的又一认识:"代数思维的本质并不是代数符号的使用,而是对代数结构与关系的理解。对这种结构与关系的培养应该从小学一年级数与计算的教学开始。"这也就是指,就"代数思维在小学数学中的渗透"而言,我们还应十分重视由"操作性观念"向"关系(结构)性观念"的转变,也即应当将着眼点由如何能够获得相应的结果转向数量关系特别是等量关系的分析。

颇有趣味的是,相关人士在对后一论点进行论述时,所采用的也正是加减法的例子:"在小学低年级的教学中需要特别强调对等式的理解。……在小学一年级时经常会让学生口算,比如 $3+4$,这里值得注意的是我们要强调 $3+4$ '等于'7,而不要说'得到'7。因为这里的等号有两个层面的意义:一是计算结果,就是我们经常说的'得到';二是表示'相等关系'。我们在学生刚接触等号时就要帮助他们建立起对等号的这种相等关系的理解。因此,有时候让一年级的学生接触 $7=3+4$ 这样的算式是有必要的,因为在这样的算式中,你就没法将等号说成'得到'。当然,这里也要尝试让学生理解 7 同样也等于 $4+3$,$3+4=4+3$,第一个加数增加的时候,第二个加数减少,这两个加法算式还是保持相等的。在这之后,可以让学生尝试看两边都不止一个数的等式,如 $17+29=16+30$。……此外,还可以给学生利用相等关系判断正误的式子,比如,$199+59=200+58$,$148+68=149+70-2$,$149+68=150+70-3$。"另外,"为了帮助学生更深入地理解这种相等关系,下面的例子可能值得考虑。学校里来了 10 名新同学,但是我们现在不知道男生和女生各有多少人,你能说出有多少名男生、多少名女生吗？可以先让学生列出所有的可能性，如9名男生1名女生，6名男生4名女生……然后进一步引导学生发现，在所有这些组合中，如果男生减少1名，女生必然要增加1名，男生减少几名，则女生必须增加几名，以保证总人数是10名，这其实就是保持加法中的相等关系所需要做的'补偿'，也就是中国课程里说的和不变性质。在减法中也有相等关系，不过与加法不同。比如在让学生思考类似'小明今年8岁，哥哥现在比小明大9岁，15年后哥哥比小明大几岁'这样的问题时，除了要求学生理清其中的数量关系得到正确的答案，更重要的是要帮助学生形成这样的意识，减法算式的结构与加法算式不同，当被减数与减数同时增加（或减少）相同的数时，差是不变的。"（章勤琼等，"小学阶段'早期代数思维'的内涵及教学——墨尔本大学教授麦克斯·斯蒂芬斯访谈录"，《小学教学》，2016年第11期）

当然，张景中先生的论点与以上论述相比又可说达到了更高的层次，也即从一个更高的层面为我们应当如何做好小学算术教学指明了努力的方向。

其次，相对于关于"寓理于算"的一般性理解而言，张景中先生又突出强调了两者的联系："小学里主要学计算，不讲推理，但是，计算和推理是相通的。""推理是抽象的计算，计算是具体的推理……我们可以举些例子，让学生慢慢体会到所谓推理，本来是计算；到了熟能生巧的程度，计算过程可以省略了，还可以得到同样的结果，就成了推理。"（《张景中教育数学文选》，同前，第563页）

以下就是张景中先生给出的一些实例：

"比如，一个△ABC（图1），如果D是底边AB的中点的话，△ACD和△CDB的面积就相等。这可以计算出来：假设AD＝DB＝3，三角形的高是4，那么它们的面积都是6。最后可以得出结论：如果一个三角形的一条中线将它分成两个三角形，那么它们的面积相等。先是计算得出相等，后来不算也知道它们相等，这就由计算转向推理了。

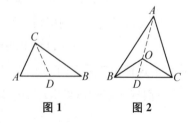

图1　　图2

"再比如图 2，上面一个四边形 $ABOC$，下面一个 $\triangle BOC$，设 $AO = 2OD$，四边形面积是三角形面积的多少倍？这对于小学生来说是个很难的问题。但是如果知道 AO 是 OD 两倍的话，也就知道了 $\triangle AOB$ 的面积是 $\triangle BOD$ 面积的 2 倍。当然，如果给出具体的数据，也是能够计算出来的。这样算过之后，就会进一步推出一般的规律：四边形 $ABOC$ 和三角形 BOC 的面积比等于线段 AO 和 OD 的比，计算就转化成推理了。"（《张景中教育数学文选》，同前，第 $567 \sim$ 568 页）

应当强调的是，由张景中先生的相关论述我们并可获得关于如何提升学生解决问题能力的重要启示："我们说数学是思维的体操，思维的体操应向什么方向引导？怎样教学才能使学生将来上了大学后回想起他小学里学的东西觉得对他大学的学习还有帮助？能不能引导学生逐步从常量渗透到变量？"

"小学里讲了很多应用题，这些应用题有什么共同点？很多教材都没有指出，其实是有共同点的：大量的题目，都涉及一次函数关系。

"举个鸡兔同笼的例子，鸡和兔共有 12 个头，34 个脚，有多少只鸡？学生只会想到这些字面的意思，但是数学家、老师和教材编写人员可以想到这样一个表：

鸡(只)	1	2	3	4	5	6	7	8	9	10	11
兔(只)	11	10	9	8	7	6	5	4	3	2	1
总脚数	46	44	42	40	38	36	34	32	30	28	26

"这个表说明，你的答案和你要做的题目中的某个数，有函数关系。如果这样问小学生：'1 只鸡对不对呀？''不对，1 只鸡和 11 只兔子共有 46 只脚，不是 34 只脚呀！'但是，数学家不这样，数学家就会考虑多少只鸡和多少条腿之间的关系，随着鸡的增加腿的数目在减少，这是函数关系，假设一个答案代进去不对必然可以由某一个数检验出来，不对的答案和题目中某个数之间有个关系，知道了这个关系，就知道答案往上调整还是往下调整，很快就会得到正确答案。这是个笨办法，学生不理解，以为这个办法不好。但这个办法有个特点：几乎所有的应用题都能用它来求解。因为小学应用题基本上都是一次函数。这个方法从解决具体问题的角度来看是个笨办法，但从数学观点来看，是

个高等观点,学生掌握了这个方法,有了这个观点,就可以解决各种各样的应用题了,即使很简单的题目,也可以把它由静态变成动态。

"比如,有几个盘子和若干核桃,加一个盘子,每个盘子恰好可以放 6 个核桃,减 1 个盘子,每个盘子恰好可以放 9 个核桃,问有多少盘子和多少核桃。从假定最初有 2 个盘子算起,就可以列个表:

盘子数	2	3	4	5	6	7
加一个盘子的核桃数	18	24	30	36	42	48
减一个盘子的核桃数	9	18	27	36	45	54

"这个列表的过程好像是为了解决这一个问题,所以学生只想到解答这一个题目,然而它是一种通用性的方法——试探法。如果每道应用题都这样列表,它就渗透了变量的概念、函数的概念和对应的概念。我觉得小学学这些东西是为了将来的发展,学常量是为了讲变量,学应用题是为了将来讲方程、讲函数。"(《张景中教育数学文选》,同前,第 569~570 页)

在张景中先生看来,借助以上实例我们并可很好地理解这样一个重要的策略思想:"动静结合。"当然,对此我们还可围绕"变与不变""过程与结果""特殊与一般""整体与局部"等关系做出自己的分析理解,包括这样一个更高层次的方法论原则:"数学可以分为好的数学与不好的数学,好的数学指的是能发展的、能越来越深入的、能被广泛应用的、能互相联系的数学;不好的数学是一些比较孤立的内容。"(陈省身语)①

由于"函数的思想、数形结合的思想、寓理于算的思想,都属于好的数学"(《张景中教育数学文选》,同前,第 565 页),因此,我们就应十分重视这些思想在小学数学中的渗透。当然,依据同一立场我们也应进一步去思考是否应当将"数感""符号意识"与"函数的思想"一起看成"数与代数"的教学最重要的指导思想,乃至将此直接列入"核心概念"? 再者,我们又是否应当将所谓的"推

---

① 建议有兴趣的读者还可对照《小学数学教师》2022 年第 2 期发表的这样一组文章"以数学活动经验发展'数学论证'"做出自己的思考,也即我们究竟应当通过何种渠道或路径帮助学生学会论证,包括我们又是否应当特别强调"活动经验"在这一方面的重要作用,乃至坚持独立思考的重要性,从而就不会因为盲目追随潮流而在不知不觉之中陷入某种误区。

理能力"扩展为"计算与推理能力"？

三、聚焦"教育数学"

在论及张景中先生的数学教育思想时，当然还应提及他所倡导的"教育数学"。以下就依据《张景中教育数学文选》的相关文章对此做出简要介绍。

以下就是张景中先生本人对于"教育数学"的具体解释："所谓教育数学，就是为教育的数学，改造数学使之更适宜于教学和学习，是教育数学为自己提出的任务。为把数学变容易，而提出新定义新概念，建立新方法新体系，发掘新问题新技巧，寻求新思路新趣味。凡此种种，无不是为教育而做数学。"(《张景中教育数学文选》，同前，第1页)

由以下的比较读者即可对此有更好的了解：

第一，正如人们现已普遍了解的，这是荷兰著名数学家、数学教育家弗赖登塔尔关于我们应当如何学习数学的具体建议，即我们应让学生通过"重复"历史上的发明创造学习数学。这也就是所谓的"再创造原则"。

显然，张景中先生倡导的由"数学教育"向"教育数学"的转变也可被看成一种"再创造"，只是其主体不是学生，而是关注教育的数学家，后者并为所说的"再创造"如何能够很好地实现相关目标提供了必要的保证。

其二，就我们应当如何认识教学工作的创造性质而言，笔者曾提过这样一个建议，即我们应当通过自己的分析使得相应的思维活动对学生而言真正成为"可以理解的、可以学到手和可以加以推广应用的"。也正因此，相对于一般所谓的"数学史在数学教学中的渗透"而言，我们就应更加重视"数学史的方法论重建(或理性重建)"。(2.4节)

与此相对照，如果说我们在此主要是就各个具体的教学内容进行分析的，那么，这就是张景中先生的高明之处，即其所思考的已由各个具体的内容扩展到了整个学科分支，即如"平面几何新路""微积分的新推理体系"等，乃至我们又如何能将相关思想或理论应用于机器证明。

当然，在此仍然有一个消化与理解的过程。例如，2.4节中所提到的关于"面积法"合理性的分析就可看成这方面的一个实例。

应当强调的是，尽管面积法的创造十分合理，但这又是真正的创造性工作应当努力实现的一个目标，即整体性理论的建构，特别是，我们如何能够很好地实现这样一个目标:"简单明快的逻辑结构,平易直观的概念,有力而通用的解题方法。"这也就如张景中先生所指出的:"我国古代数学家曾用面积关系给出勾股定理的多种证明方法。但长期以来,它仅仅被认为是一种特殊的解题技巧。我们在1974年到1994年这20年间,逐步把面积技巧发展为一般性方法并建立了以面积关系为逻辑主线的几何新体系。"(《张景中教育数学文选》,同前,第16~17页)

张景中先生并从一般角度总结出了关于我们应当如何从事相关工作的三条基本原则("教育数学三原则"):第一,在学生头脑里找概念;第二,从概念里产生方法;第三,方法要形成模式。

以下就是张景中院士关于"教育数学三原则"的具体说明:

"学生头脑里已有很多知识印象,它们要和新来的概念起反应发生变化,使新概念格格不入甚至被歪曲。把学生头脑里的东西研究一番,利用其中已有的东西加以改造形成有用的概念,是个重要手段,这样,学生学起来亲切容易。

"光有概念不够,还必须有方法。数学的中心是解题,没有方法怎么解题?从概念里产生方法,就是说有了概念之后,概念要能迅速转化为方法。不能推来推去走过长长的逻辑道路学生还看不见有趣的题目,摸不到犀利的方法。

"方法不能过多,不能零乱,要形成统一的模式。像吃饭一样,光吃零食不利于肠胃吸收,不利于健康。形成模式,即形成较一般的方法,学生才能会心里踏实信心倍增。

"总之,教育数学三原理很简单,无非是说概念要平易、直观、亲切,逻辑推理展开要迅速简明,方法要通用有力。"(《张景中教育数学文选》,同前,第5页。)

由此可见,对于"核心概念"和"基本定理"的很好把握也可被看成"精通方法"的关键,以下就是张景中先生围绕面积法所认定的两个基本方法或模式:

(1)共边比例定理。若直线AB与PQ相交于M,则

$$\frac{S_{\triangle PAB}}{S_{\triangle QAB}} = \frac{PM}{QM}。$$

（2）共角比例定理。若 $\triangle ABC$ 与 $\triangle A'B'C'$ 中有 $\angle A = \angle A'$ 或 $\angle A + \angle A' = 180°$，则

$$\frac{S_{\triangle ABC}}{S_{\triangle A'B'C'}} = \frac{AB \cdot AC}{A'B' \cdot A'C'}。$$

张景中先生并强调指出："这两个定理得来不费功夫。由于平凡，两千多年间无人重视。其实，它们用处很大。有'鸡刀杀牛'之效。……教学实践表明可节省课时，提高学生能力，有多快好省的效果。"（《张景中教育数学文选》，同前，第 19～20 页）

除去第二章中的例 14 以外，以下也可被看成利用面积法解决问题的又一实例：

[例 5]　三角形的"中线定理"。设 $\triangle ABC$ 的两条中线 AM、BN 交于 G，则 $BG = 2GN$，也即三角形中线的交点将其分割所成的两条线段的比为 $2:1$。

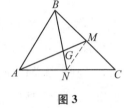

图 3

证明：连续 MN，依据"共边比例定理"，可以得到

$$\frac{BG}{GN} = \frac{S_{\triangle ABM}}{S_{\triangle ANM}}。$$

因为 N 是 AC 边的中点，因此显然有 $S_{\triangle AMN} = S_{\triangle CMN} = \frac{1}{2}S_{\triangle ACM}$。

同理可得 $S_{\triangle ACM} = S_{\triangle ABM}$。所以 $S_{\triangle AMN} = \frac{1}{2}S_{\triangle ABM}$，也即 $S_{\triangle ABM} = 2S_{\triangle AMN}$。

由此可得

$$\frac{BG}{GN} = \frac{S_{\triangle ABM}}{S_{\triangle ANM}} = 2。$$

证毕。

应当强调的是，上述的"原理"并可被看成这样一种工作的典型实例，即我

们如何能由"就题论题"上升到"就题论法"和"就题论道"。相信读者也可由张景中先生的以下论述在这方面获得直接的启示:"教育数学要研究有效而易学的解题方法,要提供中巧。""中巧要靠数学家研究创造出来,才能编入教材,教给学生。学生主要是学,而不是创。在学习中巧过程中体验数学的思想方法,锻炼逻辑推理的能力,或能部分地掌握大巧。至于小巧,学一点也好,但不足为法。"(《张景中教育数学文选》,同前,第 24 页)

　　以下则是笔者通过学习获得的一个直接启示:无论就"相似三角形"或是"面积法"而言,它们的应用都离不开边的比例关系,因此,"比(例)"的概念就应被看成中小学数学教学最重要的概念之一。不难想到,这一认识并是与张景中先生关于"算术应用题大多与一次函数密切相关"的论述完全一致的;另外,如果说借助概念的综合分析我们即可很好地理解"联系的观点"的重要性,那么,上述的"面积法"显然就十分清楚地表明了"变化的思想"的重要性,因为,后者主要地就是通过将边与边之间的关系转化为面积之间的关系去解决问题的。又由于所说的"联系的观点"和"变化的思想"都可被看成重要的思维品质,因此,就总体而言,这就不仅可以被看成"在学习中巧过程中体验数学的思想方法"的具体实例,而且也十分清楚地表明了这样一点:相对于各种具体方法的学习,我们应当更加重视学生思维品质的提升,包括将此看成数学教育的基本目标。

　　显然,从同一角度我们也可更好地理解切实做好"居高临下"的重要性。

第五章

文化视角下的数学教育

对于广大一线教师而言，"数学文化"已不再是一个陌生的名词，但无论就相关的理论建设或是教学实践而言，又都不能说已经取得了重要进展，特别是，除去偶尔的"外部渗透"以外，相关研究还不能被看成已对日常的教学工作产生了较大影响，我们更不能说对于这方面的各个重要论题都已有了清楚认识，特别是，我们究竟应当如何认识数学教育的文化价值？我们又如何能够充分发挥数学教育的文化价值？本章的论述也将集中于这样两个论题，希望能很好地发挥理论研究对于实际教育教学工作的促进作用，特别是有助于一线教师提升在这一方面的自觉性，从而更好地承担起自己的社会责任。

5.1 为什么应当重视数学教育的文化研究

一、从一般"文化"谈起

在对这一问题做出具体分析前，显然应当首先解答这样一个问题：什么是"文化"？对此事实上不存在某种为人们一致接受的"定义"或解释。基于我们的目标，笔者将采取关于"文化"的这样一种理解：这是指由某种因素（职业、居住地域、民族等）联系起来的一个群体特有的生活态度、思想方法与价值观念。这也就是指，我们在此主要是针对由某种因素联系起来的特定群体进行分析考察的，并集中于群体成员共有的生活态度、思想方法与价值观念。

这是"文化"十分重要的两个特征：第一，所说的"态度、思想方法与价值观念"在大多数情况下都不是明文的规定，即使群体成员对此也未必有清醒的认识，但在他们生活或工作的方方面面乃至举手投足之中，都有明显的表现，并可说十分自然,而不是刻意做作的结果。第二,无论是所说的生活工作习惯或行为方式,或是更深层次的态度、思想方法与价值观念,它们的养成主要都是一个潜移默化的过程,也即是通过在相应共同体中的生活、工作不知不觉地形成的,从而也就可以被看成对于相关传统的一种继承。"不识庐山真面貌,只缘身在此山中。"这也是大多数成员何以往往对此缺乏清醒的自我意识,更缺乏自觉反思的主要原因。

为了清楚地说明问题,以下就举出笔者在这方面的一些具体体验:尽管它们主要涉及不同国家或民族的不同特性,由此我们仍可清楚地看出所说的"文化"确实存在,只是人们通常对此并不具有清醒的认识:

[例1] 中国留学生的生活方式。

20世纪80年代笔者曾由国家公派赴英国做长期学术访问。由于经济条件的限制,当时大多数中国留学人员的居住条件都不是很好,如常常居住于英籍印度人的出租房,并需自行解决烹调等生活问题。

一天,印度房东向我提了这样一个问题:你们这么多中国人,每人每天都要做饭,而且都是各做各的饭;如果是印度人的话,就一定会合作:大家轮流做饭,一个人解决所有人一天的吃饭问题,这样就可节省大量的时间和精力。你们为什么不这样做?

笔者一时无以为答,只能对付着说:"我们的口味不一样!"

[例2] 不同民族在飞机场的表现。

在不少欧洲人看来,中、日、韩这几个国家人的长相十分相似,从而仅从外形上看就很难区别,但他们也总结出了一些区分的方法。

例如,在机场候机时,如果一群人围在一起,一个长者夸夸而谈,其他的人都毕恭毕敬地听,这很可能是日本人;如果一群人聚在一起说事,所有人都积极参与,抢着说话,这应当是韩国人;如果一群人聚在一起,一个人在说话,其他人则似乎毫无兴趣,东张西望,漫不经心,这应该就是中国人。

[例3] ICME - 10程序委员会的一次生日聚会。

作为国际数学教育大会(ICME - 10)程序委员会的一员,笔者曾在外国参加过一次生日聚会：委员会的 21 名成员（其中亚洲 4 人，除笔者以外，还有一名日本人、一名韩国人和一名新加坡人）一起到咖啡馆为一名成员庆祝生日。席间有人提出：所有人都用自己国家的语言唱一首自己国家的生日歌。这一建议得到了大家的赞同。但笔者很快就想到：我们中国没有自己的生日歌，只有引进的外国生日歌。后来发现，这又不是中国的特有现象。因为，日本等亚洲国家也是同样的现象。

从中我们又可引出什么样的结论呢？

从文化研究的角度看，由上面的例子我们显然也可引出这样两个结论：第一，比较可被看成文化研究最基本的一个方法，特别是，这十分有益于我们纠正这样一种常见的弊病，即尽管我们都处于一定的文化传统之中，但却往往对此缺乏清醒的自我认识。第二，这也是我们为什么应当积极从事文化研究的主要原因，即提升自身在这一方面的自觉性，特别是，能清楚地认识已有传统的优缺点，从而就能通过有针对性的工作取得新的进步。

从教育的角度看，我们还可引出两个进一步的结论：第一，这正是社会进步的一个重要表现，即通过教育更好地实现文化传统的继承与发展，这并可被看成"师徒制"与"学校教育"的主要区别。第二，我们不仅应当清楚地认识比较研究对于我们改进教育的特殊重要性，还应高度重视什么是这一方面工作的适当定位。

例如，正如第二章中所提及的，这就应被看成我们由英国同行通过中英交流得到的收获所应获得的一个重要启示，即我们决不应对于自己的传统采取完全否定的态度，即如轻易地认定"我们的基础教育是过时的、落后的"，乃至认为我们应当以西方为范例去从事数学教育改革。当然，这也是我们应当注意纠正的又一错误认识，即认为中国的数学教育传统完美无缺。例如，正如 4.1 节中所提及的，这是由几位曾先后在中美两国任教的数学教师通过对照比较得出的一个重要结论，即我们应当清楚地看到中国数学教育的这样一个"软胁"："应试教育"；当然，就当前而言，我们又应进一步去思考：自 2001 年实施新一轮课程改革以来，上述现象究竟有了多大的改善，还是有越演越烈之势？

就传统的继承与发展而言，我们还应注意防止这样一些做法："一叶蔽

目",即未经深入研究就随意地去做出普遍性的结论:

[例4] "新西兰的阳光"。

这是课改初期相关人士为了"证明"中国数学教育落后,并需要向西方学习所引用的一个实例(王宏甲,《新教育风暴》,北京出版社,2004):

"这是五年级的一堂课,老师出了这样一道题:每个篮子里有24块蛋糕,6个篮子里共有多少块蛋糕? 新西兰五年级的学生用各种方式踊跃回答,很有成功感。"

但是,即使在当时就已有不少中国教师对此提出了直接的责疑:"这不是我们二年级教的吗? 他们五年级的学生能答出来这也值得高兴? 像这样的教学能算是有效的吗?"

由以下的评论我们则可清楚地看出以下做法的错误性,即单凭某个(些)"外国专家"的看法就轻易否定自己的传统,特别是,因为这一评论者本身也是一名在香港工作的外国专家:

[例5] 应当如何看待外国专家对于中国数学教育(学)的评论。

"在香港,我们的一些同事是外国人,他们不懂广东话,但是却去学校做教师教育者。他们不理解教师讲的话,只是看看课堂,如果他们看到学生以小组的形式学习,他们就会说'这是好的教学'。到另一个班级,如果他们看到的是全班教学,他们就会说'这是差的教学'。"("什么是好的教学——就中国教师关心的问题访马飞龙教授",《人民教育》,2009年第8期)

当然,对于所说的错误有不少国内的专家也起到了推波助澜的作用,但又正如以下评论所清楚地指明的,对于后者的真实用心我们又应有足够的警惕:

[例6] "各类'专家'满天飞"(新加坡《联合早报》)。

"今天或许也是对应市场上的需要,各类'专家'满天飞……较危险的是一些有点相关知识,但人们却摸不着底的人物……尤其到国外某个小地方转一圈后,回到中国就更能把国外如何如何朗朗上口,向还没有机会到国外去的广大群众宣扬他们的'专家级'见解。

"真正危险的还是一些有学历资格的'专家'……他们吃香,因为他们懂得如何贩卖自己的专门知识……可怕之处在于,这类人士可以为了一己之利,往往使出断章取义、一手遮天的招数,只要有钱,良知不介意靠边站。效果的夸张,事实的扭曲,却也成为了他们的'论据',被炒成权威。"

以下则可被看成关于"什么是比较研究的适当定位"这一问题的具体解答:比较研究所提供的并非某种现成的、可资直接仿效的蓝本,而主要是一面镜子,借此我们可以更清楚地认识自己的传统,促进反思与改进。

当然,除去对照比较以外,我们也应高度重视对于自身传统的认真总结,包括清楚的界定与分析,我们并应切实提升自身在这一方面的自觉性,既应反对妄自菲薄,也应反对盲目自大。

以下就从一般"文化"转向"数学文化"的专门研究,特别是,我们为什么应当特别重视数学教育的文化研究?

二、聚焦"数学文化"

首先应当提及,现实中可以看到关于"数学文化"的多种不同研究。例如,在一些数学哲学家看来,这就可被看成为数学的"本体论问题"(这是数学哲学两个基本问题中的一个)提供了可能的解答,特别是,我们如何能很好地解决这样一个矛盾:数学对象并非客观世界中的真实存在,而只是人类思维的产物,但又具有明显的客观性,甚至其创造者本人也不能随意地对此做出改变,即如随意地去认定"2+4=7"。

以下就是美国著名人类文化学者怀特(L. White)的相关论述:"数学真理存在于个人降生于其内的文化传统之中,这样,文化传统便从外部进入他的大脑。但是,离开了文化传统,数学概念既不能存在也没有意义,当然,离开了人类,文化传统也不复存在。因此,数学实在独立于个体意识而存在,却完全依赖于人类意识。"("The Locus of Mathematical Reality",《The Science of Culture》,第285~286页)

再例如,从历史的角度看,这显然也是一个很有意义的研究问题,即在人类的数学认识与整体性文化之间有什么样的关系,特别是,现存的数学体系是否可以被看成唯一可能的数学形式,后者又是否可以被看成为"西方至上"提供了有力的证据? 值得指出的是,这事实上也正是人们在相关研究中何以引入以下多个术语的主要原因:

"社会数学"(socio-mathematics),这是指在各个特定社会环境中得到发展的数学;

"自发的数学"(spontaneous mathematics),这一术语突出强调了这样一个事实:任一个人或文化群体都能自发地形成一定的数学知识;

"本土数学"(indigenous mathematics),这一术语主要是在与"外来数学"("西方数学")相对立的意义上得到了应用;

"被压制的数学"(oppressed mathematics),这是指这样的数学成分:它们存在于民众的日常生活之中,却受到了占据主导地位的意识形态的压制,也即得不到社会主导成分的承认;

"非标准的数学"(non-standard mathematics),除去与"学院数学"(academic mathematics)的对立以外,这一术语并强调了这样一个事实:各种文化都会发展,并将继续发展自己特有的数学形式;

"被遗忘的数学"(hidden or frozen mathematics),这是指前殖民地人民原先具有的,但在殖民化的过程中被遗忘了的数学知识,包括我们又应如何对此做出必要的发掘与重建。

就总体而言,上述研究也可说是与一般所谓的"民俗研究"十分一致的。与此相对照,以下事实则又应当被看成具有特别重要的意义,因为,这十分清楚地表明了"数学文化"的多样性:与西方以欧几里德几何为代表的"公理—演绎系统"相对照,中国古代的数学发展可以说采取了另一不同的路径,也即以"问题—算法"作为主要的特征,对此例如由《九章算术》就可清楚地看出。

当然,我们在此又应清楚地看到这样一个事实,即随着数学本身的发展与人类文明的进步,现代的数学研究表现出了明显的趋同性,这事实上也正是美国数学家怀尔德何以认为数学发展具有相对独立性的主要原因,也即认为我们应将数学看成人类文化的一个相对独立的子系统,尽管他在这方面的研究主要集中于数学发展的动力和规律,从而就其基本性质而言就是与一般意义上的"科学学"较为一致的。(详可见 R. Wilder,《Mathematics as a Cultural System》, Pergamon Press,1980)

再者,这也是很多新入行的数学研究者常常感受到的一种困惑,即在数学学习与数学研究之间似乎有很大的距离,从而,即使在数学学习中有很好的表现,也未必就能很快适应数学的研究工作。显然,就我们目前的论题,这也更清楚地表明了继承传统的重要性,这也就是指,除去专业知识的很好掌握以外,新入行者还应尽快了解并很好地适应相应的"研究传统"。在此笔者还愿特别强调这样一点:尽管在不同的数学专业之间有很多的共同点,但由于专业的细分与目标的不同也有很大的差别,从而也就更清楚地表明了很好地了解与继承相应传统的重要性。

[例7] 数学研究的不同"传统"。

这也是怀尔德明确提到的一个观点:"数学的普遍性看来是它在各个文化因素中最显著的特征。但是有些数学还具有明显的民族特征。长期以来人们认为法国数学偏爱函数论,英国对应用研究感兴趣,德国着重于数学基础,意大利感兴趣于几何,而美国的数学则以其抽象特征著称。"(引自 J. Kapur,《数学家谈数学本质》,北京大学出版社,1989,第 30 页)

再者,如果我们将视线集中到"纯粹数学家"与"应用数学家",两者的差异就可说更加明显:

[例8] "应用数学是坏数学"。

这是著名数学家哈尔莫斯关于纯粹数学家与应用数学家(他称为"认识者"和"实行者")之间差异的分析(载邓东皋等,《数学与文化》,北京大学出版社,1990,第 163~164 页):

"实行者和认识者常常在动机、态度、方法以及满意的标准方面各不相同。这些差别可以在应用数学(实行者)与纯粹数学(认识者)这一特例中看到。应用数学的动机是认识世界并且也许还要改造世界,所需的态度(或者,无论如何,可以说是一种惯例的态度)是一种准聚集的(把你的眼睛盯住问题);方法是按它们的实效来选择和加以评价的(所得的结果是重要的);满意则来自问题的解答经过了实际的检验而且可以用来进行预测。纯粹数学的动机常常只是好奇心;其态度则更像是一只广角镜头而不是望远镜头(看看附近是否存在更有趣更深刻的问题),方法的选择至少部分地取决于适合承上启下的谐和性(做到了这一点就有了事成一半般的快感);满意则来自解答阐明了原先似乎相距甚远的概念之间意想不到的联系。"

"在动机、态度、方法、满意的标准方面基本的差别可能与在表达方式方面的差别有联系,那是一种更加表面但更加显著的差别。纯粹数学与应用数学关于清晰、优美以及或许甚至逻辑的严密有着各自不同的惯例,而这些差异常常使得相互的交流极不愉快。""许多纯粹数学家把他们的专业看作是一种艺术,在他们的语言中,对别人的工作最高的赞扬是'漂亮'。应用数学家有时似乎把他们的学科看作是方法的一种系统化。用来赞扬一个工作合适的说法是'巧妙'或'强有力'。"

再者,即使同为"纯粹数学家",仍可能因专业不同而表现出完全不同的行事风格:

[例9] 不同专业数学家的不同行事风格。

这是英国著名数学家齐曼讲述的一个真实"故事":他所在的英国沃力克大学(Warwick University)数学研究所常常组织大型的学术活动,即选定一个主题,并邀请世界各地在这一方向上工作的 5 至 10 名著名数学家前来访问讲学。通过为这些学者安排住宿,齐曼的秘书发现,不同专业的数学家具有完全不同的"行事风格":几何学家和拓扑学家通常由他们的家属陪同,在为他们举办的各种聚会上所逗留的时间并常常超过原先的计划;代数学家则经常没有家属陪同而单独行动,并表现出了很强的计划性,甚至早在两三年前就已安排好了相关日程;与此相反,分析学家则可说"最不靠谱",他们从不按照事先商定的日期抵达,原先商定与家属同行最终则又往往起了变化……齐曼并因此而得出了这样一个结论:"他们事实上属于完全不同的心理类型。"

当然,作为数学教育工作者,我们所关注的又主要是数学学习对于一般人行事方式与风格,包括深层次的态度、思想方法与价值观等是否也有重要的影响? 所说的影响又主要体现在哪些方面?

以下就是关于"数学文化"的具体解释,这并是由先前我们关于"文化"的定义直接派生出来的:这是指人们通过实际参与各种数学活动包括数学学习所形成的特殊的行为方式、思维方式与价值观念,尽管它们的形成主要是潜移默化的过程,但却仍然对于他们的全部生活或工作有一定的影响,甚至体现于生活与工作的方方面面。

但是,数学学习难道真有这么大的影响吗? 为什么我们中的大多数人对此又都没有真切的感受呢? 为了做出清楚的说明,以下就以数学教师作为直接对象做出简要分析。具体地说,数学教师当然都具有学习数学的多年经历,有不少更已教了多年的数学,因此,如果在他们的身上都看不到所说的影响,所有关于"数学文化"的分析显然就没有任何的说服力。进而,这也可被看成先前分析的一个直接结论,即在从事这一研究时我们应当主要采取对照比较的方法,即如通过与语文教师的比较来进行分析。

[例10]　语文教师与数学教师的不同"风格"。

经常参加教师培训,此类活动常常是这样安排的:这一周是语文教师,下一周是数学教师。一次碰到安排住宿的老师,笔者随口问道:"数学老师和语文老师的味道是否一样?"尽管对方不是搞教育的,她的回答却十分肯定:"数学老师和语文老师的味道完全不一样!"这当然引起了笔者的兴趣:"怎么不一样?"这位老师回答道:"语文老师很难弄,非常个性化,每个老师的要求都不一样。有的说我神经衰弱,不能和别人睡一个房间,所以千万千万给我安排个单间;有的说我一定要住向阳的房间,因为看不见阳光我会情绪低落……数学老师则很简单,来了以后只有一句话:'是不是大家都一样?'"

听报告也不一样:语文老师容易激动,愿意鼓掌,甚至会站起来鼓掌,听到激动之处更恨不得冲上来和你拥抱……数学教师则往往静静地坐在那里,比较含蓄,不太愿意鼓掌,最多露出一点微笑:"这个人讲得还不错。"……

[例 11]　**听课中的不同"表现"。**

在深圳听课,有数学教育专家,也有语文背景的专家,大家一起听课。一堂课下来语文背景的老师三次流下了热泪;但笔者的第一反应是:"我还没有搞清楚为什么要掉泪呢!"

还是在深圳,听语文教授作题为"什么是中国语文"的报告。可以设想:如果是数学教师,一定会对"中国语义"做出明确定义;但中文教授的做法完全不同:他举了 10 个例子:"推敲不定之月下门","闭花羞月之少女貌"……很生动,很有味道,但例子说完就没有了。我说:"你还没给定义呢!"但这恰恰是语文教学的特有韵味:语文讲究的就是比喻,从而给人留下很大的想象空间;数学讲究的却是确定性、客观性、精确性……

当然,相关研究不应停留于纯粹的"趣闻逸事",而应更加关注这可以给我们什么启示,特别是,究竟什么可以被看成数学教育的文化价值,这对于人们整体素养的提升又有什么重要性? 这正是 5.2 节的具体论题。

为了促进思考,建议读者在此还可先行思考这样一个问题:你如何看待"数学疯子"这样一个说法,或者说,现实中是否真的有人可以被形容为"数学疯子",还是"数学怪人"这样一个形容更为恰当? 这两者之间究竟又有什么不同? 因为,借此我们或许可对下面的论题有更深入的认识。

5.2　数学教育的文化价值

前一节中已经提到,对照比较是文化研究最主要的方法或途径。以下就通过数学教学与语文教学的对照指明什么是数学教育的文化价值。

为此可以先来看这样一个实例:

[例 12]　**教学中的"错位"现象。**

如果数学课上出现了以下现象,你会有什么想法:

教师先在黑板上画了一个大大的圆,然后问:看着这个圆你想到了什么?

学生们表现出了丰富的想象力:一轮红日;十五的月亮;这是世界上最美

的图形:我爱死你了……

你觉得这是否可以被看成一堂真正的数学课,还是更像一堂语文课?

再例如,教师在数学课上提了这样一个问题:"山上有 5 只狼,猎人开枪打死 2 只,还剩下几只?"

一个学生回答道:"一只也没有剩下,因为它们是一家子,猎人打死的是父母亲,这样三个小狼就一个也活不下去了。"

显然,这个学生也是将数学课误当成了语文课。

现实中当然也可看到相反的例子:

"我们正在学习《太阳》一课,就在我进行总结的时候,一只小手高高地举了起来。是铭——一个喜欢发言却又词不达意、经常会制造点麻烦的孩子……他结结巴巴地讲:'老师,太阳不……不是圆的……'同学们一听,哈哈大笑起来,说:'我们天天都看到太阳,太阳怎么可能不是圆的呢?'可是铭涨红了脸,固执地坚持:'真的,太阳真的不是圆的。我从书上看来的。'……"

上述现象为什么都可被看成所谓的"错位现象"? 错位现象的存在又为我们提供了什么启示?

笔者的看法是:尽管不存在明确规定,但这确又可以被看成人们的一项共识:数学课和语文课都有自己特殊的"味道"和行为方式,或者说,一定的传统,并代表了不同的文化。

那么,究竟什么是数学课特有的"数学味",这与"语文味"究竟又有什么不同? 以下就结合更多实例对此做出具体分析。

[例 13] 一堂优秀的语文课:《珍珠鸟》。

这是语文特级教师窦桂梅老师演示的一堂语文课。她在教学中有意识地突出了课文中的这样一些关键词:小脑袋,小红嘴,小红爪子……并要求学生在朗读时努力体现"娇小玲珑、十分怕人"这样一种意境("读出味道来"),从而成功地创设了这样一个氛围:对于小珍珠鸟的关切、爱怜……孩子们甚至不知不觉地放低了声音,整个教室静悄悄的……

听课中笔者并有这样一个感受:听一堂好的语文课真是一种享受! 而且,

即使对外行而言,多听几堂好的语文课也可大致地体会到什么是语文课特有的"语文味"。用专业的语言说,语文主要是一种"情知教学":教师将教材中的情感因素充分地发掘出来,从而在课堂上造成了一种强烈的情感氛围,并使学生受到强烈的感染……

当然,语文课也应让学生学到一定的知识,这也是语文教学的特殊性所在:这主要是一种"情知教学",即以情感带动知识的学习。例如,在所说的课例中,窦桂梅老师就不断要求学生用自己的语言(或一句成语)表达自己的感受,或是要求学生对若干想象的情景(不同于书上的情景)作出具体描述……

在此还可提及一些相关的论述:"语文天生多情,天生浪漫,语文教学……有其自身的文化韵味。""让学生对文本生'情',用'情'来理解文本……用'情'来感染学生。"现在的问题是:对于数学教学我们是否也可做出同样的结论,或者说,用同样的方法从事数学教学?

显然,对于后一问题我们应做否定的回答。因为,如果说语文教学是一种以情感带动知识学习的"情知教学",那么,数学教学就是相反的情况,也即主要是"以知贻情",所涉及的情感也应说截然不同:我们希望的是通过数学教学在学生中培养出一种新的情感。

具体地说,语文教学中所涉及的主要是人类最基本的一些情感:人世间的爱恨和冷暖,生命的短暂和崇高,社会历史进程中的神奇和悲欢……这也就是指,正如种种文学作品,其中首先吸引你的不是相应的语言表达形式,而是文字中的精神滋养,包括对大自然的关爱,对弱小的同情,对未来的希冀,对黑暗的恐惧,等等。与此相对照,我们在数学课上希望学生养成的则是一种新的精神:它并非与生俱来,而是一种后天养成的理性精神;一种新的认识方式:客观的研究;一种新的追求:超越现象认识隐藏于背后的本质(是什么,为什么);一种不同的美感:数学美(罗素形容为"冷而严肃的美")……

语文教学与数学教学还可说具有不同的教学风格:好的语文课往往充满激情,数学教学则更加提倡冷静的理性分析;语文教学往往具有明显的个性化倾向,数学则更加注重普遍性的知识,数学教学并必定包含"去情景、去个性和去时间"。

由以下实例读者可对此有更好的了解,包括什么又可被看成是另外一种"错位"。

[例 14]　"刻骨铭心的国耻"(张小香)。

这是一堂语文课。教师组织教学时声情并茂,很有感染力,很快就将学生置于"南京大屠杀"的情境,学生整堂课都沉浸在悲情的氛围之中,有的朗读时声音颤抖哽咽,有的热泪盈眶,有的咬牙切齿……课堂气氛低沉而压抑,几乎让人窒息,教师自己也身陷其中,难以自拔:"同学们,此时此刻,我话已经说不出来了。"致使课堂出现了短时间的停止……学生异常激动地高呼:"我要好好学习,将来制造出更先进的武器,我要替死去的 30 万中国人报仇。"……

[例 15]　买花与培养对母亲的感情。

这是新一轮课程改革开始阶段一位专家关于数学教育目标特别是所谓的"三维目标"的解读:"讲到促进学生的情感、态度和价值观的发展,很多老师认为是很空泛的。有这样一个例子,讲的是去花店买花的问题:我要给妈妈买一束花,该怎么买? 从表面上看,这里是教学加减运算的问题,这是一种知识和技能。但这里面还隐含着另一层含义:给妈妈买一束花,送她作生日礼物,通过学生的讨论交流,引发了对母亲的一种敬爱的感情,这就是课程标准所倡导的情感、态度和价值观。"

培养对母亲的敬爱感情当然没错,但如果将此看成数学教育的主要目标之一,显然是对数学教育目标的一种误读。

正如前面所指出的,数学教学当然也与情感密切相关,甚至可以说同样涉及人的本性;但这是一种不同的天性,即人类固有的好奇心、上进心:一种希望揭示世界最深刻奥秘的强烈情感。这也就如苏霍姆林斯基所指出的:"在人的心灵深处都有一种根深蒂固的需要,这就是希望感到自己是一个发现者、研究者、探索者,而儿童的精神世界里,这种需要特别强烈。"

著名科学家牛顿的以下论述则可被看成对所说的"童心"提供了一个很好的描述:"我不知道世人怎样看我,我只是一个在海滩上玩耍的男孩,一会儿找到一颗特别光滑的卵石,一会儿找到一只异常美丽的贝壳,就这样使自己娱乐消遣。"当然,这又是数学教育工作者应当切实避免的一个做法,即因为不恰当的教学使学生的童心泯灭,恰恰相反,我们不仅应当很好地加以保持,还应得到必要的发展或提炼。

以下就是所说的"发展或提炼"的主要涵义:除去已提到的目标,我们还应通过数学教学包括学生的数学学习使他们体会到一种新的、更深层次的快乐:由智力满足带来的快乐,成功的快乐;一种新的情感:超越世俗的平和;一种新的性格:善于独立思考,不怕失败,勇于坚持……

正因为此,这就可被看成一种更深层次的"错位",即完全忽视了数学教学的特殊性,而只是从一般角度进行分析:

［例16］　"工厂要建造污水处理系统吗"的教学。

这是一堂数学课,教师在教学中专门安排了"学生辩论"这样一个环节:通过明确正、反方观点,让学生通过抽签进行分组辩论,包括陈述观点和依据,以及对于对方的观点进行批驳,等等。

以下则是相关教师的总结:"在上课的过程中,我感受到绝大多数学生的情感都非常投入。对于辩论这种教学形式,学生比较感兴趣。应该说,在这节课中,多数学生情感参与的程度比较高,有着积极的情感体验。"

但这恰是笔者在此的主要关注:数学课上的辩论相对于一般辩论(如大学生辩论赛)是否有一定的特殊性,或者说,尽管各种辩论都有益于调动学生的参与积极性,有益于培养学生合作与交流,包括从多个角度、多个方面考虑问题的习惯与能力……但是,数学课上的辩论是否也有一些不同的特点?

具体地说,这正是数学辩论(以及数学思维)与一般辩论(一般思维)的重要区别:数学中我们往往是首先寻找理由(包括正反两方面的理由),然后再决定自己应当采取的立场,也即主要是一种理性的选择(正因为此,数学中就很少甚至从不通过辩论解决分歧);与此相对照,在各种辩论赛中人们则往往是首先决定立场,然后再寻找相关的理由;从而,辩论在此所发挥的就主要是修辞(劝说)的作用,人们甚至更可能以情感完全取代理性的分析。

应当指出的是,除去防止对于形式的片面追求,特别是,"表面上热热闹闹,实质上却没有收获"以外,我们还应进一步去思考:一般性辩论是否也有一定的局限性,甚至是副作用? 什么又是数学教学所应追求的境界? 相信读者由以下实例即可在这方面获得直接的启示:

[例17] 由亲子对话引发的思考。

与儿子一起听电台的辩论节目,双方唇枪舌战,斗争激烈。我问儿子:"如果让你辩论,你愿意作正方还是反方?"儿子说:"我们学校也有这样的辩论。正方反方都是抽签的,抽到哪一方就得替哪一方辩论。观点不重要,重要的是会说,把对方驳倒你就赢了。"

我问他:"那如果你抽到你反对的观点呢? 你自己都说服不了自己,怎样去说服别人……"

儿子说:"如果非要我选择跟自己观点不同的辩方。那我就不参加。"

"可是你刚才说了,这是一场比赛,目的就是要击败对手,跟观点没关系。你弃权表示你已经输了。"

儿子问我:"妈妈,那你是想我做个聪明的人呢,还是做个善良的人?"儿子丢了个问题给我。

我陷入了思索中,是啊,如果你为之辩论的观点让你反感,不屑,你是颠倒黑白打倒对方证明自己有多聪明呢? 还是坚持自己的原则,做个诚实善良的人? 你是决定做个识时务的聪明人指鹿为马? 还是做个坚持原则真诚善良的人独立在风口浪尖? 也许成年人都难以明白的道理,孩子却清晰如明镜:人可以不聪明,但不可以不善良。

容易想到,这也是数学教育应当发挥的一个重要作用,即帮助学生逐步养成这样一种品格:敢于坚持真理,而不是轻易地放弃自己的观点。 由以下的实例可以看出,即使是小学数学教学也完全可以在这方面发挥重要的作用:

[例18] 小学生的信念。

"我们所处的时代的一个主要特点是确定性的丧失,它几乎影响到人类经验的所有方面:政治、宗教、经济、艺术、对科学的理解及文明自身的前景。世界上许多国家,不管是工业化国家还是发展中国家,其社会和家庭生活模式的重新调整都会给儿童和成人留下比任何前辈更广泛的不可靠感和不确定感。对许多孩子来说,学校象征着一种在别处找不到的稳定。然而从中小学课程中,儿童认识到他们所做的大多数事情是凭个人见解来判断的,文章的质量、绘画质量或外语发音的好坏都是如此。甚至明显是以事实为基础的学科,如历史,也只得不予以深究地加以接受。只有在数学中可验证其确定性。告诉一个小学生第二次世界大战持续了 10 年,他会相信;告诉他两个 4 的和为 10,就会引起争论了。孩子们借助于已有的数学能力,能知道什么是对的,什么是错的,同时还能自己验证,即使有时并没有要求他们这样做。"(ICMI 研究丛书之一:《国际展望:九十年代的数学教育》,上海教育出版社,1990,第 79 页)

以下就对数学的文化价值做出综合分析。

第一,由于对"核心素养"的强调正是我国教育领域在当前的整体趋势,以下就首先围绕这样一个概念做出分析。

具体地说,正如前面已多次提及的,作为数学教育工作者,我们既应很好地贯彻与落实这一总体性的教育思想,同时又应坚持立足自己的专业进行分析思考,而不应停留于一般性的论述,也即应当进一步去思考数学对于提升个人与社会整体素养究竟有哪些特别重要甚至是不可取代的作用?

应当强调的是,相关分析又不仅可以被看成为我们应当如何理解"数学核心素养"提供了具体解答,也从一个角度清楚地指明了什么是"数学的文化价值":这不仅是指我们应由具体的数学知识和数学技能上升到思维这样一个层面,而且还应由具体的数学思维和策略过渡到一般性的思维策略与思维品质的提升,特别是,应帮助学生逐步学会更清晰、更深入、更全面、更合理地进行思考。

依据上述分析相信读者也可更好地理解以下的教学实例:

[例 19] "深度思考,不断逼近问题的本质——以'卖牙膏的故事'为例"(华应龙,《小学数学教师》,2021 年第 12 期,第 31~40 页)

一、故事引入,激发探究欲望

师:美国有一家生产牙膏的公司,物美价廉,销售火爆。可是,十年后,牙膏销量停滞不前了……于是,公司召开高层会议,商讨对策。

会议中,一位年轻经理提出一条建议:"把牙膏的口径扩大1毫米。"第二年,公司的销售额增加了百分之——

师:销售额增加了百分之多少呢? 猜一猜!

……

课件出示32%,学生惊讶得张大了嘴。

师:你脑洞大开了吗? 你在好奇什么问题? 同桌两人说一说。

生:为什么牙膏的口径增加了1毫米,销售额就能增加32%?

……

二、对话交流,分析变化的量(略)

三、尝试计算,确信增加率

1. 讨论如何量化增加率

师:1毫米真的能增加32%的销售额吗? (学生陷入思考)刚才我们是定性研究有哪些量在变化,以及它们是怎样变化的。现在,还要定量研究,用数量来刻画,才能有效验证销售额是不是有可能增加32%。(学生点头)

师:这就有点难了……你看,在这一系列变化中,哪一组变化是最关键的? ……

2. 学生尝试计算

学生借助计算器独立研究1分钟。

师:如果你还没有思路,华老师给你一点帮助,可以参看屏幕上的表格:

原口径(毫米)	现口径(毫米)	增加率

……

四、升华认识,育人出新

师:孩子们,看着算出来的数据,口径扩大1毫米,销售额增加32%有没有可能? (学生确信地点头:"有可能")是呀,有可能! 说不定还有人能判断出原来的口径在——

生:6和7之间。

师：哈哈，在 6 和 7 之间，确实能做出这个判断……口径扩大 1 毫米，确实有神奇的效果。现在，你会如何评价这一创新？

师：从老板的角度想……如果从消费者的角度看呢……那如果从社会的角度呢？……

综上可见，这就是"数学的文化价值"的主要涵义，即有助于人们养成思考的习惯，乃至逐步地爱上思考、学会思考。

第二，这是"数学的文化价值"的又一重要涵义，即有益于人们理性精神的养成，成为真正的理性人。

特殊地，这显然也可被看成著名数学史学家克莱因以下论述的核心所在："数学是一种精神，一种理性的精神。正是这种精神，激发、促进、鼓舞并驱使人类的思维得以运用到最完善的程度，亦正是这种精神，试图决定性地影响人类的物质、道德和社会生活；试图回答有关人类自身存在提出的问题；努力去理解和控制自然；尽力去探求和确立已经获得知识的最深刻的和最完美的内涵。"（M. Kline，《Mathematics in Western Culture》，George Allen and Uuwin Ltd.，1954，前言）

由以下分析读者即可对此有更好的理解：

"理性"最早是在与"愚昧无知"相对立的意义上得到了应用，即认识到了自然界并非混乱、神秘、变化无常，或是由天神完全控制和支配的；恰恰相反，世界有一定的规律，我们并可通过恰当的方法发现这种规律。

从历史的角度看，正是古希腊的智者首先在这一方面取得了实质性的进步："希腊的智者们对自然采取了一种全新的态度。这种态度是理性的、批判性和反宗教的。神学中上帝按其意志创造了人和物质世界的信仰被抛弃了。智者们终于得出了这样的观念：自然是有序的，按完美的设计而恒定地运行着。……这种设计，虽然不为人的行为所影响，却能被人的思维所理解。"克莱因并进一步指出，古希腊人之所以能做到这样一步，"决定性的一步是数学知识的应用"。（《数学：确定性的丧失》，湖南科学技术出版社，1997，第 1～4 页）

在此还应特别提及所谓的"毕达哥拉斯-柏拉图传统"，因为，这不仅可以被看成上述认识的集中表现，更在西方文明的形成过程中发挥了特别重要的作用:"到 15 世纪……毕达哥拉斯-柏拉图强调数量关系作为现实精髓的思想逐渐占据了统治地位。哥白尼、开普勒、伽里略、笛卡儿、惠更斯和牛顿实质上在这方面都是毕达哥拉斯主义者,并且在他们的著作中确立了这样的原则:科学工作的最终目标是确立定量的数学上的规律。"(克莱因,《古今数学思想》,第一册,同前,第 251 页)

　　所说的传统集中体现了这样一种认识:我们对于自然界的研究应是精确的、定量的,而不应是含糊的、直觉的。这事实上也正是近代自然科学得以形成的一个重要条件:"近代科学的历史,……就是将关于光、声、力、化学过程以及其他概念的模糊思想化归成数及量性关系的历史。"(克莱因,《西方文化中的数学》,九章出版社[台湾],1995,第 511 页)在很多学者看来,这也更清楚地表明了数学对于人们认识活动乃至理性精神形成的重要作用:"自然科学具有最高度的理性,因为它是受纯数学的指导的,它是通过归纳的数学的研究而获得的结果。难道这不应成为一切真正知识的楷模吗? 难道知识,如果它想成为超出自然领域之外的真正知识的话,不应以数学为楷模吗? ……当然,直接从伽利略起的理论和实践的重大成功在此起了作用。从而,世界和哲学呈现出全新的面貌:世界本身必须是理性的世界,这种理性是在数学的自然中所获得的新的意义上的理性;相应地,哲学,即关于世界的普遍的科学,也必须被建筑成一种'几何式的'统一的理性的理论。"(胡塞尔,《欧洲科学危机和超验现象学》,上海译文出版社,1988,第 72 页)

　　正如 3.1 节中所提及的,在此我们还应清楚地看到这样一点:"多亏了数学,人们才能有些可以确信的东西";"数学已经给人类带来了无可估量的心理上的满足,我们不再害怕疯狂的上帝与我们人类开冷酷无情的玩笑了"。

　　其次,"理性精神"又不仅涉及我们对于客观世界的认识,也与人类对于自身的认识密切相关,包括我们如何能够将自身的认识能力发挥到尽致。

　　以下就是一些相关的论述:"数学……是一种活动,在这种活动中,人类精神似乎从外部世界所取走的东西最少,在这种活动中,人类精神起着作用,或者似乎只是自行起着作用和按照自己的意志起作用。""(正)因为数学科学是人类精神从外部借取的东西最少的创造物之一,所以它就更加有用了……它充分向我们表明,当人类精神越来越摆脱外部世界的羁绊时,它能够创造出什么东西,因此它们就愈加充分地让我们在本质上了解人类精神。"(彭加莱,《科学的价值》,光明日报出版社,1988,第 374、367 页)

在此我们还应特别强调这样一点:"当数学越是退到抽象思想的更加极端区域时,它就越是在分析具体事实方面相应地获得脚踏实地的重要成长。没有比这事实更令人难忘的了。"(怀德海语。J. Kapur 主编,《数学家谈数学本质》,北京大学出版社,1989,第 209 页)这也为数学何以能够在现代的自然科学研究中起到越来越大的作用提供了直接解释:这不仅是指"由定量到定性"这一思想的应用,还包括这样一个事实:正是数学为科学创造提供了必要的概念工具:"对于一个物理学家来说,数学不仅是可以用来计算现象的工具,而且是可以创造新理论的那些概念和原则的主要源泉……一个物理学家必须借助于数学来建立他的理论,因为,数学使他能比有条理的思考想象出更多的东西。"(戴森,"自然科学哲学问题丛刊",1982 年第 1 期,第 61 页)

就我们目前的论题而言,这显然也就十分清楚地表明了数学对于提高人们认识能力乃至思想解放的重要作用:"从历史上看,数学大大促进了人类思想的解放,提高与丰富了人的精神水平。数学促进人类思想解放有两个阶段:第一阶段从数学开始成为一门科学到 18 世纪中叶,在这个时期中,数学帮助人类从宗教和迷信的束缚下解放出来,从物质上、精神上进入了现代世界。第二阶段从 18 世纪末到近代,这个时期数学最突出的事件是非欧几何的发展与关于无限的研究,这些成果后来成为相对论与量子力学的数学基础。这是人类思想的一个大的解放,提高与丰富了人的精神水平。每一次新的划时代的创造成果与新的重要数学分支的出现,都大大地促进了人类思想的解放,提高与丰富了人的精神水平。""数学把理性思维发挥得淋漓尽致……数学是向两个方向生长的,一个研究宇宙规律,另一是研究自己。探索宇宙,也研究自己——所达到的理性思维的深度,从逻辑性和理性思维的角度讲,是任何其他学科所不及的。数学提供了一种思维的方法与模式,不仅仅是认识世界的工具,而实际上成为一种思维合理性的重要标准,成为一种理念、一种精神。"(齐民友语。郑隆忻等,"论齐民友的数学观与数学教育观",《数学教育学报》,2014 年第 4 期,第 8 页)

应当强调的是,这也应被看成"理性精神"的又一重要内涵,即自觉的反思。例如,我们不仅应当清楚地认识数学对于人类文明发展的积极作用,也应对其可能的消极作用做出自觉反思。这也就是所谓的"数学的善"与"数学的恶"。

数学还可被看成唯一严格证明了自身局限性的学科。例如,著名的哥德尔不完备性定理就清楚地表明了形式化研究方法的局限性。更一般地说,我们又可提及所谓的"元数学"研究,特别是各种所谓的"局限性定理":由于这些都是以数学的整体性理论特别是理论中的证明结构为对象进行分析研究所获得的结果,从而也就可以被看成对于数学认识特别是其固有局限性的自觉反省。

正如3.1节中所提及的,从教育的角度看,我们还应特别强调"学会反思"对于现代人的特殊重要性,包括由此更好地认识积极提倡理性精神的重要性。"当一个人给自己暂停一下的时候,他就重新开始了。你开始反思,你开始重新思考你的假设前提,你开始以一种新的角度重新设想什么是可能做到的,而且,最重要的是,你内心开始与你内心深处最坚定的信仰重新建立联系……"(弗里德曼,《谢谢你迟到——以慢制胜,破题未来格局》,湖南科学技术出版社,2017)

由于"理性精神"的缺失也可被看成中国文化传统的一个明显不足之处,因此,我们在此又应明确引出这样一个结论:学生理性精神的培养正是中国数学教育工作者应当很好地承担的一项社会责任,更直接关系到了国家的未来,因为,"历史已经证明,而且将继续证明,一个没有相当发达的数学的文化是注定要衰落的,一个不掌握数学作为一种文化的民族也是注定要衰落的。"(齐民友,《数学与文化》,湖南教育出版社,1991,第12~13页)

5.3　如何很好发挥数学教育的文化价值

首先应当明确,相关论题不是从外部为数学教育增加了一个新的任务,也不应被理解成我们只有在原有的课程内容中增加一些新的成分,如数学家的小故事或数学史上的趣闻逸事,或是在教学中另辟蹊径,才能完成这样一项任务;恰恰相反,我们应当将此很好地落实于日常的教学工作,特别是具体数学知识与数学技能的教学,只是相对于纯粹的潜移默化而言,我们应当更加重视提升自身在这一方面的自觉性,由不自觉状态转变为更加自觉的状态。

由以下的分析读者即可更好地理解提升自身在这一方面自觉性的重要。

其一,我们应当如何看待"数学的生活化"这样一个主张,更一般地说,也即应当如何处理"日常数学"与"学校数学"之间的联系与区别?

首先,我们应清楚地看到这样一个事实:"在上学以前和学校以外,世界上几乎所有儿童都发展起了一定的应用数和量的能力以及一定的推理能力。"(巴西著名学者德安布鲁西奥语)但是,尽管这种源自日常生活的数学知识和能力与学校数学之间有不少的共同点,但也存在重要的区别,特别是,从发展的角度看,前者更可说有很大的局限性。例如,这种"自发的数学能力"在面对较大数量时常常会遇到困难;又由于所说的知识与能力常常与某些特定情境直接相联系,从而往往也就不具有较大的可迁移性,相关人员通常也不善于就不同情境,特别是通过不同的路径去解决问题。由此可见,尽管我们应当高度重视如何能将"日常数学"用作学校数学教学的出发点和重要背景,但又应当更加重视由"日常数学"向"学校数学"的过渡和转变。

但就现实而言,这又是一个经常可以看到的现象,即有不少儿童不仅未能很好地实现上述转变,这两者在他们身上还可说构成了直接的冲突,从而对于他们的学习产生了严重的消极影响。例如,这正是人们提出以下责疑的主要原因:

[例 20] "女儿为什么变笨了?"

这是发生在我国台湾地区一位小学教师身上的真实故事(林文生、邬瑞香,《数学教育的艺术与实务》,心理出版社[台湾],1999):

"记得 2 年前,我女儿幼稚园大班,我儿子小学三年级,有一天带他们二人去吃每客 199 元的比萨。付账时,我问儿子和女儿:妈妈一共要付多少元啊?儿子嘴巴喃喃念着:三九,二十七进二,三九,二十七进二;女儿却低着头数着手指头,一会儿,儿子喊着:"妈妈! 你有没有纸和笔,我需要纸和笔来写'进位',否则会忘。"儿子还未算出。女儿却小声地告诉我:妈妈! 你蹲下来一点,我告诉你,我知道要付多少钱了。

"哦！真的,要付多少钱?

"你拿 600 元给柜台的阿姨,她会找你 3 元。"

付完钱后,牵着女儿的手走向店外,再问:"小妹！你怎么知道给阿姨 600 元,还会找 3 元呢?"

"我数的啊！199 再过去就是 200、400、600,三个人共要给 600 元,但是阿姨一定要再找 3 元给我们才可以,她多拿了 3 元嘛!"

上面只是"前奏",更"精彩的"还在后面:

"最近带他二人去吃'沙拉吧',一人份 380 元,付账时,我问他们兄妹二人:'算算看,要付多少元?'二人异口同声地回答:'给我纸和笔。''没有纸和笔',女儿答腔:'那就算不出来了。'"

这位教师感慨地说:"只差两年,我女儿就变成不会解题,只会计算了。"

的确,面对这样的现象,我们每一个人特别是数学教师,都应认真地思考:"究竟是谁把小孩教笨了?"

更一般地说,又如德安布鲁西奥所指出的,尽管"在上学以前和学校以外,世界上几乎所有儿童都发展起了一定的应用数和量的能力以及一定的推理能力,然而,所有这些'自发的'数学能力在进入学校以后都被'所学到的数学能力'完全取代了。尽管儿童们面临的是同样的事物和需要,他们却被要求使用一种全新的方法,从而,这事实上就在这些儿童心中造成了一种心理障碍,后者并直接阻碍了他们对于学校数学的学习。更有甚者,这种早期的数学学习很容易使学生丧失自信心,从而也就会对他们的一生产生严重的消极影响。(详可见 U. D'Ambrosio,《Socio-cultural Bases for Mathematics Education》,UNICAMP,1985,第 45 页)

其二,如众所知,中、小学数学教学有一定的差异或间隔,有些小学毕业生正是因为未能很好地适应中学这一新的环境出现了明显退步。但是,究竟什么是这里所说的"差异或间隔"的主要涵义,我们又应如何帮助学生很好地适应这一变化呢?

具体地说,这正是中、小学数学的一个重要区别,即由所谓的"初等数学思维"过渡到了"高层次数学思维"。也正因此,这就是解决上述问题的一个重要途径,即我们应当努力做好"高层次数学思维"在小学数学教学中的渗透。

除此以外,中、小学数学教学之间还有一个重要的差异,这并主要涉及教学思想的不同,从而往往就未能获得人们的足够重视,但却仍然对于学生的数学学习有一定的消极影响。

具体地说,如果说在课改之初,大多数小学数学教师所关注的主要都是数学教学方法的改革,更有不少人表现出了对于潮流的盲目追随,乃至在一定程度上造成了"形式主义"的泛滥,那么,所说的情况在现时就已有了很大改变,小学数学教学并可说在整体上有了明显提高,更在以下一些方面做出了很好的成绩,如数学教学中的"问题引领""整体性观念"的指导,对于"合作学习"的积极提倡,注重学生探究能力的培养等。这些工作也对学生产生了重要的影响。例如,以下就是江苏省新近以小学四年级学生为对象所做的一次调查的主要结论:"本次调查,江苏省小学四年级学生在自主学习、探究学习、动手实践、合作交流方面表现良好。大多数学生有自主学习的习惯,数学课堂上有探究学习的机会,动手实践和合作交流时目标明确,且能体会到这些学习方式对数学学习的作用。"(金海月,"四年级学生数学学习方式现状调查与教学启示——基于2020年江苏省小学数学学业质量监测数据的分析",《小学数学教育》,2022年第1/2期,4-7)但在学生升入中学以后,情况似乎又发生了根本性变化:由于中学生整天忙于"刷题",从而就根本没有时间深入进行思考;数学课上也很少采用"合作学习",甚至都不能为学生的自主探究和深入思考提供充分的时间和空间;作业多且难,往往也未能很好地体现整体的分析与安排;教师除去要求学生认真完成作业以外,似乎也完全没有考虑到如何落实学生的主体地位……更严重的是,除去考试特别是升学考试中的高分以外,中学数学教学似乎不再有任何其他的追求!显然,在所说的情况下,刚刚进入中学的学生就必然会感到很大的困惑和失落:那些原先他们已经习惯并得到充分肯定的做法现都被轻易地放弃了,他们更没有任何机会展示与发展自己在这些方面的优点或特长……难道中、小学数学教学真的是两个完全不同的世界吗?!

综上可见,在中、小学数学教学之间也存在重要的文化差异,而如果我们未能很好地解决这一矛盾,甚至都未能清楚地认识到这一差异或冲突的存在,那么,部分学生进入中学以后出现不适应甚至倒退的现象就不可避免!

以下就提出关于如何发挥数学教育文化价值的一些具体建议。就总体而言,这也是与前几章中关于如何做好数学教学的分析十分一致的,特别是这样一个基本立场,即我们应将相关思想很好地渗透、落实于日常的教学工作。建议读者也可从同一角度对此做出自己的分析总结。

第一,鉴于"数学文化"的特殊性,又由于数学教育应当被看成整体性教育事业的一个组成成分,因此,我们在教学中就应切实抓好这样两个关键词:"入"与"出"。(1.3节)以下就对此做出具体说明:

(1) 正如先前关于"学校数学"与"日常数学"之间关系的分析所已表明的,从小学生入校之初我们就应帮助他们很好地了解数学家是如何认识世界和进行工作的,也即应当很好地突出"入"这样一个关键词,或者说,应帮助学生很好地进入"数学世界"这样一个新的天地。当然,正如以上关于中小学数学教学之间差异的分析所已表明的,除去入学阶段的小学生以外,这一建议对于其他各个阶段的数学教学也是同样适用的,只是对其具体内涵我们应做不同的解读。

形象地说,对于低年级小学生而言,数学学习就像进入了一个新的国家、一个新的文化环境。显然,新进入者的首要任务就是很好了解、努力适应当地的风俗习惯,包括不同的语言文字、行为方式与道德规范等,这事实上也正是我们在小学低段应当很好地实现的一项任务,即帮助学生很好了解、努力适应数学家的思维方式与工作方式,这并主要是一个规范化的过程。

从这一角度读者也可更好地理解笔者在多年前给出的这样一个实例:

[例21] "平面图形的分类"。

这是小学数学的一项内容。在课改初期,我们可经常看到关于这一内容的这样一个教学设计:教师拿出事先准备好的一些模块(图5-3-1):它们是用不同材料制成的,如木制的、硬纸片的、塑料的等,并呈现出了不同的形状,如三角形、四边形、圆形等,还被涂成了不同的颜色,如红色、黄色、绿色等。教师要求学生对这些模块进行分类。学生通常会给出多种不同的分类方法,教师对学生所提出的各种分类方法,包括按形状、按颜色或质材进行分类等,都持肯定的态度,甚至还会鼓励学生提出更多与已提及的方法都不相同的新的分类方法。

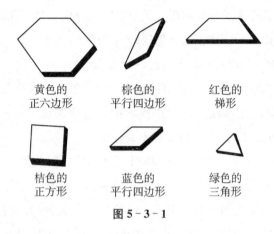

黄色的　　　　　棕色的　　　　　红色的
正六边形　　　　平行四边形　　　　梯形

桔色的　　　　　蓝色的　　　　　绿色的
正方形　　　　　平行四边形　　　　三角形

图 5-3-1

　　显然,如果从所谓的"通识教育"或是"整合课程"的角度进行分析,上述做法就应说没有什么问题,也即我们确应明确肯定学生提出的各种分类方法都有一定的合理性,因为,正如人们普遍认识到了的,分类作为一种基本的认识方法,在日常生活或科学的认识活动中都有广泛应用,而且,现实中我们也确实应当依据情境和需要采用多种不同的分类方法。但是,数学课毕竟不应被等同于"通识课",因此,我们就应更深入地去思考:究竟什么是数学教学中应当提倡的分类方法?

　　具体地说,这显然与数学的抽象活动密切相关,后者则又不仅具有特殊的形式(这是一种建构的活动),也达到了更大的高度,还包括特殊的抽象内容:在数学中我们所关注的仅仅是对象的量性特征(包括数量关系和空间形式),而完全不考虑它们的质的内容。显然,按照这一分析,就上述问题而言,就只有将所有三角形的模块归成一类,所有四边形的模块归成另一类……才可被认为是与数学直接相关的,而其他的一些分类方法,如按照模块的颜色或质料等进行分类,都不是数学教学的关注点。

　　当然,这事实上也可被看成学生认知水平提高的具体体现,即能对事物和现象的质的方面与量性特征作出清楚区分,并能将两者分割开来加以考察。由此可见,我们就应通过上述内容的教学努力促进学生认识的发展,特别是,如何能应用已学到的数学概念(更一般地说,就是数学语言)对事物和现象的量性特征做出精细的刻画,这也是一个规范化的过程。

另外,从同一角度我们显然也可更清楚地认识到以下主张的错误性,即"基础学科的去学科化",包括对于"不同学科整合"的过早强调。

具体地说,尽管所说的"整合"确有一定意义,但这显然也可被看成先前分析给予我们的直接启示,即为了促进学生的成长,我们必须由笼统提倡所谓的"核心素养"或"整体发展"过渡到各个学科的专门学习,而又只有在这样的基础上,我们才能进一步去谈及对于专业化的必要超越,包括"不同学科的整合"这一更高层次的追求。

再者,这显然也是我们面对其他一些相关主张所应采取的立场。例如,我们确应将培养学生的"社会性素养"看成数学教育的一个重要任务,但又不应将此与"学科性素养"绝对地对立起来,而应深入研究两者之间的关系。例如,在笔者看来,这事实上也可被看成以下论述的核心所在:"是啊,学习的真谛就是求真务实。也许,过了一年半载,这堂课上究竟讨论了哪些具体的知识,我们都已经遗忘。但是,如何做一个真实的学习者,真实地说、真实地听、真实地交流、真实地提问、真实地对话,我希望大家都能记住,并在今后的学习中努力去应用。"(张齐华,"'认识百分数'教学实录",《小学教学》,2020 年第 11 期,24 - 29)

其次,由于任何教育都不应停留于纯粹的"外部规范",从而使学生始终处于"无可奈何的适应"这样的被动状态,而应更加重视如何能让学生由被动转向主动学习,因此,这就应被看成这方面工作更高的一个要求,即我们应当帮助学生由单纯的"了解和适应"逐步过渡到"理解与欣赏",也即能够很好地理解数学思维方式与工作方式的合理性与必要性,从而就能发自内心地欣赏,并能自觉地融入其中。

容易想到,这事实上也可被看成一名外来者是否真正融入了一个新的国家、一个新的文化环境的主要标志。

在笔者看来,这也正是诸多数学家何以特别强调这样一点的主要原因,即我们应让学生积极地从事数学活动,从而就能很好地体会到其中的乐趣,并能真正地爱上数学。

当然,这不是指我们应使数学对学生而言变得更加简单、更加容易,即如通过游戏来学习数学,或是完全放弃了严格证明的要求……恰恰相反,这正是数学学习的主要作用之一,即有益于学生学会坚持、不怕失败……与此相对照,"如果你不让学生有机会参与这项活动——提出问题、自己猜测与发现、试错、经历创造中的挫折、产生灵感、拼凑出他们的解释和证明——你就是不让他们学习数学"。(洛克哈特,《一个数学家的叹息——如何让孩子好奇、想学习、走进美丽的数学世界》,上海社会科学出版社,2019,第38页)

总之,这正是数学教学应当遵循的基本路径:习惯—兴趣—品格—精神,我们并应特别重视如何能够保持与提升学生对于数学学习的兴趣,并能在这一方面始终具有足够的自信。

(2)所说的"出",则是指我们不仅应当帮助学生很好地了解、适应与理解数学的思维和工作方式,还应跳出数学,并从更大范围认识数学教育的价值,特别是,应帮助学生通过数学逐步学会思维,努力提升自身的思维品质,并能由理性思维逐步走向理性精神。

为了清楚地说明问题,在此仍可联系"让学生很好地理解与欣赏数学的思维方式与工作方式"这一主张来进行分析,也即这一主张的可行性和必要性。

首先,正如人们普遍了解的,这正是弗赖登塔尔关于数学学习的主要建议,即认为我们应当将"再创造"看成学生学习数学的主要方法;但是,由于后者在大多数情况下都不是一件易事,因此,弗赖登塔尔后来就将自己的主张变成了"有指导的再创造",也即认为教师必须在这一方面发挥重要的指导作用。

当然,教师还应通过自己的教学为学生做出必要的示范,特别是,应当用数学思维的分析很好地带动具体数学知识的教学,从而使学生真切地感受到数学思维的力量,并使之对他们而言真正成为"可以理解的、可以学到手和可以加以推广应用的。"(2.4节)但是,对大多数教师而言,这又应说是一个很高的要求,也即不容易得到实现;更有甚者,由于"应试"的巨大压力,我们在很多情况下所看到的都只是数学的一种扭曲了的形象,从而自然也就不可能引发学生的兴趣,而只会使得他们中的大多数人完全不喜欢数学。

由以下的实例可以看出,即使是所谓的"优秀学生"也未必会喜欢数学:

[例22]　"数学,你是个坏蛋!"(胡典顺,"从数学知识教育到数学文化教育",《中学数学教学参考》,2008年第6期)

这是一个经由初赛、次赛、复赛等层层筛选并最终成功参加"2004年全国高中数学联赛决赛(湖北赛区)"的考生写在自己试卷上的一段话:

"数学,你是个坏蛋,你害我脑细胞不知死了多少。我美好的青春年华就毁在你的手上,你总是打破别人的梦,你为什么要做个人见人恨,人做人更恨的家伙呢? 如果没有你,我将笑得多灿烂呀! 如果你离开我,我绝不责怪你无情。"

[例23]　"高成就、低信心"现象的剖析(林福来,《主动思考——贴近数学的心跳》,开学文化[台湾],2015,第3~4页)。

尽管以下分析以中国台湾地区的学生作为直接对象,但相关结论显然具有更大的普遍性:"台湾学生在历年国际评比的数学表现、成就表现始终名列前茅,然而……学生对于数学的功用、喜爱和自信心的表现却始终是倒数前几名,……呈现出'高成就、低信心'的特征,……猜测造成此现象的主要原因来自于考试制度下的数学学习特性,学生为获取较高分数,必须使用适当的演算法快速求得答案……学生少有时间与机会发展自己的思想,学习多为被动、背诵及反复练习的方式。"

综上可见,要求所有学生都能爱上数学不一定可行。

其次,由于大多数学生将来都未必会从事与数学直接相关的工作,数学思维也不是唯一合理的思维形式,更不是适用于所有的工作和场合,因此,我们又应认真地思考这样一个问题:我们是否真有必要要求所有学生都能爱上数学,并都能够学会数学地思维?

具体地说,这正是我们在当前应当认真思考的一个问题,即我们是否应当将所谓的"三会"看成数学教育的"终极目标"? 由于对此我们已在1.1节中做了具体分析,在此就不再赘述,而仅限于举出一个相关的例子,因为,在笔者看来,这确可被看成十分清楚地表明了这样一点:片面强调"三会"不仅没有必要,甚至还可能有一定的副作用:

[例 24] "从《红楼梦》看教育"(《小学数学教师》,2019 年第 2 期)。

这一文章的主要观点是:"《红楼梦》中有两个重要的主角,林黛玉和薛宝钗,她们的性格分别代表着数学中两种不同的问题解决策略——'从条件想起'和'从问题想起'。"

具体地说,"林妹妹也许并不懂得数学中那些解决问题的策略,但其实她的性格特征倾向就是习惯'从条件想起'……宝姐姐或许也不懂得数学中那些解决问题的策略,但其实她的性格特征倾向就是善于'从问题想起'"。"'从条件想起'的人行为动机是出于内心真实的感受,而'从问题想起'的人的行为动机是出于某种想要达到的目的……'从条件想起'和'从问题想起'出发点不一样,它们所经历的过程以及对新问题的生成影响也都是不一样的。'从条件想起'就像林黛玉堆起的落花冢,无用,但能触及更多人的心灵;'从问题想起'就像薛宝钗服用的冷香丸,实用,但只为解决她一个人的病症。"

显然,上述做法实在有点"数学霸凌"的味道,即将一个丰富多彩的真实世界硬行塞入到了冰冷的数学樊笼之中,也即用一个缺少人味的量的世界代替了"我们的质和感知的世界,我们在里面生活着、爱着、死着的世界"。(柯伊莱语)

那么,我们究竟应当如何认识数学教育的基本目标以及数学教育的文化价值呢?

前面已经提及,著名数学家、数学教育家波利亚的相关论述即可被看成为此提供了明确的解答,即我们应当帮助学生很好地学会有益的思维习惯和常识。显然,就我们目前的论题而言,这也更清楚地表明了我们为什么又要突出强调"出"这样一个关键词,这也就是指,我们不应单纯地强调对于数学思维与行为方式的了解、适应和欣赏,也应高度重视如何能够跳出狭隘的专业视角,并从更大的范围认识数学教育的价值,也即应当更加注重促进学生思维的发展,努力提升他们的思维品质,包括由理性思维逐步走向理性精神。

当然,对于所说的"出"我们又不应理解成对于"入"的简单否定,而是上升到了一个更高的层面(1.3 节),特别是,我们决不应因此而对数学家的思维方式和工作方式持简单的排斥态度,而应由单纯的"融入"或"追随"上升到"以我为主,为我所用",也即应当更加重视我们如何能够通过数学学习促进自身的发展,更好地完善自我。

第二,由于这正是文化继承的一个重要特征,即与主体在一定环境中的生活与工作包括相应的群体密切相关,因此,我们又应特别重视"数学课堂文化"与"数学学习共同体"的建设。

由于对于上述论题我们也已在 3.2 节中做了具体分析,以下就仅限于通过一些实例做出进一步的概括。建议读者还可以此为依据对什么是好的"数学学习共同体"做出自己的分析。

(1) 由于"推崇理性"可被看成数学文化的主要特征,因此,数学课堂就应是"说理的课堂",也即我们应当通过自己的教学努力创造理性的氛围。

例如,依据这一立场,我们在数学中显然就不应随意地去引入各种概念,而应清楚地说明引入相关概念的合理性与必要性。

具体地说,由于数学可以被看成自然科学的语言,即为人们深入研究自然提供了必要的概念工具,因此,外部需要就是人们引入新的数学概念的一个重要原因。再者,就基础教育阶段而言,我们显然也应将方便人们的生活考虑在内,这就是指,数学概念的引入也可被看成日常语言的扩展与改进。最后,从纯数学的角度看,我们又应特别重视新概念的引入是否有益于研究工作的开展,特别是认识的深化。例如,"直角三角形""锐角三角形"与"钝角三角形"等概念的引入就可被看成这方面的典型例子,特别是,"直角三角形"这一概念的引入不仅具有明显的现实意义,也为我们具体从事三角形的研究提供了必要的概念工具:我们即可按照"由特殊到一般"这一顺序逐步地去开展研究,也即首先从事直角三角形的研究,再以此为基础解决其他三角形的问题,也即通过将它们转化成直角三角形来解决问题。

但是,我们为什么不引入其他一些特殊的三角形,即如将一个内角是 135° 的三角形称为"外伸三角形"呢? 依据这一思考相信读者也就可以很好地理解笔者为什么会将以下的实例看成这方面的一个反例:

[例 25]　我们是否应当引入"内含平分"这样一个概念?

这是南京某校七年级第一学期期末数学考试的一道题目。

对于平面内给定的射线 OA、射线 OB 及 $\angle MON$,给出如下定义:若由射线 OA、OB 组成的 $\angle AOB$ 的平分线 OT 落在 $\angle MON$ 的内部或边 OM、ON 上,称射线 OA 与射线 OB 关于 $\angle MON$ 内含平分。

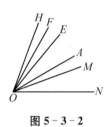

图 5 - 3 - 2

如图 5 - 3 - 2,已知 $\angle AON = 10°$,$\angle MON = 20°$,$\angle AOE = \angle EOH = 2\angle FOH = 20°$,现将射线 OH 绕点 O 以每秒 $1°$ 的速度顺时针旋转,同时将射线 OE 和 OF 绕点 O 都以每秒 $3°$ 的速度顺时针旋转。设旋转的时间为 t 秒,且 $0 < t < 60$,若 $\angle FOE$ 的内部及两边至少存在一条以 O 为顶点的射线与射线 OH 关于 $\angle MON$ 内含平分,直接写出 t 的取值范围。

以下则是笔者刚刚接触到这一题目时想到的一个问题:这一问题的难度是否过大了? 建议读者可具体地去尝试一下这一问题的求解,看看自己能否顺利地解决这一问题,前后又花了多少时间? 如果有兴趣的话,还可以小学数学教师、初中或高中毕业生,甚至大学生为对象做一调查。应当提及的是,这只是 26 个考题中的一个,考试的总时间则是 100 分钟。也正因此,这就是我们应当认真思考的又一问题,即除去让学生的考分拉开距离以外,这一考题还能起到什么样的作用? 笔者在此还有这样一个建议:作为教师,我们还可具体地尝试一下如何能使这一问题的求解对大多数初一学生而言真正成为可以理解的,并能超出问题本身有普遍性的收获? 因为,如果我们未能很好地实现这样一个目标,出现这样的考题就只会使大多数学生越来越不喜欢数学,乃至完全丧失数学学习的自信!

当然,这又是笔者在此的主要关注,即我们在此究竟为什么要引入"内含平分"这样一个概念? 难道数学中真的可以随意地引入各种概念吗? 事实上,即使单就考题本身进行分析,我们也应认真地思考这一概念的引入究竟是使原来的问题变简单了,还是将学生的思维绕糊涂了? 建议读者还可再次实际地去尝试一下能否很好地理解这样一句话:"若 $\angle FOE$ 的内部及两边至少存在一条以 O 为顶点的射线与射线 OH 关于 $\angle MON$ 内含平分。"因为,在笔者看来,这实在不是正常人能够理解的语言! 而且,除去这一特定考试场合以外,相信我们在任何场合也都不会再次遇到这样一个概念。正因为此,这事实上就可被看成"帮助人们学会用数学的语言描述世界"的又一反例!

　　作为对照,建议读者还可按照以下的思路,也即"由简单到复杂"这样一个原则重新去思考这样一个问题,即如首先考察射线 OE 转而射线 OH 不转的情况,并集中研究这两条射线组成的角的平分线何时落在 $\angle MON$ 之中或是它的两边之上,然后再按照"化复杂为简单"这一思路逐步地去解决问题。显然,由此我们也可更清楚地认识到这样一点:在此实在没有必要引入"内含平分"这样一个概念。再者,如果我们的考题(包括平时作业)完全超出了大多数学生的认知水平,就只会起到错误的导向作用!

　　最后,由以下论述相信读者即可在这方面有更深入的认识:"定义非常重要。定义是身为艺术家的你认为重要而做出的美学决定。而且它是因问题而产生的。定义是要彰显出来,并让人们注意到一项特质或结构上的属性的。……只有在你的论证达到某一点,你必须要做出区别来厘清时,定义才有意义。在没有动机的时候做出的定义,更有可能造成混淆。"(洛克哈特,《一个数学家的叹息——如何让孩子好奇、想学习、走进美丽的数学世界》,同前,第90～91页)

　　总之,要想真正做好"说理课堂"并不容易,稍不留意就可能出现相反的情况,即如将一个原先十分简单的问题复杂化,而这当然是与"说理课堂"直接相违背的。

　　[例 26]　数学应当"化复杂为简单",还是"化简单为复杂"?

　　这是南京某校八年级上学期数学期末考试的一个题目:

　　某数学小组探究下列问题:商场将甲、乙两种糖果按质量比 $1:2$ 混合成什锦糖售卖。设甲、乙糖果的单价分别为 m 元/千克、n 元/千克,求什锦糖的单价。

　　(列式可以求解)

　　(1)小红根据题目中的数量关系,通过列式得出什锦糖的单价。请你按小红的思路完成解答。

　　(不列式,画图可以求解吗?)

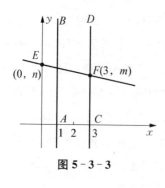

图 5-3-3

（2）小莉设计了一幅算图（图 5-3-3），设计方案与使用方法如下：

设计方案：过点 $A(1,0)$、$C(3,0)$ 分别作 x 轴的垂线 AB、CD。

使用方法：把乙糖果的单价用 y 轴上的点 E 的纵坐标表示，甲糖果的单价用直线 CD 上的点 F 的纵坐标表示，连结 EF，EF 与 AB 的交点记为 P，则点 P 的纵坐标就是什锦糖的单价。

请你用一次函数的知识说明小莉方法的正确性。

（增加一种糖果呢？）

（3）小明将原来的条件改为：商场将甲、乙、丙三种糖果按质量比 $1：2：3$ 混合成什锦糖售卖。已知甲、乙、丙三种糖果的单价分别为 12 元/千克、15 元/千克、16 元/千克。

请你帮小明在图 5-3-4 中设计一幅算图，求出什锦糖的单价。

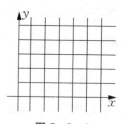

图 5-3-4

要求：标注必要的字母与数据，不写设计方案与使用方法，不必说明理由。

应当强调的是，这是笔者在此的主要关注：由于无论是上述的问题（1）或（3），只需用小学的方法就都可以轻易地得到解决，我们在此为什么要把一次函数涉及进来呢？再者，明明用"列式"就可有效地解决问题，为什么又要去涉及作图呢？更何况问题（2）中所给出的又可说是一个对大多数人既不知道是如何想出来的，似乎也完全无法理解的"图解方法"。进而，这难道不正是数学教学所应遵循的一条基本原则，即无论做什么事我们都应讲道理，特别是，决不应为了其他什么理由而把一个本来十分简单的问题复杂化，从而使学生完全丧失对数学的兴趣，乃至对自身数学学习能力的自信！

相信读者由命题方给出的第（2）小题的"参考答案"即可对以上论述有更好的理解。因为，单纯的"数据一致"显然不能被看成真正的"说理"，而且，数学教学中所提倡的也不应是对于其他人想法的理解与模仿，而是如何能够通过"方法论的重建"使之对于自身而言真正成为"可以理解的、可以学到的和可以加以推广应用的"。

[附]参考答案：

(2) 设线段 EF 所表示的函数表达式为 $y=kx+b(k\neq 0)$。

因为 $y=kx+b$ 的图象过点 $(0,n)$ 和 $(3,m)$，

所以 $b=n$，

$3k+b=m$。

解方程组得 $b=n,k=\dfrac{m-n}{3}$。

这个一次函数的表达式为 $y=\dfrac{m-n}{3}x+n$。

当 $x=1$ 时，$y=\dfrac{m+2n}{3}$。

因此，点 P 的纵坐标与什锦糖的单价相同。

最后，以上关于建设"说理的课堂"的论述显然也可被看成对于我们在教学中应当如何做好合作学习指明了努力方向：数学课上的交流与互动都应是一种理性的行为，也即应当始终坚持"以理服人""服从真理"这一基本立场。

(2) 为了促进学生的思考，我们又应十分重视为学生提供合适的环境与氛围，特别是，应为学生的深入思考提供充分的时间和空间。

例如，按照这一要求，我们在教学中显然就不应一味地强调"快"，即如要求学生尽快给出解答，包括在作业与考核中给学生布置大量的任务；教师并应善于等待，包括给思维较慢的同学必要的鼓励；教师在教学中也不应表现得太聪明，从而让学生具有更大的发挥空间。

[例 27]　"等着，就好"（华应龙，《小学数学教师》，2019 年第 5 期）。

这是著名特级教师华应龙老师 2019 年展示的一堂课："我不是笨小孩。"它的出发点是这样一道题目：

"徒弟：师父，您多大了？师父：我在你这年纪时，你才 5 岁；但你到我这年纪时，我就 71 岁了！请问：徒弟几岁？师父几岁。"

以下就是具体的教学情况：

"在学生尝试无果的情况下，老师介绍了'投石问路'，然后请两名学生画出自己的作品。接着，我问'投石'之后干什么，学生说：'问路。'我说：'问什么呢？什么变了，什么没变？有什么规律？你还发现什么？'

不少学生兴奋地举手。

我说：'不举手，不给别人压力。发现了的同学，请在自己胸前竖个大拇指。'

有发现的学生，自豪地竖起大拇指；没有发现的学生，茫然地看着我。

我说：'人和人是不一样的，有人反应快，顿悟；有人反应慢，渐悟。没问题，没有看出来的同学，正好是需要加强锻炼的。（我指着板书）就盯着这三幅图看，看看自己能看出什么。'

没有发现的学生，看一眼后又看着我。

'不行的，孩子，要定下心来看。先从左往右看，2、22、42、62。再从右往左看，62 和 2 之间有什么关系？20、25、30、35，35 和 20 之间有什么关系？30、60、90、120，120 和 30 之间有什么关系？然后，从上往下看，再从下往上看，看看什么变了什么没变……孩子，上看下看，左看右看，原来每道题目都不简单！'

孩子们笑了。

我继续用手势引导全班学生观察。少倾，有发现的学生'哦'了一声，瞪大了眼睛，笑得更美了。

学生的笑容，已将我融化。次第花开，我心满意足。

'现在，你发现 5 和 71 之间有什么关系了吗？'

'发现了！发现了！'

'那现在，这道难题你会做了吗？'

'会做啦！会做啦！'

……

开课时都不会做的一道难题，现在全班都会了。我问：'你怎么会的？'

全班几乎是异口同声，非常自豪地回答：'我自己想的！'

还有学生自言自语：'恍然大悟''一道难题迎刃而解！''很奇怪，无中生有!'……"

以下则是华应龙老师的课后总结：

"并不是我高明，我本是笨小孩，只是我在这节课中一直耐心地等着，包括让先会了的学生也等着。让那有些慢的、有些'笨'的、有些不喜欢数学的学生，自己想出来了。

"教育是慢的事业，是面向未来的事业。儿童的成长是一个缓慢的过程，那种急于得到、自以为高明的做法，失去的是儿童的幸福和未来。我以为，'等着我'一定是学生内心的呐喊。这节课中，学生发现'我不是笨小孩'，恰恰是'等'来的。一些课上，学生以为'我是笨小孩'，是否是因为'不等'而造成的呢？

"当然，也会遇到'有心栽花花不开'的时候，还等吗？怎么等？我喜欢笑着说……'你不说，我能等'，逼着学生动脑筋。当学生开始思考了，我喜欢竖起大拇指说——'思考着，是美丽的'或者'虽然教室里没有一点声音，但我分明能听到同学们思考的声音'……教师为等而做出的努力，一定不会白白浪费。

"最后，和大家分享法国作家安德烈·纪德《人间食粮》中的一句话——'我生活在妙不可言的等待中，等待随便哪种未来'。"

当然，正如 3.1 节中已提及的，我们所提倡的并不是消极的等待："关于'等着'，完全可以做篇大文章，何时等？等什么？怎么等？等等。"

再者，这显然也是教学中应当重视的又一问题，即我们应当很好地处理"安静"与"热闹"之间的关系，包括教师本身也应在这方面起到示范的作用。

（3）前面已经提到，这是"理性"的又一重要内涵，即对于自身认识能力的清楚认识，从而我们也就应当注意提升学生在这一方面的自觉性，也即应当将此看成"数学课堂文化"建设的又一重要涵义。

例如，随着学生年龄的增长，我们就应引导他们认真地去思考：什么是数学学习的主要作用？什么是学好数学的关键？什么又是最适合自己的学习方法？等等。（4.1 节）

与此相配套，我们还应切实增强教学工作的开放性，包括给学生更大的自主权,即如允许学生自主地选择做哪些作业,包括采取自己喜欢的方法,并能按照自己的节奏去进行工作。因为,这不仅是尊重学生个体特征的必然要求,也关系到了教育的最终目标,即应当促进学生的发展,而不是将他们强行塞入任何一个固定的框架,并能由学习获得真正的快乐,而不是始终停留于"取悦教师"这一较低的水平。当然,这又不是指教师在教学中可以完全放手不管,而是对教学工作提出了更高的要求,也即我们如何能"在创造的自由性和指导的约束性之间,以及在学生取得自己的乐趣和满足教师的要求之间达到一种奥妙的平衡"。(弗赖登塔尔,《数学教育再探——在中国的讲学》,同前,第 67页)

在此笔者愿特别提及这样一篇文章:"高中数学发散性思维教学的思考与实践"。因为,这清楚地表明我们在当前已在很大程度上走向了"开放"的反面,并因此而造成了这样一个严重的后果:"中国的孩子玩不起数学。"

[例 28] **"高中数学发散性思维教学的思考与实践"(梁永年,《中学数学月刊》,2021 年第 11 期,12–15)。**

"目前学生作业太多,严重遏制学生的兴趣,需要减量。还有一个问题,即作业形式过于单一,都是千篇一律的指向性问题,学生要么会做,要么不会做,不是做对就是做错……因此对于作业问题,首先要减量,把学生从繁重的作业任务中解放出来,让他们做自己愿意做的作业,让他们深入钻研有意义的问题;其次要增加开放题,与教学一样,降低起点问题的难度,让学生愿意做,然后设计开放问题,逐步引导学生深入钻研,答案不一定非对即错,允许学生谈自己的思路和想法,谈自己的发现等等,目的是打开他们的发散性思维。答案有深入与肤浅之分,但教师不给等级之分,只对答案进行点评,让学生都有成就感。

"我们的数学教学节奏之快,令人瞠目结舌。本来高中三年,两年半的新授课,半年高考复习,变成高三一年复习……如此教学,我们真正的新授课教学还剩多少时间,能真正落实知识生成教学吗?……知识生成教学是一个探究发现的学习过程,是在教师适度的引导下,学生打开思路去自主发现的过程……但需要教师给出足够时间,短时间的知识生成教学,无疑是教师过度引导所致,问题过多、过碎,指向性强,是强迫学生的假发现。学生的想象力得不到提升。"

"近年来,变式教学成为不少教师课堂教学的重要一环,变式教学的初衷是触类旁通,拓展学生的思维、拓宽学生的思路。但实际教学中,变式教学被教师演变成为相似题的重复训练……没有变出新思想,没有新颖性,更不是学生思考后的变式,仍然是固化学生思维的指向性教学,是枯燥的重复训练教学。"应当思考的是:"变式问题应该由谁提出? 如果是在教师的引导下,由学生提出问题,教师帮助学生修订而后挑选有价值的问题,再让学生解决。那是最好不过了。"

最后,尽管我们在此主要是就"数学课堂文化"进行分析的,但相关结论对于"校园文化"显然也是同样适用的,特殊地,3.1 节中关于两种不同的"教学生态"的描述即可被看成这方面的一个很好实例。

总之,我们应当努力创建这样一种"数学课堂文化":"思维的课堂,安静的课堂,互动的课堂,理性的课堂,开放的课堂。"这也是我们充分发挥数学教育文化价值的又一重要方面。

附录七　文化与教育

所谓"从文化的视角进行分析思考",主要是指我们应有较高的"文化敏感性"和"文化自觉性"。为了清楚地说明这样一点,以下就从更一般的角度做出分析论述,即将分析对象扩展到更大的范围,包括语文教育与一般教育。

第一,正如 5.1 节中所已指出的,我们既应具有"文化自信",而不应妄自菲薄,同时也应努力做到"文化自觉",特别是,应通过认真的总结与反思,包括与其他文化的对照比较,清楚地认识自身传统的优点与不足,从而就可通过更有针对性的工作,包括通过吸取其他文化的经验与长处,以及不同文化传统的适当整合,取得更大的进步。

相信读者由以下实例即可在这方面获得直接的启示,特别是,原来教育真的可以有多种不同的"样貌":

[例 29] 教育的不同"样态"。

这是一位中国旅法人士对于法国教育的总体印象(邹凡凡,"相信世界与人的良善",载于周益民,《三十人行——给孩子的访谈录》,中国少年儿童出版社,2020,162-170):

"比起中国,法国小学的学习极轻松。每个班级只有一位老师,除音乐、体育以外,所有科目都由这位老师来教,这就意味着所有科目都不会太深入。家庭作业少到令我惊慌的地步,很少出现不能在半个小时内全部完成的情况,通常只要十分钟。他们好像不怕输在起跑线上,却怕毁掉孩子的童年。

不过以下三点的确给我留下了深刻的印象,而且是比较正面的印象。

一是他们对阅读能力的培养……法国人认为阅读的重要性怎么高估都不过分……拥有阅读能力便拥有了终身学习的能力。

二是他们对于思辨能力的培养……除了中学阶段广泛阅读哲学思辨类哲学读物外,更基本的教育从小学一、二年级就开始了。比如被命名为'哲学作坊'的课堂训练。

三是无所不在的审美培养。法国之所以成为整个世界美的标杆,与这种培养密不可分。"

由上述例子我们显然也可更好地体会到这样一点:对于文化差异的敏感性正是我们真正做好"文化自觉"的一个重要条件。

第二,正如人们普遍注意到了的,这是基础教育在当前的一个重要发展趋势,即对于"整体性教学"的高度重视,这既包括"整体观念指导下的数学教学"和"数学单元教学",也包括"语文大单元教学"和"专题阅读"等。当然,不同学科的表述也有所不同。例如,以下就是语文教育领域中可以经常听到的一个主张:我们应由"读一篇文章"过渡到"读一组文章",由"读一本书"过渡到"读一套书"。

应当强调的是,作为"文化敏感性"与"文化自觉性"的具体表现。我们既可通过与语文教学的对照比较获得关于如何做好数学教学的有益启示(5.2节),也应在相反方向上做出同样的努力。以下就针对"整体观指导下的语文教学"(为方便起见,我们将把语文教育领域中的相关主张统称为"群文学习")做出简要分析。

具体地说,后一主张显然有一定的合理性,更可被看成对于语文教学中碎片化现象的直接反对与必要纠正,特别是,由于我们的教学是一堂课一堂课地进行的,因此,我们在实践中也就应当特别注意防止与纠正这样一种错误的认识,即单纯的"积累论",即如认定通过语言基础知识与基本技能的简单积累我们就可有效提升学生的语言水平。当然,正如不少学者所已明确指出的,"群文学习"还有其他一些重要的优点,即如十分有益于学生由被动变为主动学习,包括课内外学习的"贯通",等等。

当然,在做出上述肯定的同时我们也应十分重视这样一个问题,即不要因为提倡"群文学习"而加重学生的负担。再者,笔者以为,通过与数学教学的对照比较我们也可清楚地认识到这样一点,即"群文学习"也有一些潜在的风险。

具体地说,正如人们普遍认识到了的,数学发展有很强的内在逻辑,特别是,这主要应被看成一种纵向的发展,这也就是指,相对于"由少到多""由简单到复杂",我们应当更加重视"化多为少""化复杂为简单"——从认识的角度看,这并意味着主体已达到了更大的认识深度,也即较好地实现了思维的优化,而不只是对于外部规定的被动服从。

正如5.3节中所提及的,这也正是人们何以认定数学主要地应被看成一种"理性文化"的主要原因;但恰是在这一方面,我们即可看到数学教学与语文教学的一个重要区别:我们在语文教学中主要关注的并不是结论或方法的真理性,而是如何能够很好地调动学生的情感,这也可被看成语文教学的一个重要特征,即有很强的"个体性"与"瞬时性",特别是,在很多情况下,即使是只言片语也可能在"受众"身上引发巨大的共鸣和强烈的感受,尽管相关主体在很多情况下都不能对导致所说现象的原因做出清楚的说明。

也正因此,我们在此就应认真地思考这样一个问题:如果我们在语文教学中过分地强调多篇文章或著作的比较("碰撞")与整体分析是否也可能导致一些消极的后果,特别是,如果相关教学具有很强的方法论色彩的话,是否就可能导致学生思维的套路化、模式化与僵化?!

在笔者看来,这事实上也可被看成以下分析给予我们的主要启示:"'讲深讲透'……违背了文学作品的特点,'讲深讲透'就相当于'讲死'。"当然,这一论述的本意是对于"过度规范化"的直接反对,特别是,我们决不应因为对"深刻化"的不恰当强调而造成阅读的"变态":"这种阅读,不是'自读',而是'他读';不是'真读',而是'伪读';只有'训练',没有'教育'。"同样地,"任何矫情、失度、造作都是言语生命的'病态'。无论言语说得多么漂亮,读得多么动听,如果刻意地在语气的强弱和单调的高低、长短上进行技术性的加工或艺术性的雕琢,对声音进行'整容',那都是舍本逐末"。(胡亨康,《评课:对话的艺术》,福建人民出版社,2020,第 206、81、72 页)这也是笔者在此的主要担忧:"群文学习"是否也可能导致同样的消极后果,特别是,如果我们在教学中过分偏重所谓的"阅读策略"(进而,"写作策略")的话?!

由上述分析相信读者也可更清楚地认识到这样一点:我们确应努力提升自身对于文化差异的敏感性。

第三,以下再通过"教育"与"文化"的对照比较指明一般教育中应当特别重视的一些问题。

具体地说,如果说文化继承主要是一个潜移默化的过程,那么,高度的自觉性显然就应被看成教育十分重要的一个特征,后者即是指,作为有组织的社会行为,教育不仅具有明确的目标,而且也十分重视如何能够通过教育制度、课程体系等方面的整体设计和有效实施很好地加以落实。

但是,如果从更深层面进行分析的话,我们又可看到"文化"与"教育"之间也存在十分重要的共同点,特别是,我们应将"价值观"看成两者的共同核心。例如,正如 3.2 节中所提及的,尽管以下论述主要是针对"深度教学"而言的,但这对于一般的教育活动而言也是同样成立的:"教学是培养人的社会活动,要以人的成长为旨归。人的所有活动都内隐着'价值与评价',教学活动也不例外。深度教学将教学的'价值与评价'自觉化、明朗化,自觉帮助学生形成正确的价值观,形成有助于学生自觉发展的核心素养,自觉引导学生能够有根据地评判所遭遇到的人、事与活动。"(郭华,"深度学习的五个特征",《人民教育》,2019 年第 6 期)

也正是从上述角度进行分析,笔者以为,这就是我们在实际从事教育教学活动时应当特别重视的两个问题:

（1）尽管我们应将教育教学工作看成一种高度自觉的社会行为，并应努力提升学生在这一方面的自觉性，也即应当使得学习成为他们的自觉行为，但在这一方面仍有很多不十分明显但却仍然对于学生的成长具有重要影响的因素，正因为此，我们就既应十分重视"有形"的工作，也应高度重视潜移默化的影响。例如，教师的言传身教显然就可被看成后一方面特别重要的一个因素；另外，从同一角度我们显然也可更好地理解努力创设好的"课堂文化"和"校园文化"的重要性。

（2）从努力提升师生在这一方面的自觉性这一角度进行分析，我们的教育教学工作显然也就不应停留于所谓的"无痕教育"。当然，这又是这方面更加严重的一种错误，即仅仅注意了各个具体的教学细节，却忽视了"立德树人"这一教育的根本目标。

正因为此，这就应被看成我们切实增强自身教育教学工作自觉性最重要的一个方面，即尽管我们应当明确肯定不同学科合理分工与通力合作的重要性，但又应当切实防止与纠正这样一个错误的做法，即由于各门学科普遍采取了以知识（和技能）的学习为主的教学形式，从而在教学中就只是关注了学生对于相关知识与技能的掌握情况，却忽视了"以文载道""以文化人"这一更重要的目标。

也正是从后一角度进行分析，笔者以为，3.3节中所提到的以下论述就可被看成为我们应当如何做好教学教育工作提供了很好的范例：

［例30］ 写作与成长（曹勇军，"'我是新的生活，大声地向你问好'——我专业学习和成长的新故事"，《教育研究与评论》，2021年第10期，13-23）。

"在多年来的写作教学实践中，我发现一个规律，许多学生通过写作不断进步，获得写作的自信，由写一篇好文章到后来把写好文章变成了自己的追求和习惯，仿佛人在写作中醒了过来，活了过来……通过写作找到了自我，塑造了自我。"

特殊地，这显然也是数学教学应当努力实现的一个境界：我们的学生不只是为了完成作业，特别是为了对付考试而做作业，而是能够更加重视深入的思考，并能通过解题活动真切地感受到自身的成长，特别是思维品质的提升，尽管后者必然地又有一个较长的过程。

　　以下是这方面的又一范例：

　　[例31] "军校"与人的成长(八路,"军旅法则,阳刚品质",周益民,《三十人行——给孩子的访谈录》,同前,152–161)。

　　"军校生活是我一生中最宝贵的经历,让我发生了翻天覆地的变化,像换了一个人。

　　"军旅生涯对我影响最大的不是在部队学会了多少东西,因为这些东西回到地方往往是没有用处的,军旅生涯对我最大的影响是使我养成了一些好的习惯,形成了一些好的品质。比如不找借口、尊重规则、永不放弃、坚强忍耐、崇尚荣誉等。"

　　希望所有的学校和老师也都能够对于自己的学生产生同样的影响！

第六章

数学教育杂谈

所谓"数学教育杂谈",主要地仍应被看成属于数学教育的范围,只是与一般研究相比相关论题有了较大的扩展,或者说,更加偏重于由广泛阅读获得这一方面的有益启示。6.1节主要强调了评论与跨界对于数学教育研究与实际教学工作的重要作用,6.2节和6.3节集中于数学教育与语文教育的对照比较,6.4节和6.5节则涉及更多的领域,特别是艺术和禅学,6.6节不仅从一般角度对我们应当如何做好课例研究进行了分析,还包括关于《数学课程标准(2022)》中关于"实例"应用的一个简要评论。

6.1 关于"评论"与"跨界"的若干思考

一、"评论"与"研究"

笔者喜欢做评论,而且,相对于"数学教育研究者"而言,也更加倾向于"数学教育评论者"这样一个定位;但我又常常拒绝做评论,特别是,基本不在各种教学观摩或类似活动中做现场点评。

上述做法是否有点随意,还是有更深刻的原因? 以下就谈谈自己在这方面的具体想法。

首次正式接触到"评论"这样一个主题已是40年多前的事了,当时笔者正在我国著名数学家徐利治先生直接指导下从事硕士论文的写作,正是在同一时期徐先生创立了一个新的数学刊物,并起名为《数学研究与评论》,从而引发了笔者的这样一个疑问:"刊物名称中为什么要加上'评论'这样一个词?"因为,自己一直有这样的认识:研究工作最重要,是真正的创造性劳动,评论则只能起到辅助的作用。以下就是徐先生的回答：评论对于研究工作有重要的导向作用，我们甚至可以说：没有好的评论，就不会有好的研究，这更直接关系到了整体研究水平的提升。例如，美国的《数学评论》杂志就可被看成这方面的一个范例，因为，它对于世界范围内的数学研究工作可以说具有十分重要的导向作用。（有点荣幸的是，笔者也曾应邀担任《数学评论》的特约评论员）

既然评论应当发挥重要的导向作用，这显然就应被看成这方面工作的一个基本要求，即评论不应就事论事，而应努力做到"小中见大"。这也就是指，评论不应停留于对象（文章、论点等）的"好坏"这样的简单点评（这是"评审者"的主要责任），更不应沉溺于"各有千秋、你好我好"此类的应景式套话，而应以评论对象为例说出普遍性的道理。

从上述角度我们显然也可更好地理解笔者关于"案例分析"的这样一个主张："言之有物，言之有理，小中见大。"正如第三章中所提及的，美国著名教育家舒尔曼的以下论述则更可以被看成为我们应当如何处理理论与实践之间的关系提供了直接指导，特别是，"案例的组织与运用应当深刻地、自觉地带有理论色彩"，"没有理论理解，就没有真正的案例知识"。（《实践智慧——论教学、学习与学会教学》，华东师范大学出版社，2014，第 142、144 页）

显然，按照上述要求，评论者就应有较高的理论素养；另外，为了很好地发挥评论的导向作用，评论者也应对数学教育的整体情况，特别是当前的热点问题有较好的了解，也即应当有较宽视野，从而才有可能说在点上，并给人更大启示。

当然，这也可被看成上述分析的又一结论：无论就"案例分析"或是一般性评论而言，所涉及的对象都应有较大的典型性或代表性，因为，只有这样，相关分析或评论才可能有较大的普遍意义；另外，依据同样的道理，我们显然也应十分关注那些在当前具有较大影响的理论或主张，特别是，不仅应当指明其积极意义，也应注意揭示其不足之处，包括什么又是相关实践应当特别注意的一些方面和问题，从而就可有效地防止与纠正由于盲目性，包括因"误导"与"误读"所可能造成的消极后果。

例如，从上述角度进行分析，相信读者也可很好地理解笔者为什么会特别关注各种版本的数学课程标准，并希望通过适当的评论乃至直接的批评能引导广大数学教育工作者坚持自己的独立思考,而不要盲目地去追随潮流。另外,关于"整合课程"与"一课研究"的以下评论显然也可被看成这方面的更多实例。

具体地说,这正是笔者在与相关人士做面对面交流时表达的一个意见:围绕"整合课程"所开展的探索研究不仅无可指责,更应得到鼓励和支持;但是,在研究工作尚不够深入的情况下就将相关实验说成"对于当下的基础教育课程改革具有价值引领的意义",乃至片面地强调"基础教育要去学科化,强调综合……"(顾明远,"核心素养:课程改革的原动力",《人民教育》,2015 年第 13 期,第 17、18 页),则就很不妥当了,更可能起到误导的作用。再者,作为由一线教师与基层教育工作者实际从事的研究工作,无论是所谓的"一课研究"或是其他什么研究,我们显然也都应当持鼓励与支持的态度,因为,加强教学研究正是一线教师实现专业成长十分重要的一条途径;但我们同时也应十分重视必要的导向,也即应当引导一线教师密切联系自己的教学工作去进行研究,而不要热衷于创建各种华而不实的"空洞理论",或是在不知不觉之中陷入了某种超级庞大的"理论框架",从而尽管投入了大量的人力物力,最终对于实际教学工作却没有任何重要的贡献。还应提及的是,如果单凭个人的主观判断就将相关工作轻率地定性为"世界水平的研究工作",更可说是一种很不负责的行为,并必然地会起到误导的作用。

在此笔者还愿特别提及这样一点:尽管自新一轮课程改革启动以来笔者已将工作重心转移到了小学数学教育,但我们也可从"小中见大"这一角度去理解诸多相关工作的意义,特别是其中所论及的一些基本主张,即如"放眼世界,立足本土;注重理念,聚集改革"(2002);"基础知识的学习,不应求全,而应求联;基本技能的学习,不应求全,而应求变;数学思维的学习,不应求全,而应求用"(2004);"数学教师的三项基本功:善于举例;善于提问;善于比较与优化"(2008);"教师的基本定位:立足专业成长,关注基本问题"(2010);"努力做好理论的实践性解读与教学实践的理论性反思"(2013);"相对于'实''活''新'而言,我们在当前应当更加强调一个'深'字,也即应当努力做好'用深刻的思想启迪学生'"(2017);"应当努力创造这样一种'数学课堂文化':思维的课堂,安静的课堂,互动的课堂,理性的课堂,开放的课堂"(2017)。(这方面的

一些实例也可见本章末的附录八）

最后，尽管以下论述主要是就报刊上的"专栏评论"而言的，但在笔者看来，美国普里策奖三度得主弗里德曼的以下论述仍可被看成从更高层面为我们应当如何做好评论指明了方向："作为一个专栏作家，你是有观点的，是从一个特定的角度去阐述你的观点，并以一种令人信服的方式说服你的读者。""你要让读者以一种不同的视角、以一种更强烈的感情或以一种焕然一新的思路去思考或感受某个问题。""在你读者的脑袋里点明一盏灯，点亮一个角度以激发他们从全新的视角看问题，或在你读者的心灵深处触动某种情感。"（《谢谢你迟到——以慢制胜，破题未来格局》，湖南科学技术出版社，2017）

二、"跨界"中的自觉定位

笔者 2019 年曾撰写过一个"自传"："数学·哲学·教育——我的'跨界'教育人生"（《中小学课堂教学研究》，2019 年第 4 期）。其中有这样一段"自我调侃"："我原来是学数学的；后来年龄大了感到数学'搞不动'了，就转向了哲学；后来哲学也'搞不动'了，又转向了教育，并由大学、中学最终转向了小学。"当然，上述转向也有一些更深层次的原因：因为自己原来学的是数学，因此，即使在改行转向了哲学以后，所从事的也主要是数学哲学的研究；又因为自己先前曾长期担任中学数学教师，从而形成了强烈的数学教育情结，因此，即使后来一直在哲学领域工作，但又始终保持了对于数学教育的高度关注，并以较多的时间和精力从事了"数学方法论""数学教育哲学""数学深度教学"等与数学教育密切相关的理论研究。

也正因此，自己的学术工作就可说有很强的"跨界"性质，也即很强的学科交叉性质；但这又是笔者在这方面的一个基本认识：相关研究不应停留于单纯的"交叉"，而应更加重视"定位"的问题。

事实上，即使就单纯的"交叉研究"而言，要想真正做好也不容易。例如，著名数学哲学家、科学哲学家拉卡托斯（I. Lakatos）就曾指出，要想做好数学哲学研究，研究者必须付出双倍的努力，因为，你必须首先弄懂数学才不至于说出外行话，同时又必须懂哲学才能做好数学的哲学分析；但是，由于相关工作与传统的数学研究和哲学研究都不相同，因此，最终的结果却很可能是两边都不讨好：专业的数学家会说你是因为搞不了数学才改行做哲学，哲学家们则又会批评说你搞的根本不是哲学……

当然,这正是"交叉研究"的基本意义,即通过"外部引入"我们可以获得关于如何开展自身学科研究的有益启示。例如,数学哲学的现代研究在很大程度上就是由科学哲学的现代发展获得了重要的动力和启示因素。如拉卡托斯就是通过把波普尔(K. Popper)的证伪主义科学哲学推广应用到数学领域从而发展起了自己的拟经验主义数学观;现代数学哲学中关于数学知识增长及其合理性问题的研究也可被看成是由一般科学哲学中的相关研究直接移植过来的;再者,现代的数学哲学家之所以特别重视数学史的研究也可说是由科学哲学在方法论上获得的直接教益——这也就如赫斯所指出的:"库恩的名著是深入这类科学哲学问题的典范,它只有基于对历史的研究才成为可能。这类工作必须在数学史和数学哲学领域开展下去。"("复兴数学哲学的一些建议",《数学译林》,1981 年第 2 期,第 78 页)

以下再针对我们如何能够真正做好"跨界研究"提出一些具体建议。

第一,相对于单纯的"移植"或"组合式"研究而言,我们应当更加重视基本的理论建设。这事实上也可被看成数学教育现代发展给予我们的重要启示。具体地说,这是人们在谈及数学教育的性质时常常会提到的一个想法,即认为数学教育具有所谓的"双专业性",也即同时具有一定的"数学性质"和"教育性质"。这一认识有一定道理,更有益于我们防止与纠正各种可能的片面性认识,即如课改初期经常可以看到的"去数学化"这样一个现象,还包括所谓的"数学至上",也即完全局限于数学的思考,却未能从更广泛的角度去认识数学教育的各个问题。正如 1.3 节中所已指出的,我们在做出上述断言的同时,又应更加重视数学教育本身的理论建设,也即应当致力于如何能将数学教育建设成为一门相对独立的专门学问。

应当指出的是,上述目标又不应被看成纯粹的空谈,而是适当其时。例如,作为《数学教与学的研究》这一经典文集的主编,格劳斯在他所撰写的"前言"中就曾明确地提到了这样一点:"在过去 20 年中,关于数学教学的研究得到了迅速发展……在这一方向上所取得的巨大进展已使数学教育成为一个相对独立的研究领域,其研究者则构成了数学教育研究的共同体。"(《Handbook of Research on Mathematics Teaching and Learning》, ed. by D. Grouws,

Macmillan,1992,第 IX 页）当然,这又应可被看成数学教育专业化的主要标志,即是否具有相对独立的研究问题,又是否已经通过深入研究积累起了重要的理论成果,包括初步建构起了一定的理论体系……

另外,这也正是笔者在从事各项研究时设定的一个总体目标,即希望能为"数学教育的理论建设"奠定必要的理论基础。例如,从这一角度我们显然就可更好地理解笔者曾从事的这样一些工作的意义,即关于国际上数学教育最新发展动态与研究成果的介绍与综合分析,以及中国数学教育教学传统的继承与发展等等。(对此感兴趣的读者可见《郑毓信数学教育文选》,华东师范大学出版社,2021,"前言")

第二,就数学教育等具有较强实践性质的学科而言,除去深入的理论研究以外,我们也应十分重视理论研究与实践活动的积极互动与相互促进。

例如,正如第一章中所提及的,就数学教育的深入发展而言,我们就应特别重视总结与反思的工作,从而很好地去确定努力方向,并能通过深入研究取得实实在在的进步,而不应每次都要从头开始,乃至一再地重复过去的错误。进而,这显然也是各种"自上而下"的改革运动所应切实避免的一个弊病,即唯一强调了理论思想的学习与贯彻,却未能很好地落实一线工作者的主体地位,包括我们又如何能够通过积极的教学实践对理论的真理性做出必要的检验与改进。

第三,从同一角度进行分析,我们也可清楚地认识到加强哲学思维的重要性。尽管这对笔者而言可以说有一定的特殊性,事实上又可被看成是由哲学的本性直接决定的:哲学主要地应被看成一种思维方式,而其主要作用就是有益于人们更深入地进行思考,特别是,能通过积极的批判和自我批判实现更大的自觉性,包括对于各种片面性认识的自觉纠正。

当然,我们在工作中又应很好地坚持这样一个基本立场,即不应以哲学分析代替具体的数学教育研究;再者,相对于直接提供问题的答案,我们也应更加重视如何能够促进广大数学教育工作者积极地进行思考,从而就能在工作中表现出更大的自觉性。

正如 1.3 节中所提及的,我们还应特别重视辩证思维的指导作用:这不仅可以被看成新一轮数学课程改革给予我们的一个重要启示或教训,也应成为中国对于数学教育这一人类共同事业的重要贡献。因为,正如澳大利亚学者克拉克所指出的,以下的"两极对立"即可被看成西方乃至国际数学教育界最基本的一些理论前提,乃至"现代教育改革的关键":教与学,抽象与情境化,教师中心与学生中心,讲(授)与完全不讲(To Tell or Not to Tell)……但是,所说的"两极对立"事实上只是一种虚假的选择,也正因此,我们就应努力改变这样一种思维方式,并从辩证的角度对数学教育(乃至一般教育)中最基本的一些理论前提做出反思与必要批判,这并可被看成成功创建新的整合性理论与教学实践的实际开端。(David Clarke,"Finding Culture in the Mathematics Classroom:Lessons from Around the World",Address delivered at Beijing Normal University,August,2005)

愿我们都能在上述方向做出更大的努力!

6.2 漫步语文与数学教学之间
——读胡亨康老师的《评课:对话的艺术》有感

凡注重文化之人,一定都特别重视对照和比较的工作,因为,这是文化研究最基本的途径之一,更有助于我们由这一方面的自发行为转向自觉的认识,由单纯意义上的"文化自信"转向"文化自觉"。这也正是笔者何以始终对于语文教学保有一定兴趣和关注的主要原因,即希望以此为背景可以对于数学教育的问题有更深入的认识。

具体地说,这就是笔者近期通过阅读著名语文教师胡亨康的《评课:对话的艺术》所了解到的小学语文教学的一个新动向,即对"略读"与"单元观念(大观念)指导下的语文教学"的突出强调,也即由唯一强调"精读"与"一篇篇课文的教学"转向了同时强调"略读"与"精读",以及"每一篇课文的教学"与"单元教学"这样两个不同的方面。即如"精读课是在老师指导下的'咬''嚼',侧重于'教读',是一种'扶'的状态;略读课主要是方法上的应用和操练,侧重于自读,是一种'半扶半放'的状态,其终极目标就是为了不教而学生自能读书,达到举一反三的效果。""教师备课时,不能像以往那样,一篇一篇地备课、一篇一篇地教学……而忽略了语文要素内在关联的另一面。单元备课,用语文要素串起一篇篇课文,群文阅读、互文比读、统整思想……"(胡亨康,《评课:对话的艺术》,福建人民出版社,2020,第51、106页)

语文教学出现上述变化当然有其内在的原因,特别是,体现了对于当前教学中存在问题的自觉反思与必要纠正。在笔者看来,我们并可通过与数学教学的对照比较更好地理解做出上述改变的必要性。

具体地说,依据上述关于"精读"与"略读"的解释,对此我们或许就可大致地比喻为数学教学中的"教师关于范例的讲解"与"学生独立做题",这并是后一方面的一个基本事实,即数学教学决不应停留于教师的讲解,特别是"解决问题"的必要示范,而还应当要求学生独立地去解题,包括课堂练习和课外作业。

以下就是一些相关的论述:"就数学教育而论,思想当然是最重要的,但思想需要载体,领会一种思想更需要载体,否则思想就变成了虚无缥缈、不着边际的夸夸其谈……掌握一种思想更得亲自实践,看别人演示与自己实操是完全不同的,有时你听起来似乎明白的东西,真正做起来就一筹莫展了,这就是缺少实践的结果。"(曹广福,"中学数学教育中的若干问题",《教育研究与评论》,2020年第2期,9-15,第12页)按照著名数学家哈尔莫斯的观点,我们甚至还可做出这样的概括:"学习数学的唯一方法是做数学。"

进而,从理论的角度看,这显然也可被看成落实学生在学习活动中主体地位的必然要求,从而也就同样适用于语文教学和数学教学。

相对于上述的思考,笔者在此还可说更加关注这样一点:什么是所说的不恰当做法在语文教学中造成的问题,因为,如果单从形式上进行分析,这似乎也可被看成对数学教育领域中人们已习惯的一些做法的直接挑战:"'讲深讲透'……违背了文学作品的特点,'讲深讲透'就相当于'讲死'。"(胡亨康,《评课:对话的艺术》,同前,第206页)但后者恰就是数学教学十分强调的一点!

当然,由仔细的阅读可以看出,上述担心只是一种误读,因为,相关作者的本意只是反对教学工作的"过度规范化",特别是,由于对于"精读"的不恰当强调,所谓的"深刻化"事实上只是造成了阅读的"变态":"这种阅读,不是'自读',而是'他读';不是'真读',而是'伪读';只有'训练',没有'教育'。"与此相对照,我们应当大力倡导自然的阅读:"只要是阅读,从本质上说,都应该以自然、快乐为原则。""'自然'是言语形态的健康标志；任何矫情、失度、造作都是言语生命的'病态'。无论言语说得多么漂亮，读得多么动听，如果刻意地在语气的强弱和单调的高低、长短上进行技术性的加工或艺术性的雕琢，对声音进行'整容'，那都是舍本逐末。"（胡亨康，《评课：对话的艺术》，同前，第 81、72 页）

　　例如，从上述角度我们显然也就可以更好地理解笔者在前面所提及的这样一个反例，包括相关人士又何以会对所谓的"读深读透"提出如此严重的批评：这是笔者无意中见到的一本书：《点金名著阅读导练：傅雷家书》（新疆文化出版社，2020），其中，为了让学生"读深读透"，相关编者在原书每一页的边上都加上了所谓的"名师点评"和"思考探究"，其字数甚至已经超过了原文；但是，我们究竟为什么要如此辛苦地去进行这样的导读呢，让学生自己慢慢地进行阅读、细细地进行品味难道不更好吗？！确实，我们决不应当因提倡"读深读透"而将孩子们教成了只会考试的"傻子"！

　　当然，语文教学应当十分重视学生语言能力的提升，只是不要操之过急，不要忽视儿童的本性。因为，"课堂上学生言说的未'老'先'熟'，从言语智能发展的角度看，未必是件好事。因此，学生理性、成熟、深刻的言说，要是长期得眷顾、受嘉奖，最后导致的可能性是言语的本性失真，蔓延开来，言语精神的'百草园'将杂草丛生，绿茵不在"。这也直接关系到了我们应当如何理解教学中所应追求的"深刻"："文本的浅层结构，是'一望而知'的表象，属于'知'的方面；'心理现象'则是文本的深层结构，是'一望无知'的隐象，属于'情'的方面。""如果教师因为惯常的力量和现行的套话淹没了自己深层的情思，没有揭示文本的情感特征，那么，教师的任务就没有完成，就是失职。"（胡亨康，《评课：对话的艺术》，同前，第 99、31、28 页）[①]

　　当然，这也可被看成以上分析论述的一个直接结论，即尽管语文教学与数学教学都应讲究教学的深刻性，两者又应说具有不同的意蕴，这并集中地反映了两者的差异。

　　具体地说，语文教学主要涉及学生的情感，我们在教学中并应特别重视学

[①]　对此感兴趣的读者还可参见相关作者关于我们应当如何教朗读的论述，由此我们并可更好地理解什么是他所说的"自然"的具体涵义："朗读，像谈话一样'自然'。"（胡亨康，《评课：对话的艺术》，同前，第 71~77 页）

生的真实感受,强调与文本的共鸣:"读书是用身心去拥抱文本",努力做到"物我由两忘而统一"。特殊地,这也正是人们为什么"要说、要写"的根本原因:"情郁于中,发乎于外。"(胡亨康,《评课:对话的艺术》,同前,第 82、73、104 页)这也就是指,心中有话要说,不吐不快!

正因为此,语文教学就应特别重视学习活动的个体特殊性:"不主故常的自然流露,就是理解各异,表达不同。"(胡亨康,《评课:对话的艺术》,同前,第74 页)因为,情感显然从属于个人;但从更深入的角度看,这显然又与教学的规范性有一定冲突,从而我们在教学中也就应当特别重视如何能够很好地处理这两者之间的关系。例如,我们在教学中应为学生的成长提供足够的空间和时间,从而才不至于在不知不觉之中将"高尚情感的培养"变成了"说假话,装深刻"。

另外,从同一角度显然也可很好地理解相关人士又何以会对所谓的"正读"持批判或解构的态度:"当我们明白作品的意义有相当一半是我们读者赋予的,语文教学大概就不会固执地坚持标准化的理解——千篇一律的中心思想和统一的段落大意了吧,应当也不会轻率地将固化的观念和结论强加给学生……相反,教师更应该帮助学生去除'成见',鼓励学生对权威和'正读'的批评或解构,使解读不完全是被动的吸收和理解,而是主动的参与和生成,达到'去蔽'之后的再阐述,最终让学生也获得话语权。"(胡亨康,《评课:对话的艺术》,同前,第 206 页)

但这恰又是数学学习的一个重要特点:数学知识的形成必须"去情境、去个人和去时间"(P. Ernest 语)。例如,尽管同一数学概念(如平行线)在不同学生的头脑中可能具有不同的心理图像(或者说,不同的心理表征),但相应的数学结论却是完全相同的,也即是一种客观的知识;再者,尽管人都有一定的情感,包括一定的直觉,但这又是数学研究(学习)必须遵循的一条法则,即完全摆脱个人情绪的影响,相关工作也不应停留于纯粹的直觉,而应更加重视理性分析,包括严格的逻辑证明。

进而,尽管我们在数学教学中也不应操之过急,但这又应被看成数学教育的基本目标,即通过自己的教学帮助学生学会思维,特别是,能逐步学会想得更加深刻,变得更加理性,这是从小学低年级起我们就应坚持的基本立场。

综上可见,这就是语文教育与数学教育的主要区别:如果说语文教育的主要目标是使学生成为"语言人、文化人、精神人"(胡亨康,《评课:对话的艺术》,同前,第 182 页),那么,数学教育就应更加重视如何能够使得学生成为真正的"理性人",包括从后一立场对所谓的"文化人"和"精神人"做出自己的解读。

以下再围绕所谓的"思"这一要素做出进一步的分析。

具体地说,尽管人们在论及语文教学时常常会特别强调"读"和"说",但它们显然都离不开主体的积极思维:"读与说之间有一个很大的空间,就是'思'。这个'思'既是对读的理解积累,又是对说的酝酿。"(胡亨康,《评课:对话的艺术》,同前,第 97 页)从而也就与数学教学中对于思维的强调有很大的一致性;但从更深入的层次看,两者又应说有很大的不同:数学教学中所强调的主要是努力提升学生的思维品质,也即如何能够帮助学生逐步学会想得更清晰、更全面、更合理、更深入。

显然,依据上述分析我们也可更好地理解在不同学科之间做出合理分工的重要性,而不应盲目地去提倡所谓的"学科整合";当然,在坚持这一立场的同时,我们又应高度重视不同学科的相互渗透与互相促进,包括由对照比较获得改进自身教学的有益启示。

例如,就目前的论题而言,我们作为数学教育工作者显然也应认真地去思考:我们在教学中是否也应适当地放手,也即应当特别重视思维的"自然性",乃至明确地强调"孩子有孩子的'深刻'"?

再者,由于上面所提到的思维品质并非与生俱来,而是主要依赖后天的学习,因此,我们就应将优化看成数学学习的本质,并应明确肯定教师应当在这一方面发挥重要的引领作用。当然,在坚持这一立场的同时,我们又应注意分析语文教学在这一方面给我们的重要启示。具体地说,除去所已提及的"不应操之过急"以外,我们显然也可通过与语文教学的对照比较更好地理解关于数学教学的这样一个要求,即我们关于数学思维方法的分析对学生而言应是"可以理解的、可以学到手的和可以加以推广应用的"。(2.4 节)

另外,依据上述分析我们显然也可更好地去理解"尝试教学",这也就是指,即使就数学教学而言,我们也可让学生先行进行尝试,包括在教学中明确提倡方法的多元化。当然,在采取这些做法的同时,我们又应切实加强对照比较的工作,从而直接促成思维与方法等的必要优化。

再者,从同一角度我们显然也可更好地理解加强"总结、反思与再认识"以及在教学中适当"放慢节奏"的重要性,这也是与语文教学完全一致的:"慢,符合人性的发展规律;慢,契合内在的心性养成;慢,其实就是教育静待花开的声音。"当然,我们在此也可看到一定的差异:"慢,是为自身营造的一种朴素换位思考。它恬静、舒缓、悠闲……这种长期的慢阅读,就是一种心性的熏陶和濡染;慢慢地读一本书,慢慢地做一个梦,慢慢地想一个人……从容、静气和定力,也就在时间的'慢'中渐渐养成。"(胡亨康,《评课:对话的艺术》,同前,第200页)与此相对照,我们在数学教学中则应更加强调这样一点:"慢下来究竟干什么?"(第3.1节)

当然,语文教学也可由数学教学获得一定的启示。例如,就我们目前的论题而言,这就是特别重要的一点:正如我们不可能单纯通过要求学生大量地做题解决数学教学的各种问题,恰恰相反,如果缺乏必要的自觉性,反而会因此陷入"题海战术""机械教学"的泥潭,特别是极大地加重学生的学习负担,语文教学的各种问题也不可能单纯凭借提倡"略读"就能顺利地得到解决,毋宁说,在强调"放"的同时教师也应发挥应有的引领作用,或者说,应更好地去处理"放"与"引"之间的关系。

以下再对所提到的另一变化,也即"单元观念(大观念)指导下的语文教学"做出简要分析。

正如先前的引言所已表明的,这一关于语文教学的"新"主张与"略读"有直接的联系:我们在此所希望的也正是通过对照比较能使学生对相关内容有更深的感悟与认识。

但是,正如5.3节中所提及的,我们在此也应注意防止"群文阅读"的可能弊病。另外,作为相反方向上的思考,我们或许也应认真地去思考是否可以将"群文阅读"的思想应用到数学教学之中,也即让学生同时学习多个内容从而帮助他们更好地掌握相关的知识,包括内在的思维方法……

笔者的看法是:上述主张在小范围内应当说是有效的,也即如果相关内容具有共同本质的话,后者并可被看成数学抽象的直接基础;但是,如果相关内容属于不同的层次,也即有不同难度的话,上述主张就很不合适了,因为,这也是数学的一个重要特征,即很强的层次性或阶段性,从而就必须遵循一定的逻辑次序进行学习,而不可能一下子到位。

当然,如果我们仅仅集中于这样一个思想,即无论是所谓的"精读"或是"略读"都应加强对照比较的工作,这对于数学教学而言就是同样适用的。更一般地说,这也就是指,我们在教学中应很好地突出"联系的观点",特别是,除去"对照比较"这样一个较直接的涵义以外,我们还应切实做好这样两项工作:"用发展代替重复,以深刻促成简约。"(第2.3节)

最后,除去已提及的各个方面以外,我们显然还可从更多方面对语文教学与数学教学的异同点特别是值得相互借鉴的地方做出分析思考。

例如,由《评课:对话的艺术》我们即可更好地理解教师"言传身教"的重要性,包括直接的情感交流与感染作用,尽管对其具体涵义我们或许又应做出不同的解读:"一个好的语文教师,是以对文本生命化的感悟来唤醒学生沉睡的审美感觉和悟性的。""不论是阅读教学还是写作教学,教师对言语的解读都不应该是照本宣科,绝不能人云亦云,他得有自己对言语的独特感受。他是语言奥秘的探索者、解密者、思想者,是学生亲近语言、热爱语言的引领者。语文教师如果没有自己言语的独特感受,如果不能带领学生走进语言精微隐秘的深处,指点给学生自己看自己琳琅满目的发现和发明,从而将自己的言语睿知传递给他们,唤醒他们沉睡的言语感觉,点燃他们的言语悟性和灵性,使他们逐渐获得言语领悟力,那还要语文老师做什么?……一个缺乏言语感悟力的教师,是无法敲开学生的言语心智之门的。"(胡亨康,《评课:对话的艺术》,同前,第12、20页)

由此我们也可很好地理解"网课"的局限性:"只闻其声不见其人,情感就不可能那样真切。教师的范读则不同,学生观其面,听其声,一个眼神的传递,一处呼吸的翕动,师生间共处产生的亲和默契,情绪的稍微变化都可以捕捉,生命间的律动也可以察觉。"更深入地说,我们显然都只能"活在当下"。(胡亨康,《评课:对话的艺术》,同前,第79页)

再者,由相关论述相信读者也可更好地认识到"情境设置"在数学教学中的作用,包括我们是否应当(或者说,应当如何)将"情境教学"这一在语文教学中十分有效的方法推广应用于数学教学:"所谓语境,其实就是人境,人境就是人与人之间的关系。"再者,由同一途径我们也可进一步深化自身对于"数学应用"的认识:"语文教育是'立人'的教育,要为人生打下'精神的底子'";特别是,应从"纯粹的'应试''谋生''实用''有用'以及'工具论'等泥沼中抽离出来,转向对言说'人'的关注,立足于言语人格的修养、趣味的培养和言语主体的建构"。还包括这样一个十分重要的认识,我们在此事实上可以区分两种不同的价值取向:"一个重教化、重工具、重实用,一个重审美、重趣味、重人文;一个偏向于读懂、理解、'单向吸收',一个偏向于欣赏、创造、'双向互行';一个让孩子与语文渐行渐远,一个让孩子与语文携手同行,相伴一生,在语文的家园里诗意栖居。"(胡亨康,《评课:对话的艺术》,同前,第 31、143、150 页)

综上可见,不同学科的对照比较十分有益于我们从不同的角度去思考和分析问题。例如,尽管以下论述所论及的只是语文教学中的"朗读",由此我们仍可很好地领会"画画"对于数学学习的重要性:"朗读,从课本文字的世界过渡到声音的世界,从理性的思考转换为形象的直觉,通过琅琅的书声,唤起儿童对文字的最初感觉,通过声音长短、抑扬顿挫、音律变化,达到一个好听的音乐效果,使身心愉悦,让儿童在朗读中对文字世界产生兴趣、向往和遐想。"(胡亨康,《评课:对话的艺术》,同前,第 67 页)

应当强调的是,跨学科的学习和思考还具有更加重要的现实意义:"内行的教育家,因为专做这一项事业,目光总注射在他的'本行',跳不出习惯法的范围。他们筹划的改革,总不免被成见拘束住了,很不容易有根本的改革。门外旁观的人,因为思想比较自由些,也许还能提供一点新鲜的意见,意外的参考材料。"(胡亨康,《评课:对话的艺术》,同前,第 141 页)①

---

① 针对数学教育领域的现实情况,特别是,某些课改的负责者居然从来不看数学教育的专门论著,笔者并愿特别引用这样两段论述:"没有和这个领域里的往圣前贤交流过、对话过、请益过、碰撞过,无形中,就相当于褫夺了你在这一学科领域的发言权、话语权。因为,你不知道前人已经思考过什么,实践过什么,说到过什么,没说到什么,还可以说什么、怎么说。""无论你在什么问题上发表意见,只要读过他们的著作,就会发现,原来这个问题他们早就想过了,你不能不先和叶圣陶、黎锦熙、朱光潜、张志公……对话,待小心翼翼地站在了他们肩上之后,再掂量看是否有话值得说。"(胡亨康,《评课:对话的艺术》,同前,第 151、153 页)

再者,尽管语文和数学教学具有不同的目标,也即分别集中于如何能使我们的学生变得更加善良、更加聪明,我们甚至还可联系人的"本性"对此做出进一步的分析,即如果说"(语文)教育的目的可以说是使人'尽性'","发挥性之所固有"(胡亨康,《评课:对话的艺术》,同前,第215页),那么,数学就更直接地涉及人的另一种本性:"在人的心灵深处都有一种根深蒂固的需要,就是希望感到自己是一个发现者、研究者、探索者,而儿童的精神世界里,这种需要特别强烈。"(苏霍姆林斯基语)再者,如果说语文教师往往特别强调"我说故我在",那么,数学教师显然就应更加重视"我思故我在";但我们在此仍然可以引出这样一个普遍性的结论:尽管我们应当充分肯定由原始的"无专业状态"走向"专业化"的必要,但又只要在专业的道路上做出不懈努力,最终又必然会出现"大道归一"的现象,即人性的不断完善,精神的不断提升,从而就能在有限的生命历程中做出更多、更好的工作,活出更加充实、更加精彩的人生!

6.3　语言教学:从语文教育到数学教育

这里所说的"语言教学",既指语文教育中的语言教学,也包括关于数学教育目标的这样一个主张:我们应当帮助学生学会"用数学的语言表达现实世界";将两者联系在一起则是基于这样一个考虑:语言教学从来是语文教育的一个重要方面,与此相对照,尽管数学领域中也早就有"帮助学生学会数学地谈论"这样的主张,但将"数学的语言"与"数学的眼光""数学的思维"平行列为数学教育的三个终极目标("三会"),则可说是一个较新的提法,从而我们对此就应采取较为慎重的态度,笔者并希望通过与语文教育的对照比较不仅有助于数学教育工作者更好地认识数学语言的教育价值,还包括这样一个事实,即我们不应将"数学的眼光""数学的思维""数学的语言"这三者绝对地分割开来,或者说,将此列为数学教育的三个平行目标;最后,从同一角度读者或许也可很好地理解笔者的这样一个主张,即无论就数学课程标准的修订或是落实而言,都应更加注重如何能够促进人们认识的发展与深化,而不应蜕变为纯粹的"语言游戏"。

一、"数学语言"的教育价值

笔者一直持有这样一个观点,即无论是哪一学科的教育工作者,包括广大一线教师,都应切实加强理论学习,包括通过"跨领域"的阅读努力拓宽视野,从而促进认识的发展与深化。也正在这样的意义上,笔者就十分赞同美术特级教师陈铁梅老师在自己的文章中所提到的这样一个名言:"一字一世界,一书一天堂,无意证菩提,随性见慧光。"("站在教室里看风景——专业成长路上的关键人和关键事",《教育研究与评论》,2022 年第 4 期,14 - 22,第 18 页)

再者,5.3 节中提到的"'群文学习'之隐患"显然也可被看成这方面的一个实例,尽管我们在其中主要是以数学教育为背景对语文教育领域中的这一新的发展趋势进行了分析。以下则将以语文教育为背景对我们应当如何认识数学语言的教育价值做出具体分析。

具体地说,笔者在此所关注的主要是这样一个问题:数学教育为什么应当特别重视帮助学生学会"用数学的语言表达世界",乃至将此看成数学教育的终极目标之一?

显然,这正是这一主张的一个重要论据:数学是"科学的语言",尽管后者主要是就作为整体性学科的数学进行分析的,从而事实上就已超出了单纯意义上的"数学语言"这样一个范围。但是,数学教育的主要目标显然不应局限于为将来实际从事科学(包括数学)研究的学生做好必要的准备,因此,即便我们对上述论点持肯定的态度,也仍然应当进一步去思考:"数学语言除了是科学的语言,还有哪些独特的教育价值,它的教育意义在哪里?"

后者事实上也正是《教学月刊》的记者在采访国家基础教育课程专家工作委员会委员、教育部《数学课程标准(2022)》研制核心组成员孙晓天教授时提到的一个问题。那么,什么又是他对于这一问题的具体解答呢?

按照笔者的理解,孙晓天教授对于上述问题的解答仍然集中于数学的应用价值,只是他的着眼点已经超出"科学"扩展到了更大范围:"数学语言已经成为人们日常交流不可或缺的组成部分。"在孙晓天教授看来,这并是时代发展直接促成的一个变化:"时代的发展,使数学的交流功能日益放大,数学语言的作用迅猛扩大,数学语言与个人的生活质量、职场表现和社会见识之间的关联越来越紧密,影响越来越明显。"(孙晓天、邢佳立,"中国义务教育:基于核心

素养的数学课程目标体系——孙晓天教授访谈录［四］"，《教育月刊》，2022 年第 4 期，8-10，第 8 页）

　　这一论述当然有一定道理；但在笔者看来，如果相关分析始终局限于数学语言的实用价值，则又不能不说有较大的局限性，而这事实上也正是我们在从事任一学科教育目标的分析时应当注意的一个问题。由于对此我们已在 6.2 节中做了专门论述（对此也可见 6.4 节），在此就仅限于引用朱光潜先生的这样一个论述，尽管后者所直接论及的只是三种不同的"美感态度"，相信读者仍可由此获得直接的启示：第一种是以牟利为目的的功利欲念，第二种是以谋生为目的的器物功用，第三种是超越了前两种的以审美为目的的人生情怀。（陈铁梅，"站在教室里看风景"，同前，第 22 页）

　　以下再通过与语文教育的对照比较对此做出进一步的分析。

　　具体地说，正如前面所提及的，对于语言教学的高度重视即可被看成语文教育的固有传统。当然，为了实现更大的自觉性，我们又不应停留于传统的简单继承，而应更深入地去思考语文教育为什么应当特别重视语言教学。这也是笔者何以特别重视以下文章的直接原因：汪政，"什么是好的语言教学"。（《教育研究与评论》，2022 年第 4 期，10 - 13）以下则就是后一文章最主要的一个论点：语言教学主要是为了育人！

　　应当提及的是，后一思想在孙晓天教授的访谈中事实上也有所反映。例如，这就是我们为什么不应将数学语言仅仅看成是一种"能力"，也应看成一种"品格"的主要原因；再者，这或许也可被看成为以下现象提供了直接的解释，即孙晓天教授在访谈中为什么又要特别强调"有意义的数学语言"，包括这样一点："需再强调，这个'意义'是指教育意义。"然而，十分遗憾的是，孙晓天教授在这一谈话中又始终未能对什么是"数学语言的教育意义"做出清楚说明，而只是列举了一个具体的例子："一号教室的面积是 40 平方米，它的长、宽各为多少？"孙晓天教授并强调指出："例子虽然简单，但可以说明，数学语言的意义来自解决问题进程中的表达需要。"（孙晓天、邢佳立，"中国义务教育：基于核心素养的数学课程目标体系——孙晓天教授访谈录［四］"，同前，第 9、10 页）由此可见，这事实上也就重新回到了数学的应用价值。（孙晓天教授在访谈中还明确提到了这样一个观点："有意义的数学语言离不开数学眼光和数学

思维。"对此我们将在以下做出专门分析)

也正因此,我们对于汪政教授的文章就应予以更大重视,特别是文中提到的这样一个观点:"语言不仅是工具,还是生活。……追求好的语言与追求好的生活、塑造好的自我是同步的,而且,两者是互为目的、互为结果的。"(汪政,"什么是好的语言教学",同前,第13页)这也是汪政教授撰写这一文章的重要原因:现代社会中的语言应用已经出现了"大问题",从而就需要我们认真地对待,并应做出切实努力很好地加以纠正。

例如,"功利主义倾向"就是这方面十分重要的一个问题:"在当今社会,我们对信息的要求趋向于简单、迅速与实用,这种功利主义的价值使人们与语言文字的关系发生了许多深刻的变化。……原来出现在日常生活中的语汇正变得越来越陌生,以致永远沉入'辞海'。而追求实用又使许多修饰性的词汇与话语方式变得多余,大而化之的'容错'式表达构成了我们日常表达的基本模式,汉语的贫乏与诗性的消退已是一个不争的事实。"再者,"以抽象为特征的语言文字在以视觉文化为代表的图像时代陷入了或被奴役或被改造的尴尬境地。现在,网络已经成为一种新语言的生产地,每年都在生产大量与汉语传统格格不入的文字和语汇,一些组合成的奇怪的,甚至低俗、粗鄙的文字符号,如天书一样被定义、限制……这类网络特殊语言,成为汉语之外的汉语"。(汪政,"什么是好的语言教学",同前,第11页)

更重要的是,"青年学生不但是病态语言的受害者,还是它们的制造者"。这显然也就更清楚地表明了加强"语言教学"的重要性,特别是,我们应当帮助青年学生很好地认识"好生活与好语言、坏生活与坏语言的内在同一性"(同上,第12、13页),并从学生阶段起就能很好地树立正确的语言观,也即能够切实发挥语言教学在"立德树人"这一方面的重要作用。

那么,我们究竟又应如何认识"数学语言"的教育功能呢?特别是,我们是否也可认为数学语言的教学同样具有重要的育人功能?

笔者认为,与任何一种简单化的认识相对照,我们应当密切联系教学实践对此做出更深入的分析研究。例如,所谓的"数据分析"特别是"大数据",在现实中是否也可能起到负面的作用?再者,"数学语言"在某些场合是否已经蜕变成了少数人"装腔作势""卖弄权威"的工具,即如随意地去宣扬"分数的本质在于它的无量纲性""度量是数学的本质",等等。

当然,后一现象并不具有很大的普遍性,因此,以下论述就将集中于这样一点:数学语言教学最重要的育人功能就是有助于学生思维品质的提升。

为此我们首先对于以下事实做出具体的分析:数学语言的学习即可被看成自然语言的一种扩展与改进,对此由诸多数学概念,如"平均数""负数"等在日常生活中的应用就可清楚地看出。在笔者看来,所说的现象并集中体现了这样一个思维倾向,即我们如何能够使得自己的语言变得更加准确、更加清晰,乃至这样一个更加"极端"的主张:"要说的就要说清晰,说不清楚的就应保持沉默。"(维特根斯坦语)应当强调的是,我们之所以将此称为"思维倾向",而不是"表达习惯",则是因为语言主要地应被看成思维的"外化":后者则又不仅直接决定了我们讲什么,也在很大程度上决定了我们会如何去讲。显然,从后一角度进行分析,除去已提及的"准确性"和"清晰性"以外,我们还应提及思维的"条理性"和"严密性(合理性)"——正如 3.1 节中所提及的,数学可以而且应当在这些方面发挥重要的作用。

还应强调的是,无论是所说的准确性和清晰性,或是条理性和严密性,又都可以被看成重要的思维品质,也即不仅对于科学研究具有特别的重要性,也是日常生活和工作不可或缺的一个基本素养。

当然,为了实现上述目标,我们又不应唯一关注数学语言的学习,而还应当立足全部的数学学习活动,后者即是指,我们应将帮助学生通过数学学会思维看成数学教育的主要目标,特别是努力提升他们的思维品质。

尽管上述主张已经超出了"数学语言的教育价值"这一范围,但在笔者看来,这仍可被看成为我们在数学教学中应当如何处理各种与语言直接相关的问题指明了努力方向。当然,后者又不是指我们应当如何帮助学生逐步学会用数学的语言表达世界,而是应当对此做出更加广义的理解。例如,我们应通过自己的教学帮助学生学会交流与互动,而这主要地又不只是为了提高他们的表达能力,也是为了更有效地促进他们的思维发展,努力提升他们的思维品质,即如如何能将自己的思想表达得更加清晰、更有条理、更有说服力,又如何能够通过对照比较很好地吸取别人想法中的有益成分,从而实现思维的必要优化,等等。(3.2 节)

最后,上述分析显然也已清楚地表明了这样一点:作为数学教育目标的具体分析,相对于平行地列举出"数学的思维""数学的语言"和"数学的眼光"这样三项目标而言,我们应当更加突出"数学的思维"。应当提及的是,后者事实上也可被看成上面已提到的这样一个思想的一个直接结论:"需要说明的是,有意义的数学语言离不开数学眼光和数学思维";"'三会'虽然各自表述,但本质上是共为一体、不可分离的。语言的产生伴随着眼光和思维,眼光和思维能力产生亦是如此"。(孙晓天、邢佳立,"中国义务教育:基于核心素养的数学课程目标体系——孙晓天教授访谈录[四]",同前,第10页)

对此我们将在下一节中做出进一步的分析论述。

二、关于"三会"的进一步分析

由于对"三会"的突出强调正是《数学课程标准(2022)》最重要的一个特征,因此,这就是我们在当前应当认真思考的又一问题:我们是否应当将此看成数学教育的终极目标?

具体地说,正如1.3节中所指出的,我们应首先肯定这样一个立场的合理性,即在对数学教育目标做出具体界定时我们既应切实立足于"努力培养学生的核心素养"这一基本立场,但又不应满足于将一般性的"核心素养理论"直接搬用到数学教育领域,而应进一步去思考数学作为一门基础学科对于提升个人与社会的整体性素养究竟有哪些特别重要甚至是不可取代的作用。

其次,这也是我们面对《数学课程标准(2022)》应当采取的基本立场,即不应局限于单纯的学习或是纯粹的"受教育者"这样一个定位,而应真正成为课程改革的主人,包括已有工作的认真总结与反思,以及对于新的理论思想的深入剖析。

以下就对"数学的语言""数学的眼光"和"数学的思维"之间的关系做出进一步的分析,因为,由此我们即可更清楚地认识到这样一点,即是不应将这三者平行地列为数学教育的三个"终极目标"。

第一,就"数学的语言"与"数学的眼光"之间的关系而言,科学哲学的现代研究所揭示的以下事实可以说具有特别的重要性:人们总是通过"有色眼镜"看待世界的,这并是人们面对同一现象或事物时为什么会看到不同"图像"的直接原因。我们还应清楚地看到"语言"在这一方面的重要作用,因为,人们对于事物和现象的观察必须借助一定的概念体系,而这事实上就是语言的主要作用:"人们总想以最适当的方式来画出一幅简化的和易领悟的世界图像;于是他就试图用他的这种世界体系来代替经验的世界,并来征服它。这就是画家、诗人、思辨哲学家和自然科学家所做的,他们都按照自己的方式去做。……理论物理学家的世界图像在所有这些可能的图像中占有什么地位呢?它在描述各种关系时要求尽可能达到最高标准的严格精确性,这样的标准只有用数学语言才能做到。"(《爱因斯坦文集》,第一卷,商务印书馆,1976,第101页)

显然,由上述解读我们也可立即看出以下论述的局限性,即我们应将"数据意识或数据观念""模型意识或模型观念"看成"数学语言"的主要表现。相信读者由伽利略的以下论述即可对此有清楚的认识:"宇宙……这本书向着人们的好奇心敞开,但是谁如果不先掌握好写这本书所用的语言和文字,他就不用想读懂他。这个语言就是数学,这些文字就是三角形、圆和其他几何图形。"(J. Kapur,《数学家谈数学本质》,北京大学出版社,1989,第280页)当然,相对于伽利略的时代,数学语言的范围现又已经有了很大扩展,从而也就更清楚地表明了将此唯一界定为"数据意识(观念)"和"模型意识(观念)"的错误性。具体地说,这即是人们何以将数学看成"科学的语言"的主要原因:正是数学为科学研究特别是理论创造提供了必要的概念工具,后者并已完全超出了"数据意识或数据观念"和"模型意识或模型观念"这样一个范围。例如,法国著名科学家、数学家彭加莱就曾明确指出:"其主要对象是研究这些空虚框架的数学分析是精神的空洞游戏吗?它给予物理学家的只不过是方便的语言,这难道不是平庸的贡献吗——严格地讲,没有这种贡献,也能够做到这样一点?甚至人们无须担心这种人为的语言可能成为设置在实在和物理学家眼睛之间的屏障吗?远非如此!没有这种语言,事物的大多数密切的类似对我们来说将会是永远地未知的。而且,我们将永远不了解世界的内部和谐。"(《科学的价值》,光明日报出版社,1989,第190页)

另外,爱因斯坦的上述引言显然也已表明,数学眼光并非唯一的合理选择,而是有多种不同的可能,即如商业眼光、艺术眼光、军事眼光等,它们都有一定的合理性和局限性。正因为此,我们就不应唯一强调帮助学生学会"用数学的眼光观察世界",而应跳出数学并从更大的范围进行分析思考,也即应当认真地思考如何才能为学生提供一些在他们离开学校后还能真正有用的东西,且不论他们在将来所从事的究竟又是什么样的工作。

第二,除去前一节中已提及的"数学的语言"与"数学的思维"之间的关系以外,我们也应清楚地看到"数学的眼光"与"数学的思维"之间的重要联系。例如,这就是我们在这方面应当深入思考的一个问题:"我们究竟是用眼睛在看,还是用头脑在看?"(第二章,[例19])另外,尽管以下论述主要是就教学观摩而言的,但显然也可被看成为思维的重要性提供了直接的论据:"从观察中学到什么取决于关注到了什么。"(雅各布斯、斯潘格勒,"K-12数学教学核心实践的研究",载蔡金法主编,江春莲等译,《数学教育研究手册》,人民教育出版社,2021,下册,203-232,第209页)

总之,相对于"数学的眼光","数学的思维"应当被看成具有更大的重要性。显然,从同一角度我们也可更清楚地认识到以下论点的错误性,即将"数学的眼光"归结为"数据意识或数据观念"和"模型意识或模型观念",因为,无论是所谓的"意识"或"观念",还包括更高层次的"能力",相对于"思维"仍都应当被看成属于较低的层次。

最后,建议读者也可从同一角度对《数学课程标准(2022)》中采取的以下做法做出自己的分析,即我们是否应当将11个"(数学)核心概念"分别归属于"数学的眼光""数学的思维"和"数学的语言"。笔者的看法是:这事实上延续这样一个错误,即将一些密切相关的方面硬生生地分割了开来。再者,尽管我们应当明确肯定密切联系具体的教学内容对数学思维做出深入分析的重要性(这方面的一个具体工作可见苏明强,"《义务教育数学课程标准(2022年版)》变化解读与教学启示",《福建教育》,2022年第18期,13-15),但是,如果我们认定数学教育的主要目标应是促进学生的思维发展,特别是努力提升他们的思维品质,那么,无论就何种数学知识内容的教学而言,我们又都应当更加重视这样一点,即我们不仅应当很好地做到"入",也即很好地弄清隐藏在具体知识技能背后的数学思想和数学思想方法,并以此指导具体内容的教学,而且也应切实地抓好"出"这样一个关键词,也即应当跳出数学思想和数学思想方法上升到普遍性的思维策略与思维品质的提升。(1.3节)

不难想到,这也正是我们在从事"跨界阅读"时应当特别重视的一个问题。

三、"词语游戏"与"思维桎梏"

上面的分析清楚地表明:我们不应将"数学的眼光""数学的思维"与"数学的语言"绝对地分割开来。鉴于"语言教学"正是这一节的主题,以下就从这一角度对此做出进一步的分析,即我们不仅不应沉溺于纯粹的"词语游戏",而且也应切实防止在不知不觉之中给一线教师带上了沉重的思维桎梏。

为此可以首先提及《数学课程标准(2022)》(第 5～6 页)中关于"三会"的相关论述——按照史宁中教授的解读,这意味着对于"数学"的重新理解:

"会用数学的眼光观察现实世界……数学为人们提供了一种认识与探究现实世界的观察方式。

会用数学的思维思考现实世界……数学为人们提供了一种理解与解释现实世界的思考方式。

会用数学的语言表达现实世界……数学为人们提供了一种描述与交流现实世界的观察方式。"

现在的问题是:相关论述究竟用到了哪些关键的词语?这些词语又是否真的有助于我们很好地理解相关主张,特别是,我们究竟为什么要对人们关于现实世界的认识区分出这样三个不同的范畴,即是所谓的"观察""思考"和"表达"?

对于所涉及的词语我们还可做出如下的概括(图 6-3-1):

图 6-3-1

但在笔者看来,这确实又不能被看成对于"观察""思考"和"表达"这样三个概念,特别是它们的区别提供了清楚的说明,恰恰相反,我们在此即可清楚地看到词语使用上的"捉襟见肘"和"交叉重叠"。例如,由于这一切事实上都可被归属于"人对于现实世界的认识"这样一个范围,因此,我们显然就不应在较低的层次再去使用"认识"这样一个概念;再者,如果不借助其他各个概念,我们显然也无法对"探究"这一概念的准确涵义做出具体的说明。

当然,我们又不应单纯从词语的使用上进行分析,而应更加重视相关说明是否有利于人们认识的深化。但只需与以下分析做一对照比较,读者即可很好地理解相关工作确实未能很好地抓住问题的关键。

具体地说,笔者以为,作为对数学认识活动的具体分析,我们应当特别强调这样三点:

第一,这是任何认识活动的重要前提,即必然同时涉及"主体"与"对象"这样两个方面。应当强调的是,对于这两者我们又都应当做广义的理解。具体地说,对于所说的"人",我们既可理解成单独的"个体",也可以理解成"群体";另外,对于所说的"现实世界"我们显然也不应唯一局限于自然界,而也应当将所谓的"数学世界"也包括在内,更一般地说,即是哲学中所说的"世界三"或"客观知识"——显然,后一分析事实上也可被看成更清楚地表明了"反思"与"再认识"对于认识的发展与深化的特殊重要性。

第二,人们对于现实世界的认识,并非镜面式的反射,恰恰相反,主体在这一过程中也发挥了十分重要的作用。用建构主义的话来说,这就是指,认识是主体的主动建构,也就是一种意义赋予。

第三,相对于一般的认识活动而言,我们当然又应特别重视数学认识活动的特殊性,特别是数学的高度抽象性,对此我们并应从特殊的视角、特殊的抽象方式与特殊的抽象高度这样几个方面做出具体的分析,特别是,我们不应将这三者看成互不相关的,而应清楚地看到它们之间的重要联系;另外,这也直接决定了数学的另外两个重要特征,即严谨性和应用的广泛性。(详可见另著《新数学教育哲学》,华东师范大学出版社,2015,第2章)

总之,这正是笔者在这方面的主要观点:与纯粹的"语言创新"相比,我们应当更加重视问题本身的分析。

其次,笔者在此又愿特别强调这样一点:词语使用上的"随意性"也可能对于积极的思维活动造成严重的障碍。相信读者由以下关于《数学课程标准(2022)》中"行为动词"的解读及其"教学启示"的分析就可有清楚的认识。

具体地说,后者主要涉及我们应当如何撰写一堂数学课的"教学目标"。

以下就是相关人士在这方面的具体建议:"当我们确定好一节课各个维度目标的具体内容后,接下来就要根据目标内容的属性,从结果目标行为动词和过程目标行为动词中,选择相应的目标行为动词进行匹配,这样就可以写出规范的教学目标。"但是,要实现这一目标可非一件易事,因为,这首先就涉及这样一个具体的要求,即在撰写教学目标时,一定要采取"行为动词＋目标内容"这样一个形式,而且,所采用的"行为动词"一定要与目标内容相匹配。其次,目标的撰写又应面面俱到,即应同时包括这样六个不同的方面:"一是基础知识目标内容与行为动词的匹配;二是基本技能目标内容与行为动词的匹配;三是基本思想目标内容与行为动词的匹配;四是基本活动经验方面:我们习惯上使用'积累';五是数学"四能"方面:我们习惯上使用'经历';六是核心素养方面:我们习惯上使用'发展'。"(苏明强,"《义务教育数学课程(2022 年版)》行为动词解读及教学启示),《小学教学》,2022 年第 7/8 期,33‒36,第 36 页)

但是,我们究竟又应如何去理解这里所说的"匹配"呢? 以下就是相关的说明:这首先就涉及两种不同的行为动词的区分,即所谓的"描述结果目标的行为动词"与"描述过程目标的行为动词";其次,对于其中的每一类我们又都可以区别四个不同的层次,并应选用不同的动词,从而才能被看成达到了很好的匹配:

(1)"结果目标行为动词"的四个不同水平与相应的"行为动词":"了解"("同类词":知道、初步认识);"理解"("同类词":认识、会);"掌握"("同类词":能);"运用"("同类词":证明、应用)。

(2)"过程目标行为动词"的四个不同水平与相应的"行为动词":"经历"("同类词":感受、尝试);"体验"("同类词":体会);"感悟";"探索"。(同前)

强调认识的发展性与阶段性当然也是对的,但我们显然也应清楚地看到"过程"与"结果"以及不同水平之间的辩证关系;另外,作为指导性文件,重视词语的准确性当然也没错,但是,如果我们希望相关文件能对于广大数学教育工作者特别是一线教师发挥切实的指导作用,笔者以为,我们在这方面就应采取十分慎重的态度,因为,如果我们将上述分析当成一线教师必须执行的硬性规范,那么,即使在最好的情况下,这也只会造成一种新八股;当然,又如第一章的[例 2]已表明的,这是现实中更加可能出现的一个情况,即仅仅起到了束缚人们思想的作用,也即给一线教师带上了一个沉重的文字枷锁。

愿有关人士都能很好地认识到这样一点!

6.4　数学与艺术

如众所知,相对于将数学看成自然科学的一个分支,有更多数学家倾向于将自己的学科看成一门艺术。即如:

"数学是所有人类活动中最完全自主的。它是最纯的艺术。"(J. Sullivan)

"数学是一门艺术,因为它创造了显示人类精神的纯思想的形式和模式。"(H. Fehr)

"我几乎更喜欢把数学看作艺术,然后才是科学,因为数学家的活动是不断创造的……数学的严格演绎推理在这里可以比作画家的绘画技巧。就如同不具备一定的技巧就成不了好画家一样,不具备一定准确程度的推理能力就成不了数学家……这些都不是最主要的因素。还有一些远比上述条件难以捉摸的素质才是造就优秀艺术家或优秀数学家的条件,其中有一个共同的素质,那就是想象力。"(M. Bocher)

"数学是创造性的艺术,因为数学家创造了美好的新概念;数学是创造性的艺术,因为数学家像艺术家一样地生活,一样地工作,一样地思索;数学是创造性的艺术,因为数学家这样对待它。"(P. Holmos)

在此还可特别提及一位当代数学家洛克哈特:他不仅同样认定数学是最纯粹的艺术,还从这一立场对现行的数学教育体制进行了剧烈批判,甚至更为实现自己的理想放弃大学的任职而转到基层学校担任数学教师。以下就是洛克哈特的相关论述:"事实上,没有什么像数学那样梦幻及富有诗意,那样激进、具破坏力和带有奇幻色彩……数学是最纯粹的艺术,同时也最容易受到误解。"(《一个数学家的叹息——如何让孩子好奇、想学习、走进美丽的数学世界》,上海社会科学出版社,2019,第 31 页)

但是,尽管存在如此多的论述,笔者又始终未能很好地弄清楚我们究竟为什么可以或者说应当将数学看成一门艺术? 当然,这也直接涉及我们应当如何理解"艺术"这样一个问题。由于笔者在后一方面同样缺乏必要的修养,这就是笔者何以一直未能突破这一认识瓶颈的主要原因。

有点像纯粹的巧合,笔者近期由阅读著名美学家宗白华先生的《美从何处寻》在这方面获得了一定启示。之所以想到看一点美学的著作则应归功于一位语文教师的影响:正是通过阅读胡亨康老师的《评课:对话的艺术》,特别是由他的成长过程,自己获得了这样一个启示。

具体地说,笔者在此所涉及的主要是宗白华先生关于中国传统艺术精髓的分析。在宗先生看来,这集中地表现于中国传统艺术对"意境"的追求:"意境是'情'与'景'(意象)的结晶品。""在一个艺术表现里情和景交融互渗,因而发掘出最深的情,一层比一层更深的情,同时也透入了最深的景,一层比一层更晶莹的景:景中全是情,情具象而为景,因而涌现了一个独特的宇宙,崭新的意象。"后者即是指,由于这是主客体的一种交融,从而"为人类增加了丰富的想象,替世界开辟了新境"。

更进一步说,各种艺术事实上都可被看成人类精神的"具象化、肉身化",而非外部世界的简单写照。如果借用"道"这一术语,这也就是指,正是"灿烂的'艺'赋予'道'以形象和生命,'道'给予'艺'以深度和灵魂";这并是人们提升精神境界的重要途径和过程:"艺术的境界,既使心灵和宇宙净化,又使心灵和宇宙深化,使人在超脱的胸襟里体味到宇宙的深境。"(《美从何处寻》,江苏教育出版社,2005,第63~65、72、77页)

宗先生并曾借助"实"和"虚"这一范畴对中国传统艺术的上述特征做了进一步的分析:"由于'粹',由于去粗存精,艺术表现里有了'虚','洗尽尘滓,独存孤迥'。由于'全',才能做到孟子所说的'充实之谓美,充实而有光辉之谓大'。'虚'和'实'辩证的统一,才能完成艺术的表现,形成艺术的美。"在宗先生看来,这也直接涉及中西艺术的重要差异:"只讲'全'而不顾'粹',这就是我们现在所说的自然主义;只讲'粹'而不能反映'全',那又容易走上抽象的形式主义的道路。"更一般地说,"西洋文化的主要基础在希腊";"希腊艺术理论既因建筑与雕刻两大美术的暗示,以'形式美'(即基于建筑美的和谐、比例、对称平衡等)及'自然模仿'(即雕刻艺术的特性)为最高原理,于是理想的艺术创作即系在模仿自然的实相中同时表达出和谐、比例、平衡、整齐的形式美"。例如,"中、西画法所表现的'境界层'根本不同,一为写实的,一为虚灵的;一为物我对立的,一为物我浑融的"。再者,尽管西洋绘画也曾经历由古典精神向近代精神的转变,"然而它们的宇宙观点仍是一贯的,即'人'与'物','心'与'境'的对立相视"。与此不同,"中国画所写近景一树一石也是虚灵的、表象的。中国画的透视法是提神太虚,从世外鸟瞰的立场观照全整的律动的大自然,他的空间立场是在时间中徘徊移动,游目周览,集合数层与多方的视点谱成一幅超象虚灵的诗情画境"。这并可被看成"中国艺术的最后的理想和最高的成就:"以追光蹑影之笔,写通天尽人之怀。"(宗白华,《美从何处寻》,同前,第112、114、80、112~119、75页)①

但是,这些关于艺术的分析与数学究竟有什么关系? 特别是,这对于我们很好地理解数学可以而且应当被看成一门艺术又有什么样的启示? 以下就是笔者在这方面的一些肤浅想法。

如众所知,现代数学主要也应归结于古希腊的传统;但在笔者看来,现代数学又可说与中国传统艺术有很大的一致性——尽管这听上去有点不可思议,但或许就可被看成从一个侧面验证了"大道归一"这样一个真理。

具体地说,笔者在此所关注的主要是这样一个事实:数学显然也非客观事物与现象在人们头脑中的简单反映;恰恰相反,即使就最简单的数学对象,如1、2、3或点、线、面而言,也都是抽象思维的产物。当然,这一方面的工作也有一个"外化"的过程,尽管数学家们采用的并不是声音、色彩、形象等艺术语言,而是主要借助抽象的语言和符号实现了相应的"具象化"。

再者,相对于艺术创造而言,对于形式(美)的追求在数学中也可说具有十分明显的表现,乃至我们似乎就可从这一角度对"数学美"做出大致的"定义",即如认定这主要地就可被归结为"对称性""简单性""统一性"和"奇异性"等这样一些形式;但是,在做出上述断言的同时,我们又应清楚地看到:"数学家们并非纯粹地为艺术而艺术,他们对于美的感受和追求往往以数学上的考虑作

---

① 以上论述主要引自宗先生1936年发表的一篇论文:"论中西画法的渊源与基础";他的其他一些论著则提供了关于古希腊艺术更加完整、深入的分析,即如发表于1949年的"希腊艺术家的艺术理论"一文就明确地提出:"艺术有'形式'的结构,如数量的比例(建筑)、色彩的和谐(绘画)、音律的节奏(音乐),使平凡的现实超入美境。但这'形式'里面也同时深深地启示了精神的意义、生命的境界、心灵的幽韵。"(宗白华,《美从何处寻》,同前,第207页)

为直接背景或目的,这也就是说,他们所追求的是:在极度无序的对象(关系结构)中展现极度的对称性,在极度复杂的对象中揭示极度的简单性,在极度离散的对象中发现极度的统一性,在极度平凡的对象中认识极度的奇异性。"简言之,我们应看到数学中对于美的追求具有重要的方法论意义,这并集中反映了数学家的这样一个特性:他们永不满足于已取得的成果,并总是希望能够更深刻、更全面、更正确地认识世界。也正因此,他们总是力图由已知去推出未知,希望将复杂的东西予以简单化,分散、零乱的东西予以统一,也总渴望能开拓出新的研究领域⋯⋯正是在这样的过程中,数学家们感受到了数学的美,而这事实上也正是认识不断发展和深化的一个过程。(详可见另著《数学方法论入门》,浙江教育出版社,1985,2006,第三章)

特殊地,这显然也可被看成著名数学家、科学家彭加莱以下论述的核心所在:"数学家们非常重视他们的方法和理论是否优美,这并非华而不实的作风,那么,到底是什么使我们感到一个解答、一个证明优美呢? 那就是各个部分之间的和谐、对称,恰到好处的平衡。一句话,那就是井然有序,统一协调,从而使我们对整体以及细节都能有清楚的认识和理解,而这正是产生伟大成果的地方。事实上,我们越是能一目了然地看清这个整体,就越能清楚地意识到它和相邻的对象之间的类似,从而就越有机会猜出可能的推广。我们不习惯放在一起考虑的对象之间不期而遇所产生的美,使人有一种出乎意料的感觉,这也是富有成果的,因为它为我们揭示以前没有认识到的亲缘关系。甚至方法简单而问题复杂这种对比所产生的美感也是富有成果的,因为它使我们想到产生这种对比的原因,往往使我们看到真正的原因并非偶然,要在某个预料不到的规律中才能发现。"(彭加莱,《科学的价值》,光明日报出版社,1988,第363页)

在此笔者并愿特别强调这样一点:数学家们正是通过自己的研究深切地感受到了思维的力量、精神的力量,这也就是我们为什么应将数学看成一门艺术的主要原因,包括我们又应如何认识数学的文化价值。后者事实上也正是彭加莱等数学家所明确强调的一些方面:

"一个名符其实的科学家,尤其是数学家,他在他的工作中体验到与艺术家一样的印象,他的乐趣和艺术家的乐趣具有相同的性质,是同样伟大的东西。

"数学……是一种活动,在这种活动中,人类精神似乎从外部世界所取走的东西最少,在这种活动中,人类精神起着作用,或者似乎只是自行起着作用和按照自己的意志起作用。

"因为数学科学是人类精神从外部借取的东西最少的创造物之一,所以它就更加有用了……它充分向我们表明,当人类精神越来越摆脱外部世界的羁绊时,它能够创造出什么东西,因此它们就愈加充分地让我们在本质上了解人类精神。"(彭加莱,《科学的价值》,同前,第 374、367 页)

在此我们还可依据宗白华先生关于"形式作用"的分析做出进一步的分析说明:

按照宗先生的看法,对于"形式的作用"可以区分出三个不同的层次:第一,"美的形式的组织,使一片自然或人生的内容自成一独立的有机体的形象,引导我们对它能有集中的注意、深入的体验"。"美的对象之第一步需要间隔。"在笔者看来,这大致地就相当于前面所说的"外化",包括数学中经常提到的"模式化"。第二,"美的形式之积极的作用是组织、集合、配置。一言蔽之,是构图,使片景孤境能织成一内在自足的境界,无待于外而自成一意义丰满的小宇宙,启示着宇宙人生的更深一层的真实"。从数学的角度看,这也就意味由各个孤立的"模式"过渡到了整体性的"结构"。第三,"形式之最后与最深的作用,就是它不只是化实相为空灵,引人精神飞越,超入美境;而尤在它能进一步引人'由美入真',探入生命节奏的核心。世界上唯有最生动的艺术形式……最能表达人类不可言、不可状之心灵姿式与生命的律动"。(宗白华,《美从何处寻》,同前,第 107~108 页)正如前面已指出的,这就是诸多数学家何以将数学看成一种艺术的主要原因。

进而,在笔者看来,依据上述分析我们也可更好地理解洛克哈特关于"什么是真正的数学"的相关论述,包括数学教师应当通过自己的教学向学生传递什么样的感受,乃至他为什么又会对于突出强调"数学的应用"持反对的态度:

"这就是数学的外貌和感觉。数学家的艺术就像这样:对于我们想象的创造物提出简单而直接的问题,然后制作出令人满意又美丽的解释。没有其他事物能达到如此纯粹的概念世界;如此令人着迷、充满趣味……"

应让学生"有机会享受当一个有创造力、有灵活性、心胸开放的思想家——这是真正的数学教育可能提供的东西。……数学应该被当作艺术来教的。这些世俗上认为'有用'的特点,是不重要的副产品,会自然而然地跟着产生"。

"所有这些'改革'最悲哀的地方,是企图'要让数学变有趣'和'与孩子们的生活产生关联',你不需要让数学变得有趣——它本来就远超过你了解的有趣! 它的骄傲就在于与我们的生活完全无关。这就是为什么它是如此有趣。……我们不需要把问题绕来绕去的,让数学与生活产生关联。它和其他形式的艺术用同样的方式来与生活产生关联一样:成为有意义的人类经验。"

"无论如何,重点不在数学是否具有任何实用价值……我要说的是,我们不需要以这个为基础来证实它的正当性。我们谈的是一个完全天真及愉悦的人类心智商活动——与自己心智的对话。数学不需要乏味的勤奋或技术上的借口,它超越所有的世俗考量。数学的价值在于它好玩、有趣,并带给我们很大的欢乐。"①

"教学是开放与诚实的,是能分享兴奋之情的能力,是对教学的热爱。没有这些,世界上所有的教育学位都不能帮助你。"

"如果你需要方法(指'教学方法'——注),你可能就不会是非常好的老师。如果你对于你的科目没有足够的感受,可以让你能用自己的话语,自然且直觉地说出来,那么你对这个科目的了解会有多深呢?"

学生为什么不喜欢数学?"原因就在于他们自己从来没有机会去发现或发明这类东西。他们从来都没有碰到一个让他们着迷的问题,可以让他们思考,可以让他们感受挫折,可以让他们燃起渴望,渴望有解决的技巧或方法。"

"重点在于我们制作了一件事物。我们制作了美妙、令人陶醉的事物,而且我们做得津津有味。有那么个火花闪烁的瞬间,我们掀起了面纱,瞥见了永

---

① 由宗白华先生的以下论述我们或许即可对上述言论有更好的理解:"艺术的目的不是在实用,乃是在纯洁的精神的快乐……艺术的源泉是一种极强烈深浓的,不可遏止的情绪,挟着超越寻常的想象能力。这种由人性最深处发生的情感,刺激着那想象能力到不可思议的强度,引导着他直觉到普通理性所不能概括的境界,在这一刹那瞬间产生的复杂的感想情绪的联络组织,便成了一个艺术创作的基础。"(《美从何处寻》,同前,第 284 页)

恒的纯粹美丽。这难道不是极有价值的事物吗？人类最迷人和最富想象力的艺术类型，难道不值得让我们的孩子去接触吗？"

"如果你没有兴趣探索你自己个人的想象宇宙，没有兴趣去发现和尝试了解你的发现，那么你干嘛称自己为数学教师？如果你和你的学科没有亲密的关系，如果它不能感动你，让你起鸡皮疙瘩，那你必须找其他的工作做。如果你喜欢和小孩相处，你真的想要当老师，那很好——但是去教那些对你真正有意义、你能说得出名堂的学科。"（《一个数学家的叹息——如何让孩子好奇、想学习、走进美丽的数学世界》，同前，第 35、42～43、47～48、150、132、57、73、61、131 页）

但是，在初等数学中我们也能找到这样的实例吗，即能使学生感到极度震撼，并能深切地感受到精神力量的实例？

显然，毕达哥拉斯定理的发现就是这样的一个实例，后者并对古希腊乃至整个西方文明的发展产生了十分重要的影响。以下是另外两个具体的实例（这方面的更多实例也可见洛克哈特的著作）：

其一，任一多边形，不管它是三角形，还是四边形或五边形等，它的外角的和总是 360°。

其二，在半圆中以直径为底作三角形，无论三角形的顶点在圆周的什么地方，三角形的顶角都是 90°。

由此可见，即使就中小学数学教学而言，我们在上述方向也是可以大有作为的，关键则在于你对此是否具有足够的自觉性，包括亲身的感受或体验。

以下再从宗白华先生的"徐悲鸿与中国绘画"一文中摘录几段关于"简"与"虚"的论述，对此建议读者可以联系数学和数学教育中的"抽象"与"留空（白）"对此做出分析比较与理解，特别是两者的共同点，乃至"大道归一"这样一个道理：

"简者简于象，非简于意。""中国画以黑墨写于白纸或绢，其精神在抽象……练则简。简则几乎华贵，为艺术之极则矣。"

"此虚无非真虚无，乃宇宙中浑沌之原理；亦即画图中所谓生动之气韵。……中国画最重空白处。空白处并非真空，乃灵气往来生命流动之处。"

"空而后能简，简而练，则理趣横溢，而脱略形迹。然此境内不易到也，必画家人格高尚,秉性坚贞,不以世俗利害营于胸中,不以时代好尚惑其心志;乃能沉潜深入万物核心,得其理趣,胸怀洒落。"(宗白华,《美从何处寻》,同前,第303～304页)

在笔者看来,由以上论述我们并可进一步领悟到什么是相关研究应当避免或纠正的一些倾向,包括什么又是我们超越专业走向"大道"的主要途径。

首先,无论就艺术或数学而言,事实上都涉及"境""意"和"形"这样三个方面,从而,我们就既应防止完全拘束于对自然的"模仿"或"刻画"这一低层次的错误,也应注意防范因为过分强调形式而陷入形式主义的泥潭,或者说,未能很好地超出单纯的"技能"这样一个层面。其次,从更高的层面看,它们又都同时涉及这样三个方面:"境(景)""意(情)"和"思想(理性)",这更可被看成我们超越专业走向"大道"的关键,即"意(情)"和"思想(理性)"的相互渗透与整合,后者既是指我们决不应单纯强调"理性"而忽视了"人性",也不应因单纯强调个人情感而忽视了自己的社会责任,因为,不仅"一切艺术虽是趋向……于美,然而它最深最后的基础仍是在于'真'与'诚'"。(宗白华,《美从何处寻》,同前,第211、337、121页)显然,"真""善""美"的高度统一也应是数学乃至一切科学的最高追求!

6.5 数学教育与"禅"
——兼论数学教育的德育功能

这里所说的"禅"("禅学"),泛指这样一种主张或学说,即人如何能够通过自我修养达到心灵的平和与真正的宁静。由于社会发展速度的不断加快,现代人越来越广泛、越来越深地陷入到了焦虑和不安之中:"忙乱的现代生活对于人的品质是有损害的,使人难以昂首阔步从容如云水地走向自己的道路。"(林清玄,《情的菩提》,河北教育出版社,2007,第223页)因此,对于"禅"的适度倡导就有一定现实意义。

将"数学教育"与"禅"联系在一起,则是因为两者有一个重要的共同点,就是对于"智慧"的强调。按照诸多禅学家的观点,心灵的平和与宁静正是"大智慧"的表现,后者更可被看成"行菩萨道"六法中最高的一个境界;与此相对照,正如人们现已普遍认识到了的,这也可被看成数学教育最主要的功能,即有益于人们智慧的提升,也即让人变得更加聪明。

由辩证思维的重要性读者或许即可对此有更好的认识。

如众所知,辩证思维对于我们如何更好地从事工作和生活具有重要的意义。(1.3节)例如,如果说这即可被看成“创造人格”最基本的一些涵义:开放、自信、灵活、专注、合作、独立思考(郑富芝语),那么,依据辩证分析我们就可获得更加深刻的认识:上述六种品格显然可以被归结为三个范畴,而其共同关键就在于我们如何能够很好地处理各个对立面之间的关系,也即如何能在开放与自信、灵活与专注、合作与独立思考之间实现适度的平衡。

从同一角度我们也可更好地认识数学的本质或特性,对此我们并可借助著名作家林清玄先生的相关论述予以表述,尽管其所直接论及的只是自然的声音,而非数学本身,从而事实上也就可以被看成超越对立的一个很好范例:“它是那样自由,却又有结构的秩序;它是那样无为,却又充满了生命的活力;它是那样单纯,却有着细腻的变化。”(林清玄,《情的菩提》,同前,第47页)当然,并非所有人都能有这样的认识,但这事实上也正是“禅学”大力推崇的一个境界,即我们不应永远“在对立的影子,以及影子所形成的影子中生活”,而应超越对立进入一个更高的境界:一个“光明的、和谐的、圆融的、无分别的世界……使……人可以无执、任运、无碍自在、本来无一物,甚至无所住而生其心”。(林清玄,《情的菩提》,同前,第128页)

当然,在“数学教育”与“禅”之间也有重要的区别。按照禅学,所谓“提智”主要是一个开悟的过程,也即“真心”的回归。例如,这就正是诸多禅学家何以特别强调“认识自我,回归自我,反观自我,主掌自我”的主要原因。(林清玄,《情的菩提》,同前,第133页)与此相对照,数学教育所关注的则主要是我们如何能够通过数学知识和技能的学习帮助学生逐步学会思维,并能由理性思维逐步走向理性精神,正因为此,数学教学就具有很强的方法论色彩,更就应当被归属于“理性”的范围。

由以下论述我们或许即可更好地理解“数学教育”与“禅学”之间的区别:这是一位中学教师的“课堂语录”:“学好数学买菜可能用不上,但是它决定着你将来在哪里买菜”(张道玉语);以下则是笔者的进一步发挥:“学好哲学(包括修禅)可能决定不了你将来在哪里买菜,但会影响到你以一种什么样的心态去买菜。"

尽管存在所说的差异,但在笔者看来,由禅学的相关论述我们仍可获得关于如何做好数学教育的有益启示,特别是,我们应当如何理解与发挥数学教育的德育功能,从而更好地落实"立德树人"这一教育的根本目标。

但是,我们为什么又要特别强调数学教育在这一方面的作用呢?因为,与语文等学科相比,数学教育的德育功能显然较为间接、细微,而且,如果缺乏自觉性的话,我们又很可能在这方面陷入一定的误区,对此由不同学科在一般民众中的"心理形象"就可清楚地看出:如果说"文学巨匠"常常会给人以"飘逸潇洒"的印象,人们则往往会将"数学天才"看成某种"怪人"(对此我们当然不应简单地等同于"疯子")。由此可见,所说的数学教育的德育功能事实上应被看成数学教育的一个短板,这更可被看成我们在这方面应当特别重视的一个问题,即不应因为突出强调了方法的分析与学习以及学生理性精神的培养,却忽视了还应从更高层面去认识数学教育应当承担的责任,特别是,我们如何能很好地落实"立德树人"这样一个重要的使命。

应当强调的是,后者事实上也可被看成各种知识和技能的学习所容易出现的一种通病:"虽然知识丰富,却反而为知识而受苦,被种种知识扯来扯去,忽左忽右,像漩涡一样旋转,于是陷入一种紧张而焦躁的状态,生活充满无谓的苦恼,……无论用任何知识,都不能凭着知识得到安身立命。"(林清玄,《情的菩提》,同前,第 127 页)从而就应引起我们的特别重视。

另外,这事实上也正是"禅学"的一个基本主张:"真实的智慧是来自平常的生活";"我们要求最高的境界,只有从自己的生活、自己的周遭来承担来觉悟才有可能"。(林清玄,《情的菩提》,同前,第 143、196 页)由此可见,我们就应将德育教育很好地贯穿、落实于平常的教学工作,也即应当切实提高自身在这一方面的自觉性。

以下就从后一角度提出关于如何很好地发挥数学教育德育功能的一些具体建议。相关分析直接奠基于数学教学特殊性的分析,也即究竟什么可以被看成数学教学在这方面能够并且也应当发挥的作用。

第一,努力帮助学生养成平和的心态。

　　按照禅学，"要提升我们对生活的观照与慧解，重要的不是去改变生活的内容，而是改造心灵与外物的对应"。这也就是指，"悟道者与一般人……过的是一样的生活"，只是"对环境的观照已经完全不一样，他能随时取得与环境的和谐，不论是秋锦的园地或瓦砾堆中都能创造泰然自若的境界"。如果我们能"以一种平坦的怀抱来生活，来观照，那生命的一切烦恼与忧伤自然灭去了"。（林清玄，《情的菩提》，同前，第187、215、92页）

　　当然，上面的论述并不是指我们对于生活应当采取纯粹的消极态度，"而是要及早在心里留下一个自我的空间，也不意味着不要在人生里成功，而是要在成功时淡然，在失败时坦然"。（林清玄，《情的菩提》，同前　第77页）

　　由此可见，这对于数学教学也有很强的指导意义，因为，后者正是"应试教育""题海战术"的重灾区，从而也就特别需要我们在这一方面保持平和的心态，也即能够很好地做到"淡然"和"坦然"，而不应对各种考试抱有很强的得失心。

　　应当再次强调的是，这并不是指我们在学习上可以采取纯粹的消极态度；恰恰相反，"放弃今日就没有来日，不惜今生就没有来生"，我们应当切实地做到"活在当下"！（林清玄，《情的菩提》，河北教育出版社，2007，第54页）另外，我们还应清楚地看到这样一点：即使是失败也有失败的作用，因为，只有通过失败与痛苦，我们才能获得更深刻的认识，包括相关的人生感悟："快乐固然是热闹温暖，悲伤则是更深刻的宁静、优美、而值得深思。"（林清玄，《情的菩提》，同前，第74页）当然，我们又应认真地去思考究竟什么是数学学习的主要价值，从而就可真正地做到以"平常心"去对待考试。（4.1节）

　　在笔者看来，这很可能也就是诸多数学家何以特别强调这样一点的主要原因，即数学特别有益于人们对于"世俗"的超越。后者当然也是"禅学"特别强调的一点："自由自在、单纯朴素、身心柔和、流动无滞。"（林清玄，《情的菩提》，同前，第222页）由此可见，我们也应将此看成数学教学与数学学习的一项重要目标。

　　再者，从同一角度我们显然也可更好地理解到这样一点，即教学中不应过分地强调数学的应用价值，而应更加注重数学学习对于人们思维发展与理性精神养成的重要性，包括我们如何又能够通过这一途径帮助学生逐步养成适当的心态。

例如,这事实上也可被看成以下论述的核心所在:"无用之用,无为之为,有时更契合人的内在发展规律。只要路子走对,虽然慢,总会出效。"(胡亨康,《评课:对话的艺术》,福建人民出版社,2020,第80页)希望读者能由以下论述对数学教育在这一方面的特殊作用有更好的认识:我们应"以明朗清澈的心情来照见这个无边的复杂世界,在一切的优美、败坏、清明、污浊之中都找到智慧";"最好的是,在孤单与寂寞的时候,自己也能品味出那清醒明净的滋味"。(林清玄,《情的菩提》,同前,第135、141页)当然,在此最需要的又是高度的自觉性,也即我们能够跳出数学过渡到人生态度,由解题方法等"小智慧"过渡到真正的"大智慧"。(对此我们将在以下做出进一步的分析论述)

第二,态度的从容,即能从容地去做事,从容地去想问题。容易想到,这事实上也可被看成"平和心态"的具体表现。

从数学教学的角度看,这显然也就更清楚地表明了努力培养学生"长时间思考"的习惯与能力的重要性,包括切实纠正这样一种错误的倾向,即对于"快"的片面追求。

正如6.2节中已提及的,我们可由语文教学在这一方面获得直接的启示,包括很好地去体会其中所蕴涵的"禅意":"慢,是为自身营造的一种朴素氛围。它恬静、舒缓、悠闲,鼓励目光在书面之间停留、徘徊,鼓励逐字逐句和掩卷冥思;其实,这种长期的慢阅读,就是一种心性的熏陶和濡染:慢慢地读一本书,慢慢地做一个梦,慢慢地想一个人……从容、静气和定力,也就在长时的'慢'中渐渐养成。"(胡亨康,《评课:对话的艺术》,同前,第200页)

当然,我们在此又应清楚地认识到这样一点,即数学教学可以而且应当在这一方面发挥特别重要的作用。具体地说,后者当然不是指我们在教学中应当鼓励学生漫无边际地胡思乱想,乃至长时间地陷入"发呆"这样一种状态;恰恰相反,我们不应为"慢"而"慢",而应更加关注放慢节奏以后干什么,也即应当引导学生认真地去从事总结、反思和再认识,从而实现认识的不断发展与深化。(3.1节)

在笔者看来,这或许也可被看成"数学"与"禅学"的又一共同点,即对反思与再认识的突出强调:"认识、回归、反观自我都是通向自己做主人的方法。"

（林清玄，《情的菩提》，同前，第133页）当然，我们又应将优化看成数学学习的本质，并应通过这一途径努力实现自我的不断完善："心扉的突然洞开，是来自于从容，来自于有情。"（林清玄，《情的菩提》，同前，第41页）

从同一角度我们还可更好地理解"禅学"的一些相关主张，包括由此而获得关于如何做好数学教学和数学学习的重要启示。例如，所谓的"静观谛听"显然就可被看成我们如何能够通过合作学习更有效地促进自身成长的一个重要途径，我们并应努力做到这样一点："静观谛听，有独处的时候，保持灵敏。"（林清玄，《情的菩提》，同前，第171页）

第三，"入"与"出"。这事实上即可被看成"从平常的生活悟道"这一思想的一个直接结论，即我们既应立足日常生活，切实地做好每一件事，过好每一天的生活，同时又应从"禅"或"道"的高度去进行分析思考，并以"悟道"作为更高的目标。

从学科教学的角度看，这也就是指，我们既应坚持专业的分析，又应努力实现对于狭隘专业视角的必要超越。

例如，尽管以下论述主要是针对电影艺术特别是"吸引力蒙太奇"而言的，借此我们仍可更好地认识"入"与"出"的重要性，后者既包括一般意义上的"禅修"，也包括数学教学和数学学习：

"先精通艺术，再摧毁艺术。

首先，深入艺术之堂奥，参透其堂奥。

然后，精通艺术，成为一位艺术大师。

最后，揭开它的面具，并予以摧毁！

从那时起，艺术与我的关系，开始了崭新的局面。

……

"——禅修也是如此，是一种心灵的革命，要'大破'才能'大立'，'大死'才能'大生'，要'大叩'才能'大鸣'，要'大痛苦'才会有'大解脱'。"（林清玄，《情的菩提》，同前，第159页）

具体地说，我们在数学教学中既应高度重视方法的分析和学习，又应帮助学生很好地认识到这样一点，即不应为任何一种方法论所束缚，而应努力做到"以正合，以奇胜"，也即应当努力实现"无拘无形"这一更高的境界，做到真正

的"自在"。(林清玄,《情的菩提》,同前,第 129 页)

再者,正如 1.2 节中所提及的,这也是我们面对数学教育的各个"大问题"所应坚持的立场。例如,就数学教育基本目标的认识而言,我们既应坚持从专业的立场进行分析思考,而不应停留于"大教育"的一般性论述,同时又应注意跳出狭隘的专业视角并从更大的范围做出进一步的分析研究。不难想到,从"禅学"的角度去认识数学教育的德育功能事实上也可被看成这方面的又一实例。

进一步说,尽管这确可被看成"初悟禅意"的重要表现:"有个入处,见山不是山,见水不是水";但这又应被看成"大彻大悟"的主要表现:"如今得个休歇处,依旧见山只是山,见水只是水",这更是我们如何能够达到后一境界的关键,即真正的"放下"("出")。当然,这也应被看成"入"与"出"辩证关系的又一重要涵义:"不会随波逐流失去清醒,也不会被种种思维辩证的烟所障蔽。"(林清玄,《情的菩提》,同前,第 53、103 页)

相信读者由以下论述也可在这一方面获得直接的启示:"'禅'一字实非名相,任何众生只要在心灵上保有创意,不断地超越、提升、转化,就是在走向禅的道路上,历程上或有不同,终极目标是一致的。""为了保有禅的精神,必须放下对于禅的固定认知;为了开发心灵的活力,必须保有最强的张力。"(林清玄,《情的菩提》,同前,第 162、160 页)

再者,这也可被看成"悟道"的一个重要表现,即对于"美"的感受,乃至真正的"诗情画意":"禅学或佛教是一种美,在人生中提升美的体验,使一个人智慧有美、慈悲有美、生活有美,语默动静无一不美,那才是走向佛道之路。""道是美,而走向道的心情是一种诗情。"(林清玄,《情的菩提》,同前,第 99 页)显然,由此我们也可更好地体会到这样一点,即数学家们为什么又常常会谈到数学的美,乃至将"美的追求"看成推动数学发展的一个重要动力。

在此笔者并愿特别强调这样一点:我们决不应用频繁的考试破坏掉这样一种美好的情感:"当我们面对人间的一朵好花,心里有美、有香、有平静、有种种动人的质地,会使我们有更洁净的心灵来面对人生。"(林清玄,《情的菩提》,同前,第 201 页)

最后,作为全文的结束,笔者又愿特别强调这样一点:只有在上述方向做出切实努力,我们才能真正做到不只是在教书,教数学,也是在教人,在以文"化"人;当然,我们又不只是在塑造学生,也是在不断地重塑自我,完善自我。

6.6 "课例研究"之简析
——兼论《数学课程标准(2022)》对于实例的应用

"案例"的重要性现已获得了越来越广泛的认同。例如,按照不少学者的观点,这就可被看成"实践性智慧"的本质,即"借助于案例进行思考",从而更有效地去解决所面对的问题。对广大教育工作者来说,这更可说已经成为了一项共识,尽管在此人们所关注的又主要是"课例"。对此由以下的事实就可清楚地看出:新颁发的《数学课程标准(2022)》专门收入了"课程内容中的实例"这样一个附录,包括 93 个实例,其篇幅并已远远超出正文中关于"课程内容"或其他任何一个论题的论述。

那么,笔者在此为什么又要对于这一论题做出专门的分析论述呢?主要是因为在这方面我们也经常可以看到一些简单化的认识与不恰当的做法,特别是,将"案子"等同于"案例",也即认为这方面的主要工作就是收集各种各样的实例,却忽视了还应对此做出深入的分析研究,包括从总体上去思考我们应当如何从事所说的研究?更一般地说,这也直接涉及这样一个问题:什么是案例的主要作用?因为,只有围绕后一问题进行分析思考,我们才能更清楚地认识到究竟应当如何从事案例研究,包括如何对此做出选择,又如何能够使其成为真正的"案例"。

以下就主要围绕"课例"进行分析,相关结论对于一般案例而言应当说也是同样成立的。我们并将以"课"与"课例"的区分作为直接的切入点。

一、从"课"到"课例"

对于所说的"课",绝大多数人应当说都十分熟悉:从小学一年级起直至作为义务教育结束阶段的初三年级,我们中的每一个人都已接触到了大量的课、各种各样的课;而如果你后来又成了一名教师,那么,无论你喜欢与否,又是否愿意在这方面投入大量的时间和精力,上课已成了你的日常工作;再者,这显然也可被看成教师专业生涯的一个重要组成部分,即不断地听课,包括参加各种各样的教学观摩,以及阅读各类专业刊物和书籍上刊登的大量课例。

也许你已经注意到笔者在此所使用的最后一个字眼是"课例",而非单纯的"课"。那么,究竟什么是这两者的主要区别?为了帮助读者进行思考,在此或许还可提出另一与此密切相关的问题:如果学校的领导或同事要求你上一堂"公开课",与一般的课相比,你肯定会化更多时间和精力进行准备,但是,你究竟会在哪些方面作出特别努力?

当然,这即可被看成这方面的一个基本事实,就是人人都要面子,从而自然就希望自己能上出一堂较好的课,因为,既然是"公开课",就有其他同行来听课,更会有一定评价。但这显然也就直接涉及这样一个问题,即我们应当从哪些方面对课做出评价,乃至我们是否又可对此做出绝对的"好"或"坏"这样的评价?

显然,就上课者而言,无论是直接的批评或是正面表扬,都能起到一定的启示或鼓励作用;但如果是"公开评论",则就涉及更多方面,特别是,我们如何能使所有的观课者(或是刊物上所登课例的"阅读者")也都能够由相关评论得到一定的启示或收获。不难想到,在后一种情况下,所说的"课"的性质事实上就已发生了变化,也即已由一般意义上的"课"变成了"课例",因为,我们在此所希望就是以此为例说出一些普遍性的道理或结论。当然,这事实上也是我们在承担"公开课"时应当想到的一点,即如何能够使得相关工作发挥更大的作用,特别是,能有效促进自己的专业成长。

综上可见,这就是"课"与"课例"的最大不同:在后一种情况下我们之所以对某一节课予以特别的重视,主要就是希望以此为例发现并说出一些普遍性的道理,包括清楚地指明普遍性存在的问题,或是若干应当特别加强的方面。

那么,我们究竟又如何才能实现所说的目标呢?这显然涉及很多方面。在此特别强调这样一点:"课"之所以能够成为"课例",离不开理论,或者说,主要依赖理论与实际之间的辩证运动。具体地说,这就正如美国学者、20世纪80年代以来教学和教师教育的领军人物舒尔曼所指出的:"一个被恰当理解的案例,绝非仅仅是对事实或一个偶发事件的报道。把某种东西称作案例是提出了一个理论主张——认为那是一个'某事的案例'。""案例可以是实践的具体实例——对一个教学事件发生进行的细致描述,并伴随着特定的情境、思想和感受。另一方面,它们可以是原理的范例,例证一个较为抽象的命题或理论的主张。""案例的组织与运用要深刻地、自觉地带有理论色彩。""没有理论理解,就没有真正的案例知识。"(舒尔曼,《实践智慧——论教学、学习与学会教学》,华东师范大学出版社,2014,第 391、141~144 页)

从上述角度我们显然也可更清楚地认识这样一些论点的局限性,即对于"经验积累"的片面强调,包括所谓的"熟能生巧"。这事实上也是舒尔曼特别强调的一点,即我们应当清楚地看到在"从经验中学习"与"只是获得经验"之间存在的巨大差异:"二十年的经验"很可能只是"二十遍一年的经验",从而就有很大的局限性;与此相对照,"从教学经验中学习不仅只是练习一个可以转为自觉行为的技巧,而是将技巧上升到思考,为行为找到理由,为目标找到价值所在",从而也就直接涉及理论与实践之间的辩证关系:"从经验中学习既需要具有学术特征的系统的、以原型为中心的理论知识,也需要具有实践特征的流动性、反应性的审慎推理。专业人员必须学会如何处理这些不可预测的问题,也必须学会如何反思自己的行动。专业人员需要将行动的结果融入自己日益增长的知识基础里。""这种理论原理和实践叙事、普遍性和偶然性的联系就形成了专业知识。"(同上,第 364、228、385、385 页)

进而,从同一角度我们显然也可更好地理解课(案)例的作用:这十分有助于我们对于理论的理解。这并是笔者在这方面的一个基本看法,即我们在倡导任一理论时,都应清楚地说明这对于我们改进教学(工作)有哪些新的启示?显然,为了很好地做到这样一点,我们也必须借助一定的课(案)例。

再者,从一线教师的角度看,笔者又愿特别强调这样一点,即我们应当切实增强自己的"问题意识",也即应当围绕问题去从事相关的实践和研究。当然,这一方面的工作还应努力做到"小中见大",也即用具体例子说出普遍性的道理,包括清楚地指明普遍性的问题或是应当特别加强的方面。

显然,这也更清楚地表明了这样一点,即这方面的工作不应停留于所谓的"教学实录",包括后者的简单积累,而应更加重视分析和研究的工作。当然,这又应被看成我们如何能够做好这方面工作的关键,即我们应当切实提升自身在这一方面的自觉性。即如我们究竟为什么要花费如此多的时间和精力去上好一堂"公共课"：这主要地不是为了获得其他人的好评，而是应将这一过程看成促进自身专业成长的重要途径，特别是，我们应当围绕这一任务积极地去开展研究，包括有针对地进行理论学习。

也正是从后一角度进行分析，笔者以为，以下的做法恐怕就不很妥当，即在教学观摩中通过"临时抽签"去决定上课的内容，并限定相关教师必须在很短的时间内就要做好准备直接登台上课。因为，尽管后者有助于我们对于上课者的教学水平做出检验，但这并不能对于促进教师的专业成长发挥更大的作用。与此相对照，以下的做法则更加值得提倡，即除去单纯的上课以外，我们还应为上课者提供一定时间对自己为什么会做出相应的教学设计，包括实际背景和主要目标等做出说明，因为，这不仅可以使观课者有更大的收获，包括我们应当如何改进教学，又应如何密切联系教学去开展教学研究等，也可促使任教者对相关过程做出认真的回顾和反思，从而就可在专业成长的道路取得更大的进步。进而，我们也可从后一角度更好地理解"同课异构"的作用，因为，比较正是促进认识深化最有效的一个手段，后者既包括对于别人课例的学习与思考，也包括上课者的自我总结和反思。

综上可见，为了真正做好这一方面的工作，重要的就不是"实例"的简单积累，而是分析和研究。由此我们还可引出这样一个结论：作为评课，我们不应停留于简单的"好"与"坏"这样的绝对性评价，或是"各有千秋"此类的笼统概括；另外，我们也不应认为存在有任何的"经典课例"，因为，除去教学设计应当将教学内容、对象与情境等因素都考虑在内以外，这显然也与我们的着眼点密切相关，即什么是我们为这一堂课设定的主要目标，再者，人们的认识必然也有一个不断发展和深化的过程，从而，即使是一堂在当时看来十分完美的课，按照新的认识也很可能有不少需要改进的地方——笔者以为，这事实上也可被看成新一轮数学课程改革给予我们的一个重要启示。

二、课例分析的三个实例

既然是"课（案）例研究"的专门论述，自然也就应当坚持"用具体的例子说出普遍性的道理"这一基本道理。以下就针对《数学课程标准（2022）》中对于"实例"的应用做出简要分析，尽管后者并不能被看成真正的"课例"。但是，由于它们都属于"课程内容中的实例"，这更可被看成其中所包括的"说明"的主要内容,即关于各个内容基本性质或作用的具体分析,包括具体的教学建议,因此,这事实上也就十分接近于一般所谓的"课(案)例研究"。相信读者也可由以下的分析特别是对照比较对于我们应当如何做好课(案)例研究有更好的认识,包括切实加强这一方面工作的重要性。

首先,由于所说的"实例"是作为《数学课程标准(2022)》这一指导性文件的附录得到应用的,因此,就总体而言,就应很好地发挥这样一个作用,即有助于人们更好地理解"新课标"的主要思想或基本理念;又由于这正是"课程"的基本定位:"义务教育课程规定了教育目标、教育内容和教学基本要求,体现国家意志,在立德树人中发挥着关键作用。"(《义务教育数学课程标准(2022年版)》,北京师范大学出版社,2022,"前言",第1页)因此,所有这些实例包括相关"说明",就都应当集中于这样三个方面:(1)我们应当如何通过各个内容的教学很好地落实数学教育的基本目标,包括对后者的更好理解?(2)相关教学并应如何体现相应的"课程理念"? 例如,由于对于课程内容"整体性、一致性与阶段性"的突出强调即可被看成《数学课程标准(2022)》十分重要的一个特征,因此,我们就应通过所列举的实例从总体上对此做出清楚说明。(3)什么又可被看成《数学课程标准(2022)》在教学方面的基本要求,我们又应如何按照这些要求去从事各个内容的教学,即如切实地做好"重视单元整体教学设计","强化情境设计与问题提出",以及对于"跨学科主题学习"包括"主题活动"与"项目学习"的积极提倡,等等。(同前,第86~88页)

显然,按照以上论述读者即可对于《数学课程标准(2022)》中的各个实例,包括相关"说明"的适当性做出自己的分析;这则是笔者在这方面的具体看法:这一部分就总体而言应当说未能很好地实现这样一个要求,或者说,在这方面还有很大的改进余地,也即我们如何能够通过适当的实例帮助读者更好地认识"新课标"的主要思想或基本理念,并为我们应当如何从事数学教学包括教材编写提供必要的范例。

其次,正如前面所提及的,这是突出强调"课程"的视角所容易造成的一个后果,即未能给予各种与教学有关的问题足够的重视,从同一角度进行分析,我们即可发现"新课标"中所给出的各个"实例"在这方面确也有不少需要改进的地方。以下就针对其中的三个实例做出具体的分析说明。

　　[例1]　这是《数学课程标准(2022)》中的例4:"用不同符号表示变化规律。在下列横线上填上合适的数字、字母或图形,并说明理由。

　　1,1,2;1,1,2;____,____,____。

　　A,A,B;A,A,B;____,____,____。

　　□,□,▯;□,□,▯;____,____,____。"

　　以下就是相关的"说明":"启发学生在解决问题的过程中探索规律。引导学生感悟对具有规律性的事物,无论是用数字还是用字母或图形都可以反映相同的规律,只是表达形式不同。"(这方面的又一实例并可见例14:"寻找规律进行推断")

　　首先应当提及,对于"找规律"的强调正是新一轮课程改革实施以来数学教学领域中十分普遍的一个现象,又由于相关实践有不少明显的问题或不足,因此就引发了不少专业人士的直接批评。具体地说,相关批评主要集中于这样几个方面:很多所谓的"规律"事实上并不能被看成真正的规律,所说的"找规律"在一些方面更可说是与科学的认识直接相违背的,特别是,我们显然不应依据几个简单的实例,并在没有经过进一步检验和证明的情况下就随意去认定所谓的"规律"。也正因此,相关实例中所说的"找规律"事实上就都只能被看成一种素朴的认识,对此我们并应通过自己的教学做出必要的提升。

　　例如,在笔者看来,这显然就可被看成张奠宙先生以下评论的主旨所在(《张奠宙数学教育随想录》,华东师范大学出版社,2013,第38~39页;对此还可见另文"数学教学中的'找规律'风应当降降温了",《小学教学》,2014年第10期,1-7):

　　正是针对人教版一年级下册中"找规律"这一内容的编写(所提及的问题在2012年版的新教材中已作了较大变动),特别是其中所提到的小旗排列方式(黄、红、黄、红、黄、红、黄、红、黄),以及相关的问题"后面一个应是什么",张奠宙先生指出:

　　"这里的'应'字,是不妥当的。它意味着找的规律只有一种(黄红旗两个一组间隔出现),第一排的第10面旗只能是黄色。……事实上,我们可以找到

许多其他的规律,使得第 10 面是'红':

如,9 个一组,周期重复,于是第 9、第 10,以及第 18、第 19 连续两面都是红旗。……"

张先生接着写道:

"实际上,找规律问题是一个开放的问题。任何一个有限序列,都可以生成无限多种规律,认为只有一个规律,推断出'必须是什么'和'应该是什么',把开放题封闭成一个唯一答案的题目,在数学上是不对的。"

当然,就我们在此所论及的实例而言,教学的重点已经有所转移,即已集中到了"规律"的表述;但在笔者看来,由这一实例我们恰可更清楚地看到在"数学的眼光""数学的思维""数学的语言"这三者之间存在的密切联系。具体地说,如果说这可被看成"数学的眼光"的具体体现,即面对所说的三个图形我们应当注意分析它们的共同点和不同之处,那么,这也可被看成"数学的思维"的重要体现,即除去异同点以外,我们又应更加注重如何能够由特殊上升到一般,由具体过渡到抽象,也即如何能从数学的角度很好地揭示它们的共同本质;进而,为了对后者做出清楚的表述,我们又必须用到数学的语言,特别是引入"模式"这样一个概念,因为,后者与"规律"相比是更加合适的一个词语。

进而,正是从同一角度进行分析,笔者以为,相对于直接列举出上述三个图形而言,这是更加恰当的一个做法,即我们不妨首先以日常生活中的一些常见情境(如花盆的摆设,彩旗的悬挂)为背景去引出相关的问题。因为,无论是数字、字母或符号,都已达到了一定的抽象层面,特别是,相对于前面所提及的各种具体情境而言,它们的使用更可起到"去情境"的作用,而这当然也应被看成帮助学生学会"三会"特别是"数学表达"十分重要的一个方面。

[例 2] 这是"新课标"中的例 10:"生活中的数。某学校为学生编号,设定末尾用 1 表示男生,用 2 表示女生。例如,202103321 表示'2021 年入学的(3)班的第 32 号同学,该同学是男生',那么,202104302 表示什么?"

以下是相关的"说明":"这个例子启发学生思考,编号提供给我们一些什么信息。例如,一个年级最多有多少个班,一个班最多有多少名学生。同时,可以引导学生设计本校的学生编号方案。"

正如上述"说明"中所提及的,这一实例所涉及的事实上是"编码问题",也正因此,采用"生活中的数"这样一个标题就不很恰当,并容易导致这样一个误解,即认为我们在此仍应以所谓的"数感"作为主要的指导思想。但是,我们在此所关注显然已不是"对于数与数量、数量关系及运算结果的直接感悟",而是如何能够发现各种编码中所包含的信息。

进而,除去"学生的编号"这一实例以外,先前在各类观摩教学中经常可以看到的"身份证的认识"显然也具有同样的性质。但又正如笔者在先前的相关文章("数学教学中的'问题引领'与'问题驱动'",《小学数学教师》,2018年第3期,4-8)中所指出的,这也是我们在这一方面应当清楚地认识的一个事实,即无论是"学生编号"或是"身份证"的认识,主要地都应被看成一种生活常识,而不是真正的数学知识。

当然,通过数学教学帮助学生掌握一定的生活常识也应得到肯定,但在实现这一目标的同时我们显然又应进一步去思考:我们如何能通过同一内容的学习让学生有更大的收获。

具体地说,笔者以为,这就是我们在相关内容的教学中应当明确提及的一个问题,即每个学生都有名字,要想了解学校中有多少班级以及班上有多少学生也非难事,我们为什么又要专门对学生进行编号? 更一般地说,这又可被看成这方面教学工作所应很好地突出的两个核心问题:第一,什么是编码,生活中为什么要进行编码? 第二,我们又应如何进行编码? 因为,相对于引导学生刻意地去捉摸从学生编号中可以引出哪些信息,上述问题的思考显然对于学生思维水平的提升有更大的帮助,特别是,我们如何能更有效、更简洁地进行表征。当然,作为上述问题的具体研究,我们又不应脱离学生的实际水平。例如,就后一问题而言,我们就应满足于这样一个认识:编码既不应遗漏,也不应重复,我们在教学中并应借助更多实例进行分析和说明。

[例3] 这是"新课标"中的例67:"一元二次方程的根与系数的关系。知道一元二次方程的根与系数的关系,能通过系数表示方程的根,能用方程的根表示系数。"

以下则是相关的"说明":

　　"引导学生了解一元二次方程一般表达式

$$ax^2 + bx + c = 0(a \neq 0)$$

的关键是用字母表示方程的系数,可以写出方程根的一般表达式;知道这样的表达是算术转变为代数的'分水岭'。

　　……

　　直接计算得到,一元二次方程的两个根 x_1 和 x_2 满足:

$$x_1 + x_2 = -\frac{b}{a}, x_1 x_2 = \frac{c}{a}。$$

这就是韦达定理。

　　学生在这样的过程中,感悟符号表达对于数学发展的作用,积累用数学符号进行一般性推理的经验。"

　　上面的"说明"有一定道理,并清楚地表明了这样一点:对于同一课例可以从多个不同的角度进行分析,这主要取决于我们如何看待学习这一内容的作用或价值。但是,笔者以为,如果我们认定这一内容的教学主要是为了帮助学生"感悟符号表达对于数学发展的作用,积累用数学符号进行一般性推理的经验",这显然不能被看成很好地体现了整体的视角,因为,一元二次方程的学习在初三年级,而学生早在两年前就已接触到了"符号表达",包括我们又如何能够依据明确的法则对字母表达式进行变形;再者,将求解公式的得出看成"算术转变为代数的'分水岭'"应当说也不合适,包括我们在此显然又应首先对于什么是"分水岭"的准确涵义做出清楚说明。

　　与此相对照,笔者以为,从整体的角度进行分析,我们在教学中应特别重视将一元二次方程的学习与学生已掌握的一元一次方程很好地联系起来,并应清楚地指明这正是数学发展的一个基本路径,即由简单到复杂,教师还应引导学生对后者的涵义做出具体的分析,包括清楚地指明这样一点:这不仅是指由一次上升到了二次,也包括由一元过渡到了二(多)元,还包括由方程到方程(组),乃至由等式到不等式。当然,在强调发展的同时,我们也应注意分析不同方面之间的联系。例如,对于已在如何求解方程(组)这一方面具备了一定知识和经验的初三学生而言,这显然是一个毋庸特别强调的事实,即相关研究应当集中于如何去求解新遇到的一元二次方程,以及实现这一目标的关键就在于我们如何能够通过适当的变化很好地实现"化未知为已知",也即将二次方程转化成一次方程来进行求解。当然,这又应成为相关教学的又一重点,即帮助学生很好地认识求解公式的作用,包括相应的"算法化的思想"。

再者,笔者以为,将一元二次方程求解公式的得出与韦达定理的发现混同在一起进行分析也不够恰当;恰恰相反,后者即可被看成引导学生学习"逆向思维"的一个很好契机:既然我们能由系数顺利地去求得一元二次方程的根(如果后者确实存在的话),自然也应反过来去思考这样一个问题:我们是否也能由方程的根求得方程的系数? 当然,我们在教学中又应为学生提供从多个方面进行尝试和探试的机会,而不应将结果直接告诉学生,也不应满足于所谓的"假探究,真提示"(对此可见第二章中的[例5])。另外,在学生掌握了韦达定理以后,我们又应帮助学生很好地认识韦达定理的作用,包括由此而更好地认识"逆向思维"的积极意义。

最后,由于对于上述三个实例笔者在先前都已有所涉及,在这方面我们更可找到不少的相关文章,因此,这显然也就十分清楚地表明了加强学习的重要性。当然,后者并不指我们可以简单地去搬用各种现成的结论,而是应当更加重视如何能够以此为背景,并能密切联系自己的教学实践更深入地去开展研究,包括认真的总结与反思。因为,只有这样,我们才能取得切实的进步,而不至于永远处于原地徘徊这样一种状态,乃至不断地重复过去的错误。

附录八　"名师教案"点评

这是《小学教学》的固定做法,即每年第7/8期都会推出由诸多名师的最新教案组成的一个专集:"全国小学数学名师最新教学案例专号"。以下就以2022年"专号"上刊出的前三个案例为对象做出简要的评论,希望不仅有助于读者对于案例本身的理解与学习,也能更好地认识评论的重要作用,包括我们又应如何去做好评论。

正文中已经提及,这并是笔者在这方面的基本认识:评论对于教学和教研都有重要的导向作用。以下就首先对此做出进一步的说明。

具体地说,由于这里所说的案例都源自名师,因此,我们在现实中也就经常可以看到这样一个现象,即对于大多数读者特别是一线教师而言,往往会特别重视案例的学习,乃至刻意地模仿,从而就在不知不觉之中将自己置于了完全被动的地位;与此相对照,如果能有人以相关案例为对象并从旁观的角度,特别是通过深入分析提出一些值得思考的问题,包括一定的责疑和批评,则就可以促使读者由单纯的学习转向"平等的参与者"这一新的不同定位,因为,这时他们即可被看成与案例的设计者处在了同样的位置,或者说,也即会从一个新的不同角度去进行思考,特别是,由原先的认识转向了"再认识",由单纯的学习转向了审思,包括相关的评论是否真有道理,等等——正如人们普遍认识到了的,不同观点的对照比较十分有益于人们更深入地进行思考。

当然,对于"评论"我们又不应唯一理解成"审思与批评",这在很多情况下也有直接的推动和引领作用,即如我们如何能够更好地认识相关案例的优点,又如何能够通过案例的学习有更大的收获,即真正做到"用具体的例子说出普遍性的道理"。还应指出的是,所说的"推动和引领"又不应被看成是与前述的"审思与批评"直接相冲突的,毋宁说,这即是从又一角度更清楚地表明了这样一个工作的重要性,即我们应以相关案例为背景提出值得思考的问题;进一步说,我们又不应直接地给出解答,从而将读者又一次置于被动的地位,而是应当以问题促进他们深入思考。当然,这也是我们应当彻底纠正的一个倾向,即所谓的"评论"只是纯粹的空话套话,而没有任何实质性的内容,从而除了纯粹的"应景摆设"以外也不具有任何的积极作用。

以下就遵循上述思路对《小学教学》2022 年第 7/8 期刊出的三个案例做出简要的分析评论:

[例4] "名师教案"点评(1):"在真实问题解决中培养推理意识——'两位数乘两位数'的实践与思考"(潘小明)。

首先,《数学课程标准(2022)》的颁发当然应当被看成基础教育领域中的一件大事,从而就应引起我们的高度重视。也正因此,现实中出现这样的情况就十分自然了,即近期在数学教育各类刊物上发表的诸多文章和案例往往都突出地强调了"新课标"的学习与指导,即如这一案例中对于"真实情境"和"在真实问题解决中培养学生推理意识"的强调,以及以下"案例"中对于"运算的整体性与一致性"的强调,等等。

　　强调"新课标"的学习和指导当然没错;但是,如果说后者在此起到的只是纯粹的包装作用,即如所谓的"真实情境"在相关内容的教学过程中事实上没有起到任何真正的作用,这就应被看成一个很不恰当的做法。这并可被看成过去 20 年的课改实践,特别是新一轮课程改革开始阶段曾一度出现的"形式主义泛滥"这一现象给予我们的一个重要启示或教训,即我们不应盲目地去追逐潮流,而应坚持自己的独立思考。当然,后一情况现已有了很大改变,但这仍是我们应当切实防止与纠正的一个现象,即刻意地给自己的文章或案例加上一个"时髦"的包装。

　　当然,后者不是指我们不应重视"新课标"的学习与落实,而是指我们应在学习和理解的深度上狠下功夫,特别是,不应停留于对于某些具体论点的简单引用,而应通过教学内容的分析很好地体现相关思想的指导作用,包括以此为背景提出一些值得深入思考的问题,并能通过教学实践在这方面做出积极的探索和研究,包括认真的总结与反思。

　　例如,无论我们在教学中是否真的用到了"真实情境","学生推理意识的培养"显然都应被看成一个重要的课题,因此,我们就不妨直接聚焦于此。就当前的案例而言,这也就是指,我们应当深入地研究如何能通过"两位数乘两位数"的教学很好地落实"努力培养学生的推理意识"这样一个目标,或者说,应当以此作为这一教学活动十分重要的一个指导思想。进而,在笔者看来,这又是这一案例的一个主要意义,即清楚地表明了这样一点:对于所说的"推理"我们不应单纯从形式上去进行理解,即如认为"竖式表达的是算法,模式表达的才是算理"(史宁中,"核心素养统领的数学教育——《义务教育数学课程标准(2022 年版)》修订的理念与要点",《小学教学》,2022 年第 7/8 期,4-12,第 9 页);恰恰相反,"竖式计算的道理就是模式计算的道理,只是书写更简单,算时更方便了"(潘小明,"在真实问题解决中培养推理意识——'两位数乘两位数'的实践与思考",《小学教学》,2022 年第 7/8 期,第 69 页)。进而,这事实上也只能被看成对于中国数学传统的一种误解,即认为小学数学教学对于推理重视不够,因为,就小学生的认知水平而言,这正是培养他们推理意识与能力最适合的一个途径,即"寓理于算"。相信读者由附录六中所提及的张景中院士的以下论述也可在这方面获得直接的启示:"小学里主要学计算,不讲推理,但是,计算和推理是相通的。""推理是抽象的计算,计算是具体的推理……我们可以举些例子,让学生慢慢体会到所谓推理,本来是计算;到了熟能生巧的程度,计算过程可以省略了,还可以得到同样的结果,就成了推理。"(《张景中教育数学文选》,华东师范大学出版社,2021,第563页)

　　进而,笔者以为,这也可被看成这一案例的一个重要亮点,即直接涉及另一十分重要的问题:数学教学中的哪些时刻可以被看成我们进行"说理教学"的重要契机? 以下就是笔者经由阅读这一案例所得出的结论:(1)由特殊向一般的过渡。因为,"这种方法具有一般性的说理,其实质就是进行数学推理"。这也就是指,此时我们应向学生明确提出这样一个问题:为什么相应算法具有普遍的意义? (2)学生出现错误的时候。显然,这时我们就应"让学生深究出错的原因":"到底错在哪儿呢?"(同前第69、70页)而这当然也是一个说理的过程。容易想到,在这两个场合我们又都应当让学生发挥更大的作用。

　　[例5]　"名师教案"点评(2):"把握运算的整体性与一致性——以'除法运算的意义和算法'教学为例"(朱国荣)。

　　这当然也应被看成一个十分合理的主张,即我们应当很好地"把握运算的整体性与一致性";但是,相对于简单地接受这一论点而言,笔者以为,我们又应进一步去思考:数学教学中究竟为什么又要特别强调这样一点?

　　不难想到,这主要是因为这样一个事实:随着学习的深入,学生在数学中越来越多地接触到了"多元化"的现象。

　　例如,正如3.3节中已提及的,分数的学习可被看成这方面的一个典型例子:不仅同一分数可以具有多种不同的表征,分数的意义也有多种不同的解释。又如人们普遍认识到了的,这也就是造成部分学生在学习分数时出现较大困难的主要原因。

　　当然,所说的"多元化"事实上又不止于此。例如,这一案例中提到的多种不同运算显然也可被看成这方面的又一实例;除此以外,我们又还应当提及

"数"的扩展，以及由此而导致的这样一个现象：尽管"数"的范围有了很大扩展，即如我们同时涉及自然数、小数、分数等多个不同的数，但是，它们所涉及的运算又是基本相同的，也即同样集中于加减乘除，从而就直接涉及"多"与"一"之间的辩证关系。

从教学的角度看，这也就是我们应当特别重视的一个事实，即现实中人们往往未能对于所说的现象予以足够的重视。对此只需通过与"变"与"不变"、"特殊"与"一般"的比较就可清楚地看出。因为，就当前而言，对于后者人们可以说已经给予了很大的重视，并已清楚地认识到了很好地处理这些对立面之间的关系对于数学学习乃至数学本身的发展具有特别的重要性；与此相对照，人们对于"多"与"一"的关注则要少很多。

那么，我们究竟又应如何去处理"多"与"一"之间的关系呢？就目前的论题而言，笔者愿特别提及这样一个问题：我们在教学中是否应当唯一地强调不同对象之间的内在联系和一致性？

正如 2.4 中已提及的，这事实上即可被看成"多元表征理论"给予我们的一个主要启示，即数学概念的心理表征往往具有多个不同的方面或成分，即如实物操作、心理图像、书面语言、符号语言、现实情境等，这些成分并都对于概念的理解具有十分重要的作用，也正因此，与片面强调其中的任何一种成分相比较，我们即应更加重视各个成分之间的转换与恰当整合。由此可见，尽管我们应当注意分析不同对象或方面之间的联系，乃至所谓的"同一性"或"共同本质"，但同时也应高度重视不同方面之间的差异和必要互补，包括灵活的转换与适当的整合。

例如，"数形互补"显然就可被看成这方面的一个很好实例，特别是，教学中我们不应唯一地强调两者的统一性，而也应当帮助学生很好地认识它们的差异，包括很好地突出思维的灵活性与整合性，也即应当努力帮助学生逐步学会根据情境和需要在两者之间做出必要的转换，从而促进认识的发展与深化。

再者，就这一案例中所提及的"数的运算"而言，我们显然也应十分重视层次的分析，即如帮助学生清楚地认识到"乘除"应当被看成比"加减"具有更高的层次——正如 2.3 节中所指出的，后者也就是"结构化教学"应当特别强调的一点。

综上可见，就这一案例的主要内容也即除法的理解而言，我们首先就应清楚地指明"多"这样一个现象，也即既不应刻意地回避，也不应偏向于其中的任一方面；进而，这又应被看成相关教学的重点，即我们应当善于根据需要和情境在"包含除"与"等分除"这两种不同的解释之间灵活地做出转换，而不应过分地强调它们的"共同本质"。

当然，又如相关作者所指出的，在除法的这两种意义之间又确实存在内在的一致性，因为，我们即可将它们的差异归结为不同的视角，也即我们是集中于除法与减法之间的联系（"同数连减"），还是集中于乘法与除法之间的联系（"想乘算除"）？

显然，从后一角度进行分析，相对于所说的"整体性与一致性"而言，我们在教学中或许也就应当更加突出"联系的观点"与"变化的思想"，也即应当更加注重如何能够通过这一内容的教学帮助学生逐步地学会思维，特别是，努力提高他们的思维品质。

[例6] "名师教案"点评(3)："打破思维定式，培养审辩式思维——'三位数乘一位数'的拓展课"(罗鸣亮)。

从教学的实际情况而不是纯粹的理论思想出发去发现值得深入研究的问题，可以被看成这一案例的一个重要特点。具体地说，这就直接涉及我们应当如何认识"踢十法"这一特定内容的教学意义，因为，正如相关作者在文中所提及的，面对这一内容，人们很自然地会想到这样一个问题："上不上这节课，对孩子的计算并无多大影响，为什么还要上？"(《小学教学》，2022年第7/8期，第65页)

以下则是相关作者对于这一问题的具体解答："我想这样的一节课，会成为孩子理解世界的一扇窗，让他们真正学会理性地、辩证地看待问题和感悟世界。"特别是，十分有益于他们"打破思维定式，培养审辩式思维"。（同上，第65页）

对于上述立场笔者是十分赞同的，以下就从同一角度对于这一案例提出一些具体建议，特别是，我们如何能通过适当的问题引导学生更深入地进行思考。相信读者由此又不仅可以更好地理解引入"踢十法"这一内容的合理性，也可更好地认识切实做好这样一项工作的重要性,即我们应当注意研究,并切实发挥各个具体内容的教学意义。

具体地说,由于在引入这一内容前学生已经学习了"三位数乘一位数"的标准算法,因此,面对"踢十法"这一新的方法,我们就应引导学生认真地去思考这样两个问题:(1)所谓的"踢十法"究竟对不对?(2)面对两种不同的算法,我们又应如何对于它们的优劣做出判断?

应当强调的是,上述思考也就直接关系到了数学学习的本质与主要途径,后者即是指,数学学习主要应被看成一个不断优化的过程;进而,对照比较又可被看成实现优化最重要的一个途径。由此可见,除去已提及的"打破思维定式,培养审辩式思维"这样一点以外,这一内容的教学还有更加重要的意义,特别是,直接关系到了我们能够帮助学生逐步学会学习,或者说,能够切实提升他们在这一方面的自觉性。

由于相关作者在总结中也已很好地体现了这样一些思想,包括"算无定法,贵在择法"等更高层次的准则,因此,笔者在此就愿从另一角度提出自己的一些看法,因为,在笔者看来,"踢十法"的教学也十分清楚地表明了这样一点:教师应当努力提高自身的专业素养,从而才能在教学工作真正地做好"居高临下"。

具体地说,笔者在此所关注的仍是这样一个问题,即我们应当如何对于"踢十法"与一般算法的优劣做出判断?进而,相信读者又只需认真对照附录六中所已提及的张景中先生的以下论述(以及相关的实例,特别是"鸡兔同笼"等)就可在这一方面获得重要的启示,包括我们究竟应当如何理解并真正做好"高观点指导下的小学数学教学":"小学生的数学很初等,很简单。尽管简单,里面却蕴含了一些深刻的数学思想。""函数的思想、数形结合的思想、寓理于算的思想……这些思想是可以早期渗透的。早期渗透是引而不发,是通过具体问题来体现这些思想,……学下去,过三年五年,他就体会到,是数学思想的力量。"(《张景中教育数学文选》,同前,第558、565页)

当然,我们在此也应充分考虑到学生的接受水平,包括教学中又应如何很好地去落实学生的主体地位,这也就是指,我们决不应通过硬性规定去实现思维的必要优化,而是应当使之真正成为学生的自觉行为。也正是从这一角度进行分析，笔者以为，这即可被看成这一案例的最大优点，即相关教师在教学中将精力集中到了如何能够通过提出问题促进学生深入地进行思考，又如何能够让学生通过自己的努力去解决问题，包括对自己的主张做出清楚的表述，认真地进行交流包括必要的争论等，而且，教师最终又将选择权交给了学生，即让他们自己做出选择和决定，从而也就真正成为了学习的主人，并就能够通过这一过程逐步学会理性思维，包括努力提升自己的理性精神。当然，就后一目标的实现而言，必定又有一个较长的过程，教师并应很好地学会包容和等待。

最后，笔者在此又愿再次强调这样一点：无论就日常的教学工作或是教学研究或是理论学习而言，我们都应坚持这样一个立场，即应当坚持围绕数学教育的基本问题去进行分析思考，特别是，我们应当如何把握数学教育的基本目标，什么又应被看成数学教学与学习活动的主要特征或基本性质。（1.2节）这并是笔者在这方面的一个坚定信念：只要很好地做到了这样一点，我们就一定可以在专业成长的道路上取得更快、更大的进步，并将自己的教学工作做得更好！

附件

案例索引

第四章

第五章

后　记

　　希望读者通过阅读本书在如何改进教学和其他方面都能有一定收获。在此笔者并愿给出这样一个进一步的建议：为了更好地理解相关的内容，希望读者能够有意识地去从事这样一项工作，即以相关论述为背景对一些具体课例做出自己的分析，特别是，相关课例有什么主要的优点，又有什么不足或是应当改进的地方？

　　另外，从教学实践的角度看，笔者又愿再次强调这样两点：

　　第一，就各个具体内容的教学而言，相对于"面面俱到"的教学设计，也即我们在教学中如何能够切实地抓好各个关键性因素，我们应当更加重视如何能够针对具体的教学内容、教学环境与教学对象（包括自身的个性特征）做出适当的选择，也即应当努力做好"突出重点，注重效果"。

　　这也是笔者在这方面的一个具体观点：就各个具体内容的教学而言，并不存在所谓的"经典课"或绝对的"样板"，因为，除去刚刚走上教学岗位的年青人必然有一个适应的过程以外，大多数经由认真设计的课都会有一定的亮点，从不同角度进行分析也必定会有一些不足之处或可以改进的地方。不然的话，教学工作岂不成了简单重复，又还有什么创造性可言？！

　　第二，相对于如何能够通过精心设计上出一堂好课，从而获得各方面的肯定而言，我们又应更加重视如何能将相关思想很好地贯穿、落实于全部的教学活动。因为，教育贵在坚持，我们只有做出持续努力才能在学生身上引发真正的变化，从而为他们的进一步学习和发展打下良好基础，后者既是指学生提出问题与学习能力的提升，也包括逐步学会用联系的观点和变化的思想去发现问题、分析问题和解决问题，又如何能够通过自觉的总结、反思与再认识不断深化自身的认识,从而取得持续的进步。

当然,这也应被看成数学教学的一个重要目标,即在所有学生的心中留下这样一个深深的印记:理性思维和理性精神,从而也就能够对于促进社会的整体进步发挥重要的作用。

笔者以为,只有很好地做到了这样一点,我们才无愧于"教师"这一光荣的称号,并能为自己对于促进学生的成长真正做了点有益的事感到欣慰,并由此而真切地感受到人生的价值。

让我们共同努力,特别是,能通过"明确目标、抓好关键"彻底跳出"应试教育""题海战术"这一教育的盲区!